Les Juifs de France

Les Juifs de France

De la Révolution française à nos jours

Ouvrage dirigé par
Jean-Jacques Becker et Annette Wieviorka

Secrétariat de rédaction
Nadia Déhan-Rotschild et Catherine Morhange

Liana Levi

Dans la même collection :

Les Juifs d'Espagne, histoire d'une diaspora, 1492-1992, ouvrage collectif dirigé par Henri Méchoulan, 1992.

Mille ans de cultures ashkénazes, ouvrage collectif dirigé par Jean Baumgarten, Rachel Ertel, Itzhok Niborski, Annette Wieviorka.

ISBN : 2-86746-181-2
ISSN : 1146-6219

Avant-Propos

En cette fin d'année 1997, les Juifs de France sont au cœur de l'actualité, avec le procès de Maurice Papon, comme ils l'ont été souvent depuis le début des années 80. Cette place centrale dans la vie française est l'aboutissement d'une histoire de deux siècles que ce livre se propose de conter.

Les Juifs du Royaume de France accueillent-ils avec enthousiasme leur émancipation au début de la Révolution ? Pour le plus grand nombre, c'est loin d'être le cas, et certains dirigeants des communautés, des hommes d'Ancien Régime, se demandent avec mélancolie s'ils ne vont pas quitter un monde ayant bien des défauts, mais connu, pour un autre, incertain. L'histoire va justifier leurs pressentiments : non seulement leurs traditions et leurs croyances seront mises en cause, mais leurs descendants, à qui l'esprit nouveau promettait bien des félicités, seront emportés dans la plus grande des tourmentes.

Pourtant, pendant près d'un siècle, les choses ne vont pas si mal. Certes, pour le plus grand nombre des Juifs d'Alsace et de Lorraine, la vie n'est pas aisée car l'évolution économique rend difficile la pratique de leurs métiers traditionnels, mais l'intégration dans la société française se fait bien. Trop bien, peut-être, parce qu'elle signifie souvent une prise de distance avec le judaïsme : certains craignent déjà, à terme, sa disparition ; et, à l'inverse, dans une partie de la société française, on supporte mal l'entrée de si nombreux Juifs dans les activités économiques, dans les professions libérales, dans l'administration, dans l'armée. A l'antijudaïsme d'antan se substitue l'antisémitisme. L'aboutissement en est l'affaire Dreyfus, étonnante et douloureuse pour ces Juifs, français et patriotes, qui voient avec stupeur leur patriotisme, leur appartenance à la société française mis en doute. Au terme de l'Affaire, les antisémites sont défaits et les israélites – terme que les Juifs français substituent à celui de Juif, considéré comme péjoratif, peuvent croire à un accident de parcours.

Ils jugent que leur appartenance à la patrie ne peut plus être mise en question après la Grande Guerre où ils ont communié avec tous les autres dans le sacrifice et la défense de la nation. D'ailleurs, même si l'antisémitisme reste fort répandu, la France apparaît comme une terre d'asile pour tant de Juifs venus du centre ou de l'est de l'Europe. A côté des Juifs de « souche », les Juifs immigrés sont de plus en plus nombreux, tout prêts à communier eux aussi dans les principes de la Révolution française et à s'intégrer à la France. Mais l'ouragan menace. Il va venir de l'extérieur. En 1940, la défaite des vainqueurs de 1918 place la France dans l'orbite nazie : la persécution des Juifs commence. Voulue par les Allemands, elle trouve des relais en France et se déroule d'abord à l'ombre d'un des héros de la Grande Guerre, le maréchal Pétain, et de la camarilla d'extrémistes et d'antisémites arrivée au pouvoir avec lui. Puis, de la persécution, on passe à l'extermination, 75 000 Juifs français ou immigrés en sont les victimes. La victoire alliée sauve les autres, et parmi les survivants beaucoup en ont assez d'être juifs. Certains décident de rompre définitivement avec leurs attaches, par exemple en changeant leurs noms, certains autres, traumatisés aussi bien par l'horreur que par la honte de ce qu'ils ont subi, souhaitent tirer un trait sur le passé. Assez paradoxalement, pendant longtemps chez les Juifs de France, la règle est sinon l'oubli, du moins le silence sur ce qui vient de se passer.

L'arrivée d'une population juive venue d'Afrique du Nord à la suite de l'indépendance de l'Algérie, l'existence d'un État juif, la montée de générations qui entendent exister comme Juifs, va encore changer la donne. Aujourd'hui, dans une société qui a massivement rejeté l'antisémitisme, ces nouvelles générations juives veulent proclamer leur identité et ne rien oublier de ce qui s'est passé. Peut-on penser qu'à la suite de deux siècles d'histoire tourmentée, les Juifs de France – en conservant pour ceux qui le souhaitent leurs spécificités et leurs croyances – sont enfin assurés qu'ils ont leur place, sans contestation, comme les autres, dans la société et les mentalités françaises? Les Juifs de France peuvent-ils croire qu'il y a des Français juifs comme d'autres sont catholiques, protestants, pas plus, pas moins... ?

Jean-Jacques Becker

Avertissement de l'éditeur

Pour apporter, sur des points précis, un éclairage indépendant du découpage chronologique, les auteurs ont fait appel aux meilleurs spécialistes de ces questions. Vous trouverez leurs contributions sous forme d'encadrés inclus dans les chapitres.

A la veille de l'émancipation

Jean-Jacques Becker

«A l'égard des Juifs, la Révolution française apparaît donc comme la grande émancipatrice. On ne doit pas l'oublier», a écrit naguère l'historien de la Révolution que fut Jacques Godechot. Et il raconte ce souvenir d'enfance: «C'était à Lunéville, ma ville natale, vers 1911 ou 1912, j'avais quatre ou cinq ans. (Passant par la place des Carmes au milieu de laquelle il y avait une statue) "Qui est ce personnage?" demandai-je à ma mère. "C'est l'abbé Grégoire, un homme à qui nous devons d'être ce que nous sommes", me répondit-elle.»

A quoi Annie Kriegel faisait écho en soulignant que dans l'imaginaire juif, «la Révolution française s'est globablement inscrite comme un événement heureux».

Ces mises en garde s'adressent à ceux qui, depuis la fin du XIXe siècle, ont ouvert le procès de l'émancipation comme facteur de l'intégration. En effet, après que la plus grande partie du XIXe a voué un véritable culte à l'œuvre de la Révolution, en particulier à celle de la Constituante et aux principes de 1789 (François Delpech), de nouvelles générations s'inscrivent dans le sillage de l'historien russe Simon Doubnov, clairement opposé à «l'assimilation». Celui-ci, au tournant du siècle, entend remettre au premier plan la notion de «peuple juif» pour laquelle le critère le plus important était «la conscience qu'il avait de soi».

Toutefois existe-t-il un «peuple juif» dans la France du XVIIIe siècle, existe-t-il alors *un* judaïsme?

La présence des Juifs sur le territoire actuel de la France est très ancienne, déja attestée dans la Gaule romaine. Néanmoins, elle avait pratiquement disparu à la suite de leur proscription par l'édit de Philippe le Bel en 1306, aboutissement du courant «antijuif» que Saint Louis, son grand-père, avait particulièrement illustré, comme Jacques Le Goff l'a bien montré. Environ cent mille Juifs doivent alors quitter le royaume de France, un royaume encore limité par le Rhône, la Saône et la Meuse, pour s'installer dans les régions voisines, Lorraine, Alsace, vallée du Rhin, Bourgogne, Dauphiné, Provence, Comtat Venaissin, Espagne, et quelquefois plus loin, en Hongrie ou en Pologne. A vrai dire, tout au long du XIVe siècle, ils ne cessent d'être rappelés et à nouveau expulsés. Relativement prospère – la confiscation des biens juifs ne fut pas une raison négligeable dans les décisions d'expulsion –, montrant une très grande vitalité intellectuelle, dispersée dans plusieurs régions de France, où l'on retrouve son existence à travers de nombreux noms de lieux et de rues, la population juive de France disparaît ainsi progressivement et le glas de son existence sonne en 1394, sous Charles VI, avec le dernier non-renouvellement de l'autorisation de séjour. Il n'y a alors plus de Juifs dans le royaume de France, et il en est ainsi pendant un siècle environ.

Malgré le renouvellement solennel en 1615 de l'interdiction de résider dans le royaume – la France est alors gouvernée par la reine mère Marie de Médicis et par Concini, Louis XIII n'a encore que quatorze ans –, des Juifs vivent en effet de nouveau en France à partir de la fin du XVe siècle. Ils sont de plusieurs origines.

Les plus anciennement installés viennent d'Espagne et du Portugal. Officiellement convertis au christianisme, ces «marranes» «judaïsent» plus ou moins secrètement, et leur présence a été autorisée par des lettres patentes d'Henri II, renouvelées plus tard par Henri III, Louis XIV et Louis XV… D'abord installés à Bordeaux, ils essaiment progressivement à la fois dans l'ensemble du Sud-Ouest, en particulier dans la région de Bayonne, mais aussi dans les ports : La Rochelle, Nantes, Le Havre et finalement à Paris. Autorisés à séjourner en France en tant qu'étrangers par un édit de 1686, ces « Espagnols » et « Portugais » en profitent pour revenir à peu près publiquement au judaïsme.

Un deuxième groupe est formé par les Juifs de l'Est. La future « France de l'Est » ne fait pas encore partie du royaume de France, lors des grandes proscriptions de la fin du Moyen Age. Elle se trouve alors à l'intérieur du Saint Empire romain germanique.

La présence juive en Lorraine remonte à l'époque romaine et subit divers aléas au cours des siècles. Elle est d'abord renforcée au XIVe siècle par l'arrivée des expulsés de France, avant que les Juifs de Lorraine ne soient à leur tour expulsés, à la fin du XVe siècle. Pendant plus d'un siècle, il n'y a plus de communauté juive importante sur le sol lorrain.

Le retour des Juifs en Lorraine s'est amorcé au cours du XVIe siècle, mais il faut faire une place à part au territoire des Trois-Évêchés, Metz, Toul et Verdun, acquis par la monarchie française en 1552. Assez paradoxalement, alors que les Juifs sont proscrits dans le reste du Royaume, comme le montre l'historien de la communauté juive de Metz, Pierre-André Meyer, quatre ménages, des familles venues des États allemands, sont admis à Metz dès 1567, et leur nombre va se multiplier par la suite. Leurs activités sont indispensables à la ville, où la présence d'une forte garnison exige des disponibilités en numéraire et des intermédiaires compétents pour la remonte de la cavalerie. Une partie de la population juive de la ville essaime par la suite dans le plat pays environnant.

Dans le reste de la Lorraine, ce qu'on appelle la Lorraine « ducale » – le duché de Lorraine, principalement autour de Nancy et de Lunéville, ne devient définitivement français, après diverses péripéties, qu'en 1766 –, de nombreuses familles juives ont été autorisées à s'installer au cours du XVIIIe siècle, à Nancy et dans diverses localités. Cette tolérance est encore plus grande après le rattachement du duché à la France, à la mort de Stanislas Leszczynski.

Quant à l'Alsace, elle n'est devenue en principe française pour sa plus grande part qu'à la suite du traité de Westphalie de 1648. Strasbourg est « réunie » à la France par Louis XIV en 1681, et Mulhouse reste rattachée à la Confédération helvétique jusqu'à la Révolution. En fait, l'Alsace est un incroyable agrégat d'autorités diverses – un des premiers problèmes de la Révolution est de régler le cas des princes allemands dits « princes possessionnés d'Alsace », propriétaires de fiefs en Alsace – dont l'attitude envers les Juifs est fort variable.

La présence juive y est permanente, « millénaire » pour Bernhard Blumenkranz, préfaçant Freddy Raphaël et Robert Weyl. Certes, les communautés juives urbaines sont exterminées au XIVe siècle (1349 pour Strasbourg), et il ne subsiste alors qu'un petit nombre de Juifs dans les campagnes. Comme les autres Alsaciens, ils souffrent ensuite des ravages de la guerre de Trente Ans. Des Juifs venus de l'autre côté du Rhin participent à la repopulation de l'Alsace à partir de la seconde moitié du XVIIe siècle. Installés dans les campagnes, ils continuent d'être exclus des villes, même s'ils sont protégés par les nouvelles autorités militaires françaises à qui ils sont utiles pour fournir les chevaux dont la cavalerie a besoin.

Un dernier groupe est formé des « Juifs du Pape », installés dans les possessions pontificales d'Avignon et du Comtat Venaissin. Comme le souligne leur spécialiste René Moulinas, la présence des Juifs à Avignon et dans sa région n'a jamais été interrompue depuis l'Antiquité, ce qui n'est pas le cas en Dauphiné et en Provence, où les communautés disparaissent à partir de la fin du XVe siècle, sauf les convertis au christianisme, les «néophytes» comparables aux marranes d'Espagne... Les Juifs ne subsistent que dans les États du pape, même si dès la fin du XVe siècle et le début du XVIe siècle ils sont contraints à résider dans des sortes de ghettos appelés «carrières», dans quatre villes essentiellement : Carpentras, L'Isle-sur-la-Sorgue, Cavaillon et Avignon. Menacés d'expulsion à la fin du XVIe siècle, beaucoup s'exilent, mais l'expulsion n'a finalement pas lieu, et à la fin du XVIIIe siècle ils ont essaimé de façon importante dans le Sud du royaume, en Languedoc d'abord, puis en Provence, en particulier à Marseille.

A la veille de la Révolution, on dénombre environ 40 000 Juifs dans les frontières actuelles de la France (en y incluant donc les «Juifs du pape»), soit une très faible proportion d'une population totale d'environ 24 millions d'habitants. Cela relativise évidemment l'importance de la question juive dans la France de l'époque.

La moitié d'entre eux, près de 20 000, se trouvent en Alsace, répartis dans les 187 villages où ils ont le droit de résider, les trois quarts en basse Alsace et un quart en haute Alsace. Il s'agit donc d'un judaïsme rural. Strasbourg leur est hermétiquement fermée, encore que le plus prestigieux des Juifs alsaciens, Cerf Berr (1726-1794), un des «préposés généraux de la nation juive en Alsace», parvienne à s'y établir avec 68 membres de sa famille et de sa domesticité à la fin du siècle, après de longues batailles juridiques contre les autorités de Strasbourg, comme le montre Patrick Girard.

En Lorraine, les Juifs sont environ 7 000. La plus nombreuse communauté lorraine est évidemment celle de Metz, encore que Pierre-André Meyer en ait revu le chiffre à la baisse. Pour lui, au début du XVIIIe siècle, les Juifs de Metz sont un peu moins de 2000 (ce qui correspond tout de même à un nombre quintuplé depuis le début du XVIIe siècle). Leur communauté continue à croître jusqu'aux années 1760 où il est possible qu'elle ait atteint 2500 à 2700 personnes, pour ensuite décroître et revenir à environ 2200, juste avant la Révolution. Cette décrue s'explique par un contrôle strict de l'immigration dans un quartier surpeuplé et par une émigration assez forte vers les campagnes de la généralité de Metz.

Une idée répandue alors est celle de la démographie galopante des Juifs de l'Est au XVIIIe siècle, due à la précocité des mariages, au caractère nataliste de la religion juive et à une mortalité assez faible. Cette idée, que l'on trouve dans des écrits hostiles aux Juifs, existe aussi chez des amis des Juifs comme l'abbé Grégoire. Dès cette époque, un écrivain juif d'origine polonaise installé à Paris, Zalkind Hourwitz, la contestait fortement, et les travaux démographiques de Pierre-André Meyer lui donnent raison. Les mariages, du moins à Metz, ne sont ni plus précoces ni plus féconds que dans les milieux chrétiens. Ils sont effectivement plus précoces dans les milieux juifs aisés, mais la procréation s'arrête assez vite et finalement la fécondité y est plutôt inférieure à celle des autres milieux lorrains. L'augmentation de la population juive en Alsace et en Lorraine est davantage liée à l'immigration de Juifs venus d'Allemagne qu'à une démographie particulière.

Dans le Sud-Ouest, les deux plus grosses communautés sont celles de Bordeaux et de Saint-Esprit, un faubourg de Bayonne, 2500 personnes environ chacune, sans compter un grand nombre de communautés moins importantes. Au total, ces Juifs «espagnols» ou «portugais» sont un peu plus de 5000.

Les «Juifs du Pape» sont environ 2500, la plus grosse

communauté étant celle de Carpentras avec près d'un millier de membres, tandis qu'ils ne sont guère plus de 300 à Avignon.

Enfin, on trouve à Paris une petite colonie juive d'environ 500 personnes, originaires soit du Sud-Ouest, pour les plus nombreux, soit de l'Est, et comprenant un certain nombre de Juifs allemands ou polonais. Ces Juifs ne forment pas une communauté. Ils cœxistent sans se mélanger.

A la veille de la Révolution, les différents groupes juifs de France n'ont donc guère de contact entre eux et chacun a ses particularités.

Ceux d'Alsace forment une communauté assez misérable : s'ils ont acquis une position dominante, voire de monopole dans le commerce des bestiaux et en particulier dans celui des chevaux, pour l'essentiel, ils vivent fort chichement de friperie, de colportage dans les campagnes et du prêt à intérêt. Très attachés à leurs communautés et à leurs coutumes particulières, ils sont à la fois très extérieurs à la France – mais il n'est pas sûr que les paysans alsaciens le soient alors beaucoup moins – et extérieurs à la paysannerie locale dont ils ne partagent pas le mode de vie et avec laquelle ils entretiennent souvent des rapports difficiles, en particulier parce que beaucoup de paysans sont endettés envers eux.

Les Juifs de Lorraine, sans être beaucoup plus aisés, se situent à un degré un peu plus élevé. Il s'agit d'ailleurs le plus souvent d'une implantation urbaine. Le commerce des grains, des fourrages, des bestiaux, de l'argent, a pris une ampleur plus grande, élevant certains à la condition de banquier, d'entrepreneur. Les notables, comme Berr Isaac Berr, qui possède une manufacture de tabac à Nancy, ou comme le banquier messin Samuel Lévy, qui joue au début du XVIIIe siècle un rôle important auprès du duc de Lorraine, forment une catégorie plus nombreuse. A Metz vit une série de familles vraiment riches, comme les énumère Pierre-André Meyer, les Gomperz, les Halphen, les Berr, les Lambert et diverses familles Cahen ou Lévy.

Les Juifs méridionaux, par leur façon de vivre, par leur niveau de vie, en particulier dans le Sud-Ouest, sont très différents : il existe certes des indigents, mais, dans l'ensemble, les Juifs du Sud-Ouest prennent une part très active aux activités économiques de la région. Non seulement il y a des cultivateurs parmi eux – certains possèdent même des domaines vinicoles –, mais ils sont actifs dans l'industrie, la filature de la soie, le chocolat, et surtout dans le commerce de gros et de détail : commerce du drap, des étoffes, de la soierie et le commerce international. Une aristocratie juive achète même des châteaux ou de très belles demeures. Il existe aussi une frange intellectuelle, des médecins assez nombreux. Contrairement aux Juifs de l'Est, ils sont largement intégrés dans la société.

Les « Juifs du Pape » connaissent eux aussi une prospérité économique grandissante : du prêt d'argent à la petite semaine au XVIIe siècle, ils sont passés, au XVIIIe, à une activité bancaire qui porte sur des crédits considérables. Ils comptent parmi eux des négociants fort importants. Néanmoins, ils souffrent du maintien rigoureux d'une réglementation tatillonne. Ils ne peuvent acheter de biens fonciers en dehors des quartiers exigus qui leur sont réservés, ils sont astreints à des vexations comme le port obligatoire du chapeau jaune… Cela explique d'ailleurs une émigration de plus en plus forte en dehors des États pontificaux. Paradoxe : les Juifs vont s'établir en Provence ou en Languedoc, d'où en principe ils sont exclus, et quittent les États du Pape où ils sont admis…

Si l'on met à part le problème des réglementations tracassières subies par les Juifs du Comtat Venaissin – mais cette région n'est pas encore française –, la question juive dans la France de la fin du XVIIIe siècle est d'abord celle des Juifs «allemands», c'est-à-dire de l'Est. Comment les faire sortir de leur condition misérable et archaïque?

Même s'ils s'en défendent – mollement –, le grand souci des *Sephardim* du Sud-Ouest est de ne pas être confondus avec les *Ashkenazim* du Nord-Est. Plus évolués, mieux intégrés dans la société globale, il n'ont guère de considération pour ces coreligionnaires arriérés et aucun sentiment de fraternité à leur égard.

Une des idées en vogue dans l'Europe du XVIIIe siècle est qu'il faut faire quelque chose pour les Juifs. Dans l'Europe du «despotisme éclairé», pour Frédéric II en Prusse, pour Joseph II en Autriche, le statut des Juifs doit être amélioré. Mais, que signifie améliorer leur statut? Non pas évidemment en faire des citoyens puisque la notion n'existe à peu près nulle part, mais en faire les égaux des autres habitants. Et comment le faire? Doit-on respecter leurs coutumes – le judaïsme est véritablement un mode de vie – ou les faire entrer dans la «civilisation», les intégrer dans la société dominante, les «assimiler» en quelque sorte?

D'une façon générale, même si l'on trouve sous la plume de Voltaire des considérations très dures envers les Juifs, l'antijudaïsme très fort de la fin du Moyen Age s'est atténué; pour les philosophes des Lumières, la question principale est bien celle de la «régénération» des Juifs qui doit les conduire à l'assimilation.

Il va de soi que «la plupart des Français ne savaient pas grand-chose des Juifs et ne s'intéressaient pas particulièrement à eux» (Delpech), sauf dans l'Église où persiste un antijudaïsme doctrinal et dans les régions comme l'Alsace où les

Juifs provoquent souvent par la pratique de «l'usure» le mécontentement des paysans, même si ces derniers ne peuvent se passer de ces formes de crédit. Cependant, même sans les connaître, l'opinion, quand elle se préoccupe de la question, est plutôt défavorable.

Avant 1789, le discours sur l'émancipation est d'abord celui de Moses Mendelssohn (1729-1786), philosophe allemand qui s'inscrit dans le mouvement juif des Lumières, la *Haskalah.* Ami de Kant et de Lessing, jouissant d'un fort rayonnement intellectuel, Moses Mendelssohn – bien que fort attaché au judaïsme – pense que l'émancipation des Juifs passe par leur réforme, leur dégagement des contraintes communautaires et leur éloignement de leurs traditions et coutumes. Les idées de Mendelssohn, peu populaires en Allemagne, sont répandues en France par Mirabeau qui publie en 1787 une brochure intitulée *Sur Moses Mendelssohn et sur la réforme politique des Juifs* et, comme l'écrit Dominique Bourrel, «c'est bien son génie tutélaire et emblématique qui hanta la salle de la Constituante lors des débats sur les Juifs».

C'est d'ailleurs, semble-t-il, cette brochure qui suggère la même année à la Société royale des sciences de Metz l'idée de mettre au concours la question suivante: «Est-il des moyens de rendre les Juifs plus utiles et plus heureux en France?» Parmi les réponses, dont huit sur dix sont positives, trois sont primées, celle de l'abbé Grégoire, curé d'Emberménil, à proximité de Lunéville, donc en Lorraine, celle d'un avocat de Nancy, Thiéry et celle d'un Juif polonais, bibliothécaire à la Bibliothèque royale de Paris, Zalkind Hourwitz.

Par des chemins différents, les trois auteurs arrivent à peu près au même résultat: ils sont favorables à une émancipation qui devrait aboutir à l'assimilation et, d'une manière plus ou moins avouée, à l'abandon du judaïsme.

Il y a bien un danger à l'émancipation des Juifs de France que souligne l'abbé Grégoire. Ne va-t-elle pas provoquer un appel d'air, et un très grand nombre de Juifs d'Europe centrale ou orientale ne vont-ils pas vouloir gagner la France? Il suffit de les en empêcher, estime Grégoire, dont le projet ne concerne que les Juifs déjà dans le royaume.

Dans les milieux gouvernementaux aussi, on se préoccupe du sort des Juifs. En 1787, Malesherbes, après avoir fait rendre leur état civil aux protestants, est chargé par le roi d'étudier la situation des Juifs. Favorable à des mesures libérales, il quitte le ministère avant qu'elles n'aient abouti.

A la veille de la Révolution, il y a donc *des* communautés juives en France, mais en aucun cas *une* communauté. Si les Méridionaux sont en passe de s'intégrer, on en est loin encore pour la masse des Juifs de l'Est, en particulier pour ceux d'Alsace. L'idée que l'émancipation des Juifs doit avoir lieu est toutefois dans l'air. La question est de savoir comment.

De la Révolution aux années 1880

Jean-Jacques Becker

L'idée d'une modification du statut des Juifs existait avant la Révolution, encore que cela ne préoccupât guère la masse des Juifs, en particulier dans l'Est.

Néanmoins, lorsque l'Assemblée constituante proclame dans la Déclaration des droits de l'homme votée le 26 août 1789 : « Les hommes naissent et demeurent libres et égaux en droits », de même que cela ne concerne pas les esclaves des colonies, que cela n'empêche pas la division des citoyens en deux catégories – les citoyens « actifs » qui seuls votent et les citoyens « passifs » –, la question du statut des Juifs n'en est pas immédiatement résolue.

Les raisons en sont diverses.

La Révolution et la lente émancipation des Juifs

D'abord, les Juifs n'ont pas participé à la rédaction des cahiers de doléances, sauf ceux du Sud-Ouest considérés comme français. A Bordeaux, l'un d'entre eux, David Gradis, est même élu « électeur », c'est-à-dire qu'il participe à l'élection des députés aux États généraux. Toutefois, le grand souci des Bordelais est que la question des Juifs ne soit pas traitée pour elle-même, ce qui aurait pour conséquence immédiate de les assimiler dans l'opinion aux Juifs d'Alsace. Leur bête noire est l'abbé Grégoire. Dès le 14 août 1789, ils lui ont demandé de cesser toute démarche en faveur des Juifs puisque le vote de la Déclaration des droits de l'homme rend inutile toute mesure particulière. La lettre, signée par Abraham Furtado, David Gradis, Salomon Lopès-Dubec et Jacob Azevedo affirme que les associer à leurs coreligionnaires alsaciens ou lorrains serait « une injustice aussi gratuite que cruelle ». De ce fait, l'historiographie accuse souvent les « Portugais » d'avoir, par leur attitude, « retardé » l'émancipation de tous les Juifs de France.

Deuxième raison, quand les cahiers de doléances font mention des Juifs – c'est le cas en particulier des cahiers rédigés dans l'Est –, ce n'est guère en termes favorables. Il leur est reproché d'être « différents » par leur mode de vie, leur langue, leur régime alimentaire..., de vivre en parasites sur le dos des paysans en pratiquant des taux usuraires et de les tromper sur la qualité des bestiaux qu'ils vendent.

D'ailleurs, quand la Grande Peur se développe pendant l'été 1789, elle prend en Alsace une tournure antijuive. Des troubles sérieux ont lieu dans le Sundgau, la région proche de la frontière suisse, et beaucoup de Juifs doivent momentanément se réfugier à Mulhouse ou à Bâle.

L'émancipation suit donc un chemin tourmenté.

A défaut de participer à la rédaction des cahiers de doléances, des Juifs « éclairés » de l'Est, Cerf Berr et son beau-frère David Sintzheim pour les Alsaciens, Berr Isaac Berr pour les Lorrains, rédigent un mémoire, adressé le 31 août à l'Assemblée, réclamant l'égalité et promettant en échange, plus ou moins nettement dit Jacques Godechot, d'abandonner les traditions juives qui seraient en contradiction avec les lois du royaume, tout en conservant l'organisation communautaire. Dès le 26 août d'ailleurs, des Juifs parisiens ont écrit à l'Assemblée pour réclamer la citoyenneté, en renonçant à toute organisation particulière.

Le 14 octobre, une délégation de l'Est, conduite par Berr Isaac Berr (1744-1828) et parrainée par l'abbé Grégoire, est admise à la barre de la Constituante.

A la suite de cette comparution, un premier débat a lieu les 22, 23 et 24 décembre 1789 à l'Assemblée à propos de l'admission des non-catholiques aux emplois publics. Parmi les interventions en faveur des Juifs, l'une est restée célèbre, celle d'un noble libéral, le comte de Clermont-Tonnerre : « Il faut tout refuser aux juifs comme nation et tout accorder aux juifs comme individus », parce qu'elle apparaît comme la définition de l'assimilation, encore que l'orateur n'entende pas limiter en quoi que ce soit les droits religieux des Juifs mais seulement leurs règles communautaires. A vrai dire, sur le moment, il n'est pas particulièrement pris garde à la portée de cette phrase, au milieu d'un débat souvent véhément qui oppose partisans et adversaires de l'égalité des Juifs devant une Assemblée dans sa majorité assez largement indifférente, ne serait-ce que par ignorance de la question. Barnave, Mirabeau, Robespierre – c'est sa seule intervention sur la question – plaident pour l'égalité, tandis que s'y oppose une coalition assez hétéroclite comprenant aussi bien le conservateur évêque de Nancy, monseigneur de la Fare, que le futur Montagnard Jean-François Reubell (ou Rewbell), député de Colmar, qui mettent en avant les réactions hostiles des populations de l'Est. Finalement, tandis que les protestants sont admis aux emplois publics, par 408 voix contre 403 il est décidé le 24 décembre 1789 d'ajourner la décision en ce qui concerne les Juifs.

Ce qui ne fait pas l'affaire des Juifs du Sud-Ouest qui estiment être déjà citoyens… Ils envoient donc à Paris une importante délégation et, à la suite d'un vote favorable de l'Assemblée (374 contre 224), par lettres patentes du 9 février 1790, récupèrent leurs droits de citoyens, également accordés aux Juifs avignonnais… qui ne sont pas encore français : ce n'est qu'en juin 1790 que les Avignonnais réclament leur réunion à la France et l'année suivante qu'Avignon et le Comtat Venaissin sont officiellement annexés.

Restent les Juifs de l'Est. Leurs délégués continuent de faire campagne à Paris et finalement, juste avant que l'Assemblée constituante ne se sépare et après un ultime combat d'arrière-garde, en particulier de Reubell, elle leur accorde la citoyenneté, le 27 septembre 1791.

Les élites juives alsaciennes et surtout lorraines accueillent avec enthousiasme le décret libérateur, et les masses juives de ces régions avec indifférence. Comme l'a écrit Béatrice Philippe : « Comment un marchand de chevaux alsacien, entouré de voisins hostiles et parlant peu le français » pouvait-il saisir toute la portée de l'événement ?

Le décret précise que « les conditions nécessaires pour être citoyen français et pour devenir citoyen actif sont fixées par la Constitution, et que tout homme qui, réunissant lesdites conditions, prête le serment civique et s'engage à remplir tous les devoirs que la Constitution impose, a droit à tous les avantages qu'elle assure ». En contrepartie, il ne peut y avoir de citoyens de différentes sortes, ils doivent renoncer à tous privilèges et à toutes particularités. En ce qui concerne les Juifs, ils doivent renoncer à leurs pratiques communautaires, il n'y a plus de « nation » juive, mais seulement des citoyens de religion juive. Au surplus, pour apaiser les populations locales, toutes les créances possédées par les Juifs sont contrôlées et, comme elles sont souvent mal rédigées, elles sont annulées, ce qui est accepté de bon cœur… par les plus riches, tel le Nancéien Bing qui estime avoir perdu ainsi les deux tiers de sa fortune, mais se réjouit d'être maintenant un vrai citoyen. Pour autant, un homme qui a joué un grand rôle dans la conquête de l'émancipation comme cet autre Nancéien, Berr Isaac Berr, entend bien que cette émancipation ne mette pas en cause le droit à la distinction des Juifs.

Le vote de l'Assemblée constituante n'est toutefois pas suffisant pour que les Juifs soient reconnus comme des citoyens au même titre que les autres. Pour devenir citoyens actifs, du moins pour ceux qui satisfont aux conditions de cens, il faut prêter le serment civique. Si cela ne pose pas de problème en général dans le Sud ni même en Lorraine, il n'en va pas de même en Alsace. En 1792, les municipalités de Strasbourg et d'un certain nombre de villes comme Thann font des difficultés pour admettre les Juifs aux formalités du serment civique. Robert Weyl a particulièrement étudié le cas de Bischeim, à proximité de Strasbourg, dont le rabbin est David Sintzheim, beau-frère de Cerf Berr. Près de la moitié de la population de Bischeim est juive, ce qui s'explique par le fait que beaucoup de Juifs, interdits à Strasbourg, s'y sont rassemblés. Les rapports entre les communautés y sont traditionnellement bons, mais l'idée que les Juifs vont devenir les égaux des chrétiens met le feu aux poudres. Ce n'est qu'après de multiples péripéties que les Juifs peuvent prêter le serment civique, et par la suite beaucoup de Juifs de Bischeim préfèrent déménager à Strasbourg tant l'atmosphère est devenue mauvaise.

Les difficultés les plus sérieuses correspondent néanmoins à la période de la Terreur. Certes, les Juifs n'en sont que rarement victimes en tant que Juifs, mais comme les fidèles des autres religions, ils sont atteints par la campagne antireligieuse. De même que les églises, les synagogues sont fermées et reconverties dans d'autres activités : c'est le cas de la seule synagogue de Paris. L'observance du shabbat est également interdite, comme l'est celle du dimanche. L'enseignement religieux est proscrit, les rabbins suspendus de leurs fonctions, même si seul un petit nombre de rabbins sont persécutés. Des livres en hébreu, des objets du culte sont détruits.

Un certain nombre de Juifs sont victimes de la Terreur et quelques-uns guillotinés, en raison de leurs sympathies politiques vraies ou supposées : c'est le cas de Juifs de Bordeaux, proches des Girondins. A Paris, ce sont plutôt des Juifs hébertistes qui sont victimes de la Terreur.

Pour plusieurs raisons, les Juifs de l'Est, et particulièrement alsaciens, sont affectés par la Terreur en tant que Juifs. Pour des raisons religieuses d'abord : les Juifs du Sud-Est, du Sud-Ouest ou de Paris ont assez volontiers participé à la campagne antireligieuse et ne se sont pas fait prier pour souscrire aux différentes mesures. Il n'en va pas de même, comme le montre Patrick Girard, des Juifs de l'Est « dont la piété naïve et étriquée fut souvent la cible des Conventionnels en mission et des Jacobins locaux ». Pour des raisons économiques ensuite : fournisseurs aux armées, manieurs d'argent, ils sont accusés d'agiotage et de spéculation, de trafic sur les assignats. En outre, leurs liens avec les pays rhénans les font facilement soupçonner d'espionnage. De sorte que dans l'Est, les persécutions qu'ils subissent prennent une tonalité antijuive. La société des Jacobins de Nancy demande l'expulsion des Juifs de France. Saint-Just et Lebas, envoyés en mission, taxent Nancy d'une contribution de cinq millions dont trois pour les seuls Juifs, ce qui est sans rapport réel avec leurs possibilités. Refusant de payer, certains, comme Berr Isaac Berr, sont emprisonnés quelques jours.

Les déclarations du représentant en mission en Alsace, Baudot, à propos des Juifs, ne manquent pas de vigueur : « On serait en peine pour en compter dix reconnus patriotes dans les départements du Haut et du Bas-Rhin. Partout ils mettent la cupidité à la place de l'amour de la patrie et leurs ridicules superstitions à la place de la Raison. Ne serait-il pas convenant de s'occuper d'une régénération guillotinière à leur égard ? »

Cerf Berr lui-même est emprisonné quelque temps (encore que cela soit contesté), et quand il meurt, le 7 décembre 1793, il est enterré de manière presque clandestine. Son beau-frère, le rabbin David Sintzheim, doit s'enfuir en Suisse. Robert Weyl a retrouvé une liste de 24 Juifs arrêtés à Strasbourg, au hasard, dans une sorte de rafle le 23 juillet 1794, quelques jours avant le 9 Thermidor...

Les trois préposés généraux des Juifs alsaciens sous l'Ancien Régime, Lehmann Netter, Cerf Berr et Aaron Mayer meurent dans un court laps de temps, respectivement le 5 janvier 1792, le 7 décembre 1793 et en février 1795. Freddy Raphaël et Robert Weyl soulignent qu'outre la difficulté du moment, leur fin fut assombrie par le tour qu'avait pris les choses. En fait, disent-ils, c'était vraiment des hommes de l'Ancien Régime. Ils avaient le sentiment que ce qu'ils avaient patiemment édifié était menacé en même temps que la société dans laquelle ils avaient vécu. Ils n'ignoraient pas les humiliations qu'ils avaient dû subir, mais, en hommes religieux, ils étaient conscients du chemin parcouru, du gain des libertés qu'ils avaient obtenues qui se traduisaient par la construction de nouvelles synagogues. Ils avaient de solides amitiés à la Cour. S'ils étaient riches, ils savaient que beaucoup de leurs coreligionnaires, envers qui ils se montraient volontiers charitables, étaient très pauvres, mais ce n'était pas spécifique des Juifs. S'ils n'avaient pas mal accueilli, malgré tout, les débuts de la Révolution, ils voyaient maintenant leurs amis chrétiens et eux-mêmes, dans certains cas, emprisonnés, leur fortune fondant à l'aune de la dépréciation des assignats. En fait «les préposés généraux fermèrent les yeux sur un monde sans espérance, pleins d'inquiétude pour l'avenir de leurs enfants» (Freddy Raphaël et Robert Weyl).

Après le 9 Thermidor, les excès cessent, encore que le Directoire reprenne une très ferme politique antireligieuse après le coup d'État du 18 fructidor an V (4 septembre 1797).

En revanche, au fur et à mesure de l'entrée des troupes françaises dans les pays voisins – Belgique, Pays-Bas, Rhénanie, Suisse, Italie –, la législation française y est établie et donc l'égalité des Juifs proclamée, de sorte qu'en général ils y accueillent favorablement la Révolution.

La Révolution est incontestablement le moment de l'émancipation des Juifs français, voire d'une part non négligeable des Juifs européens. Les Juifs devenus vraiment français – il faut surtout considérer les Juifs de l'Est qui en forment les deux tiers ou les trois quarts – en sortent-ils dans une situation favorable ? Paradoxalement, il faut répondre non.

Ils ont en partie perdu ce qu'ils avaient, mais ils ont peu gagné en échange. Les communautés sont ébranlées, souvent privées de leurs guides traditionnels, alors que l'intégration dans la société globale n'a à peu près pas progressé. L'opinion ne leur est guère favorable, non plus que le nouveau personnel politique. Les petits métiers, comme le prêt sur gages, sont de plus en plus difficiles à exercer – les paysans empruntent puis protestent quand les créances leur sont réclamées –, sans qu'ils puissent se livrer à d'autres activités.

Mise à part l'élite vraiment citoyenne, la masse des Juifs de l'Est se trouve dans une situation moins humiliée qu'avant, sans doute, mais plus instable, plus difficile à vivre.

Napoléon et les Juifs

Sans que le sort des Juifs soit pour lui une question centrale, on comprend que dans son œuvre de réorganisation de la France, Napoléon Bonaparte n'ait pu manquer de s'en préoccuper.

C'est dans les années 1806 à 1808 que Napoléon lui consacre un temps important. Le grand Empire est à son apogée. Les Prussiens ont été écrasés à Iéna, les Russes vaincus à Friedland. En 1807, deux représentants des communautés juives, Abraham Furtado de Bordeaux et Maurice Lévy de Nancy, font le long voyage de Tilsitt sur le Niemen pour s'entretenir avec l'Empereur !

Résultat de l'extension de l'Empire, les Juifs y sont plus nombreux et plus divers encore. En France proprement dite, ils sont 25 000 en Alsace, 10 000 en Lorraine – de nombreux Juifs rhénans ont immigré –, 3 700 dans le Sud-Ouest, 2 500 dans le Sud-Est. La grande migration des Juifs, principalement de l'Est, vers Paris, a commencé. Les Juifs parisiens étaient 500 au début de la Révolution, ils sont maintenant 2 700. Il y a, en outre, les Juifs des régions annexées, la Belgique, la rive gauche du Rhin – 20 000 –, le Piémont. Il y a ceux des États vassaux – 50 000 en Hollande (dont 40 000 à Amsterdam)... Au total, 170 000 Juifs sont dans la dépendance directe ou indirecte de l'Empire : 45 000 en France proprement dite, 30 000 dans les départements annexés, de 90 000 à 100 000 dans les États vassaux. Ce n'est encore qu'une faible fraction de la population juive européenne dont l'essentiel se trouve dans l'ancienne Pologne. Avant la constitution par Napoléon de l'éphémère grand-duché de Varsovie en 1807, et à la suite des partages de la Pologne, la Prusse comptait plus de 200 000 Juifs, l'Autriche plus de 500 000, dont 300 000 en Galicie, 80 000 en Hongrie, 75 000 en Bohême-Moravie, la Russie au moins un million.

Les statuts des Juifs sont très différents, même à l'intérieur de l'Empire ou de ses dépendances. Néanmoins, ce qui motive l'intérêt de Napoléon est essentiellement la question des Juifs de l'Est de la France et principalement d'Alsace, encore « qu'à la vieille distinction entre Juifs du Midi et Juifs de l'Est commençait à se substituer un antagonisme plus moderne entre les notables réformistes de toutes origines et les pauvres Juifs de l'Est plus traditionalistes » (Delpech).

S'il est logique que Napoléon, qui a réorganisé les rapports de l'État avec les Églises catholique et protestante, se préoccupe aussi des rapports avec le judaïsme, son intervention se produit dans un contexte particulier, de caractère antijuif.

Les Juifs alsaciens sont accusés d'accabler les cultivateurs de la région par leurs pratiques usuraires, et quand, de retour d'Austerlitz, en janvier 1806, Napoléon passe à Strasbourg, il est assailli par les plaintes qu'elles suscitent. L'Alsacien Kellermann – le vainqueur de Valmy devenu sénateur et maréchal d'Empire – et les préfets s'en font particulièrement l'écho. Quelques jours plus tard, en février 1806, le vicomte de Bonald, dont Napoléon apprécie en général le talent, sinon les idées, publie dans le *Mercure de France* un article retentissant, « Sur les Juifs », où il dénonce la nouvelle féodalité qui opprime l'Alsace.

Napoléon ne semble pas avoir eu préalablement de sentiments antijuifs, si l'on suit François Pietri. François Delpech pense qu'« en bon voltairien » il ne les aimait pas beaucoup, mais qu'il n'en savait pas grand-chose. Toutefois, il est incontestablement irrité par la question de l'usure dans les départements alsaciens et la difficulté des Juifs à y quitter la « nation juive » pour entrer dans la « nation française ».

Or quelle est la réalité ? Les cultivateurs se sont beaucoup endettés pour acheter des terres. En l'absence d'un système bancaire pour répondre à leurs besoins, ils ont eu recours aux prêteurs juifs et se trouvent très souvent dans l'incapacité de faire face à leurs obligations, certes souvent excessives. Par ailleurs, les Juifs alsaciens n'ont rien qui puisse satisfaire Napoléon. Comme le souligne Simon Schwarzfuchs, le judaïsme alsacien, qui a toujours fait partie de la grande communauté du judaïsme rhénan, s'en trouve alors éloigné par les circonstances, sans pour autant avoir conscience de faire vraiment partie d'une nouvelle nation. D'autant que, comme le remarque de son côté André Neher, la juiverie alsacienne, parente pauvre s'il en est, « aussi pauvre spirituellement que matériellement », est particulièrement mal faite pour s'assimiler rapidement, même si elle en avait le goût. Ajoutons à cela que cette ignorance de la patrie se combine à un véritable dégoût pour le métier des armes. Dans cette première période, la plupart des jeunes Juifs alsaciens font tout ce qu'ils peuvent pour échapper à la conscription, se livrant même à des pratiques conjuratoires pour ne pas tirer de mauvais numéros – à vrai dire, si on lit *Le Conscrit de 1813* d'Erckmann-Chatrian, ils n'étaient pas les seuls à chercher par tous les moyens à éviter le service militaire et, on le sait, au fur et à mesure des années, dans toute la France, le nombre des réfractaires ne cessa d'augmenter.

A partir du moment où l'attention de Napoléon est attirée sur eux, il n'est pas très étonnant qu'ils soient victimes de sa mauvaise humeur. Elle s'exprime dans sa célèbre diatribe lors de la réunion du Conseil d'État du 30 avril 1806 : « [...] le gouvernement français ne peut voir avec indifférence une nation avilie, dégradée, capable de toutes les bassesses, possédant exclusivement les deux beaux départements de l'ancienne Alsace ; il faut considérer les Juifs comme une nation et non comme une secte. C'est une nation dans la nation [...]. Des villages entiers ont été expropriés par les Juifs ; ils ont remplacé la féodalité ; ce sont de véritables nuées de corbeaux. »

Napoléon régla la question juive par un débat au Conseil d'État, du mois de mars au mois de mai 1806, par la réunion d'une Assemblée des notables juifs, de juillet à septembre

1806, puis, de décembre 1806 au 6 avril 1807, par celle du Grand Sanhédrin du 9 février au 13 mars 1807 et enfin par une série de décrets, pris entre le 11 mars et le 20 juillet 1808. On peut suivre leur déroulement dans les travaux de François Delpech.

La discussion au Conseil d'État est vive entre un très jeune conseiller, le comte Louis-Mathieu Molé, partisan de mesures d'exception contre les Juifs, Regnault de Saint Jean d'Angély, qui a été l'un des principaux auteurs de l'acte d'émancipation de 1791, le ministre des Cultes Jean Portalis et un autre jeune rapporteur, Beugnot, partisans d'être libéraux en la matière. Après diverses péripéties, Napoléon rejette les positions des uns et des autres pour adopter une voie moyenne à travers une réforme générale du crédit et en prenant des mesures qui permettront la «régénération» des Juifs. Néanmoins, avant de prendre des décisions, il veut s'assurer du soutien des Juifs les plus en vue.

Une centaine d'entre eux, auxquels ont été joints des notables venus d'Italie, sont choisis par les préfets et rassemblés à Paris, à partir du mois de juillet 1806. Ils représentent deux tendances, d'un côté les Méridionaux assimilés et partisans de réformes, et de l'autre des traditionalistes, mais ouverts aux tendances nouvelles, venus de l'Est. Les têtes de file de ces deux tendances sont le Bordelais Abraham Furtado pour les premiers, le rabbin strasbourgeois David Sintzheim et l'industriel nancéien Berr Isaac Berr pour les seconds. La majorité de ceux qui souhaitent collaborer avec le gouvernement portent à leur présidence Abraham Furtado. Dans une lettre à l'Empereur, Furtado écrit: «Israélites dans nos Temples, Français au milieu de nos concitoyens, voilà ce que nous sommes.» Ce riche Bordelais, né à Londres en 1756, vit de bonne heure des revenus de ses propriétés et a déjà joué un rôle avant et pendant la Révolution. Considéré comme proche des Girondins, il n'a échappé à la guillotine qu'en se cachant pendant la Terreur, ce qui le rend plus conservateur que dans sa jeunesse. Peu porté sur la religion après en avoir été un adversaire déclaré, connaissant mal le judaïsme et n'en ayant cure, ses idées plaisent parfaitement à l'Empereur, même si elles conviennent peu à ses coreligionnaires de l'Est qui l'accusent d'avoir appris la Bible chez… Voltaire.

Cette Assemblée des notables doit répondre à douze questions dont le principe est de savoir si le judaïsme est compatible avec le droit commun. L'Assemblée répond avec enthousiasme par l'affirmative, en ce qui concerne l'amour de la patrie ou la condamnation de l'usure, mais avec plus de réserves sur d'autres questions, comme la possibilité de mariages mixtes. « Ceux-ci ne sont pas interdits, mais ils ne sont pas conseillés par la Synagogue, pas plus que par l'Église ! »

Pour donner plus de poids aux réponses des notables et éviter qu'elles puissent être remises en cause, Napoléon décide la réunion d'un Grand Sanhédrin, formé de soixante et onze membres, comme dans le passé à Jérusalem. En réalité, ce Grand Sanhédrin n'a rien à voir avec l'institution disparue depuis près de quatorze siècles… et qui était un tribunal dont la compétence s'étendait à toute la diaspora. On ne sait même pas qui a eu l'idée de cette recréation. On l'a attribuée à Abraham Furtado ou à un « Allemand », Israël Jacobson, un des animateurs du courant réformiste, mais François Delpech s'est demandé si elle ne venait pas tout simplement de « l'imagination fertile de l'Empereur et de son désir constant de frapper les esprits ». C'est ce que pense aussi Charles Touati qui met en avant le goût du faste de l'Empereur, dans ses actes sinon pour lui-même, et le goût de l'Antiquité, si marqué pendant la période révolutionnaire et tout particulièrement chez Napoléon. Certes, un grand talmudiste comme David Sintzheim savait que cette dénomination était tout à fait impropre, mais il devait connaître aussi un adage célèbre dans le judaïsme: «On ne se braque pas sur les mots.»

La composition du Grand Sanhédrin est plus religieuse que l'Assemblée des notables : aux vingt-six laïcs ont été joints quarante-cinq rabbins. Le rabbin David Sintzheim est nommé à sa tête. Contrairement à Furtado, c'est un des grands savants de son époque dans le domaine du judaïsme. Il deviendra plus tard grand rabbin de France. Scrupuleux, courageux, capable de résister aux volontés impériales, il est également réaliste. Le Grand Sanhédrin tourne les difficultés en distinguant les lois religieuses intangibles et les lois civiles contingentes. C'est ainsi que la conscription est admise, avec dispense pour les soldats des prescriptions rituelles incompatibles avec le service.

Une telle attitude permet de ne pas accepter, sans pour autant les rejeter, les dernières volontés de l'empereur qui, depuis Posen (Posnanie), fin 1806-début 1807, exige que la conscription soit obligatoire pour les Juifs, *sans possibilité de remplacement*, à l'encontre du reste de la population et qu'une certaine proportion de mariages mixtes soit également obligatoire. Pour Napoléon, ces exceptions ont pour but de faire entrer les Juifs par la force dans la voie de l'assimilation.

Après la fin de la réunion du Grand Sanhédrin, l'Assemblée des notables continue ses travaux. Les commissaires impériaux se rendent bien compte qu'ils ne peuvent faire avaliser de façon formelle par cette Assemblée les exceptions qu'exige l'Empereur. Ils se contentent donc de déclarations de principe.

Prêts depuis le mois de juin 1807, il faut encore une année pour que les textes souhaités par Napoléon soient promulgués, le 17 mars 1808, sans qu'on sache pourquoi leur publication a été différée.

Les deux premiers décrets concernent la réorganisation du culte israélite. Les anciennes communautés laissent place à un Consistoire central et à des consistoires départementaux dans les départements comptant plus de deux mille Juifs. Ils sont formés de rabbins et de laïcs qui doivent diriger et administrer les cultes, veiller à l'amour de la patrie et à la régénération des Juifs en les poussant vers des métiers utiles. Appliqué sans ingérence de l'État, ce décret ne soulève pas de grandes difficultés.

Le Consistoire central et les consistoires

A l'initiative de l'empereur Napoléon 1er, et à la suite de l'Assemblée des notables (1806) et des décisions doctrinales du Grand Sanhédrin (1807), l'organisation du culte israélite devient effective avec les décrets impériaux des 17 mars et 11 décembre 1808.

Le décret du 17 mars établit une synagogue et un consistoire dans chaque département renfermant au moins 2 000 israélites. A la tête de chaque consistoire, un grand rabbin assisté d'un autre rabbin et de trois laïcs désignés par les notables et agréés par le pouvoir politique. Leur rôle est d'instruire le public, de maintenir l'ordre dans la synagogue, de percevoir un impôt annuel sur les coreligionnaires pour faire face aux frais du culte, et surtout d'encourager les fidèles à l'exercice des professions utiles. Sept consistoires départementaux sont alors établis par le décret impérial du 11 décembre 1808. Le Consistoire central, dont le siège est à Paris, se compose de trois grands rabbins et de deux laïcs. Sa fonction est de correspondre avec les consistoires, de surveiller les circonscriptions, et enfin d'infirmer ou de confirmer la nomination des rabbins et des laïcs. Il veille ainsi au bon fonctionnement du rabbinat et à la répartition des frais du culte.

La chute de l'Empire ne remet pas en cause l'organisation consistoriale. Par le sénatus-consulte du 1er avril 1814, la liberté des cultes est garantie : sous Louis-Philippe, par la loi du 8 février 1831, les grands rabbins et rabbins reçoivent désormais leurs traitements du Trésor public, déchargeant ainsi les communautés.

Avec l'ordonnance du 25 mai 1844, Louis-Philippe réglemente à nouveau le culte israélite. Les pouvoirs du Consistoire central et de son grand rabbin sont renforcés, même si les règles fixées par les décrets de 1808 ne deviennent pas pour autant caduques. Le Consistoire central se compose désormais d'un seul grand rabbin, « chargé de la haute surveillance des intérêts du culte israélite ». Il approuve les règlements relatifs à l'exercice du culte, peut dissoudre un consistoire départemental, délivre les diplômes rabbiniques et a le droit de censure sur les autres rabbins.

Avec la colonisation de l'Algérie, l'ordonnance royale du 9 novembre 1845 précise l'organisation du culte dans les provinces d'Alger, de Constantine et d'Oran. A partir de 1846, en raison de l'évolution géographique de la communauté, et après la perte de l'Alsace et de la Lorraine du Nord, de nouvelles circonscriptions consistoriales apparaissent à Saint-Esprit-les-Bayonne (1846), à Lyon (1857), à Besançon (1881), à Lille (1876), et enfin à Épinal (1896).

Si la loi du 9 décembre 1905 met fin aux privilèges financiers des cultes, elle ne modifie guère l'organisation consistoriale, devenue en 1906 l'Union des associations cultuelles israélites de France et d'Algérie.

Les principes de la centralisation, hérités du Ier Empire, ne disparaissent pas au XXe siècle. Les nouveaux statuts de l'Union, adoptés le 8 mars 1939, confirment le rôle prédominant du Conseil du Consistoire central et du grand rabbin devenu grand rabbin de France. Seuls les consistoires du Haut-Rhin, Bas-Rhin et de la Moselle n'adhèrent pas à l'Union, car ils restent organisés selon l'ordonnance du 25 mai 1844, confirmée par la loi du 1er juin 1924.

Avec la venue des Juifs d'Afrique du Nord, la géographie religieuse se modifie, d'où la nécessité de restructurer les associations consistoriales. En 1988, l'Union des associations cultuelles israélites de France et d'Algérie se transforme en Union des communautés juives de France. La section régionale d'Algérie est remplacée par celle des DOM-TOM.

Aujourd'hui, le Consistoire central demeure l'unique structure organisée chargée de défendre les intérêts du culte auprès des pouvoirs publics.

Philippe E. Landau

Le troisième décret, en revanche, baptisé par la tradition juive « décret infâme » soulève des difficultés. Il entend réprimer l'usure, et, alors qu'une réglementation générale du prêt à intérêt a été édictée le 3 septembre 1807, une réglementation particulière est appliquée aux Juifs. Un décret du 30 mai 1806 a déjà accordé un moratoire d'une année aux débiteurs des Juifs de l'Est pour payer leurs dettes, mais là, une mesure beaucoup plus radicale est prise. La majeure partie des créances est purement et simplement annulée en fonction d'une nouvelle réglementation. En outre, pour l'avenir, les commerçants et artisans juifs doivent obtenir chaque année une patente spéciale délivrée par le préfet. Le décret remet entre les mains de l'État la possibilité pour les Juifs de continuer leurs activités. Le décret prévoit aussi que toute immigration en Alsace leur est dorénavant interdite et que la conscription est obligatoire sans possibilité de remplacement.

Ce décret est pris pour dix ans et en principe renouvelable. Il ne concerne que les Juifs d'Alsace, à la rigueur de Lorraine. Presque immédiatement, les Juifs du Midi et ceux de Paris en sont dispensés. L'Empereur a très bien compris que ce décret n'est pas applicable par exemple à des maisons de banque parisiennes, comme celle dirigée par Fould, régent de la Banque de France ! Par ailleurs, au moins dans le domaine de la conscription, le décret sera atténué dès 1812.

Un quatrième décret est pris le 20 juillet 1808. Les Juifs doivent faire enregistrer leurs noms et prénoms à l'état civil, ce qui les oblige pour l'avenir à avoir un nom patronymique stable, alors qu'au moins dans les communautés de l'Est les noms sont très mouvants et que la même personne est fréquemment désignée par des noms assez différents. Cette réforme, qui met en cause les habitudes, n'est pas accueillie avec plaisir et connaît quelques difficultés d'application. On en parle d'ailleurs peu. Elle est pourtant tout à fait importante puisque, dans un domaine essentiel, elle fait entrer les Juifs dans le droit commun.

Au total, l'œuvre de Napoléon à travers le Grand Sanhédrin est un pas important dans la voie d'une volonté assimilatrice des masses juives les plus nombreuses et les plus pauvres. Si, pour les Constituants, l'émancipation a été au premier plan, pour Napoléon, c'est sans aucun doute l'assimilation.

L'Empereur a d'ailleurs dû limiter ses ambitions. Il ne peut étendre cette politique à l'ensemble du monde impérial. Il doit se contenter de la France et du royaume d'Italie. Il n'a pu obtenir la consécration religieuse du mariage mixte, ce qui est indispensable à une assimilation totale. Les effets de l'obligation de la conscription sont réduits sur une population où le nombre de « bons pour le service », probablement par les effets d'une fréquente consanguinité, est encore plus limité que pour l'ensemble de la population où il est déjà faible. Enfin, la période d'application réelle est très réduite, dans un domaine où la durée est décisive, puisque l'Empire disparut moins de six ans plus tard. Il n'empêche que le « décret infâme », en frappant très durement les populations juives de l'Est dans leurs intérêts économiques, sans leur donner d'autres moyens de subsistance, ne pouvait manquer d'entraîner de profondes transformations dans la vie des groupes les plus nombreux. Ajoutons encore que, quels qu'aient été les sentiments réels de Napoléon, les administrations locales marquent dans l'application de ces décrets beaucoup d'hostilité aux Juifs, ce qui ne peut être sans conséquences.

Le Séminaire israélite

L'École rabbinique est créée le 21 août 1829. Remplaçant à Metz l'ancienne *yeshivah*, elle doit répondre aux vœux des notables consistoriaux en assurant la pérennité de la vie religieuse auprès des générations émancipées et en introduisant les études profanes.
Afin de mieux contrôler l'enseignement et les maîtres jugés trop orthodoxes, le consistoire de Paris et le grand rabbin de France, Salomon Ulmann, se prononcent en 1856 pour le transfert de l'École dans la capitale. En 1859, l'École rabbinique, transférée à Paris, devient le Séminaire israélite. Situé d'abord rue du Parc-Royal, puis boulevard Richard-Lenoir, il s'installe en 1882 rue Vauquelin, en plein Quartier latin.
Placé sous le contrôle du Consistoire central et du consistoire de Paris qui en assument les ressources, le Séminaire connaît une nouvelle organisation. Outre les études religieuses, sont institués des cours d'histoire juive, de philosophie et de littérature. Pour obtenir le titre de grand rabbin, il faut soutenir une thèse talmudique et une autre relative soit à la théologie, soit à l'une des parties de la Bible.
La loi de séparation de 1905 a pour conséquence de définir un règlement intérieur plus strict, encore en usage aujourd'hui.
Selon les aptitudes et le choix de l'élève, quatre types de diplômes sont proposés : *hazzan* ou chantre, professeur d'instruction religieuse, rabbin, grand rabbin. L'enseignement a évolué pour mieux parfaire l'éducation rabbinique. Des études plus poussées en matière talmudique et halakhique sont souhaitées, et, depuis les années 60, le Séminaire encourage les élèves à suivre une formation complémentaire d'un an dans une *yeshivah* en Israël.
Ayant formé plus de 450 rabbins depuis sa création, le Séminaire nourrit de grandes ambitions. A l'aube du XXIe siècle, le Consistoire central espère bien le transformer en Séminaire européen, ouvert sur les pays de la Communauté européenne comme sur ceux de l'Europe de l'Est.

Ph. E. L.

Le siècle tranquille du judaïsme français

Dans *L'Histoire des Juifs en France,* publiée en 1972 sous la direction de Bernhard Blumenkranz, François Delpech faisait la remarque suivante: «De la non-reconduction du décret napoléonien contre les Juifs à la parution de la *France juive* de Drumont et au réveil de l'antisémitisme, les communautés juives de France connurent une période de tranquillité tout à fait exceptionnelle dans leur histoire. Mais cette période n'a guère attiré l'attention des historiens du judaïsme et reste mal connue. Les peuples heureux n'ont pas d'histoire.» Depuis une vingtaine d'années, on connaît un peu mieux l'histoire des Juifs français dans cette période, en particulier au point de vue sociologique, mais la remarque de François Delpech demeure tout à fait juste. Dans l'histoire tourmentée des Juifs, le XIXe siècle, trois générations, est un moment à marquer d'une pierre blanche, avant qu'à nouveau on n'entre dans une période difficile...

A la chute de l'Empire, en 1815, les Juifs de France n'ont pas encore complètement obtenu l'égalité, surtout les Juifs de l'Est, victimes du décret de 1808. Ce décret est renouvelable en 1818, mais comme les consistoires pensent que le nouveau régime ne le prorogera pas, ils hésitent à soulever le lièvre eux-mêmes et à faire campagne pour son non-renouvellement. La Restauration se montre bienveillante, mais la cause des Juifs d'Alsace, s'agissant de l'usure, reste très impopulaire. D'ailleurs, dès 1816, bien loin de prôner la disparition du décret, le conseil général du Haut-Rhin, bientôt suivi par celui du Bas-Rhin, demande des mesures plus sévères. Cependant, ces demandes ne sont pas soutenues par des mouvements importants en Alsace. Les autorités juives, Consistoire central, consistoires départementaux, s'appuyant sur le texte habile d'un capitaine d'artillerie, Alphonse Cerf Berr, qui s'en prend au despotisme napoléonien et exalte la Charte, insistent sur l'incontestable recul de l'usure dans les deux départements. Le gouvernement modéré, qui est alors présidé par le duc de Richelieu, estime qu'il n'est pas nécessaire de reconduire une mesure sans conteste exorbitante au droit commun.

Les consistoires remercient le roi en incitant leurs coreligionnaires à mériter sa confiance en faisant preuve d'une grande probité.

Au total, l'évolution dans la France de la Restauration est exactement inverse de celle qui se manifeste dans de nombreux pays d'Europe où les droits civils des Juifs, acquis pendant la période napoléonienne, sont remis en cause. Non seulement les droit civils sont maintenus en France, mais la situation s'améliore encore. La période de réaction de Charles X provoque bien quelques inquiétudes, mais la monarchie de Louis-Philippe est favorablement accueillie, d'autant que la « Charte révisée », en enlevant au catholicisme son caractère de religion d'État pour reconnaître seulement qu'il est la religion de la majorité des Français, ouvre la voie à la disparition d'une nouvelle discrimination. Sur proposition en particulier du comte Molé qui, quelques années auparavant, en 1806, s'est montré si hostile aux Juifs, une loi établit que les ministres du culte juif seront rémunérés comme ceux des autres cultes. Le changement d'attitude de Molé – certes, près de vingt-cinq ans se sont écoulés – est symptomatique de l'attitude envers les Juifs. La grande méfiance qui a présidé à l'œuvre napoléonienne est en grande partie effacée. Le roi Louis-Philippe et sa famille leur manifestent dans la vie quotidienne une attention égale à celle qu'ils peuvent avoir envers les représentants des autres cultes. De passage à Metz, comme le signale Béatrice Philippe, le fils du roi, le duc d'Orléans, invite à sa table le grand rabbin et le président du consistoire départemental.

Il ne reste plus qu'un vestige d'un statut discriminatoire, le serment judiciaire *more judaico.* Dans un certain nombre de tribunaux de l'Est, Metz, Colmar, Saverne par exemple, au lieu de prêter serment au tribunal comme les autres citoyens, les Juifs sont astreints à un serment particulier, dans la synagogue la plus proche, la main posée sur la Bible et la tête recouverte du châle de prières... Ce rite anachronique n'est d'ailleurs pas forcément mal accepté par les gens âgés qui ont vu parfois d'un œil méfiant des changements qui font disparaître les spécificités juives. En revanche, c'est une distinction intolérable pour la nouvelle génération. Même si le *more judaico* n'est plus guère en usage, le principe n'en est plus acceptable.

Une jeune avocat nîmois en fait l'objet d'un de ses premiers combats. Adolphe Crémieux appartient à une famille juive originaire du Comtat Venaissin. Son père a été jacobin et la famille Crémieux est largement assimilée. A l'aube d'une brillante carrière politique, Adolphe Crémieux se consacre à la disparition du *more judaico.* C'est un long combat puisque, si lui-même en est dispensé dès 1827, ce n'est qu'en 1846 que la Cour de cassation prend un arrêt y mettant fin définitivement, à la suite d'une plaidoirie de Crémieux en faveur du rabbin Isidor de Phalsbourg, qui date tout de même de 1837...

Sans que cette affaire ait une importance et une résonance très grande, elle est historiquement symbolique : en 1846, il n'existe plus la moindre différence juridique à la défaveur des Juifs.

Adolphe Crémieux

Né à Nîmes en 1796, dans une famille de vieille souche comtadine, Adolphe Isaac Crémieux est l'archétype de l'israélite français du XIXe siècle. Après des études au lycée Louis-le-Grand, à Paris, il est admis au barreau de sa ville natale, en 1817, mais, refuse de prêter le serment *more judaico* (formalité discriminatoire imposée également aux avocats juifs). Il contribue par la suite à l'abolition de ce serment en 1846, à l'issue de plaidoiries célèbres devant les plus hautes instances juridiques de l'État. Jouant un rôle politique de premier plan qui le rend populaire auprès des républicains et des cercles libéraux, il est élu député de Chinon en 1842. Orateur de grand talent, fin lettré, fréquentant les milieux les plus prestigieux de la société parisienne, il s'intéresse aux affaires juives depuis son arrivée dans la capitale, en 1830. Nommé cette même année au Consistoire central, il y joue un rôle de plus en plus important jusqu'à en devenir le président, en 1843. Trois ans plus tôt, il s'est distingué dans la tristement célèbre affaire de Damas au cours de laquelle, après le meurtre d'un moine capucin, le père Thomas, protégé français, une accusation de crime rituel est portée à l'encontre des principaux dirigeants de la communauté syrienne. Se dépensant sans compter pour mettre fin à cette calomnie dont l'un des instigateurs n'est autre que le consul de France Ratti-Menton, il se rend en Orient, en compagnie de sir Moses Montefiore, où après maints efforts il parvient à obtenir la libération des accusés juifs. En 1845, Crémieux doit abandonner la présidence du Consistoire central à la suite de la conversion de sa femme et de ses enfants au catholicisme. Il est néanmoins nommé membre du Comité parlementaire chargé de l'élaboration de l'organisation du culte juif en Algérie. C'est son premier contact avec la communauté juive de la colonie dont il devient l'un des principaux défenseurs auprès des pouvoirs publics et de la presse métropolitaine, faisant figure d'apôtre infatigable de la naturalisation des Juifs d'Algérie et de leur « sortie d'Égypte » :

« L'Égypte », s'était-il écrié, lors de l'une de ses plaidoiries, « c'est Alger, Alger pour mes malheureux frères, la terre de servitude ».

En demandant puis en obtenant la nationalité française pour les Juifs d'Algérie en 1870, Crémieux fait sienne la devise que les rabbins français de son époque ont coutume de répéter à leurs fidèles : « Soyez bons Français, c'est la meilleure façon de devenir bons Juifs. » Quoi de plus patriotique, en effet, que ce décret portant son nom, en sa qualité de ministre de la Justice de Gambetta qui donne à la France 33 000 nouveaux citoyens ? Assurément, tout le monde en Algérie n'est pas du même avis, mais, en 1872, l'ancien membre du gouvernement provisoire peut encore venir dans la colonie et y recueillir les suffrages lui permettant de retourner à la Chambre après que Victor Hugo, en témoignage d'amitié, eut refusé de se présenter contre lui à Alger.

Avocat de grand renom, ancien député et ancien ministre, Crémieux a ajouté également à la longue liste de ses titres celui de président de l'Alliance israélite universelle, fonction qu'il garda de 1863 jusqu'à sa mort en 1880. Œuvrant pour la promotion de l'émancipation juive ainsi que pour l'expansion de la culture française à travers le monde, personne mieux que Crémieux ne pouvait faire de cette prestigieuse organisation du judaïsme de France l'une des institutions juives les plus puissantes de l'époque contemporaine.

Michel Abitbol

Mise à part cette élimination des dernières traces de ségrégation – au moins au point de vue juridique –, il n'y a plus à proprement parler d'histoire des Juifs de France pendant une grande part du XIXe siècle ; il n'y a plus, tout au moins, d'événements qui les concernent particulièrement. En revanche, tant le nombre que la répartition géographique et socioprofessionnelle de la population juive pendant cette période changent considérablement.

De 1808 à 1870, la population juive double en France, d'après François Delpech. Il va de soi qu'il n'est pas très facile d'en connaître le nombre exact. Néanmoins, comme les rémunérations des ministres des cultes sont proportionnelles au nombre de leurs fidèles, le Consistoire central est conduit à procéder, autant qu'il le peut, à un dénombrement. En outre, les recensements généraux de la population effectués en 1851, 1861, 1866 et 1872 ont introduit une question sur l'appartenance religieuse, question qui disparut au début de la Troisième République. En fonction de toutes ces données – plus ou moins fiables –, Doris Bensimon a pu tenter d'appréhender le nombre de Juifs en France. Estimés à 46 000 en 1808, ils sont 63 000 en 1831, 74 000 en 1851, 80 000 en 1861, 89 000 en 1866.

Une partie notable de la population juive française, comme nous le verrons ci-dessous, résidant en Alsace et dans la partie de la Lorraine annexée par l'Allemagne en 1871, cette population connaît alors une chute considérable. Les Juifs ne sont plus que 50 000 en 1872. Il y a en effet 7 000 Juifs en Moselle, 21 000 dans le Bas-Rhin et 13 000 dans le Haut-Rhin après défalcation des Juifs du Territoire de Belfort, au total 41 000, soit près de la moitié des Juifs de France. Cependant les Juifs alsaciens-lorrains ne sont plus que 32 000 à la fin du siècle dont 8 000 environ sont venus de façon récente d'Allemagne ou de l'Empire austro-hongrois. Ce qui signifie que près de 40 % des Juifs d'Alsace-Lorraine ont opté pour la France. Environ 15 000 d'entre eux partent s'y installer. Dès 1891, le nombre des Juifs en France est remonté à près de 68 000 et en 1897 à 71 000. En réalité, ces chiffres sont probablement inférieurs à la réalité. Ils sont fournis par les consistoires et ces derniers, malgré l'intérêt qu'ils peuvent avoir à les majorer, n'ont plus connaissance d'une fraction significative des Juifs qui, « déjudaïsée », n'a plus guère de contact avec les institutions juives. En outre, des immigrés récents n'ont pu être comptabilisés. De sorte que vers 1890, la population juive en France s'élève vraisemblablement à 85 000 ou 90 000 individus, c'est-à-dire qu'elle a retrouvé le niveau de la fin du second Empire, malgré la perte de l'Alsace-Lorraine.

En tout cas, quelle que soit sa fécondité, la population juive n'a pu doubler en si peu de temps par simple croissance naturelle. Son accroissement est largement dû à l'immigration, mais on en connaît mal le détail. Le recensement de 1872 montre que pour la région parisienne, sur 84 % des recensés dont le lieu de naissance est indiqué, 60,5 % sont nés en France et 23,5 % à l'étranger. Ces immigrés viennent principalement du monde germanique, pour 47 % d'Allemagne et d'Autriche. Le courant d'émigration à partir de l'Allemagne s'est amorcé dès la première moitié du siècle. Le recensement de 1872 montre néanmoins qu'un contingent, presque la moitié (22 %) de celui de l'Europe germanique, vient d'Europe orientale. A la fin du siècle, ce courant supplante progressivement le courant allemand. En revanche, très peu d'immigrés viennent encore des pays méditerranéens.

La répartition de la population juive à travers la France a également beaucoup changé. Progressivement, le nombre de départements où il n'y a pas au moins quelques Juifs devient de plus en plus faible, mais le fait majeur de la période est l'urbanisation de la population juive et particulièrement le grossissement de la population juive parisienne. A partir du milieu du siècle, l'exode rural et la migration vers les villes deviennent des phénomènes habituels, mais la migration urbaine de la population juive est nettement plus importante (en proportion), plus précoce, et dans une certaine mesure répond à d'autres raisons.

La cause principale en est la situation des Juifs de l'Est et en particulier alsaciens.

Le judaïsme de l'Est

A l'inverse de ce qu'on pourrait penser, les Juifs de l'Est ne quittent pas massivement leurs provinces. Leur pourcentage diminue par rapport à l'ensemble de la population juive de la France, mais en chiffres absolus, leur nombre augmente. En 1808, il y a 37 000 Juifs en Alsace et en Lorraine (respectivement 26 000 et 11 000), en 1861 ils sont près de 50 000 (respectivement 35 000 et 15 000), mais alors qu'ils représentent 79 % de la population juive française en 1808, ils n'en forment plus que 63 % en 1861 et 57 % en 1866. Le judaïsme alsacien-lorrain reste numériquement dominant à l'époque du second Empire. Et c'est un judaïsme majoritairement rural.

Certes, il y a très vite un mouvement de migration vers les villes – Mulhouse, Colmar, Belfort, Strasbourg –, mais il peut être considéré comme un mouvement de compensation : les Juifs, qui ont été longtemps interdits dans les villes, peuvent maintenant s'y installer, s'ils le souhaitent. D'ailleurs, l'exemple de Strasbourg montre que l'urbanisation est relativement lente : la communauté juive qui y est de 1 476 en 1808 n'est que de 2 820 en 1863. Strasbourg devient la première ville juive d'Alsace, et l'ancienne communauté rurale de Bischeim périclite, mais la communauté rurale de Wintzenheim, proche de Colmar, résiste longtemps. « Plus que dans le cadre urbain qui ne s'est affirmé que dans le dernier quart du XIXe siècle, c'est dans le paysage géographique et humain de la campagne que s'est forgé progressivement un judaïsme spécifique » (Freddy Raphaël). Le rôle économique des Juifs évolue peu en Alsace pendant la plus grande part du XIXe siècle.

Pour des raisons culturelles, les Juifs de l'Est sont peu enclins à évoluer. Les cadres et les coutumes communautaires se maintiennent longtemps. Masse de pauvres, ils souffrent davantage des transformations – en particulier de celles qui ont rendu difficile le prêt à intérêt – qu'ils n'apprécient les libertés qui leur ont été données. Ils restent rassemblés dans de grosses communautés rurales. Ainsi, par exemple, près de Petit-Pierre dans le Bas-Rhin, un village, Struth, sur 440 habitants compte 87 luthériens, 113 réformés, 6 dissidents et 147 israélites. Ils forment donc la communauté la plus nombreuse. Dans ces petites communautés, on respecte scrupuleusement les préceptes religieux du judaïsme, mais on vit très misérablement. Pratiquement aucun Juif ne s'est mis à travailler la terre, ils vivent d'expédients, de petit commerce, de friperie, de brocante, de ferraillage, de colportage, du commerce des bestiaux

Parmi ces activités, le colportage est une des plus répandues : vente de livres hébraïques aux populations juives, vente de fil, d'aiguilles, de mouchoirs à carreaux, de vaisselle. Mangeant de façon extrêmement frugale, portant une lourde balle, ils partent le dimanche pour la semaine et reviennent pour passer le shabbat en famille. D'autres vont plus loin et quittent leur village après la Pâque pour n'y revenir qu'au moment du jour de l'An et du Grand Pardon et passer l'hiver en famille. La fonction du colporteur juif a longtemps été utile pour les fermes isolées, en particulier dans la montagne. Bien entendu, ils sont accusés par les rapports officiels de souvent abuser de la naïveté de leurs clientes pour leur vendre des objets inutiles ou de mauvaise qualité. Ils pratiquent aussi un peu de prêts sur gages. Au total, ces colporteurs font rarement fortune.

Le marchand de bestiaux se situe à un niveau légèrement plus élevé, comme le dépeint Freddy Raphaël : « Le marchand de bestiaux, figure emblématique du judaïsme alsacien ». Pendant longtemps, les Juifs alsaciens ont à peu près le monopole du commerce des bestiaux, prolongé par celui de la boucherie. Vie pénible de ces marchands de bestiaux qui se déplacent de ferme en ferme pour vendre et acheter – ils se contentent souvent d'un quignon de pain, d'un bout de fromage, de quelques noix..., partant à cinq ou six heures du matin dans le rude hiver alsacien, après s'être levés à trois heures pour soigner les animaux, traire les vaches..., parcourant sept ou huit villages dans la journée. Certes, parmi ces marchands de bestiaux, tous ne sont pas misérables : les plus aisés non seulement vendent du bétail, mais fournissent du crédit.

Les rapports des Juifs avec le reste de la population rurale sont variés. Misérables, ils sont conduits à exploiter quelquefois une population tout aussi misérable qu'eux, et ils sont facilement traités d'usuriers – le créancier dont on ne parvient jamais à se débarrasser devient un objet d'aversion et de méfiance (Léon Gelher). Mais d'autres marchands de bestiaux entretiennent de bons rapports avec des clients attitrés, paysans et bouchers. Certains paysans ne veulent avoir de rapports qu'avec « leur » Juif.

Les protestants sont plus accueillants, moins méprisants que les catholiques envers les Juifs, mais ils sont considérés comme retors en affaires. Les rapports commerciaux, sinon humains, sont souvent plus faciles avec les catholiques.

Néanmoins, ces activités traditionnelles déjà peu rémunératrices, trop liées à une économie en train de disparaître, sont mises à mal au cours du XIXe siècle. Si les effets de la révolution industrielle sont longtemps peu sensibles, peu à peu, surtout à partir du second Empire, le développement du réseau bancaire, des magasins à succursales multiples, du Crédit foncier rendent ces activités obsolètes. D'où la très grande pauvreté de la majeure partie des Juifs d'Alsace. En 1858, chez les Juifs du Bas-Rhin, il y a 13 % d'indigents contre seulement 9 % chez les catholiques et 5 % chez les luthériens.

Il faut pourtant attendre encore une génération, voire la fin du siècle, pour que les enfants des colporteurs et marchands de bestiaux deviennent de petits boutiquiers ayant pignon sur rue, que le fils du ferrailleur devienne quincaillier, celui du marchand de bestiaux tanneur ou marchand de chaussures, celui du colporteur marchand de tissus. De ce point de vue, la période allemande se traduit de façon contradictoire : d'un côté la communauté juive alsacienne a tendance à se replier sur elle-même, à limiter encore davantage son ouverture sur l'extérieur, d'autant qu'elle est brutalement coupée de la France à laquelle elle a le sentiment d'appartenir et que ses liens antérieurs avec le monde rhénan se sont distendus, mais d'un autre elle profite du développement économique de l'Empire allemand.

Néanmoins, l'augmentation de la population a été telle, le surpeuplement engendré par cette croissance si insupportable, que, dès les années 1820, un certain nombre comprennent qu'il faut partir vers les villes, d'abord alsaciennes, puis un peu plus éloignées, Reims, Lille, Dijon, Lyon… et surtout Paris. Ainsi amorcé, le mouvement s'accélère vers le milieu du siècle et la grande migration après 1871, provoquée par le refus de rester en territoire allemand, doit être inscrite dans cette tendance.

L'intégration des Juifs alsaciens des campagnes est donc lente : il faut attendre la seconde partie du siècle. Si les enfants commencent à fréquenter de façon régulière les écoles religieuses ou publiques et jouissent d'une instruction très supérieure à celle de leurs parents, ils restent peu attirés par la fonction publique ou militaire, continuent à redouter le service militaire et pratiquent une religion très familiale. Ils apparaissent aux Juifs des autres régions comme engoncés dans leurs habitudes et leur conformisme, et en définitive ils deviennent, progressivement, aux yeux de leurs coreligionnaires des autres régions, plus alsaciens que juifs, comme le montre Béatrice Philippe.

Une inscription spécifique dans le paysage de l'Alsace : la communauté juive du XIXe et du XXe siècle

Les Juifs sont présents sur la terre d'Alsace sans discontinuité, depuis le XIIe siècle jusqu'à la veille de la Seconde Guerre mondiale. Ce n'est qu'au début des années 30 qu'ils cessent d'être une population essentiellement rurale, disséminée dans un nombre impressionnant de villages.

Jusqu'alors, ce qui caractérise ce judaïsme campagnard, c'est la densité de la vie sociale, le réseau communautaire extrêmement serré, où l'entraide et le contrôle sont étroitement imbriqués. Du simple d'esprit jusqu'au rabbin et au notable, tout le monde a sa place dans le tissu collectif, y compris les laissés-pour-compte de la réussite sociale et même ceux qui ont enfreint les normes communes. Le « benêt », qui travaille comme journalier chez les paysans, et la fille mère, qui est la « gardienne des morts » – elle assure la veillée funéraire – et qui allume les bougies de la synagogue, participent de la vie communautaire. Comparant le *shtetl*, la bourgade juive d'Europe orientale, à la *kélle*, la communauté juive du village alsacien, Joseph Weill, dans *Un quêteur d'absolu*, rappelle que l'air est rempli des mêmes éclats de voix, la même agitation régne, les mêmes oreilles guettent anxieusement le bruit du monde, la même interrogation fleurit au bout des lèvres pour savoir si « c'est bon ou mauvais pour les Juifs » ; le milieu communautaire offre la même chaleur et une pareille apparence de sécurité. « Les discussions sur la manière de sauver le monde y étaient également vives et demeuraient tout aussi interminables, l'animation était semblablement particulière aux jours de foire. » Dans ce milieu clos, où éclatent parfois des disputes mesquines, des brouilles opposant des familles entières, prévaut cependant une profonde entraide. Devant la souffrance et la mort l'unité se refait, les rancœurs s'apaisent. La solidarité et la générosité se manifestent parfois avec une grande délicatesse. Les « Juifs de la campagne » sont très profondément liés à leur judaïsme qui imprègne toute leur vie. Ils sont attachés au shabbat et aux fêtes : pendant le mois qui précède la « convocation d'automne », les colporteurs et les marchands de bestiaux qui battent la campagne répètent les airs de Rosh Hashanah et de Yom Kippur. Les mélodies s'élèvent sur les sentiers traversant les forêts, serpentant entre les villages, « comme une répétition générale avant les grandes fêtes, les manœuvres liturgiques d'automne» (J. Weill). Nombre de familles paysannes appauvries sont endettées auprès des Juifs qui sont souvent les seuls, malgré l'existence de banques dans le chef-lieu et la création de «caisses mutuelles», à consentir des prêts à une population non solvable, qui s'enfonce toujours davantage dans la misère. Or, à part l'une ou l'autre exception, ces Juifs ne sont guère fortunés, quand ils ne sont pas franchement misérables. Le colporteur qui arpente la campagne avec sa balle de tissu, qui achète des peaux de lapin ou du tartre, le tailleur qui arrange le costume de l'aîné pour le cadet, et le boulanger qui élève onze enfants, ne vivent pas dans l'aisance. Mais on leur reproche essentiellement de ne pas travailler la terre, bien que la plupart des familles juives possèdent un arpent de vigne, et surtout de profiter, grâce au prêt à intérêt, du malheur de la population chrétienne. Certes, le Juif est le seul qui accepte d'avancer de l'argent au petit paysan, qui met tous ses espoirs, souvent déçus, dans la prochaine récolte, mais on le traite en parasite. En fait, il ne s'enrichit guère, et ce n'est que très lentement que les fils des colporteurs parviendront à ouvrir une boutique. Il existe une situation objective qui accule une population misérable à exploiter, pour survivre, une autre population tout aussi misérable, sans que l'une ou l'autre prenne conscience de l'engrenage qui crée cette tension, ou puisse réagir contre elle. Malgré la suspicion perpétuelle qui les entoure, et qui leur vaut le qualificatif infamant d'usuriers, les Juifs sont contraints, même après la création des coopératives de crédit dans le dernier quart du XIXe siècle, de faire fonction de prêteurs d'argent. Capitalistes? Usuriers? Ni l'un ni l'autre. Ce sont pour la plupart des marchands à la petite semaine obligés de faire crédit à une masse campagnarde qui paie mal. Mais le créancier dont on n'arrive jamais à se débarrasser devient un objet d'aversion et de méfiance.

Au XIXe siècle, le terme «juif» perd progressivement, pour certains chrétiens, sa charge péjorative. Le Juif devient l'ami et le conseiller attitré de la maison, régulièrement consulté à l'occasion de toutes les affaires familiales, mariages, partages, rédactions de contrats ou de testaments, achats ou échanges de terrains. Les Juifs se chargent des démarches et des courses en ville, des contacts avec les diverses administrations du département, des requêtes. Ils partagent les joies et les deuils des paysans. Il n'est pas rare de voir ce poste de confiance, ces relations préférentielles passer de père en fils.

Depuis longtemps, on désigne les Juifs par le prénom du grand-père ou du père, auquel est accolé celui du fils ou du petit-fils ; peu à peu des liens d'amitié se sont tissés entre des familles terriennes et ces semi-nomades. Cela se fait de père en fils, si bien que certains d'entre eux ne marient pas un enfant, ne font pas un testament sans consulter un Juif. Les *Brafi Gojem* («les braves non-Juifs»), ce sont ces familles qui, pour rien au monde, ne vendraient une vache à quelqu'un d'autre. Ils ont une confiance totale dans «leur» Juif, qui le leur rend bien. De père en fils, on sait, chez les Juifs, que telle famille paysanne se fait un honneur de les accueillir pour qu'ils puissent faire leur prière. Les enfants qui osent les déranger sont vertement réprimandés par leurs parents.

Aujourd'hui, la communauté juive de la campagne alsacienne ne survit plus guère que comme une trace dans le paysage, comme ces encoches pour parchemin dans les linteaux des maisons juives, que leurs nouveaux occupants n'ont pas osé effacer. Traces dans la mémoire aussi de ces vieilles personnes qui, autrefois, ont servi dans une famille juive dont elles n'ont oublié ni la religiosité imprégnant «les travaux et les jours», ni parfois la délicatesse de cœur. C'est la trame d'une existence partagée, avec ses tensions et son «mépris cordial», mais aussi la proximité d'un même rapport aux êtres et aux choses qui témoigne d'un monde englouti.

Freddy Raphaël

Ce qui est vrai des campagnes ne l'est pas dans les villes alsaciennes et lorraines. Il y existe une catégorie fortunée et intellectuelle chez qui l'intégration est très forte. Il n'y a plus guère de différences dans la façon de vivre entre Juifs et chrétiens. Si au niveau privé les deux groupes restent séparés, au niveau public, il n'en est pas de même. Contrairement aux Juifs des campagnes, ceux des villes marquent un goût particulier pour la fonction publique et pour la fonction militaire. Les enfants des familles juives aisées sont souvent candidats aux écoles militaires, Polytechnique ou Saint-Cyr. Le cas de l'inspecteur général Jules Isaac l'illustre bien. Petit-fils d'un officier de la Grande Armée, engagé en 1810 dans un régiment de cuirassiers, il est également le fils d'un officier né à Metz. Lui-même naît à Rennes en 1877 par les hasards des garnisons.

Il se développe aussi une classe moyenne à l'intégration un peu décalée, composée principalement de petits boutiquiers. Ces Juifs alsaciens, comme leurs compatriotes chrétiens, sont très partisans de l'ordre public et du respect des règles. Une enquête secrète demandée par le gouvernement aux préfets au début du règne de Louis-Philippe, en 1834, sur l'intégration des Juifs, souligne que pour cette catégorie de la population, les citadins d'Alsace et de Lorraine, elle est en grande voie de réalisation dès les années 1830. Elle arrive presque à son terme dès le second Empire.

L'ascension des Juifs de l'Est : l'exemple de la famille Debré

Peu de familles juives de l'Est de la France sont évidemment illustrées par un professeur de médecine aussi célèbre que Robert Debré (1882-1978) ou par un Premier ministre du général de Gaulle, Michel Debré (1912-1996). La famille Debré n'en reste pas moins symbolique de l'ascension et de l'évolution des Juifs d'Alsace-Lorraine dont l'émigration fut particulièrement importante après la guerre de 1870.

La famille Debré est originaire du village de Westhoffen dans le Bas-Rhin à une trentaine de kilomètres à l'ouest de Strasbourg. Famille rabbinique, l'arrière-grand-père de Robert Debré aurait servi de modèle au personnage du rabbin dans *L'Ami Fritz*, d'Erckmann-Chatrian. Son grand-père est également rabbin de Westhoffen. Son père, Simon, quitte l'Alsace après la guerre de 1870 et vient faire ses études à Paris, au Séminaire israélite. Il épouse une fille du directeur, Marianne Trenel, dont la famille était issue des communautés juives lorraines de la région de Metz.

Robert Debré naît à Sedan où son père a été nommé rabbin, mais dès 1888, Simon Debré, devenu grand rabbin, est affecté à la communauté juive de Neuilly.

Comme l'a écrit Robert Debré en 1974 dans *L'Honneur de vivre*, « la religion juive a fait partie intégrante de notre enfance ». Respect scrupuleux du shabbat et des règles alimentaires, importance des offices à la synagogue et de la prière. Mais l'essentiel est l'impératif du mariage « entre soi ». D'où l'importance de la transgression quand Robert Debré épouse une de ses camarades d'études, Jeanne Debat-Ponsan, qui n'est pas d'origine juive. Ce mariage « détermina dans ma famille l'ouragan que l'on imagine ». Robert Debré réalise ainsi, et ses enfants et petits-enfants après lui, cette fusion des Juifs de l'Est dans la population globale… que Napoléon avait si fermement souhaitée !

J.-J. B.

Les Juifs du Sud

Pendant la Révolution et l'Empire, les Juifs du Sud-Ouest, « les Portugais », ont joué un rôle central et la césure passe entre Juifs de l'Est et Juifs du Sud-Ouest. Au cours du XIXe siècle, l'importance des Juifs du Sud-Ouest ne cesse de s'estomper. L'explication en est simple : alors que pendant longtemps la côte atlantique a été un des foyers de l'expansion économique, au cours du XIXe siècle, ce n'est plus le cas. Elle s'efface devant la côte méditerranéenne, Bordeaux devant Marseille. La conquête de l'Algérie en est la principale raison.

La communauté juive du Sud-Ouest connaît quelques mouvements géographiques internes : des villages comme Bidache ou Peyrehorade se vident lentement de leur population juive, quelques notables bordelais s'installent à Paris ou dans les départements voisins, à Pau, à Toulouse. Les départs sont compensés par des arrivées de Juifs de l'Est ou du Sud-Est, mais les communautés ont tendance à stagner, la croissance démographique est faible, comme elle l'est pour le reste de la population de cette région : en 1808, les Juifs sont

2 300 à Bordeaux et 1 100 à Bayonne-Saint-Esprit (3 700 pour l'ensemble du Sud-Ouest), à la fin du siècle, ils sont 2 110 à Bordeaux et 865 à Bayonne (4 700 pour l'ensemble des circonscriptions consistoriales de Bayonne et de Bordeaux qui s'étend jusqu'à la Bretagne...). La stagnation de la communauté se marque dans le maintien des activités habituelles, essentiellement commerciales.

Tout au long du XIXe siècle, les Juifs bordelais ne cessent de parfaire leur intégration, on peut même dire leur assimilation à la société globale, encore que cela ne se traduise pas par une fusion. Les mariages mixtes restent peu nombreux.

Les mutations sont beaucoup plus importantes dans le Sud-Est, et très précoces. Aussitôt les anciens territoires pontificaux annexés à la France, et les Juifs émancipés, ceux qui habitent encore les « carrières », ces sortes de ghettos, les quittent pour s'installer dans les autres départements méridionaux. Les « carrières » d'Avignon et de Carpentras qui ont été habitées par 2 500 personnes n'ont plus que 600 habitants en 1808, les quartiers juifs de Cavaillon et de L'Isle-sur-la-Sorgue disparaissent même complètement au début de la Troisième République. En revanche, d'importantes communautés juives se constituent à Nîmes, à Montpellier, et surtout à Marseille où ils sont plus de 4 000 à la fin du siècle. Des Juifs méridionaux partent également faire carrière à Paris, comme Adolphe Crémieux.

Seuls les plus pauvres, les indigents, sont restés dans les « carrières », alors que les descendants des Juifs avignonnais ou comtadins donnent un nombre hors de proportion avec leur faible effectif d'avocats, d'écrivains, de journalistes, de banquiers, d'hommes politiques, le plus souvent de gauche. En fait, ils se sont intégrés très rapidement dans la société française du Midi. Comme le souligne René Moulinas, ils n'ont pas à subir « la lente et douloureuse acculturation qui sera le lot de leurs coreligionnaires de l'Est. Ni par leurs patronymes, ni par leur langue, ni par leur culture ou leurs comportements, ils n'apparaissent comme des étrangers ou se sentent tels. » La contrepartie d'une aussi parfaite assimilation est que leur lien avec le judaïsme s'atténue très vite et qu'en tant que tel, ce groupe devient dans le monde israélite progressivement « invisible », selon l'expression de Roger Ikor.

Les frères Pereire

D'origine bordelaise, les frères Jacob Émile (1800-1875) et Isaac (1806-1880) Pereire représentent un type de financiers qui connut son apogée sous le second Empire; leur rivalité avec James de Rothschild illustre l'affrontement de deux conceptions, la haute banque traditionnelle et les sociétés de crédit. Dès leur arrivée à Paris, les frères Pereire adoptent les théories saint-simoniennes et collaborent à des journaux où ils exposent leurs vues économiques et leur idéal d'un développement de l'industrie au service de tous. Émile entre chez James de Rothschild qu'il convainc de se lancer dans l'aventure des chemins de fer, le Paris-Saint-Germain-en-Laye dont il obtient la concession dès 1835, puis le Nord...

Avec l'avènement de Napoléon III, dont les projets nécessitent de gros capitaux, les Pereire, qui bénéficient de l'appui du ministre Achille Fould, peuvent dès 1852 mettre sur pied le Crédit mobilier, dont le succès et les gains sont si rapides qu'ils inquiètent James de Rothschild qui a refusé d'y participer. Les activités des Pereire se multiplient en France et à l'étranger : fusion des compagnies du gaz, de celles des omnibus, financement des magasins et du Grand Hôtel du Louvre, participation aux grands travaux de Paris et de Marseille, lotissement des abords du parc Monceau, chemins de fer espagnols... Les deux frères, au sommet de leur puissance, s'assurent la desserte ferroviaire du Sud-Ouest et lancent Arcachon. Leur hôtel, rue du Faubourg-Saint-Honoré, abrite une magnifique collection de peintures; ils acquièrent un domaine à Armainvilliers, juste à côté de Ferrières, la résidence de James de Rothschild, et y édifient un château... Ils entrent aussi en politique, Émile se faisant élire en Gironde et Isaac dans les Pyrénées-Orientales.

Cependant le Crédit mobilier, qui suscite les jalousies, s'écroule en 1867 dans un empire déjà affaibli. Une partie de leur fortune préservée, les Pereire poursuivent leurs activités, en particulier en Espagne et à travers la Compagnie générale transatlantique dont Isaac reprend le contrôle en 1874.

Dominique Jarrassé

La population juive parisienne

Le fait majeur a bien été la progression de la population juive parisienne : moins de 3 000 en 1808, suivant le Consistoire central, les Juifs sont 8 000 en 1840, 20 000 en 1853, 30 000 en 1870 (les chiffres donnés par les recensements généraux sont moindres, seulement 11 000 en 1851, 21 000 en 1866...). Ils sont environ 40 000 à la fin du siècle.

La grande croissance a donc commencé sous la monarchie de Juillet et s'est accélérée avec le second Empire. Néanmoins, le judaïsme parisien reste encore sensiblement inférieur au judaïsme de l'Est. Pour que Paris devienne le centre du judaïsme français, il faut attendre l'annexion de l'Alsace-Lorraine par l'Allemagne. Alors, renforcé du flot des Juifs alsaciens-lorrains qui optent pour la France, le judaïsme parisien rassemble à peu près la moitié du judaïsme français à la fin du siècle, mais c'est provisoire. La situation doit à nouveau changer à la suite du retour de l'Alsace-Lorraine à la France en 1918.

Ce judaïsme parisien n'est évidemment pas le fruit de la croissance naturelle. Le noyau d'origine est submergé par les émigrants d'Alsace et de Lorraine, et c'est en cela que finalement le devenir du judaïsme français au XIXe siècle s'est joué, malgré les apparences, non à Paris, mais dans l'Est. Le judaïsme parisien est devenu une sorte d'excroissance du judaïsme de l'Est. Le début du mouvement commence avec les Juifs messins, dont le bilinguisme favorise l'implantation dans la capitale, avant qu'ils ne soient rejoints par tout le surplus du judaïsme alsacien qui n'accepte plus de vivre dans des conditions aussi misérables.

En 1872, parmi les Juifs parisiens, sur 100 nés en France, seulement 17 % sont nés à Paris et 57 % dans les départements d'Alsace et de Lorraine, et il faut compter qu'une partie de ceux nés à Paris venaient de familles antérieurement d'Alsace ou de Lorraine…

En outre, parmi 100 Juifs parisiens nés à l'étranger, comme nous l'avons précédemment indiqué, les 47 % nés en Allemagne ou en Autriche viennent très souvent des régions rhénanes et sont, culturellement, du moins jusqu'à la Révolution et l'Empire, pas très différents des Alsaciens et des Lorrains du Nord.

Dans ces conditions, la population juive parisienne est très homogène : dans sa très grande majorité, elle est issue des régions rhénanes au sens large ; les « Juifs de l'Est » en constituent plus des trois quarts. Ce n'est qu'à la fin du siècle – le courant commence à se manifester dès les années 1870 – que l'arrivée de Juifs étrangers originaires d'Europe orientale modifie la composition de la population juive de Paris.

Cette population parisienne a, au XIXe siècle, un symbole et une réalité.

Le symbole, c'est ce qu'on prend progressivement l'habitude d'appeler la banque juive. Il impressionne les contemporains à travers la réussite exceptionnelle des Rothschild. Jacob, bientôt appelé James, un des cinq fils d'un « Juif de cour » allemand, Meyer Amschel, qui avait créé sa maison de banque à Francfort, s'installe à Paris en 1811, tandis que ses quatre frères font de même dans d'autres capitales européennes. Des spéculations heureuses entre l'Angleterre et le continent assurent leur réussite. D'abord banquiers de la

Sainte-Alliance, ce qui explique le titre de baron donné par l'empereur d'Autriche, ils ont pour principe d'entretenir d'excellentes relations avec les pouvoirs en place. Il en va ainsi du baron James avec Louis-Philippe. Les relations sont plutôt moins bonnes avec le second Empire. Napoléon III est davantage porté à soutenir des banquiers plus imaginatifs, plus engagés dans le courant moderniste, comme les frères Pereire, Juifs d'origine « portugaise », fondateurs de la première banque moderne, le Crédit mobilier.

Des banquiers juifs, il y en a beaucoup d'autres, les Fould, les d'Eichtal, les Worms de Romily,... et il est vrai que par tradition du maniement de l'argent, la proportion de banquiers juifs est très supérieure à celle des Juifs dans la population globale, mais en chiffres absolus, ils sont évidemment beaucoup moins nombreux que les banquiers d'autres confessions. Quoi qu'il en soit, ils ne représentent qu'une infime minorité de la population juive parisienne, et comme le dit François Delpech, leur étude relève davantage de l'histoire financière et économique de cette période que de l'histoire juive... D'ailleurs, beaucoup d'entre eux ont abandonné le judaïsme, comme Fould, converti au protestantisme, d'Eichtal ou Ratisbonne, convertis au catholicisme, ou sont fortement « déjudaïsés ». La conversion du jeune banquier juif Alphonse Ratisbonne en 1841 a fait grand bruit, rapporte Philippe Vigier dans son *Histoire de Paris.* Ce n'est pas le cas justement des Rothschild qui affirment haut et fort leur judaïsme, fréquentent la synagogue et jouent un grand rôle dans les institutions juives.

La réalité des Juifs parisiens est ailleurs. Elle est dans un premier temps dans la pauvreté, voire l'indigence d'une fraction importante des nouveaux immigrants. Ces jeunes Lorrains et surtout Alsaciens arrivés dans la capitale sans connaissances professionnelles, sans moyens, parlant peu ou mal le français, ne peuvent guère dépasser le stade de ce qu'ils connaissent, la friperie, la brocante, le colportage. Au fur et à mesure de leur arrivée, l'indigence augmente. Des secours sont fournis à 15 % de la population juive de la capitale en 1838, à 20 % en 1856... Mais de même que l'émancipation n'a pas conduit les Juifs de la campagne au travail de la terre, de même la révolution industrielle ne pousse pas à la constitution d'un prolétariat juif.

Pourtant, à la fin de la monarchie de Juillet et surtout pendant le second Empire, les choses ont tendance à s'améliorer. Profitant de la poussée économique, beaucoup de pauvres gens atteignent le seuil de la petite bourgeoisie. Pour l'essentiel, ils travaillent encore dans l'artisanat – textile, cuir, ébénisterie, bijouterie – ou dans le commerce. A partir de ce moment, le milieu du siècle, les progrès sont rapides. Un grand nombre de Juifs de la capitale approchent d'une certaine aisance, mais ce n'est qu'après 1870 qu'ils pénètrent de façon notable dans les professions libérales (professions médicales ou juridiques) ou dans les professions intellectuelles (enseignement...). François Delpech rapporte que la communauté juive lyonnaise a fêté son premier bachelier en 1843... Comme le souligne Esther Benbassa, « l'instruction est devenue indissociable de la promotion des Juifs dans la société française ». Dans le domaine des arts, de l'édition, de l'université, dans les grands corps de l'État, les Juifs commencent à jouer un rôle appréciable.

L'Alliance israélite universelle

Dans l'organisation du judaïsme de la seconde moitié du XIXe siècle, l'Alliance israélite universelle représente une nouveauté : la première institution se donnant les moyens de s'occuper des Juifs dans le monde entier et de les « régénérer », sans être soumise à un État ou à l'initiative personnelle d'un israélite fortuné. Elle fonde son action sur le concept de solidarité juive et sur l'idéal de la citoyenneté républicaine, alliés à une option rationaliste très affirmée. Les dix-sept israélites français qui décident de la création de l'Alliance le 17 mai 1860 sont imprégnés des idéaux de la Révolution française, et en même temps très critiques à l'égard du Consistoire, institution alors dominante. Si Adolphe Crémieux est l'inspirateur et l'un des premiers présidents de l'œuvre, on trouve parmi les fondateurs un rabbin (Élie-Aristide Astruc, défenseur d'un judaïsme libéral), un homme d'affaires (Charles Netter, futur fondateur de Mikveh Israël, première école agricole pour les Juifs de Palestine), un avocat (Narcisse Leven, ami de Crémieux et premier historien de l'Alliance), un professeur (Isidore Cahen, fondateur des *Archives israélites*), un poète (Eugène Manuel, rédacteur de l'appel de 1860 qui fonde l'Alliance israélite universelle), et un ingénieur (Jules Carvallo, pionnier des chemins de fer). Les premières interventions de l'Alliance se font en faveur des chrétiens du Liban et des Juifs de Damas, injustement accusés de meurtre rituel. Avec l'aide des familles Rothschild, de Hirsch, Goldschmidt, l'Alliance met en place un réseau scolaire destiné aux populations juives déshéritées, dans lequel des générations de jeunes Juifs, garçons et filles, se confrontent à l'Occident et à la modernité, tout en préservant leurs racines juives. La première école voit le jour à Tétouan en 1862. Peu à peu, le Maroc, la Tunisie, l'Égypte, la Syrie, le Liban, la Palestine (avec la création de Mikveh Israël en 1870), l'Iran, l'Irak, la Grèce, la Turquie, la Bulgarie, la Roumanie, la Yougoslavie se couvrent d'écoles de l'Alliance. Aux écoles primaires succèdent bientôt des écoles professionnelles, destinées à modifier profondément la structure économique et sociale des communautés juives. Les meilleurs élèves sont envoyés à l'École normale israélite orientale à Paris, pour recevoir une formation et devenir à leur tour instituteurs et directeurs, perpétuant l'état d'esprit de « missionnaires », se heurtant souvent aux élites rabbiniques locales, méfiantes à l'égard d'une institution non orthodoxe. L'usage de la langue et de la culture françaises provoque aussi parfois l'opposition des dirigeants nationaux, comme en Turquie, et amène également à une minoration des cultures traditionnelles judéo-espagnoles ou judéo-arabes. Le centralisme de l'Alliance, sous la férule de secrétaires généraux, tels qu'Isidore Lœb, Jacques Bigart ou Eugène Weill, permet de piloter une œuvre aux dimensions impressionnantes, mais constitue parfois un frein à la nécessaire adaptabilité de l'institution face aux événements extérieurs. Les guerres et les révolutions diminuent l'aire d'engagement de l'Alliance, qui doit faire face à la concurrence nationaliste et à l'émergence de l'idée sioniste. La courbe du nombre d'élèves scolarisés reflète bien ces évolutions : les 14 premières écoles sont fondées entre 1860 et 1870. En 1900, 100 écoles accueillent 26 000 élèves, 188 écoles en accueillent 48 000 en 1914, 115 écoles 41 000 en 1931, 135 écoles 51 000 en 1948, 131 écoles 45 000 en 1960, et 46 écoles 21 000 en 1995. Le rôle de l'Alliance est également notable dans l'émigration des Juifs d'Europe orientale vers l'Amérique et dans le soutien aux populations touchées par la violence antisémite, ainsi que dans le rapprochement avec des populations juives excentrées (Éthiopie, Chine).

Parallèlement à son œuvre scolaire, l'Alliance, attachée à la défense du droit des minorités et aux droits de l'homme, joue un rôle diplomatique essentiel pour la défense des intérêts juifs et intervient lors des grandes conférences internationales. Soutenant une politique culturelle active, elle crée une bibliothèque, aujourd'hui encore la principale en France, pour les études juives. La rupture de la Seconde Guerre mondiale et de la décolonisation amène l'Alliance, sous la présidence de René Cassin, à diminuer l'étendue de son réseau et à reconnaître la place du nouvel État d'Israël dans le monde juif. En cette fin de XXe siècle, sous les présidences successives de Jules Braunschvig et d'Ady Steg, l'Alliance est encore présente en France, en Israël, au Maroc, en Iran, au Canada, en Belgique et en Espagne. Elle poursuit son rôle culturel avec la bibliothèque, son centre pédagogique, ses publications (*Les Nouveaux Cahiers*) et son Collège des études juives. A l'heure d'un retour à une certaine orthodoxie militante, l'Alliance demeure un espace de judaïsme ouvert sur le siècle, tolérant et humaniste, soucieux des relations interreligieuses et des droits de l'homme.

Jean-Claude Kuperminc

Dans les années 1880, les Juifs ne forment plus un groupe à part dans la société française, ils se sont intégrés à la petite et à la moyenne bourgeoisie, ils sont très nombreux à avoir pris leurs distances avec une grande part des prescriptions de la religion juive et sont souvent agnostiques, mais les mariages mixtes sont encore rares.

Ce qui fait souvent la différence de cette bourgeoisie juive parisienne et alsacienne (avant 1871), c'est l'ardeur de son patriotisme. Freddy Raphaël expose comment, alors qu'au début du siècle les Juifs d'Alsace montrent une certaine indifférence envers leur nouvelle « patrie », cela se transforme, en particulier dans la bourgeoisie juive alsacienne, en un patriotisme exacerbé. Dans une première période, les Juifs d'Alsace ont vu d'un mauvais œil le service militaire, mais, par la suite, écrit-il, « l'attachement progressif à la France, cette nation généreuse qui avait libéré « la race maudite » [...] ainsi que la promotion qu'assurait la carrière militaire, firent des Juifs d'Alsace les tenants d'un patriotisme ombrageux, jaloux jusqu'au chauvinisme dans leur culte exclusif de la France ».

Le nombre important de Juifs alsaciens et lorrains qui optent pour la France après 1871 est également significatif. Profondément reconnaissants envers une patrie qui les a faits ce qu'ils sont, ils se veulent encore plus Français que les autres.

Et pourtant l'orage se prépare. Était-il prévisible ?

Les Juifs d'Alsace entre la France et l'Allemagne (1870-1914)

Des siècles durant, les Juifs d'Alsace font partie d'une entité mal définie qui, par-delà les frontières géographiques et historiques mouvantes, les unit aux Juifs du Palatinat, du pays de Bade et de Hesse. A l'époque médiévale, cette aire, dont le judéo-allemand constitue l'élément d'unité, comprend également la Suisse, la Bohême, la Moravie et le Nord de la Hongrie ; jusqu'à la Révolution française, il y a des échanges ininterrompus entre les Juifs d'Alsace et ceux de l'autre rive du Rhin. C'est la Révolution qui, en fermant les frontières, délimite l'entité alsacienne et amène les Juifs d'Alsace à prendre conscience de leur relative spécificité. Puis, au fur et à mesure que les petites communautés juives plongent leurs racines dans le sol alsacien et s'y agrippent avec plus de ténacité, leur horizon se rétrécit.

L'incompréhension est grande entre les Juifs d'Alsace et leurs coreligionnaires d'Europe orientale dans leur rapport avec la France, qui constitue pour les premiers leur patrie, et pour les seconds une terre d'accueil, un *Nachtasyl.* Les Juifs d'Europe orientale – dont la condition dans le pays d'origine était demeurée précaire, que la société environnante maintenait à distance, leur refusant toute émancipation politique véritable, victimes de l'arbitraire des autorités locales et de la violence des pogroms –, ne peuvent pas comprendre l'attachement des Juifs alsaciens à une terre qui ne leur appartient pas réellement. Entre la communauté juive d'Alsace fermement implantée dans le terroir, profondément attachée au pays natal, et la communauté d'Europe orientale, déracinée et nomade, qui rêve d'un retour sur la terre ancestrale, la mésentente est profonde.

Après la Révolution, la communauté d'Alsace, que caractérisent sa foi simple et entière, son judaïsme pleinement vécu dans la quotidienneté, son petit nombre d'élites politiques et religieuses, accueille avec reconnaissance l'émancipation politique mais ne s'y précipite point à corps perdu. Les Juifs de la campagne veulent avant tout préserver leur identité juive et leur vie communautaire, et peu nombreux sont ceux qui prêtent spontanément le serment civique. Progressivement cependant, la reconnaissance envers la France, qui la première a fait d'eux des citoyens à part entière, l'exaltation de la « régénération » par le travail manuel et le métier des armes, la lente promotion sociale, et enfin l'invasion allemande, développent chez ces Juifs un patriotisme exacerbé. Dans son sermon d'adieu, prononcé le 6 juillet 1872, le grand rabbin du Haut-Rhin, Isaac Lévy, trouve des accents nobles et sincères pour exprimer sa fidélité à la patrie perdue et la grandeur persistante de cette dernière malgré sa défaite passagère.

La déroute des armées françaises en 1870, l'annexion de l'Alsace et d'une partie de la Lorraine à l'Empire allemand frappent douloureusement la population juive. Nombreux sont ceux qui vendent tous leurs biens pour aller s'établir en vieille France. Les statistiques nous révèlent que les émigrés juifs sont proportionnellement plus nombreux que les catholiques et les protestants.

Les inscriptions en français sur nombre de pierres tombales, les lettres tricolores brodées par les jeunes filles, tout comme les dessins guerriers qui ornent les bandelettes entourant les rouleaux de la Loi, montrent que les Juifs restés en Alsace annexée conservent en leur cœur le culte de la patrie perdue. Ils envoient leurs fils et leurs filles apprendre le français dans les collèges et les pensionnats outre-Vosges. Tel patriarche quitte chaque année son village de Westhouse pour se rendre par le train à Nancy où l'un de ses fils est établi; arborant toutes ses décorations, il assiste au défilé du 14 juillet.

La défaite de 1870 est accompagnée par l'immigration de Juifs d'outre-Rhin, qui viennent s'installer dans les grandes villes, Strasbourg, Mulhouse et Colmar, où ils occupent bientôt des situations importantes dans l'industrie et le commerce. Les Juifs allemands étaient, eux-aussi, des patriotes fiers de leur pays. Certains d'entre eux prétendent apporter la « civilisation » en Alsace; en fait, ils favorisent le progrès industriel, car l'Allemagne a dans ce domaine une avance certaine sur la France. Parfois, ils traitent les Juifs alsaciens avec mépris. Ceux-ci le leur rendent bien : le mot « Ashkeness », qui signifie littéralement « allemand » et désigne l'une des grandes traditions juives, prend une connotation péjorative. Inutile d'ajouter que les rapports entre Juifs autochtones et allemands ne sont pas très bons, à de rares exceptions près.

C'est durant l'annexion que la France est secouée par l'affaire Dreyfus, de sorte que le Juif d'Alsace vit moins intensément certaines heures pénibles; il ne voit pas les foules acclamant l'armée, conspuant Dreyfus et les Juifs. Sa foi en la France ne se trouve guère ébranlée. L'Affaire ne se termine-t-elle pas comme un conte moral, où l'innocent est réhabilité et les méchants punis? Il ne veut retenir que les noms de Zola, de Labori, de Picquart, de Scheurer-Kestner, dont on trouve les portraits sur les murs des demeures juives. On peut encore voir, dans les années 30, dans une maison juive de Westhouse, le numéro de *L'Aurore* avec la lettre ouverte de Zola, « J'accuse », soigneusement encadré et entouré des portraits. Mais il ne faut pas croire que les Juifs d'Alsace sont ignorants de ce qui se passe en France. En 1910, Élie Scheid leur rappelle l'Affaire avec ses implications, la mort au cours d'un duel du capitaine Mayer, originaire de Strasbourg, les démissions du colonel Rosenwald et du capitaine Coblence. Les jeunes Juifs ne se présentent plus à Saint-Cyr, préférant Polytechnique. Si l'affaire Dreyfus a quelque peu ébranlé leur foi en la mère-patrie, la haine de l'occupant allemand restaure la confiance, ainsi qu'un patriotisme farouche.

F. R.

Les Juifs dans l'armée

Attirés par le service de l'État, soucieux de se montrer de dévoués citoyens et de défendre leur patrie, les Juifs se dirigent tout naturellement vers l'armée. La carrière des armes prouve aussi leur entière régénération, leur virilité : par leur bravoure, ils montrent qu'ils ont bien quitté le vieil homme, transformé profondément leur identité. Présents dans l'armée française dès la Révolution et l'Empire où certains Juifs probablement convertis paraissent même, sans qu'on puisse l'affirmer de manière incontestable, être devenus généraux aux côtés de Napoléon, c'est surtout sous la monarchie de Juillet et le second Empire que l'on voit des centaines et des centaines d'entre eux devenir capitaines et même colonels, tels les colonels Gabriel Brisac, Jules Moch, Isidore Ausher, Abraham Lévy, Bernard Abraham et tant d'autres. Ils sont ainsi très nombreux à combattre les Allemands durant la guerre de 1870, plusieurs d'entre eux tombant au champ d'honneur, tandis que d'autres connaissent déjà les camps de prisonniers en Allemagne, avant de reprendre parfois plus tard les armes durant la Première Guerre mondiale. Beaucoup gagnent leurs galons sur le champ de bataille, tel Léopold Sée, nommé général de brigade en novembre 1870, le premier Juif à atteindre ce grade. L'avènement de la Troisième République accélère ce mouvement, d'autant plus que les Juifs originaires des provinces perdues d'Alsace et de Lorraine se portent aux premiers rangs pour les reconquérir. Ils participent aussi aux durs conflits liés à la colonisation : ainsi Abraham Lévy, futur général, affronte les rebelles algériens sous le second Empire et dans les débuts de la Troisième République, tout comme le colonel Isidore Ausher, le général

Naquet-Laroque, le général George Bloch, le général Adolphe Hinstin ou encore le général Paul Grumbach qui en 1882 prend la tête d'une colonne militaire pour réprimer les insurrections. D'autres sont en poste en Afrique noire ou au Tonkin et participent à l'entreprise de colonisation menée par la France. Presque tous demeurent fidèles à leurs traditions, certains d'entre eux participant même aux activités des institutions communautaires.

On le voit, leur ascension aux plus hauts grades de l'armée se réalise sans difficulté, ce qui démontre la forte cohésion de l'institution, traversée certes par l'antisémitisme, mais fidèle néanmoins à une logique des armes. Si leur carrière se trouve parfois freinée aussi bien sous l'Empire que sous la Troisième République, ils sont plus fréquemment issus de l'École polytechnique que leurs compagnons d'armes et progressent donc plus vite. Certains accèdent même, avant le capitaine Dreyfus, au prestigieux état-major de l'armée. Bien avant l'Affaire, leur réussite suscite un fort antisémitisme externe, un mouvement de dénonciation de l'emprise des Juifs sur l'armée favorable, disent ses détracteurs, à l'espionnage des pays étrangers. Les officiers juifs sont alors souvent obligés de défendre leur honneur les armes à la main, dans des duels ayant un grand retentissement.

Pierre Birnbaum

La montée de « l'antisémitisme »

Un certain nombre d'événement historiques ne sont pas « nécessaires ». Ils auraient pu ne pas avoir lieu sans un déclic, mais le déclic ne joue ce rôle que parce qu'il existe un certain climat, un climat psychologique en la circonstance, la montée dans la société française d'un courant « antisémite » – le terme semble avoir été créé en 1878 par un journaliste allemand antijuif Wilhelm Marr.

L'hostilité envers les Juifs est fort ancienne et elle explique, dans une certaine mesure, la lenteur avec laquelle les révolutionnaires français ont pu appliquer leurs principes dans les provinces de l'Est, où ils sont nombreux, et pourquoi Napoléon Bonaparte a tenté de revenir sur certains aspects de l'émancipation. Toutefois, pendant la période de la Restauration puis de la monarchie de Juillet, cette hostilité semble très apaisée. Assez paradoxalement d'ailleurs, car un courant antijudaïque nouveau est apparu, dont le vicomte de Bonald est le porte-parole le plus écouté, qui, en quelque sorte, lie l'idée de la contre-révolution et celle de l'antijudaïsme. Parmi les torts de la Révolution, l'un des plus significatifs a été d'émanciper les Juifs. « Les Juifs, écrit-il dès 1806, ne peuvent pas être, et même, quoi qu'on fasse, ne seront jamais citoyens sous le christianisme sans devenir chrétiens. »

Ce courant antijudaïque, contre-révolutionnaire et catholique, ne cesse, au cours du XIXe siècle, d'irriguer une fraction de la société française. Pour lui, les Juifs ne sont acceptables que s'ils se convertissent préalablement au christianisme. Ses porte-parole les plus connus sont deux... convertis, deux frères jumeaux, les abbés Augustin et Joseph Lemann. Béatrice Philippe souligne qu'« avec toutes leurs outrances, ils ne sont pas des isolés; l'analyse de leurs écrits laisse apparaître qu'ils ne font que transcrire les idées qui agitent une partie du monde catholique de leur temps. A travers leurs œuvres et comme en filigrane, se profilent des doctrines qui dépassent, et de loin, la triste figure de leurs auteurs » et elle ajoute qu'ils « se situent dans tout un courant antirévolutionnaire qui marque le catholicisme de combat de la fin du XIXe siècle ». Les œuvres des frères Lemann s'étagent depuis 1869 jusqu'en 1894. Elles s'inscrivent dans le courant antimoderniste. Les Lemann sont des soutiens sans faille du *Syllabus* de Pie IX, mais leur « créneau » est de surveiller les effets de l'émancipation des Juifs. L'ouvrage qu'un des frères Lemann publie en 1886, *L'Entrée des Israélites dans la société française*, est tout à fait révélateur. Les Juifs étaient acceptables quand ils étaient à côté, en dehors de la société française, comme sous l'Ancien Régime, même s'il pouvait être une bonne chose d'améliorer leur sort comme l'avait fait Louis XVI; en revanche, le danger vient de leur intégration dans la société française, en fait de leur domination de la société française. De ce point de vue, la pénétration des Juifs dans l'armée apparaît d'une particulière gravité. Contrairement aux Droits de l'homme, qui sont la clef de voûte du système républicain et à l'origine de la décadence de la civilisation chrétienne, il faut donc maintenir la ségrégation des Juifs, et «protéger les chrétiens en interdisant aux israélites les postes de commandement».

Les positions des frères Lemann sont tout à fait importantes parce qu'elles permettent de comprendre pourquoi, pour une fraction de la société française, chaque manifestation de l'intégration des Juifs dans la société (sans conversion, même s'il y a incontestablement déjudéisation, et, peut-être, surtout s'il y a déjudéisation) apparaît comme un danger supplémentaire.

Dans ces conditions, deux aspects de l'intégration sont particulièrement sensibles.

D'une part, le rayonnement du «judaïsme assimilé» (Delpech). Traditionnellement, les communauté juives, de l'Est en particulier, sont bien peu intellectuelles, il faut attendre l'émancipation pour que les intellectuels y deviennent plus nombreux. Mais, très vite, ces intellectuels déploient leurs activités en dehors du judaïsme. Plusieurs d'entre eux jouent un grand rôle dans le saint-simonisme et, comme les Pereire, le culte auquel ils se vouent est celui du progrès économique. Au début de la Troisième République, de nombreux savants et universitaires apparaissent, patriotes, scientistes, et fort peu juifs. Assez peu parmi eux s'intéressent aux sciences du judaïsme. Des Juifs, souvent d'ailleurs d'origine allemande, ont pris également une grande place dans la «vie parisienne», la tragédienne Rachel, Meyerbeer, Fromental Halévy, Ludovic Halévy, Jacques Offenbach.

De façon contradictoire, les Juifs sont devenus très voyants dans la société parisienne et dans la vie intellectuelle, et tout particulièrement dans la vie des spectacles, sans qu'ils se réfèrent au judaïsme.

Annie Kriegel estimait que l'antisémitisme avait trouvé là son origine beaucoup plus que dans le vieil antijudaïsme chrétien. Elle pensait qu'il s'agissait d'un phénomène moderne, un phénomène de rejet qu'elle exprime ainsi : «le corps social ne s'accommode pas d'une assimilation incertaine qui s'est figée en un néomarranisme de groupe».

Une autre source d'une renaissance ou d'une naissance de l'antijudaïsme peut être trouvée dans la dénonciation du capitalisme juif. De ce point de vue, l'ouvrage le plus important, même s'il n'a pas un grand retentissement immédiat, est celui d'Alphonse Toussenel publié en 1845, *Les Juifs, rois de l'époque.* Socialiste, s'attaquant aux Rothschild, il élargit son propos à l'ensemble du peuple juif, «horde de lépreux», «peuple de Satan» qu'il accuse de corrompre la France. Il s'en prend vivement à l'émancipation. Toussenel n'est pas isolé. Son point de vue est partagé par bien d'autres socialistes et, comme le souligne Béatrice Philippe, il se mêle à une crainte diffuse de l'étranger, de l'Anglais, de l'Allemand, auquel le Juif est assimilé. C'est aussi la dénonciation d'un certain matérialisme moderniste dont le Juif est fait le symbole. Ainsi, le socialiste chrétien Pierre Leroux s'étonne qu'il n'y ait que cinquante ans entre l'épopée révolutionnaire et napoléonienne et la civilisation matérialiste représentée par monsieur de Rothschild.

Les phénomènes historiques n'ont pas de cause unique et il est assez vain de vouloir qu'il en soit autrement. La réalité est que, quelles qu'en soient les causes, progressivement une vague antisémite grossit. Le krach en 1882 de l'Union générale, grande banque catholique, fondée en 1878 et dont la responsabilité est attribuée aux Rothschild, à tort, mais cela n'a pas grande importance au point de vue des conséquences psychologiques, a été souvent donné comme un moment important dans ce processus. On ne peut négliger non plus le changement d'atmosphère de la période : l'Europe est entrée depuis 1873 dans une phase de difficultés économiques. Les affaires sont plus difficiles, la concurrence plus rude, le modernisme de la période précédente, en particulier celui de l'Empire, est de plus en plus remis en cause. Cela ne peut que nuire au groupe qui justement est vraiment apparu dans la société française à cette époque.

La traduction de ce faisceau d'éléments, c'est le succès, le triomphe même que connaît *La France juive*, deux gros volumes publiés en 1886 – à compte d'auteur ! – où Édouard Drumont ramasse toute la littérature antijuive qu'il a pu rassembler.

Dans les années 1880, il n'y a pas de doute, il se prépare – même si ce ne fut surtout évident qu'après coup – la première bourrasque « moderne » de l'histoire contemporaine des Juifs de France.

Les Juifs et l'Affaire

Pierre Birnbaum

A l'ombre de la République, les Juifs poursuivent comme jamais un processus d'émancipation inauguré par la Révolution française, accentué depuis, avec des hauts et des bas, d'un régime politique à l'autre. S'ils ont connu des déboires, l'avènement définitif de la République les rassure, car l'égalité de tous les citoyens qu'elle entend mettre en œuvre leur offre le cadre idéal pour mener à bien leur intégration. Le moment républicain constitue donc une entrée dans la modernité propre à l'exceptionnalisme français. Ailleurs, à la même époque, les Juifs accèdent à la modernité dans le contexte d'une monarchie constitutionnelle (exemple de la Grande-Bretagne), d'empires autoritaires (exemples allemand, austro-hongrois, russe), ou encore, dans une démocratie libérale (exemple américain). S'ils peuvent participer à la vie politique, constituer des groupes spécifiques, se hisser dans la hiérarchie sociale, défendre leur traditions et leur culture ou choisir une assimilation extrême, aussi bien aux États-Unis qu'en Grande-Bretagne et même, dans une proportion moindre, dans les empires autoritaires, ils se heurtent dans chacun de ces pays à la barrière de la religion dominante, à la puissance aussi de groupes sociaux exclusifs qui les rejettent et affrontent également, dans des sociétés demeurées rurales et aristocratiques de l'Est européen, un antisémitisme utilisé habilement par les pouvoirs autoritaires tandis qu'à l'Ouest, par exemple aux États-Unis, le rêve américain du *melting pot* se révèle souvent un leurre, l'*establishment* épiscopalien tenant soigneusement les Juifs à l'écart du pouvoir, mais aussi des universités les plus prestigieuses. En cette fin du siècle, curieusement, aussi bien à l'Est qu'à l'Ouest, s'ils souhaitent se diriger vers l'État, la carrière politique ou la fonction publique, ils se trouvent dans l'obligation déclarée ou latente de se convertir. La conversion y reste longtemps « le billet d'entrée » dans la sphère publique. En France, au contraire, les minorités confessionnelles, les protestants comme les Juifs, peuvent demeurer fidèles à leurs valeurs tout en exerçant des fonctions publiques éminentes. Davantage encore, la longue association entre l'Église catholique et les institutions politico-administratives venant subitement à son terme avec le triomphe de la République, une partie importante des élites catholiques préfère se retirer d'un espace public sans cesse davantage façonné par la laïcité, offrant ainsi aux minorités protestantes et juives une occasion imprévue favorisant leur accès au pouvoir.

Les Juifs dans l'administration

La Révolution française transforme les Juifs en citoyens pourvus de tous les droits : ils deviennent électeurs mais peuvent aussi se présenter à tous les concours de l'administration, selon les règles de la méritocratie ; en dépit des craintes de l'abbé Grégoire, ils peuvent dorénavant devenir fonctionnaires et gérer à ce titre, sans pour autant se convertir, les affaires de la société. Très vite, certains d'entre eux sont reçus à l'École normale supérieure ou à l'École polytechnique, grandes écoles qui leur ouvrent les voies royales de l'appareil d'État. Les résistances n'en sont pas moins réelles et certains Juifs, pourtant agrégés, ne peuvent remplir leur mission face aux pressions locales exercées par l'Église ou par de grands notables. Il n'empêche que progressivement, sous la monarchie de

Juillet, de même que durant le second Empire, et davantage encore sous la Troisième République, on ne compte plus les Juifs, hommes voire femmes, qui deviennent professeurs agrégés dans des lycées, capitaines ou juges, entrent dans les administrations techniques de l'État, s'occupent des ponts et chaussées, de l'administration fiscale aussi bien que de la logistique des armées. *L'Univers israélite* relève dans chacun de ses numéros ces promotions qui honorent les Juifs et dresse un véritable « tableau d'honneur » qui atteste de leur entrée définitive dans la citoyenneté française. On les trouve désormais aussi bien aux échelons inférieurs de la fonction publique, dans les postes, la police ou les écoles qu'aux sommets de l'État : certains d'entre eux entrent au Conseil d'État ou sont nommés préfets ou sous-préfets, juges à la cour d'appel ou à la Cour de cassation et parviennent aux grades les plus élevés de l'armée. Certains secteurs de l'administration leur sont néanmoins, de fait, toujours fermés, par un ostracisme social et culturel qui parvient longtemps, jusqu'au tournant du siècle et davantage encore, à les tenir à l'écart : presque aucun d'entre eux n'entre ainsi dans ces très exclusifs grands corps que sont l'inspection générale des Finances, la Cour des comptes ou encore le Quai d'Orsay. On les trouve en revanche très nombreux parmi les professeurs d'université et même, très tôt, au prestigieux Collège de France. Cette voie de l'émancipation est propre à la France et, à un moindre degré, à l'Italie ou encore à la Hongrie. Elle suscite la colère des mouvements nationalistes et antisémites : Drumont s'en prend avec véhémence à cette « France juive » et dénonce nominalement la présence des Juifs dans l'État; des listes circulent et, localement, des protestations s'expriment. L'administration républicaine elle-même, dans ses rapports internes, ne cache parfois pas l'ampleur de ses préjugés et freine leur carrière. C'est néanmoins surtout la droite nationaliste et souvent catholique qui mène l'assaut. Dès février 1895, une proposition de loi déposée par Denis, député des Landes, visant à l'exclusion des Juifs de l'État, recueille un grand nombre de voix; on s'enquiert des « mesures que le gouvernement compte prendre pour arrêter la prédominance des Juifs dans diverses branches de l'administration française ». En 1899, le journaliste d'extrême droite Louis Vial écrit : « Plus de Juifs dans l'administration ! Plus de Juifs dans les ministères ! Plus de Juifs dans la magistrature ! Plus de Juifs dans l'Instruction publique, à la Guerre, aux Beaux-Arts, aux Ponts et Chaussées! Plus de Juifs au Conseil d'État.» Le mythe de la «République juive» peut s'épanouir, version française des *Protocoles des sages de Sion*, lancinant appel à leur exclusion de l'État.

P. B.

Le contrat républicain

Le retrait de la France catholique et l'avènement de la République absolue n'est pourtant pas sans risque, car l'une comme l'autre tolèrent mal le pluralisme, ne cachent pas leur hostilité envers la survivance des cultures particularistes capables d'influencer le mode d'exercice de la citoyenneté: elles s'engagent donc dans des politiques de suppression des mémoires spécifiques, des attachements envers les «petites patries», des pratiques linguistiques révélant un ancrage dans des terroirs dont l'attraction porte atteinte à des uniformisations des consciences, catholique ou républicaine, qu'elles poursuivent toutes deux, par des voies diverses. De même que la France catholique tolérait mal la survie des minorités protestante ou juive, de même la France républicaine, à l'espace public universaliste, se présente comme l'héritière des Lumières, de la Raison, de la Science, son positivisme dominant n'a que faire des religions, des cultures propres à des communautés restreintes. L'âge d'or du judaïsme français repose ainsi sur des bases fragiles, et nombre de rabbins, dans l'Est de la France tout particulièrement, dénoncent les dangers d'une assimilation qu'ils pressentent comme devant miner de l'intérieur les pratiques et les croyances, les valeurs et la transmission. Dans leur immense majorité, les Juifs de France adhèrent avec passion au contrat républicain, s'engagent résolument dans les allées de la méritocratie, volent au secours de Gambetta ou de Jules Ferry, s'élèvent dans la hiérarchie sociale jusqu'à fréquenter les puissants, font preuve d'un patriotisme sourcilleux et rêvent, tout comme leurs concitoyens, de reconquérir les provinces perdues de l'Est dont ils sont eux-mêmes fréquemment originaires, se détournent avec horreur d'un socialisme affaiblissant la République, évitent comme la peste toute démarche communautariste qui les particulariserait à nouveau. Jamais, dans la modernité, leur situation n'a été aussi florissante.

Bien sûr, des grincheux soulignent avec angoisse la montée d'un courant populiste, notent les retombées antisémites de Panama, s'inquiètent des rapprochements troublants entre socialistes, anarchistes et catholiques intransigeants qui partagent tous un solide antisémitisme justifié, à leurs yeux, par un commun anticapitalisme, soulignent avec crainte la démesure de l'antisémitisme religieux diffusé par *La Croix* qui s'autoproclame, en 1890, « le journal le plus antisémite de France » avec ses nombreuses éditions de province, constatent avec angoisse les incroyables succès de vente de *La France juive,* le violent pamphlet d'Édouard Drumont paru en 1886 qui dénonce nominalement la présence des Juifs, pose les fondements d'un antisémitisme racial, biologique et demande, jour après jour, dans *La Libre Parole,* leur pure et simple expulsion, voient enfin avec angoisse se répandre, au sein même de l'Armée qu'ils vénèrent tant, cet antisémitisme tout à la fois religieux et racial qui affecte maintenant les officiers juifs. Depuis 1892, *La Libre Parole* dénonce sans relâche les officiers juifs, les Cahen ou les Dreyfus ; ceux-ci demandent réparation par les armes, des duels ont lieu, l'un d'entre eux opposant Drumont au capitaine Crémieu-Foa ; la mort du capitaine Armand Mayer au cours d'un autre duel avec le marquis de Morès, antisémite jouant un rôle crucial dans la mobilisation populiste, suscite une émotion considérable. Contre le « retour de ces guerres de religion », Freycinet, le ministre de la Guerre, intervient et déclare avec solennité : « Dans l'armée, nous ne connaissons ni israélites, ni protestants, ni catholiques ; nous ne connaissons que des officiers français, sans acception d'origine. » Les funérailles militaires sont grandioses : accompagné par une foule immense et de très nombreux députés et sénateurs, le polytechnicien Armand Mayer est enterré en présence de l'ensemble des élèves de la prestigieuse école qui déclare un deuil de huit jours. Devant un tel consensus, le grand rabbin Zadoc Kahn peut observer, au cimetière Montparnasse : « La cruelle leçon qui se dégage [...] a été comprise : j'en atteste la désolation générale, l'unanimité des regrets qui se sont fait jour d'un bout à l'autre du pays. L'âme de la France vient de se révéler tout entière, avec sa générosité native, sa passion de la justice. [...] Jamais la conscience nationale ne s'est affirmée avec plus de force. [...] Messieurs, ces funérailles ont, elles aussi, leur éloquence car elles sont pour ainsi dire conduites par la France elle-même. »

L'alerte a été rude mais tout s'arrange : les épousailles des Juifs et de la République ne sont pas menacées, Paris demeure bien la nouvelle Jérusalem vers laquelle se dirigent les regards passionnés des masses juives d'Europe de l'Est qui rêvent de connaître une identique émancipation républicaine.

Les élites politiques

Si l'on trouve plusieurs députés juifs, par exemple sous la monarchie de Juillet, si les Pereire ou les Fould accèdent aux fonctions politiques les plus importantes sous le second Empire après, cette fois, s'être convertis, c'est véritablement sous la Troisième République que les Juifs, tout comme de nombreux protestants, entrent dans le personnel politique. Les uns et les autres adhèrent aux valeurs universalistes de la République et viennent remplacer, en partie, les anciennes élites catholiques qui récusent l'avènement de ce régime trop favorable aux «couches nouvelles» dont Gambetta souhaite la venue. On trouve dès lors certains Juifs dans l'entourage le plus proche des dirigeants politiques – Gambetta, puis Jules Ferry ou encore Clemenceau – qui jouent un rôle important dans l'institutionnalisation définitive de la République. Gambetta, qui a commencé sa carrière d'avocat auprès d'Adolphe Crémieux, nomme plusieurs préfets juifs, comme Eugène Lisbonne et demeure proche du député Ferdinand Dreyfus. Surtout, il confie à Joseph Reinach un rôle crucial dans la mise en place de son pouvoir, dans l'organisation des négociations politiques, à tel point que celui-ci devient, en 1881, secrétaire général du gouvernement, position centrale au sein du personnel politique. Dès 1876, Joseph Reinach a dirigé le journal *La République française,* créé par le dirigeant opportuniste : durant de longues années, il est son confident le plus intime, son porte-parole, son biographe. Député des Basses-Alpes à partir de 1889, il affronte le scandale de Panama auquel il se trouve indirectement mêlé, combat le collectivisme, défend la politique coloniale de Ferry et s'engage tout de suite dans le combat dreyfusard. Drumont et tous les antisémites, de *La Croix* à Léon Daudet, s'en prennent à lui avec une violence inimaginable : pour ce dernier, «ce qu'il y a de curieux chez Reinach, c'est cette juxtaposition d'une bête de proie juive, ravageant pour la juiverie, et d'un juriste libérâtre fleuri de toutes les niaiseries républicaines. La bête de proie donne la direction dans le sens du Talmud, contre les chrétiens... la trahison de Dreyfus fut mise en scène par Reinach». Proche du personnel opportuniste républicain, les Juifs sont moins nombreux autour du Clemenceau première mouture : ils ne partagent guère son radicalisme critique des valeurs de la République. Ce n'est qu'au moment de l'affaire Dreyfus, devant l'engagement dreyfusard de Clemenceau, que Reinach se rapproche de lui : c'est par son entremise que Georges Mandel entre en contact avec Clemenceau dont il devient plus tard, à son tour, le plus proche collaborateur.

P. B.

Un coup de tonnerre

C'est alors qu'éclate le coup de tonnerre de l'affaire Dreyfus qui prend les Juifs au dépourvu, tant ils se sont fondus avec confiance dans les institutions de la République. Quoi, voilà qu'un officier juif parmi les plus doués, polytechnicien sorti brillamment de l'École supérieure de guerre et affecté à l'état-major général de l'armée, marque suprême de confiance en sa valeur et ses qualités, se trouve brusquement, le 15 octobre 1894, arrêté, incarcéré, accusé de trahison au profit de l'Allemagne, puissance honnie qui occupe l'Alsace et la Lorraine ! Voilà qu'un Dreyfus, dont la famille appartient au monde des notables de Mulhouse, qui a vu avec rage l'occupant de 1870 défiler dans la ville et, avec beaucoup d'autres Juifs, a préféré partir vers Paris ou d'autres régions plutôt que de demeurer sous le joug allemand, lui qui a voué toute sa vie au culte de la Revanche, se voit jeté dans un cachot; confondu par son écriture, il est accusé de communiquer des informations à l'ambassade allemande, condamné à l'unanimité par le conseil de guerre à la dégradation et à la déportation tandis que les antisémites de tous bords pavoisent, que Drumont savoure enfin son triomphe, *La Libre Parole* écrivant : Dreyfus est « couleur de traître. [...] Une épave du ghetto. [...] Le misérable n'était pas français. Nous l'avions tous compris par son acte, par son allure, par son visage. » Barrès, en écho, prononce son fameux : « Que Dreyfus est capable de trahir, je le conclus de sa race », mettant ainsi ouvertement en accusation, par-delà Dreyfus, les Juifs de France eux-mêmes. L'événement leur paraît stupéfiant, incroyable, inimaginable et pourtant, c'est bien la République irréprochable qui vient de juger dans le respect des procédures le capitaine Dreyfus. C'est donc qu'il a vraiment trahi ? En dépit du respect immense qu'ils vouent à la

République, de la confiance qu'ils ont en ses institutions, peu de Juifs peuvent vraiment le croire. Dans leur for intérieur, ils doutent mais, au sein de l'espace public, ils respectent la chose jugée, détournent la tête, préfèrent n'en point parler, se réfugient dans le silence.

D'où une accusation lancinante, persistante jusqu'à nos jours, formulée par Léon Blum et systématisée par Hannah Arendt : les Juifs préfèrent courber l'échine, protéger leur situation, se faire oublier en attendant que l'orage passe ! Pour Léon Blum le dreyfusard, « les Juifs avaient accepté la condamnation de Dreyfus comme définitive et comme juste. Ils ne parlaient pas de l'affaire entre eux. [...] Un grand malheur était tombé sur Israël. On le subissait sans mot dire. [...] Les Juifs de l'âge de Dreyfus, ceux qui appartenaient à la même couche sociale, qui, comme lui, avaient franchi des concours difficiles, s'étaient introduits dans le cadre des officiers d'état-major ou dans les corps d'administration civile les plus recherchés, s'exaspéraient à l'idée qu'un préjugé hostile vînt borner leurs carrières irréprochables. » Pour Hannah Arendt elle aussi, « Dreyfus trouva peu de défenseurs déclarés parmi les Juifs français [...] la publicité leur inspirait une terreur maladive et ils s'en remettaient entièrement aux manœuvres souterraines ». La thèse de la passivité des Juifs durant l'Affaire passe pour une vérité d'évidence, elle serait même annonciatrice d'autres passivités plus tragiques encore. Par crainte de transformer l'Affaire en une question juive, les Juifs de France se seraient refusés à tout engagement spécifique. De manière plus générale, se développe dans l'historiographie contemporaine une autre thèse encore plus radicale qui éloigne encore davantage les Juifs de l'Affaire : celle-ci ne serait en rien, au premier chef, concernée par l'antisémitisme, d'autant plus que l'on se fait fort de dénombrer les quelques antisémites favorables au capitaine... L'affaire

Dreyfus ferait simplement figure de crise profonde de la société française animée par un nationalisme immense, un culte généralisé de l'Armée : la Raison d'État identifiant nécessairement l'État à l'Armée et celle-ci incarnant l'Arche sainte, nulle atteinte à sa majesté ne saurait être tolérée aussi bien par les nationalistes que par les républicains, unis les uns et les autres dans l'attente de la Revanche. L'Affaire sans Dreyfus, c'est une France jugeant légitime la condamnation du conseil de guerre, approuvant la dégradation et la condamnation, apportant sans réserve son appui à l'Armée offensée, longtemps opposée à toute remise en question du jugement, hostile ou indifférente au destin du capitaine, une France peut-être antisémite mais du bout des lèvres, loin des éructations d'un Drumont et de ses séides, une France dont les violents affrontements internes seraient en réalité presque indifférents à la dimension proprement juive de l'événement.

Le capitaine Dreyfus

L'Affaire s'incarne pourtant bel et bien dans la personnalité non pas d'un officier catholique ou athée et républicain, mais bien dans celle du capitaine Dreyfus, juif et « fou de la république » lui aussi, à l'instar de tous ces fonctionnaires civils et militaires serviteurs zélés des valeurs de la République, un capitaine qui, de même que la plupart de ces « fous de la république », loin de se convertir comme la plupart de leurs collègues de l'Empire allemand, reste fidèle à ses valeurs et se marie au sein de son propre milieu, épousant religieusement à la synagogue de la rue de la Victoire, au cours d'une cérémonie présidée par le rabbin Zadoc Kahn, Lucie Hadamard, sœur de son ami, juif et polytechnicien lui aussi, le capitaine Hadamard ; un capitaine Dreyfus qui n'évoque certes jamais publiquement, lors de ses procès comme dans ses diverses déclarations ou même dans son ouvrage, *Cinq années de ma vie,* son propre rapport au judaïsme mais qui ne s'en est jamais éloigné, trouvant dans son milieu juif familial, entre l'Alsace et la Provence, abri et affection, participant encore dans les années 20 au comité d'honneur de l'Accueil fraternel israélite, destiné à organiser des cours de français pour les Juifs immigrés, conservant aussi jusqu'à la fin de sa vie, dans son salon, une tapisserie aux inscriptions hébraïques. Au départ, avant qu'en 1896 n'interviennent de manière décisive le capitaine Picquart, catholique antisémite qui découvre, atterré et scandalisé, l'erreur judiciaire innocentant Dreyfus, ou encore le protestant et alsacien Scheurer-Kestner, vice-président du Sénat, bien avant le tournant de l'année 1898, après le procès Zola, qui suscite l'entrée en lice des intellectuels, des savants, des hommes politiques républicains, des socialistes et des quelques catholiques libéraux, nombre de ses principaux acteurs sont eux aussi Juifs ou... antisémites déclarés : d'un côté, Mathieu Dreyfus, le rabbin Zadoc Kahn, Bernard Lazare ou Joseph Reinach, de l'autre Drumont, son metteur en scène qui l'invente littéralement, les commandants Henry ou du Paty de Clam, le colonel Sandherr, mais aussi Barrès ou Rochefort. Ces derniers incarnent l'un et l'autre les deux extrêmes du champ politique que tout oppose : ils n'en partagent et affichent pas moins ouvertement un identique antisémitisme, mâtiné ici d'antijudaïsme catholique et là d'anticapitalisme ; ils finissent même par se rapprocher quand un Barrès devient l'apôtre d'un national-socialisme populiste, attirant derrière le flambeau des droites radicales une partie non négligeable des milieux ouvriers séduits par sa dénonciation de l'Argent.

Que les enjeux qui s'expriment à travers l'Affaire dépassent de loin la question de la place des Juifs au sein de la société française, cela va de soi. Il s'agit bien du devenir de la République, de la légitimité de l'Armée et de l'obsession de la Revanche unifiant l'opinion publique dans sa volonté de reconquête des provinces perdues, de combattre l'ennemi allemand, de lutter contre les risques réels d'espionnage, de la question sociale qui menace l'ordre et les hiérarchies traditionnelles, des conflits sociaux qui s'exaspèrent avec leur cortège de grèves mais aussi d'attentats anarchistes déstabilisateurs, de l'instabilité du secteur bancaire, de la rivalité entre le petit commerce et les nouveaux grands magasins qui suscite bien des appréhensions, des rapports conflictuels qui opposent la République à une Église qui refuse le Ralliement, de l'urbanisation qui gagne peu à peu sur une France rurale moins ouverte aux passions et aux idéologies, de la montée des foules, de l'individualisme et de l'irrationalisme, d'un désordre urbain propice aux mobilisations, du devenir de la méritocratie, de la science, du positivisme, des hussards noirs de la République unifiant à travers la Raison la nouvelle communauté de citoyens rejetée avec violence par la France catholique qui voit ses valeurs essentielles menacées, etc. On pourrait multiplier les dimensions qui s'expriment à travers l'Affaire tant cette matrice des guerres franco-françaises, qui se répéteront jusqu'à Vichy, la guerre d'Algérie et la crise lepéniste contemporaine, non pas à l'identique mais suivant un scénario présentant bien des similitudes, se révèle comme un événement fondateur, un conflit mettant en jeu aussi bien le devenir de l'État que la transformation des partis politiques, suscitant l'intervention des intellectuels et la naissance de la Ligue des droits de l'homme et du citoyen, favorisant l'irruption de la presse, l'invention de la propagande, etc. C'est dire à quel point elle dépasse la perception des Juifs, leur statut, le devenir de leurs valeurs, etc.

Et pourtant, soulignons-le encore, à l'encontre de certaines tendances historiographiques contemporaines, l'histoire de la rencontre entre la France et ses Juifs trouve là un moment privilégié, aussi bien pour la France que pour les Juifs, à tel point que c'est bien l'histoire de la France tout entière qui se trouve alors en jeu à travers l'arrestation d'un obscur capitaine juif, enfermé et déporté comme espion au terme d'un rapide procès entaché d'erreurs et d'illégalités liées surtout à sa condition juive et aux préjugés antisémites de l'époque qui se font jour dans la société française comme au sein de l'Armée elle-même. C'est bien parce qu'il est juif que Dreyfus se trouve tout de suite soupçonné d'être le traître qui livre les renseignements à l'ambassade allemande, son écriture étant immédiatement identifiée, en dépit de toutes les invraisemblances, à celle du fameux bordereau. Les Juifs, depuis Judas, trahissent et servent l'étranger, se vendent pour de l'Argent, sont insensibles à l'intérêt national; Dreyfus est juif; il a été affecté à l'état-major où se prennent les décisions vitales pour la défense nationale; sa trahison découle donc de sa « race ». Tel est le raisonnement proposé par ceux qui se jettent sur leur proie. Évidemment, de nombreux commentateurs approuvent sa condamnation de manière plus impartiale, convaincus qu'ils sont de sa trahison jugée par un tribunal de l'Armée, donc insoupçonnable, nécessairement juste; à leurs yeux, Dreyfus est coupable non pas parce qu'il est juif, mais parce qu'il a bel et bien vendu des secrets militaires à l'Allemagne. Il n'empêche que les préjugés remontent vite à la surface, que la presse de province la moins nationaliste n'est pas toujours exempte d'insinuations, que même un Jaurès, qui deviendra un combattant essentiel de la cause dreyfusarde, ne cache pas, au début, ses partis pris. Soulignons-le avec force, dès 1894-1895, avant même les grandes manifestations antisémites de 1898-1899, l'affaire

Dreyfus se trouve de manière consubstantielle orientée dans son déroulement par l'appartenance au judaïsme du supposé coupable.

Les premiers dreyfusards

Dreyfus condamné, dégradé, déporté, tandis que fusent déjà les cris hostiles aux Juifs, le silence général s'instaure. Personne ou presque ne doute de sa culpabilité, ne vient à son secours. L'aide vitale, qui lui permet de triompher de la solitude et des conditions effroyables de vie qui lui sont imposées à la lointaine île du Diable, il la trouve chez ceux qui lui sont le plus proches : son frère Mathieu et sa femme Lucie ainsi que sa belle-famille Hadamard, convaincus tout de suite de sa totale innocence. Mathieu Dreyfus, le « frère admirable », devient le pivot de la résistance : inlassablement, il se bat en faveur de la réhabilitation de son frère car, écrit-il, « je ne doutais pas un seul instant de sa complète innocence. Je connaissais sa parfaite loyauté, son caractère, ses qualités et ses défauts, son goût pour le travail, sa passion pour le métier militaire. »

Mathieu Dreyfus

Frère aîné d'Alfred Dreyfus, Mathieu Dreyfus demeure fidèle à la vocation industrielle de sa famille installée à Mulhouse. Il a davantage d'assurance que son frère Alfred, le militaire, une élégance, une véritable distinction naturelle qu'il va mettre tout entière au service du combat dreyfusard. Dès l'arrestation d'Alfred, il abandonne ses affaires et se voue à la lutte en faveur de la réhabilitation du capitaine qu'il sait injustement accusé. Le « frère admirable » est presque seul, avec Lucie, l'épouse d'Alfred Dreyfus et les autres membres de la famille. C'est lui qui contacte maître Demange et le convainc de devenir l'avocat de son frère. Avec lui, il consacre tout son temps à la défense de son frère. Aux lendemains de sa condamnation, il lui écrit : « Maintenant, il faut que ton énergie morale te soutienne, il faut que tu attendes avec foi et courage l'heure de la réhabilitation. Nous mettrons à la recherche de la vérité tout ce que nous avons de force et de courage. » Mathieu rencontre des hommes politiques, des journalistes, consulte une voyante normande, Léonie, qui, en état d'hypnose, s'exclame : « Qu'est-ce que c'est que ces pièces qu'on montre secrètement aux juges ? Ne faites pas cela, ce n'est pas bien. » Il engage des détectives privés britanniques, provoque la fausse nouvelle de l'évasion de son frère pour réveiller l'opinion indifférente. L'exilé de l'île du Diable lui écrit : « Nuit et jour, je pense à vous. » Il engage de nouveaux graphologues qui soulignent que l'écriture du fameux bordereau n'est pas celle d'Alfred, s'entretient avec Scheurer-Kestner ; c'est lui que contacte de Castro qui a reconnu l'écriture du bordereau publié par un journal placardé sur le boulevard, celle d'Esterhazy, lui encore qui anime la défense de son frère Alfred lors du procès de Rennes, en refusant de recourir à des attaques trop frontales, lui encore qui le pousse à accepter la grâce présidentielle qui ne l'innocente pas, mais le sauve de la mort, lui enfin qui ramène Alfred Dreyfus à la vie, en Provence, et anime désormais, à ses côtés, la lutte en faveur de sa véritable réhabilitation impliquant la reconnaissance de son innocence. Il meurt à Paris le 22 octobre 1930 et un rabbin prononce sur sa tombe une « simple et courte prière », « en français » selon les instructions laissées par le défunt.

P. B.

Dès le début, il trouve à ses côtés Joseph Reinach, l'un des personnages politiques les plus importants de la Troisième République, l'ancien secrétaire général du gouvernement Gambetta, un homme plongé au cœur de l'appareil politico-administratif de la France, qui en connaît tous les arcanes, un homme puissant, attaqué lui aussi lors du scandale de Panama, subissant depuis d'incessants assauts antisémites, l'une des cibles préférées de Drumont. Immédiatement, il entre dans le combat; dès décembre 1894, il intervient auprès de Félix Faure, le président de la République, s'informe de toutes les irrégularités, subodore le complot, l'injustice. Pas plus que Mathieu Dreyfus, il ne souhaite entreprendre cette lutte en tant que juif mais au nom seulement de la vérité et du droit; comme lui, il redoute d'apparaître comme l'animateur d'un «syndicat» juif que dénonce à plus soif la presse nationaliste; rejetant l'un et l'autre une quelconque solidarité ethnique ou religieuse, ils ne veulent donc pas agir en tant que Juifs. Pour Drumont, pourtant: «Ce Reinach apparaît comme la personnification du faux Français. [...] C'est vraiment le type du Juif allemand, du Juif d'invasion.» Plus tard, Léon Daudet écrira: «La trahison d'Alfred Dreyfus, mise en œuvre par Joseph Reinach, fut le signe de la livraison de notre pays à l'Allemand par une horde orientale.» Aux yeux de beaucoup, juifs ils sont donc, malgré tout, dans ce combat solitaire où les rejoint assez vite l'anarchiste Bernard Lazare, juif également, originaire cette fois du Comtat Venaissin. Lui qui déclarait «Ah! si c'était un pauvre diable, je m'inquiéterais de lui aussitôt, mais Dreyfus et les siens sont très riches, dit-on, ils sauront bien se débrouiller sans moi, surtout s'il est innocent», lui qui se vouait à un anarchisme hostile à toutes les religions, y compris au judaïsme et qui prônait une assimilation complète des Juifs, lui qui venait pourtant de découvrir «le nouveau ghetto» enfermant les Juifs et qui se rapprochait du sionisme, le voilà qui entre courageusement dans le combat et en devient le Juste, celui qui, dès février 1895, devient le plus fidèle défenseur du capitaine déporté. Il prépare ardemment un dossier, *Une erreur judiciaire: la vérité sur l'affaire Dreyfus* dont la publication, reportée par prudence à octobre 1896, alors qu'il est prêt depuis presque un an, va faire l'effet d'une bombe. Pour lui, aucun doute, Dreyfus «était soldat mais il était juif et c'est comme juif surtout qu'il a été poursuivi. C'est parce qu'il était juif qu'on l'a arrêté, c'est parce qu'il était juif qu'on l'a jugé, c'est parce qu'il était juif qu'on l'a condamné, c'est parce qu'il était juif que l'on ne peut faire entendre en sa faveur la voix de la justice et de la vérité. » C'est lui encore qui lance la formule : « Le capitaine Dreyfus est innocent et on a obtenu sa condamnation par des moyens illégaux : il faut que son procès soit révisé », suscitant dès lors la formation de camps antagonistes favorables ou non à l'idée de révision du procès. A l'automne 1896, deux ans après l'arrestation du capitaine, il s'adresse en vain à Millerand, à Jaurès, à Rochefort ou à Zola, personne ne daigne l'écouter et certains journaux socialistes se moquent même de celui qui vient à l'aide de la « juiverie ». Lazare l'anarchiste mène pour l'instant son combat presque solitaire, main dans la main avec Joseph Reinach, l'opportuniste, Juif d'État membre de l'appareil dirigeant. Il lui écrit : « Nous ne sommes pas en communion d'idées en politique et nos idées sociales diffèrent sensiblement [...] D'ailleurs mille choses séparent les hommes mais une les peut unir. Nous sommes attaqués l'un et l'autre comme juifs. Monsieur, voilà pourquoi nous pouvons oublier nos divergences économiques ou philosophiques et être d'accord sur la lutte à soutenir contre l'antisémitisme. »

Bernard Lazare

Né à Nîmes, en juin 1865, il appartient à une famille juive traditionnelle respectant le rituel des fêtes religieuses. Formé à l'école de la République, positiviste, il se tourne vers le rationalisme, la contestation sociale, l'anarchisme. Poète, il adhère au symbolisme et devient critique littéraire, romancier, journaliste à *La Nation*, puis à *L'Événement*, à *L'Écho de Paris*, etc. Révolté par l'injustice sociale, il part en guerre contre la misère, tout en refusant le socialisme d'État, et se rapproche de l'anarchisme au point qu'il doit fuir la France pour se réfugier en Belgique. De plus en plus assimilé, il dénonce le judaïsme «séparatiste», le Talmud qui rend «insociable», s'en prend à Marx, «un talmudiste qui fit de la sociologie», à Adolphe Crémieux, aux «descendants des Huns», aux «hordes» qui risquent de le priver de ses racines françaises, défend les ouvriers juifs contre les patrons juifs, etc. Son ouvrage sur *L'Antisémitisme, son histoire et ses causes,* fait les délices de Drumont, des antisémites d'hier à aujourd'hui qui le publient régulièrement en s'en félicitant, mais en passant sous silence le fait que Bernard Lazare l'a plus tard renié. Face à la violence de l'antisémitisme de Drumont, Bernard Lazare change radicalement de position, s'oppose à l'auteur de *La France juive,* et se bat en duel avec lui en juin 1895. A la fin de février 1895, il rencontre Mathieu Dreyfus et accepte de l'aider pour lutter en faveur de la réhabilitation de son frère. Rassemblant des documents, des notes, déployant une activité immense, il prépare, dès l'été 1895, une brochure qui va faire grand bruit, *Une erreur judiciaire : la vérité sur l'affaire Dreyfus.* Partisan d'entrer durement dans la bataille, il se heurte à la politique plus attentiste et prudente de Mathieu Dreyfus et de son entourage. Comme l'exprime sa biographe Nelly Wilson, c'est néanmoins lui qui «a écrit, en fait, la première histoire et le premier *J'accuse* de l'Affaire», démontrant les mécanismes de l'erreur judiciaire. Soulevant l'indignation et la tempête, il se retrouve assez seul, se retirant sur les lignes arrières. A ses propres yeux, il importe de retenir que «le premier qui se leva pour le Juif martyr fut un juif». Pour Péguy, «Bernard Lazare fut le premier des dreyfusards, celui dont sont issus presque tous les autres… Il y avait en lui un Juif de la grande race, de la race prophétique». Attiré par le sionisme, participant même au congrès de Bâle de mai 1899 où il est acclamé, il s'éloigne ensuite de ce mouvement qu'il trouve trop «bourgeois» et autoritaire, trop éloigné du socialisme, tout en restant fidèle à la perspective sioniste.

P. B.

Isolés pour l'heure, dans l'indifférence quasi générale, ces quelques défenseurs de Dreyfus trouvent à leurs côtés un autre allié de taille, le grand rabbin Zadoc Kahn lui-même, patriote alsacien s'il en est, respectueux des institutions, chantre du franco-judaïsme et de l'assimilation mais aussi ami de la famille Dreyfus, convaincu tout de suite de l'innocence du capitaine, homme d'action qui agit dès décembre 1894, entreprend de nombreuses démarches puis organise la lutte contre l'antisémitisme en regroupant discrètement autour de lui un petit groupe d'hommes décidés : ce comité juif de défense dément par sa seule existence la thèse de la passivité juive. A l'instar du *Verein zur Abwehr des Antisemitismus* allemand, solide organisation des Juifs allemands qui s'opposent à l'antisémitisme, dès décembre 1894, avec le rabbin de Paris Jacques-Henri Dreyfuss, le baron Edmond de Rothschild, Narcisse Leven, président de l'Alliance israélite universelle, Salomon Reinach et surtout l'ancien préfet Isaïe Levaillant, ce groupe quasi clandestin se dote de correspondants en province et se prépare à résister à la vague d'antisémitisme dont il prévoit le déclenchement dans le contexte de l'affaire Dreyfus. Fonctionnaires de la République et tenus à une stricte obligation de réserve, les rabbins n'hésitent donc pas à prendre leurs responsabilités. Ils peuvent compter sur le savoir-faire d'Isaïe Levaillant, ancien chef de la Sécurité nationale, préfet à poigne habitué aux questions du maintien de l'ordre et qui a déjà combattu à ce titre les organisations nationalistes dont il est l'une des têtes de Turc favorites. Nommé, en 1896, à la tête de *L'Univers israélite,* il avertit ses « coreligionnaires qu'il est temps pour eux aussi de se préparer au combat ». Plus tard, il ajoute : « En présence de la formidable levée de boucliers qui se prépare, que feront les israélites de France ? Sont-ils en état de faire tête à l'ennemi et de repousser l'assaut dont il les menace? [...] Le moment semble venu de se préoccuper de la bataille. Les Juifs de France ont-ils songé à s'unir, à se grouper et à s'organiser ? » Cet ancien haut fonctionnaire, qui anime le Comité de défense contre l'antisémitisme, suggère aux Juifs « de s'armer pour la défense de leurs droits ». Après le procès de Rennes qui condamne à nouveau le capitaine Dreyfus, il met les points sur les *i* : « Dreyfus est juif, Dreyfus est solidaire de sa religion et de sa race… le véritable accusé était le peuple d'Israël… Les juges du conseil de guerre n'ont fait que continuer une tradition qui demeure vivante dans le cœur de la catholicité. »

Le rabbinat français et l'affaire Dreyfus

Dès janvier 1895, juste après la dégradation du capitaine Dreyfus, les rabbins comprennent qu'un climat hostile au judaïsme anime désormais une partie de la société française. Tous sont concernés par les cris haineux qui, en frappant Alfred Dreyfus, touchent aussi chaque Juif. L'heure est à l'introspection. Certains rabbins commencent à faire le bilan d'un siècle d'émancipation, sans pour autant douter des grandes valeurs de la Révolution de 1789.

L'épreuve que subit le capitaine et qu'affronte la communauté éveille chez de nombreux rabbins l'obligation de rappeler les devoirs religieux aux fidèles. Le rabbin David Haguenau insiste sur le fait que la déjudaïsation n'efface pas la qualité de Juif aux yeux des antisémites : « Mais le Juif aura beau ne pas se souvenir et ne plus penser au sang qui coule dans ses veines, il ne cessera pas, aux yeux de tous, de faire partie d'une race et d'une religion… »

L'affaire Dreyfus est d'abord un mal français avant d'être un problème juif. Aussi, la communauté doit être forte.

La crise provoquée par l'Affaire peut sembler salutaire à quelques rabbins qui se satisfont d'un relatif réveil religieux au cours de l'année 1898, pendant laquelle les offices sont davantage fréquentés. Certains rabbins tentent d'interpréter l'événement à la lumière de la Tradition. Le rabbin Moïse Weiskopf considère que l'Affaire et l'antisémitisme qui en découle constituent une punition divine : « Hélas ! cette trahison de notre sainte Torah par ceux qui devaient en être les interprètes fidèles ne tardait pas à se venger cruellement. »

D'autres rabbins choisissent pourtant une forme plus laïque de combat. Le rabbin Louis-Germain Lévy, qui sera plus tard le responsable de l'Union libérale, rédige en 1899 une petite brochure intitulée *L'Inquisition* dans laquelle il affirme : « [...] Partout, il y a des hommes qui ont refusé de baisser le front et de se laisser réduire à l'obéissance passive; partout, il y a des hommes qui, à la force et au fanatisme, ont opposé l'affirmation de leur personnalité, les droits du droit, la liberté de la liberté [...] »

Certains d'entre eux confondent le combat quotidien des dreyfusards avec leurs propres objectifs. Défendre Dreyfus revient à servir les intérêts de la religion. Cette position laisse sceptique le rabbin Paul Haguenauer : « Est-ce à dire que tous ces braves gens seront, dans l'avenir, des Juifs de religion et non plus seulement de nom? Et sinon, qu'avons-nous à en faire? Le judaïsme français n'est pas une société civile et laïque, que je sache! mais une société purement religieuse. »

Les membres du rabbinat sont profondément dreyfusards. Pour la plupart d'origine alsacienne, ils sont convaincus qu'un des leurs, qui a choisi la France par patriotisme, n'a pu trahir. Mais si leur devoir est de ne point se désolidariser du capitaine Dreyfus, demeure la préservation des intérêts de la communauté.

Conscients d'une coalition catholiques-nationalistes antisémites, ils se rapprochent des protestants et trouvent un soutien actif de la part des pasteurs, attachés aux principes républicains.

Grand rabbin de France depuis l'année 1889, Zadoc Kahn est informé très tôt de l'arrestation du capitaine Dreyfus. Ses relations avec la famille Hadamard ont, sans nul doute, été à l'origine de son engagement dreyfusard. Face à la surenchère antisémite qui prend forme après la condamnation du capitaine, Zadoc Kahn estime, contrairement à Salomon Reinach, que « le silence du dédain peut, cependant, avoir des inconvénients. Il ne faut pas laisser s'accréditer des mensonges qui prennent un faux air de vérité à force de passer de bouche en bouche ou de plume en plume ». Lecteur averti de *La Libre Parole*, d'Édouard Drumont, il se méfie alors de l'opinion publique qu'il sait versatile. Le 10 janvier 1895, il réunit quelques intimes dans son bureau de la rue de la Victoire pour déterminer un plan d'action.

Avec son ami, l'ancien préfet Isaïe Levaillant, devenu rédacteur à l'*Univers israélite* et membre influent du Comité de défense, il tente de sensibiliser l'opinion juive au sort du malheureux capitaine. Son engagement précoce le désigne comme une cible facile pour les antisémites. Dans les articles, il est discrédité sous l'appellation de Kabosh d'Ane. Les chansonniers l'attaquent aussi férocement. Il est aussi l'objet d'un blâme émanant de la Chambre pour s'être enquis, auprès d'un officier juif, des manœuvres militaires d'Esterhazy. *L'Éclair* du 2 février 1899 se saisit de l'information : « L'âme du complot Dreyfus est le grand rabbin Zadoc Kahn. » Le dreyfusard ne désarme pas. Dans son sermon de Kippur, en 1899, il exhorte : « Prions Dieu pour qu'il prenne en pitié notre malheureux frère, triste victime d'une triste fatalité. [...] Prions Dieu, enfin, pour qu'il prenne pitié de notre chère France. »

Malgré la grâce présidentielle accordée au capitaine Dreyfus, certains rabbins ne cachent pas leur déception. Le rabbin Émile Lévy de Bayonne exprime son désarroi en 1900 dans son sermon de Kippur : « Un poison pernicieux s'est infiltré dans la société, [...] obscurcissant même la tradition française éprise de loyauté, de générosité ! » Plus amer encore, le grand rabbin Honel Meiss s'écrie : « Oui, quel vent de folie ! Car ce n'est pas en Roumanie seulement que l'on dit aux Juifs : "Vous êtes des étrangers"; mais sur cette terre généreuse, sur la terre classique de la Tolérance et de la Liberté... »

P.-E. L.

Les Juifs de France et Dreyfus

Si quelques Juifs convertis et intégrés aux milieux nationalistes, tel Arthur Meyer, le directeur du journal *Le Gaulois* ou encore Gaston Pollonnais, qui est responsable du journal *Le Soir*, s'opposent à la révision et ne cachent pas leur antisémitisme (le premier publiant un article intitulé « A bas les juifs ! », le second écrivant : « appelé à choisir entre le triumvirat Dreyfus-Zadoc Kahn-Reinach et mon pays, c'est à mon pays que je devais dédier toute mon énergie [...] je défends trente-six millions de catholiques contre soixante-dix mille tyrans »), nombreux sont les Juifs profondément assimilés qui, devant les vagues antisémites soulevées par l'Affaire, proclament haut et fort leur attachement au judaïsme et s'engagent à ce titre dans la bagarre. De même que Bernard Lazare affronte Drumont en personne, André Spire, par exemple, alors au Conseil d'État, se bat en duel avec un journaliste de *La Libre Parole,* tout comme un Jules Isaac qui affronte physiquement les manifestants antisémites. Patriotes sourcilleux, les officiers juifs s'efforcent de demeurer loyaux à l'armée qu'ils vénèrent, mais certains d'entre eux n'hésitent pas à se battre eux aussi contre d'autres officiers antisémites : parmi eux, le colonel Léon Francfort, les capitaines Fernand Bernard ou Coblence demandent réparation et affrontent leurs adversaires l'épée à la main. Dans un tel contexte de dissensions internes, plusieurs officiers juifs voient leur carrière retardée, connaissent de multiples vexations, des mutations qui les éloignent, les pénalisent, certains démissionnant même de cette Armée dont ils attendent tout.

Certes, les grandes institutions juives demeurent prudentes, le Consistoire central refuse de se départir de son rôle et de protester officiellement contre les attaques antisémites; individuellement, de nombreux rabbins s'engagent néanmoins dans leurs sermons pour le rétablissement de la justice en faveur du capitaine Dreyfus. S'il est difficile de suivre *L'Univers israélite* qui considère que « pendant que le capitaine Dreyfus supportait héroïquement les pires tortures soutenu par le sentiment de son devoir et de son honneur, la presque unanimité des israélites français a rejeté dédaigneusement le conseil lâche qu'on leur donnait de se désintéresser du sort de Dreyfus pour ne pas s'exposer à de pires avanies. Du haut en bas de l'échelle sociale, les israélites n'ont pas craint de s'exposer aux coups de leurs ennemis pour hâter la délivrance de leur frère [...] la réhabilitation d'Alfred Dreyfus est donc aussi la réhabilitation des juifs », si cette interprétation paraît tout aussi forcée que la vision opposée d'un silence généralisé et d'une crainte partagée par tous, si encore de nombreux Juifs, à Paris comme dans les petites villes de province, sont véritablement terrifiés et espèrent simplement la protection des autorités, les signes d'une résistance juive, observables ici ou là, n'en sont pas moins réels. Par-delà les exemples manifestes déjà analysés, on peut noter que de nombreux Juifs attaqués osent poursuivre leurs agresseurs, souvent avec succès, devant des tribunaux; que d'autres réagissent avec courage, qu'ils lacèrent des affiches antisémites, giflent des agitateurs antisémites, se battent dans les rues de Paris et reçoivent des blessures au couteau, lancent, par exemple en Lorraine, des pierres contre des manifestants antisémites, font même, en Algérie tout particulièrement, le coup de poing contre leurs adversaires, que des ouvriers juifs se réunissent en septembre 1899 pour protester contre l'antisémitisme et décident de « répondre à la force par la force »; que les enfants eux-mêmes se battent parfois dans des cours d'écoles, tels le jeune Jules Moch ou le fils de Joseph Reinach, ou encore celui du député Ferdinand Dreyfus.

Et qu'enfin, au-delà de tous ceux qui réagissent ouvertement en tant que Juifs, on ne compte pas les exemples de Juifs particulièrement assimilés qui préfèrent protester simplement au nom de la seule justice, des droits de l'homme, de la Raison en adhérant, par exemple, à la Ligue des droits de l'homme et du citoyen, rejoignant les intellectuels et les savants qui, à partir du tournant de 1898-1899 et du procès Zola, entrent enfin dans le combat dreyfusard en apportant toute la force de leur conviction fondée sur la science mais aussi sur la morale. Après « J'accuse », le célèbre manifeste de Zola publié le 13 janvier 1898, après la condamnation de Zola et la création de la Ligue des droits de l'homme et du citoyen, l'engagement des intellectuels et des savants marque un tournant décisif : désormais, les Juifs ne sont plus seuls, de grands intellectuels, tel Anatole France, des savants à la tête de l'Institut Pasteur, des professeurs de la Sorbonne démontrent avec rigueur les manipulations et dénoncent l'injustice ; à leurs côtés, des intellectuels juifs trouvent ainsi la possibilité d'intervenir sur une base purement universaliste : ils sont nombreux à le faire, de Léon Blum à Sylvain Lévi, d'Émile Durkheim à Marcel Mauss, de Salomon Reinach à Marcel Proust, de Victor Basch à Julien Benda, certains d'entre eux jouant dès lors un rôle essentiel à la Ligue des droits de l'homme, comme Émile Durkheim qui fonde la section bordelaise de la Ligue et subit de dures attaques antisémites, ou encore Victor Basch qui déclare : « Durant et après le procès, j'ai toujours hautement professé ma qualité de Juif. » Il deviendra plus tard, dans l'entre-deux-guerres, président de la Ligue avant d'être assassiné par la Milice en janvier 1944.

Entamé sur une base universaliste, au nom des droits de l'homme, ce combat mènera pourtant certains d'entre eux à se porter aux côtés d'autres Juifs persécutés, à se rapprocher des institutions juives, à aborder de manière plus favorable la cause du sionisme qui va tant à l'encontre du projet assimilationniste du franco-judaïsme. On sait que Herzl assiste à la dégradation du capitaine Dreyfus et que ce reniement du processus émancipateur le renforce dans sa conviction, déjà forgée en Autriche, de la nécessité de créer un pays où les Juifs échapperaient enfin aux persécutions séculaires : à ses yeux, l'État des Juifs permettra seul de mettre un terme à l'antisémitisme. Pour lui, si même en France, dans la patrie des libertés et de la Révolution, les Juifs font face à un antisémitisme grandissant, alors le sionisme en devient d'autant plus légitime. Les Juifs français demeurent malgré tout fidèles au projet émancipateur issu de la Révolution française et se détournent du sionisme, tels les fidèles défenseurs de Dreyfus, le grand rabbin

Zadoc Kahn ou encore Joseph Reinach (qui écrit : « La patrie française, que la Révolution a donnée aux Juifs, les antisémites ne la leur arracheront pas et les sionistes de Bâle ne détermineront aucun Juif français à y renoncer ») et Isaïe Levaillant (qui déclare : « Nous israélites français, avons une patrie et entendons la garder »). Herzl constate donc que « les Juifs français sont hostiles au projet. [...] Leur situation est ici trop bonne pour qu'ils envisagent un changement. » Bernard Lazare lui apporte pourtant son appui enthousiaste sans renoncer pour autant au socialisme ; il aide Herzl, s'engage en faveur du nationalisme juif, estime que « l'assimilation n'est pas et ne peut pas être une solution », devient rédacteur en chef de la revue *Zion*, participe à des réunions, suscite autour de lui, chez des étudiants et des intellectuels, un intérêt pour cette cause, se rapproche des thèses culturelles d'Ahad Ha-Am, avant de s'éloigner d'un projet qui demeure, selon lui, insuffisamment révolutionnaire ; de même un Edmond Fleg, un André Spire, un Léon Blum ou un Sylvain Lévi se rapprochent du sionisme et participent, à un degré ou à un autre, à la mise en place de ce projet historique qui va trouver, un peu plus tard, un écho grandissant.

Le sursaut de la République, sa détermination à combattre le nationalisme qui la menace, à affronter les ligues qui, par-delà les Juifs, s'en prennent à l'ordre républicain, sa volonté de rechercher l'apaisement expliquent, en 1899, la scandaleuse grâce de Dreyfus impliquant la reconnaissance de sa culpabilité et enfin, si tardivement, en 1906, la proclamation de son innocence, sa réhabilitation, son retour dans l'armée célébré à l'École militaire, tandis qu'on lui rend les honneurs militaires. Pour les Juifs français, la page est tournée. L'alerte a été vive, la marée antisémite qui s'est déversée dans les rues de France en 1898-1899, qui a gagné nombre d'intellectuels, d'artistes, d'hommes politiques, de fonctionnaires, de journalistes, a poussé à la mobilisation violente des ligues organisées militairement et a presque remis en question le processus émancipateur ouvert par la Révolution française, suscitant la renaissance d'une conscience particulariste, s'éloigne, finit par s'apaiser. Les Juifs préfèrent oublier; après tout, les choses se terminent bien; la France de 89, du Droit, de la Raison l'a emporté : ils peuvent demeurer de loyaux citoyens de la République, célébrer, comme auparavant, ses institutions et ses valeurs. Tout comme Dreyfus, ils se préparent à affronter l'ennemi allemand les armes à la main, dans ce terrible affrontement de 14-18 qui pousse à la réunion des diverses familles de la nation, conviées les unes et les autres au sacrifice suprême pour la défense de la Patrie.

De l'affaire Dreyfus à l'Occupation

Patrick Weil

La période qui court de 1906 à 1940, de la réhabilitation d'Alfred Dreyfus à la fin de la Troisième République, est relativement courte : elle est pourtant celle des changements profonds et des bouleversements durables, celle d'une véritable métamorphose de la communauté juive de France. Dans ce laps de temps, les Juifs de France auront vécu trois grandes transformations.

Une transformation démographique d'abord. A la veille de la guerre de 1870, les Juifs de France se répartissent géographiquement entre quatre aires – l'Alsace et la Lorraine, le Sud-Est (autour des anciens Comtadins), le Sud-Ouest des anciens marranes, enfin Paris et sa région.

L'immigration d'une partie des Juifs d'Alsace-Lorraine après son annexion par l'Empire prussien, celle de Juifs d'Europe et de Méditerranée, qui se développe jusqu'à la Seconde Guerre mondiale, tout au long des différents événements traumatiques qu'ils subissent dans leurs pays de résidence, vont transformer Paris en pôle dominant de la communauté juive de France devenue, à la veille de la Seconde Guerre mondiale, la plus grande communauté d'Europe occidentale.

Ce développement numérique et cette polarisation géographique vont de pair avec la diversification sociale. En quarante ans, l'intégration républicaine et l'immigration produisent un bouleversement socio-économique, un étirement tout au long de l'échelle sociale : à la fin du second Empire, il existe parmi les Juifs de France une minorité de grands bourgeois mais, dans leur majorité, ils appartiennent à la bourgeoisie moyenne, aux professions libérales, à la fonction publique ou plus rarement au monde de la politique. La république va promouvoir des Juifs aux plus hautes fonctions de l'État, mais aussi à la pointe du mouvement intellectuel, tandis que le développement de l'immigration installe une classe ouvrière juive et parfois, à la fin des années 30, des chômeurs vivant des œuvres ou de l'aumône.

Tandis que ces bouleversements se produisent pendant les vingt années qui suivent l'affaire Dreyfus, la question juive a quitté le devant de la scène. La victoire finale des républicains, défenseurs des valeurs de justice, de tolérance et de liberté contre les nationalistes, défenseurs du traditionalisme catholique et de l'autorité, autorise alors à penser que la défaite des antidreyfusards est une défaite définitive de l'antisémitisme. En un court laps de temps pourtant, les Juifs de France vont passer du sentiment de la plus totale intégration dans la nation à la plus complète exclusion.

Tout change et tout bascule à l'orée des années 30. Le krach de la bourse de New York, la crise qui s'ensuit et se développe plus tardivement en France, la victoire du nazisme en Allemagne et la montée du risque de guerre remettent les Juifs au cœur de la tension politique. C'est que les réfugiés venus d'Allemagne, puis d'Europe centrale, sont au centre des conflits et des contradictions de l'État, des partis, de l'opinion, de la société et des Juifs de France eux-mêmes. Contradictions sans solutions, jusqu'à la chute finale.

Les métamorphoses du judaïsme français

La fin de l'affaire Dreyfus avait confirmé cette idée que les Juifs français avaient trouvé une forme satisfaisante d'intégration dans la nation française : l'identité juive pouvait se vivre au sein de la nation, elle autorisait également la promotion sociale et l'éloignement à l'égard des institutions communautaires ; celles-ci s'organisaient autour du Consistoire, autorité légitime et « toit » distant au-dessus des âmes juives, si diverses quant à leur rapport à Dieu. L'arrivée relativement importante de Juifs immigrés, mais aussi le changement du cadre institutionnel d'accueil va modifier la situation.

Les conversions dans la première moitié du XXe siècle

La question de la conversion des Juifs au catholicisme retrouve une acuité certaine au début du XXe siècle, alors que la visibilité et l'influence des convertis dépasse leur faible nombre. Pour la plupart issus non pas du judaïsme pratiquant mais de l'athéisme ou de l'agnosticisme, ils quittent assez facilement la structure souple du judaïsme français. Leur origine familiale est celle de Juifs français de la fin du XIXe siècle, totalement intégrés et éloignés de tout élément religieux. Ces hommes participent souvent d'une véritable haine de soi, ce qui explique que leur quête spirituelle n'a pas pu s'exprimer dans leur religion d'origine parce qu'ils étaient trop antijudaïques pour s'y intéresser. Ils rejettent l'aspect communautaire et identitaire de la religion juive et refusent un judaïsme de condition alors même qu'ils ne sont pas juifs de conviction. Ce déchirement ne se fait néanmoins pas sans douleur ni hésitations. Car effacer le sentiment d'exclusion en se convertissant revient à dépasser l'antijudaïsme. Puisque la question juive est spirituelle, selon eux, la solution ne peut-être que spirituelle : la conversion. Accrochés à leur vision d'un judaïsme mort, les convertis interprètent le catholicisme comme l'accomplissement de leur foi et de leur désir de religion. Ces juifs déjudaïsés, tel le poète Max Jacob, sont sensibles aux magnificences de l'Église dans un pays imprégné de culture catholique. Ils ne conçoivent pas leur conversion comme une trahison envers le judaïsme, car pour eux l'Église est juive. Les changements de prénoms le prouvent. Le choix de Jean-Marie, à l'exemple d'Aron Lustiger, futur archevêque de Paris, unit Marie, la mère juive du Christ, et Jean, le disciple si préféré du Christ qu'il lui confie sa mère, c'est-à-dire Israël, avant de mourir. Certains, attirés par le catholicisme, refusent néanmoins de franchir le pas du baptême, tel Bergson.

Mêlant patriotisme et volonté d'intégration, les nouveaux chrétiens présentent souvent leur choix comme l'aboutissement de leur adhésion à la communauté française. Convaincus que l'appartenance nationale ne peut être complète sans adhésion religieuse, ils confondent les deux et se rattachent aux nationalistes intégraux, proches de l'Action française. Le sacrifice suprême exigé par la nation serait donc l'abandon de cette judéité qui ferait du Juif un étranger à la France. Leur participation à la Grande Guerre et le fréquent mariage avec une femme d'origine catholique ne font que confirmer cette volonté.

Dans la première moitié du XXe siècle, la conversion des Juifs reste pour l'Église un objectif à atteindre. Alors que Notre-Dame de Sion, seule congrégation officiellement chargée des Juifs par le pape, apparaît moins qu'au XIXe siècle, c'est l'image d'amis chrétiens qui surgit au premier plan. La frénésie de conversion du milieu Maritain et Fumet dans les années 20 s'oriente en particulier vers les Juifs. La conversion de membres des familles Cattaui et de Menasce prouve leur succès.

Si, pour les convertis de l'avant-guerre et du premier conflit mondial, la conversion paraissait la solution au problème juif, les années 30 constituent un tournant. D'une part, la conversion ne fait que creuser les antagonismes alors qu'un philosémitisme se développe dans les rangs catholiques. D'autre part, les convertis, qui avaient assimilé une culpabilité antijudaïque, croient trouver dans cette adhésion religieuse la réponse aux persécutions et découvrent le passage d'un antijudaïsme religieux à un racisme biologique, l'antisémitisme. En 1945, Jacques Maritain reçoit de son ami musicien Maxime Jacob, devenu bénédictin avant-guerre, un faire-part ainsi libellé : « Le R.P. Dom Clément a la douleur de vous faire part de la perte cruelle qu'il éprouve en la personne de Berthe Jacob et Babet Jacob, ses mère et sœur, mises à mort par les Allemands à Auschwitz. Vive la France ! Vive le Christ-Roi ! »

Frédéric Gugelot

Une immigration de plus en plus massive

L'immigration juive s'était déjà développée avant la Première Guerre mondiale. Mais tandis qu'entre 1881 et 1914, environ deux millions de Juifs débarquaient aux États-Unis et 120 000 en Grande-Bretagne, la France n'en recevait que 30 000. Et encore, ces trente mille arrivées eurent lieu plutôt à partir de 1905. Auparavant, s'était produite une migration de Juifs polonais fuyant les pogroms, la première vague déferlant après l'assassinat de l'empereur de Russie, Alexandre II, le 1er mars 1881 par le groupe révolutionnaire russe Narodnaia Volia (la volonté du peuple). L'assassinat de celui qui était considéré comme un tsar libéral provoqua la répression des mouvements révolutionnaires et toucha les Juifs à qui l'on reprochait d'être tout à la fois les instigateurs des révolutionnaires et les responsables des difficultés économiques et sociales qui touchaient alors la Russie. La vague de violences antijuives dans l'Empire tsariste fut la cause directe de la migration de 8 000 Russes vers la France, entre 1880 et 1890.

Jusqu'en 1905, la France était d'autant moins la destination des réfugiés d'Europe centrale ou de l'Est que les institutions juives françaises ne voyaient pas d'un bon œil leur arrivée et favorisaient leur départ vers les États-Unis ou leur rapatriement.

Une autre immigration fut le produit de la révolution russe manquée de 1905 et de la fermeture des frontières britanniques aux réfugiés. Dix mille réfugiés s'installèrent à Paris, d'autres dans l'Est de la France. Puis une émigration des Juifs ottomans débuta juste avant la Première Guerre mondiale, lorsque les Juifs fuyaient le service militaire obligatoire instauré en 1909. Elle se poursuivit après, lors de l'expulsion des Grecs et du massacre des Arméniens d'Anatolie, qui déterminèrent l'émigration de nombreux Juifs de Smyrne. Au milieu des années 20, les Juifs séfarades sont environ dix mille à Paris.

Mais c'est après la fin de la Première Guerre mondiale que se produit l'arrivée en France de 150 000 immigrants, provenant principalement d'Europe centrale, d'Allemagne, d'Autriche et de Tchécoslovaquie. Au total, entre 175 000 et 200 000 Juifs immigrés s'installent en France entre 1906 et 1939, qui ne constituent cependant que 15 % des immigrés arrivés à la même période, en majorité Italiens, Polonais, Espagnols ou encore Belges ou Tchèques.

Serge Klarsfeld, dans *Vichy-Auschwitz*, comptabilise 330 000 Juifs en France en 1940 : de 190 000 à 200 000 Français, dont environ 55 000 naturalisés et 140 000 étrangers. Il confirme ainsi les chiffres obtenus d'une autre façon par Georges Mauco, principal expert, à l'époque, des questions d'immigration, à l'occasion d'une déposition écrite produite en vue du procès de Riom. Celui-ci compte à la même date de 190 000 à 200 000 israélites étrangers dans lesquels il inclut les naturalisés : Polonais juifs : 70 000 sur un total de 515 000 ; Allemands et Autrichiens : 40 000 sur 54 000 ; Russes : 18 000 sur 71 000 ; apatrides : 12 000 ; Roumains : 10 000 ; Hongrois : 7 000 ; Bulgares : 3 000 sur 57 000 Balkaniques ; Tchécoslovaques : 5 000 sur 51 000 ; divers : de 20 000 à 25 000.

Tandis que les immigrés non juifs viennent souvent en célibataires, les immigrés juifs arrivent presque toujours avec leur famille. Et tandis que les premiers s'installent sur la côte méditerranéenne ou dans les régions industrialisées du Nord, de l'Est et dans une moindre mesure en région parisienne, les seconds affluent en masse vers Paris. Sur l'ensemble des Juifs naturalisés entre 1924 et 1935, près de 80 % résident à Paris ou dans sa région.

Ces différentes vagues d'immigration font définitivement de Paris le centre du judaïsme de France, ce qui était loin d'être le cas jusqu'alors. Certes, depuis la Révolution française, la progression de la population juive parisienne a été continue et, à la veille de la chute du second Empire, celle-ci représentait environ 20000 personnes, soit un peu moins de 25% du judaïsme français alors évalué aux alentours de 90000 personnes – signe d'une attraction spécifique, alors que la population parisienne ne regroupe que 4,5% de la population française dans son ensemble. Le pôle de Metz, en déclin, représente encore 17% de la population juive en 1861, mais c'est l'Alsace qui domine avec un peu plus de 40% des Juifs de France, tandis que la population juive du Sud-Est et du Sud-Ouest réunis ne représente plus que 10% de la population juive totale de la France. En Algérie enfin, la population juive est évaluée à 35 000 personnes au moment du décret Crémieux.

Le décret Crémieux

Point d'orgue de la transformation du statut juridique des Juifs d'Algérie, depuis la conquête française de 1830, le décret Crémieux clarifie la situation des Juifs de la colonie, rendue inextricable depuis que les ordonnances des années 1840 ont assimilé leurs structures communautaires à celles des Juifs de France. Ayant perdu leur instances juridiques traditionnelles, ils sont devenus justiciables devant les tribunaux français; mais, restés indigènes, rien ne les empêche, en principe, de pratiquer la polygamie, le lévirat, le divorce et autres coutumes, conformes, certes, à la loi juive mais non reconnues par le droit civil français. Ce qui donne lieu à d'innombrables recours juridiques, utilisés à bon escient par les partisans de la naturalisation invoquant, pour les Juifs d'Algérie, les mêmes arguments et les mêmes principes démocratiques qui ont conduit naguère les hommes de la Révolution à octroyer l'émancipation aux Juifs de France.

Un débat public d'une intense vigueur se développe autour de la question du statut des Juifs d'Algérie, du début des années 1850 à la chute du second Empire. Impressionné par cette campagne, Napoléon III promulgue, le 14 juillet 1865, un sénatus-consulte permettant aux indigènes juifs et musulmans renonçant à leur statut personnel d'obtenir, à titre individuel, la naturalisation française.

Quelques dizaines de Juifs seulement prennent la peine de demander la nationalité française, s'attirant cette remarque d'Adolphe Crémieux : «Ne leur dites pas soyez français si vous le voulez, car volontairement ils n'abdiqueront pas la loi de Dieu.» Selon Crémieux, les Juifs n'accepteront la nationalité française que si on la leur impose d'en haut, conformément à la maxime talmudique «*Dina de-malkhuta dina*» (La loi de l'État a force de loi religieuse).
Le député de Chinon devient ainsi le champion de la naturalisation collective des Juifs d'Algérie. Ses efforts sont sur le point d'aboutir en juillet 1870 quand le chef du gouvernement, Émile Ollivier, dépose un projet de loi dans le sens souhaité par Crémieux mais qui permet néanmoins aux Juifs algériens non désireux d'abandonner leur statut personnel de renoncer à la nationalité française dans un délai d'un an. Après la chute de l'Empire, Gambetta fait entrer le 4 septembre 1870 Adolphe Crémieux dans son gouvernement de Défense nationale. Ministre de la Justice, Crémieux peut mettre en application ses idées sur l'Algérie. Le 24 octobre 1870, il signe un train de décrets modifiant le statut administratif de la colonie. Le septième, connu sous le nom de décret Crémieux, accorde la nationalité française aux 33 000 Juifs de la colonie.
Accueilli avec indifférence, le décret Crémieux connaît une histoire mouvementée : dix mois à peine après sa promulgation, il manque d'être supprimé par le gouvernement Thiers, à la suite de pétitions et de pressions émanant des plus hauts responsables algériens, imputant à la naturalisation collective des Juifs la responsabilité de la révolte kabyle de 1871. Agé de soixante-quinze ans, Crémieux prend sur lui de remuer l'opinion et aidé probablement du baron Alphonse de Rothschild, il parvient à sauver *in extremis* son décret néanmoins «enrichi» d'un amendement, l'amendement Lambrecht, préconisant de n'octroyer la nationalité française qu'aux Juifs de la colonie dont l'origine algérienne est attestée.
Ni cet aboutissement ni les conclusions de la commission parlementaire chargée d'examiner les origines de la révolte kabyle ne mettent un terme à la campagne pour l'abolition du décret. Elle prend une ampleur considérable à partir des années 1880, quand l'Algérie est balayée par une vague d'antisémitisme d'une rare virulence dans laquelle trempent des groupements politiques de tous bords, radicaux, socialistes, cléricaux et jusqu'aux francs-maçons. Orchestré par Édouard Drumont, Émile Morinaud et Max Régis, ce mouvement, qui prend une tournure violente (boy-

cott économique, pillage, destruction de lieux de culte, meurtre), a pour revendication essentielle la suppression du décret Crémieux. Après une vingtaine d'années d'accalmie, la campagne contre le décret reprend dans les années 20, menée comme par le passé par les mouvements antisémites. Le régime de Vichy supprime purement et simplement le décret Crémieux le 4 octobre 1940. Abrogé une seconde fois, en mars 1943, par le général Giraud, qui prétend instaurer de cette façon l'égalité entre Juifs et Musulmans, il n'est définitivement rétabli qu'en septembre 1943, à l'issue d'une longue bataille de procédure, ponctuée de pressions émanant d'organisations juives. Les 130 000 Juifs d'Algérie retrouvent alors les droits de citoyens français octroyés en 1870.

M. A.

Plusieurs quartiers de la capitale deviennent des pôles, des «ghettos» de la communauté juive. Le premier de ces centres, situé autour du métro Saint-Paul, a déjà été une zone d'établissement pour l'immigration juive d'Alsace-Lorraine au XIXe siècle. Il est devenu ensuite le principal centre de culture yiddish de Paris. Les enfants juifs y sont si nombreux que les écoles primaires ferment le samedi au lieu du jeudi, alors jour de congé en vigueur. Mais c'est en fait Belleville qui regroupe, après la Première Guerre mondiale, la majorité des Juifs de la capitale, venus surtout d'Europe de l'Est.

Les quartiers juifs à Paris du début du siècle à l'Occupation

Du début des années 1880 à la veille de la Seconde Guerre mondiale, cent dix mille Juifs yiddishophones environ sont arrivés en France et s'y sont installés, pour la plupart à Paris.

Une population judéo-espagnole, venue de Grèce, de Bulgarie et de l'Empire ottoman s'est également fixée dans la capitale, dès 1908 et pendant tout l'entre-deux-guerres.

Une géographie sentimentale de ces installations a souvent été dessinée : tailleurs et casquettiers auraient constitué au cœur du

4e arrondissement une enclave yiddish, le *Pletzl*, prolongée à Montmartre puis à Belleville, tandis que le 11e arrondissement, au sud de la place Voltaire, devenait le « quartier des Juifs orientaux ».

Il ne s'agit pas de nier l'existence d'implantations immigrantes privilégiées, mais l'ensemble des sources montre clairement qu'il ne s'est pas constitué à Paris de quartier juif, yiddishophone ou judéo-espagnol. Deux facteurs, étroitement liés, peuvent l'expliquer.

La nation, telle que l'a définie la Révolution, ne saurait être réduite à une juxtaposition de groupes plus ou moins hétérogènes. Les modalités de l'intégration à la française garantissent une acculturation profonde et rapide. Mais surtout, l'action de la communauté israélite française a été déterminante.

Ses instances dirigeantes ont mené à l'égard des immigrants une politique visant à les transformer, en l'espace d'une ou deux générations, en israélites français. Il était donc impératif d'éviter un regroupement spatial des nouveaux venus, susceptible de favoriser la transmission d'une identité différente, voire concurrente de l'israélitisme officiel. Cette attitude a constitué un obstacle majeur au marquage physique et symbolique de l'espace migrant, donc à sa continuité et à sa cohérence géographique.

Pourtant, l'historien doit aussi démêler l'écheveau complexe des représentations, des images, des mythes. Ces « quartiers » ont eu une existence spatiale très volatile tout en constituant pour les immigrants des espaces de référence. Beaucoup n'y vivaient pas, mais tous étaient persuadés que quelques rues, au cœur de la capitale, préservaient un peu de ce que l'on avait quitté. Cette certitude n'a pas entravé l'assimilation. Elle a permis de ne pas se perdre tout à fait.

Aline Benain

Un exemple d'immigration : les Juifs des Balkans et de l'Empire ottoman

A la suite des changements politiques de la fin du XIXe siècle et du début du XXe siècle et de la perte de leur rôle économique, une fraction des Juifs des Balkans et de l'Empire turc émigrent en Europe occidentale dont ils ont adopté le mode de vie depuis

quelques décennies. Le choix de la France s'explique par la large diffusion de sa langue et de sa culture à travers l'Alliance israélite universelle.
Néanmoins, la population des Juifs originaires de cette région est peu nombreuse. A Paris, en 1930, elle est estimée à 15 000 individus, auxquels il faut ajouter quelques milliers d'autres, résidant à Lyon et à Marseille. Dans la capitale, elle est concentrée dans le 9e et le 11e arrondissement, ce dernier accueillant les membres les plus pauvres de la communauté. C'est dans ce quartier, rue Popincourt, qu'est créé, en 1909, le premier oratoire de rite séfarade oriental qui bénéficie d'un rabbin appointé par le consistoire. Cependant, en vertu de la séparation des lieux de culte selon l'origine géographique et sociale, deux nouvelles salles sont ouvertes pour les offices les jours de fête, dans le 9e arrondissement : l'une rassemble les Smyrniotes, l'autre, les Saloniciens. Une politique d'union prévaut dans les années 30 et se concrétise par la fondation de l'Association cultuelle séfaradite de Paris et par la construction de la synagogue de la rue Saint-Lazare en 1932.
Dans leur grande majorité, ces Juifs travaillent dans le secteur du commerce, depuis les négociants en bijoux ou en tissu du Sentier jusqu'aux manutentionnaires de la rue Sedaine, en passant par la masse des petits marchands. Tout en continuant à exercer le rôle d'intermédiaires économiques qu'ils occupaient dans l'Empire ottoman, ils se différencient des Juifs émigrés d'Europe de l'Est qui dominent dans le secteur de l'artisanat. Comme eux, cependant, ils occupent un large éventail de positions sociales dont un des pôles est constitué par une élite intellectuelle. C'est elle qui impulse le développement des associations de bienfaisance et des mouvements de jeunesse qui laisseront peu de traces dans la mémoire en raison du désir d'assimilation de cette communauté séfarade et de la déportation d'une partie de ses membres. L'extermination des Juifs de Salonique pendant la guerre a fait de la France une des héritières des communautés judéo-espagnoles des Balkans.

Annie Benveniste

Les Juifs du Levant adoptent le quartier de la Roquette dans le 11e arrondissement, tandis que ceux venus d'Algérie, du Maroc ou de Tunisie s'installent près du *Pletzl* mais de l'autre côté de la rue de Rivoli. Ce développement de la présence juive à Paris se traduit par l'ouverture de plusieurs synagogues. Entre 1821 et 1874, il n'y a qu'un temple consistorial à Paris, rue Notre-Dame-de-Nazareth ; de nouveaux temples s'ouvrent rue de la Victoire (1874), rue des Tournelles (1876) et rue Buffault (rite séfarade) en 1877.

D'autres familles immigrées s'installent en province et à la fin des années 20, l'on en compte des groupes de plusieurs centaines, originaires de Pologne ou de l'ancienne Autriche-Hongrie, à Strasbourg, à Metz, à Nancy, à Rouen mais aussi à Lille ou à Valenciennes, dans la région où s'est établie la majeure partie de l'immigration polonaise. Marseille, avec 1 300 familles juives immigrées, constitue sans conteste le centre majeur de l'immigration levantine en France. D'autres se sont installées, en moins grand nombre, à Bordeaux, à Bayonne ou à Avignon.

Une diversification des situations sociales

La plupart de ces Juifs immigrés vivent dans des conditions extrêmement modestes. Les logements dans le centre de Paris sont souvent alors des taudis, des maisons presque en ruine. A peine l'eau courante est-elle sur le palier et les sanitaires à l'étage. Les nouveaux immigrants vivent à plusieurs dans un logement d'une pièce ou dans une chambre d'hôtel meublé ou de pension. L'insalubrité et la promiscuité sont la règle et parfois, avec la misère, se développe la prostitution.

La majorité de ces immigrants travaillent comme artisans, principalement dans la confection. Mais l'on note une évolution vers la promotion sociale entre le début du siècle et les années 30. Des colporteurs s'établissent à leur compte. Les apprentis deviennent artisans puis, parfois, petits entrepreneurs, voire industriels. Petits commerçants ou chefs d'entreprises, leurs enfants embrasseront des professions libérales.

A la veille de la Première Guerre mondiale, 64 % de la communauté juive parisienne travaille dans l'artisanat où les métiers de la confection dominent – tailleurs, cordonniers, casquettiers, tanneurs, fourreurs cohabitent ainsi avec des chaudronniers, des étameurs, des serruriers, des ébénistes, des imprimeurs, des peintres en bâtiment ou encore des boulangers ou des bouchers – 27 % des Juifs parisiens ont une activité commerciale, par exemple colporteurs, bijoutiers, épiciers ou brocanteurs.

Les immigrés de l'après-guerre s'installent aussi, dans leur majorité, dans le secteur artisanal mais de façon moins prédominante. Dans l'entre-deux-guerres, le chiffre des artisans tombe à 45 %, tandis que les négociants représentent 33 % et les professions libérales passent de 2 % avant-guerre à 7 ou 8 % après. Et si le secteur de la confection continue de représenter la majeure partie des actifs, parmi lesquels une proportion importante de femmes – 25 % –, nombreux sont les nouveaux immigrants à entrer dans des secteurs en plein essor, par exemple dans la métallurgie, la charpenterie ou la maroquinerie, en tant qu'ouvriers. Enfin, à la fin des années 20, apparaissent des catégories non négligeables, celles des personnes sans qualification, sans emploi ou sans profession, qui seront rejointes à la fin des années 30 par des réfugiés vivant uniquement de secours.

Parallèlement au développement de ces métiers de l'immigration, la république a permis que les carrières d'État entamées par les Juifs français sous l'Empire se développent et s'accélèrent : Pierre Birnbaum a dénombré 171 Juifs d'État parvenus, tout au long de la Troisième République, aux plus hauts sommets de l'administration : préfets, généraux, conseillers d'État, magistrats et députés, sénateurs ou encore ministres. Les Reinach, Schrameck, Bedarridès, Mandel, Laroque ou Grumbach ou encore Georges Wormser sont les figures emblématiques de cette intégration républicaine que le plus illustre d'entre eux, le leader de la SFIO et du Front populaire, le conseiller d'État et député Léon Blum, premier Juif président du Conseil en 1936, symbolise plus que tout autre. La réussite industrielle est au même moment représentée par André Citroën (1878-1935) qui, après avoir édifié en 1915 quai de Javel, en six semaines, une usine fabriquant cinquante-cinq mille obus par jour, construit la première voiture de grande série en Europe. Il faut aussi citer Émile Mayer, discret homme d'influence, officier peu ordinaire, stratège visionnaire et non conformiste, ami et inspirateur du futur général de Gaulle.

Les mécènes

S'il existe chez les banquiers et industriels un souci de légitimer leur richesse par le mécénat ou la philanthropie, ce besoin est ressenti encore plus fortement par les Juifs riches dans un contexte d'hostilité déclarée ; tout acte de mécénat s'inscrit dès lors dans une perspective d'intégration, d'où la dimension patriotique de certaines donations émanant de Juifs d'origine étrangère. Certes, la redistribution est inscrite dans la tradition juive, mais elle prend ici des formes qui traduisent des valeurs civiques : patriotisme, conscience d'un rôle social à jouer, refus du particularisme communautaire… Si les œuvres juives bénéficient toujours de l'appui de certaines familles comme les Rothschild, nombre de mécènes juifs privilégient les œuvres laïques.

En matière d'art, la contribution des Juifs est majeure : de grands donateurs du Louvre, et d'autres musées, sont les Rothschild et David-Weill (1871-1952) qui devient président du Conseil des musées nationaux. La donation du comte Isaac de Camondo (1851-1911) introduit les impressionnistes au Louvre ; quant à Moïse de Camondo (1860-1935), il lègue son hôtel particulier et ses collections au musée des Arts décoratifs… Daniel Illfa Osiris (1825-1907),

qui érige le mécénat en raison d'être, parallèlement à la construction de synagogues, donne à l'État le château de la Malmaison restauré et fait de l'Institut Pasteur son légataire universel. Recherche et instruction bénéficient aussi du soutien de ces mécènes : si Henry Deutsch de la Meurthe (1846-1919) multiplie les prix pour stimuler les débuts de l'aviation, son frère Émile (1847-1929) fonde la cité universitaire de Paris.
Le mécénat ne va pas sans idéalisme et des projets originaux naissent : Albert Kahn (1860-1940), banquier d'origine alsacienne, crée les Archives de la planète, distribue des bourses de voyage et, dans un esprit d'humanisme et de fraternisation des peuples, lance le Cercle autour du monde, avec l'espoir de rassembler les esprits les plus éminents pour organiser un monde meilleur.

D. J.

Enfin, c'est à la même époque que se développe également l'école de Paris, rencontre d'artistes français et étrangers le plus souvent peintres ou sculpteurs, où les Juifs immigrés ont aussi leur pleine part. Parmi eux figurent Louis Markus dit Marcoussis, arrivé de Pologne en 1903, Amedeo Modigliani, venu d'Italie en 1906, Jacques Lipchitz et Ossip Zadkine, arrivés en 1909, Moïse Kisling, venu de Cracovie en 1910, la même année que Marc Chagall, originaire de Vitebsk en Russie. Chaïm Soutine est quant à lui arrivé de Lituanie en 1912.

C'est cette diversité sociale et culturelle, produit de l'immigration, qui provoque un bouleversement du rapport traditionnel des Juifs et du judaïsme à la France.

Un bouleversement identitaire et politique

La campagne antidreyfusarde et la réhabilitation finale de Dreyfus ont pourtant conforté les responsables du Consistoire dans le sentiment que leur position durant l'Affaire, le loyalisme à l'égard de la République, a été la bonne. Cette fin heureuse de l'Affaire sonne à la fois comme la victoire de la justice républicaine, égalitaire, et comme la justification de l'attachement des Juifs français à leur patrie républicaine, de leur discrétion et de leur confiance en ses institutions. On sert la France en étant un bon Juif et l'on sert le judaïsme en étant fidèle à la patrie. Le contrôle du Consistoire sur la communauté, création napoléonienne, est alors total. Il recrute les rabbins et fournit l'idéologie officielle.

Paris est le centre des institutions religieuses depuis que l'école rabbinique de Metz y a été transférée en 1859. C'est aussi devenu le centre d'une nouvelle forme d'universalisme juif avec la création en 1860 de l'Alliance israélite universelle, qui se lance dans une mission émancipatrice d'éducation, avec l'ambition de transformer les communautés juives dispersées tout autour de la Méditerranée sur le modèle du franco-judaïsme.

Après l'Affaire naît aussi l'intellectuel israélite français qui prend sa part du mouvement de naissance ou de renaissance de l'intellectuel qu'elle avait contribué à faire naître. André Spire publie en 1908 *Poèmes juifs* et en 1913 un essai, *Quelques Juifs.* Edmond Fleg, en 1914, *Écoute Israël.* Henri Franck fait paraître en 1912 un long poème *La Danse devant l'arche.* Tous assument leur vocation d'écrivains juifs. L'élection d'Henri Bergson à l'Académie française, premier membre d'origine juive, le 12 février 1914, sonne comme le symbole le plus patent de l'intégration. Le dernier bastion du catholicisme traditionaliste est tombé.

Les Juifs s'engagent donc dans la Première Guerre mondiale comme les plus enthousiastes des patriotes. Sur les quelque 190 000 israélites que l'on compte alors en France et en Algérie, 36 000 ont été mobilisés; 8 500 Juifs étrangers ont été incorporés dans la Légion étrangère.

Les Juifs de France et la Première Guerre mondiale

Lorsque la guerre éclate, en août 1914, les Juifs de France et d'Algérie, comme le reste de la communauté nationale, répondent à l'ordre de mobilisation pour défendre la patrie au nom du droit et de la justice. «Autour du drapeau tricolore, nous nous serrons tous [...]» (*Archives israélites* du 15 octobre 1914). Patriotes soucieux de montrer hautement leur intégration, les Juifs de France voient le conflit comme une guerre émancipatrice. La victoire doit ouvrir une ère nouvelle au plus grand profit de la France civilisatrice.
Durant les quatre années du conflit, plus de 36 000 Juifs sont mobilisés ou engagés. Environ 16 000 Juifs de métropole font l'expérience du front. Disséminés dans toutes les armes et les régiments, ils ont souvent, au feu, une conduite exemplaire. Faisant preuve d'une véritable surenchère patriotique, une minorité d'entre eux espère que le sacrifice consenti en fera d'irréprochables Français, à l'instar de Robert Hertz: «Je considère cette guerre comme une occasion bien venue de "régulariser la situation" pour nous et pour nos enfants.»
Mais, comme leurs concitoyens, les Juifs subissent les vicissitudes du conflit. A la résolution de 1914, succèdent pour certains le doute et la crainte, mais pour le plus grand nombre, le patriotisme ne se dément pas. Les Juifs d'Alsace-Lorraine témoignent toujours de leur attachement à la France. Entre 1914 et 1916, près de 600 soldats juifs alsaciens-lorrains de l'armée allemande désertent pour rejoindre la France. Ils sont alors incorporés sous des noms d'emprunt. L'état-major allemand s'inquiète et préfère envoyer les Alsaciens sur le front russe.
Incorporés pour la plupart dans les régiments des zouaves, près de 12 000 Juifs d'Algérie participent aux combats les plus rudes et y subissent de nombreuses pertes. Maurice Barrès note qu'ils «se conduisent en bons Français pour payer et justifier leur adoption».
La même enthousiasme pour la «France généreuse et hospitalière» suscite l'engagement de nombreux Juifs étrangers, originaires de Russie et de Roumanie. Près de 8 500 d'entre eux sont incorporés dans les 1er et 2e régiments de marche. Lors de la bataille de Carency, du 9 au 12 avril 1915, ces régiments sont très éprouvés: sur 3 822 hommes, plus de 2 000 trouvent la mort ou sont portés disparus, dont 900 Juifs.

Placée sous l'égide du Consistoire central, l'aumônerie israélite déploie d'intenses efforts pour subvenir aux besoins religieux des combattants. Vingt-huit aumôniers veillent à leurs intérêts religieux, tant au front qu'à l'arrière. Quatre sont tués, dont le grand rabbin Abraham Bloch qui devient l'un des symboles de l'union sacrée, en portant la croix à un soldat catholique mourant.

A l'arrière, les institutions israélites développent leurs activités dans la communauté et en dehors, jouant un rôle social et politique. Le Consistoire central et l'Alliance israélite universelle créent en 1915 le Comité français d'action et d'information auprès des Juifs des Pays neutres, afin de faire pièce à la propagande judéo-allemande aux États-Unis. Victor Basch et Henri Bergson participent à ce comité et sont envoyés en mission.

Appelant «la bénédiction divine sur les armées françaises», le grand rabbin de France Alfred Lévy soutient la contribution de la population juive aux efforts de guerre, crée l'Œuvre des orphelins israélites et entretient des relations étroites avec le gouvernement et le clergé, refusant tout contact avec le rabbinat allemand. L'aspect fratricide du conflit ne l'embarrasse pas. Le grand rabbin Joseph Cohen propose d'ailleurs d'introduire une nouvelle bénédiction dans le rituel: «Loué soit l'Éternel qui ne nous a pas faits Boches!»

La guerre n'est pas interprétée comme un châtiment divin, mais plutôt comme une œuvre sainte, opposant les forces de la Civilisation (les Alliés) aux puissances de la Barbarie. Dans ce contexte, la population féminine est sollicitée. Les femmes juives sont comparées aux Matriarches et à Jeanne d'Arc. De Henri Berr à Joseph Reinach, les intellectuels se mobilisent aussi, définissant un esprit français strictement opposé à la germanité. Émile Durkheim émet même l'hypothèse que le Reich souffre de troubles pathologiques: «L'État allemand doit être "au-dessus de tout." [...] A elle seule, l'outrance de ces ambitions suffirait à en démontrer la nature pathologique.»

Le judaïsme français a payé le prix de la guerre : plus de 7 500 tués dont 2 400 Algériens et 1 600 volontaires. Les associations cultuelles du Nord et de l'Est sont dévastées, tandis que les ressources financières font défaut au Consistoire central. Pourtant, la victoire raffermit l'enthousiasme patriotique de la communauté. Le président du consistoire de Strasbourg, Georges Schmoll, s'exclame : «Une émotion poignante nous étreint. Notre mère, la France, est venue à nous.»

Consacré «famille spirituelle de la France» par Maurice Barrès, le judaïsme français espère que la solidarité des tranchées survivra à la guerre, car pour le grand rabbin de Paris, Jacques-Henri Dreyfuss : «Français nous sommes, Français nous resterons, nous, nos enfants, nos petits-enfants, nos arrière-petits-enfants, avec toute la suite de nos générations, à jamais.»

Ph. E. L.

1906, année de la réhabilitation définitive de Dreyfus et de sa réintégration dans l'armée, est aussi la première année de l'application de la loi de 1905 de séparation des Églises et de l'État. La présence immigrée et cette libéralisation institutionnelle vont mettre en cause le modèle français d'intégration du judaïsme monoculturel et assimilateur.

La loi sur les associations cultuelles

En 1905, le grand rabbin de France Zadoc Kahn déclarait: «... si elle [la séparation] se produit, nous ne serons pas désespérés». Votée au lendemain de sa mort, la loi portant séparation des Églises et de l'État eut pourtant des conséquences non négligeables sur l'organisation du culte israélite en France et en Algérie.

Les 12 circonscriptions consistoriales (Alsace et Lorraine exclues) soumises aux règles de l'ordonnance du 25 mai 1844 et du décret du 15 juin 1850 cessent d'exister. Comme les autres cultes, le judaïsme perd ses privilèges, puisque la République ne reconnaît ni ne salarie aucune Église. Les consistoires doivent se constituer en associations dans un délai d'un an sur la base de la loi du 1er juillet 1901 relative aux associations.

De type «associations déclarées», elles sont libres. Ayant une personnalité juridique, elles ont le droit de posséder des immeubles et d'ester en justice. Mais, de par leur spécificité, les associations cultuelles doivent subvenir à l'exercice public, aux frais et à l'entretien du culte.

Pour être légale, l'association cultuelle est déclarée, conformément à la loi du 1er juillet 1901 (article 5) et au règlement d'administra-

tion publique du 16 août 1901 (article 31) dans la préfecture du département ou à la sous-préfecture de l'arrondissement.
Les ressources proviennent des cotisations des adhérents, en vertu des lois du 1er janvier 1901 (article 6) et du 9 décembre 1905 (article 19) et des dons et legs par une reconnaissance d'utilité publique prononcée en Conseil d'État par décret. L'état des recettes et dépenses doit être présenté aux membres de l'association et soumis à son approbation.
Le 23 novembre 1906, le Consistoire central devient l'Union des associations cultuelles israélites de France et d'Algérie (en vertu de l'article 20), regroupant ainsi 64 associations dont 9 en Algérie. Les buts de l'Union sont de « pourvoir aux intérêts généraux du culte israélite et d'assurer la fondation, le maintien et le développement des institutions et services communs aux associations qui la composent ».
Bien que soumise à la loi de séparation, l'Union, en tant qu'héritière des biens et des fonctions du Consistoire central, bénéficie de certains privilèges moraux. Gérant un service d'intérêt collectif pour une collectivité déterminée, elle a des droits en matière de dévolution des biens consistoriaux et définit le culte israélite auprès de l'administration publique, ce qui n'est pas le cas des associations cultuelles se situant à des niveaux inférieurs.
Aujourd'hui, l'Union des communautés juives de France est composée de 15 sections régionales dont une pour les DOM-TOM.

Ph. E.L.

D'abord, le climat d'anticléricalisme républicain favorise la baisse de la fréquentation religieuse et le développement des mariages civils. En 1911, pour tenter de retrouver une influence, les rabbins acceptent des enfants non circoncis aux cours d'instruction religieuse ou célèbrent des mariages pendant la période entre le dix-septième jour de Tammuz et le premier jour du mois d'Av. Mais après la Première Guerre mondiale, la réintégration de l'Alsace-Lorraine et surtout l'importance de l'immigration d'Europe centrale et de l'Est vont provoquer une remise en cause de l'autorité consistoriale et changer la face du judaïsme français. Tandis que l'immigration du Levant s'intègre plus facilement aux institutions officielles existantes – elle a été préparée au modèle français par les établissements de l'Alliance israélite universelle –, les nouveaux immigrants sont venus avec leur culture, leur langue – le yiddish – et leur statut social diffère de celui des Juifs français. L'émergence des idéologies socialiste et sioniste accentue encore la diversification de l'identité juive en France.

Le contexte institutionnel a changé : il n'y a plus de judaïsme officiel et le Consistoire n'a plus le monopole de son organisation. Aux deux extrémités du judaïsme religieux se créent donc des institutions indépendantes. En 1907, l'Union libérale israélite est reconnue comme une organisation religieuse et la synagogue de la rue Copernic est inaugurée. Plus tard, se multiplient des *shtiblekh,* petites synagogues, où l'on officie selon les rites et les rythmes de la terre d'origine.

Les synagogues

Dans le processus d'émancipation et d'intégration à la société française, la synagogue joue un rôle clé, à la fois reflet de l'évolution du statut des Juifs – ainsi passe-t-on d'espaces cachés à des monuments symboliques – mais aussi instrument aux mains du ministère de l'Intérieur et des consistoires pour inculquer de nouveaux comportements aux fidèles : l'introduction de chaires et d'orgues, le déplacement de l'estrade de lecture vers l'arche sainte, l'ordre et la dignité réclamés dans le rituel que l'on tenta de franciser, tout cela traduit le passage à l'israélitisme, c'est-à-dire à un judaïsme réduit à une confession et officialisé.
Les tensions de l'affaire Dreyfus se lisent dans la diminution des constructions : la synagogue de Lille (1891) est le dernier témoin du modèle consistorial élaboré par Napoléon Ier (illustré par la première synagogue de Bordeaux en 1812) et développé surtout sous le second Empire. La reprise des constructions vers 1907 s'inscrit dans une nouvelle logique : la loi de séparation de l'Église et de

l'État (1905) accroît le rôle des mécènes, l'importance des groupes d'immigrés – comme l'association Agoudas Hakehilos, qui a l'heureuse initiative de faire appel à l'architecte Hector Guimard (Paris, rue Pavée, 1914), favorise le retour à une certaine tradition réinsérant la fonction cultuelle parmi les autres aspects de la vie juive. Cela apparaît clairement dans le « temple de Belleville » financé par Edmond de Rothschild et conçu pour des Juifs immigrés de l'Est par les architectes du Consistoire, Lucien Hesse et Germain Debré (1930) : l'adoption d'une architecture moderniste s'y conjugue avec un fonctionnalisme (espaces polyvalents, toits-terrasses servant de cours de récréation…) qui rend à la synagogue sa fonction de centre communautaire. Cette évolution, sous l'influence du modèle américain, se confirmera après la Seconde Guerre mondiale ; toutefois, le modèle consistorial revit dans une synagogue comme celle de la Paix, à Strasbourg (Meyer-Lévy, 1958), véritable démonstration de renaissance après la Shoah.

D. J.

Activités des Juifs immigrés

En outre, les Juifs immigrés développent leurs propres activités culturelles et syndicales. Les *landsmanshaftn*, les sociétés regroupant les originaires de la même bourgade ou de la même ville, organisations de solidarité ou encore de bienfaisance, qui existent depuis les débuts de l'immigration en provenance de l'Empire tsariste, se multiplient. En 1913 est créée, sous l'égide d'Alexandre Marmorek, la Fédération des sociétés juives de Paris, qui vise à regrouper les différentes associations de Juifs immigrés afin qu'elles puissent parler d'une seule et même voix, à égalité avec les Juifs français.

La presse yiddish explose : entre 1906 et 1913, treize journaux yiddish voient le jour. Cent trente-trois autres sont créés entre 1918 et 1939, représentant entre 15 000 et 18 000 exemplaires vendus par jour. Toutes les tendances politiques sont représentées : les communistes, avec l'organe, devenu quotidien en 1934, *Di Naye Presse,* qui compte deux mille lecteurs, mais aussi les bundistes (*Unzer Shtime*) et les sionistes qui influencent le quotidien le plus important, *Der Parizer Haynt.*

C'est d'ailleurs par l'intermédiaire du syndicalisme issu du Bund, Union générale juive des Travailleurs de Lituanie, Pologne et Russie, créé en 1897 dans la Russie tsariste pour la défense des ouvriers juifs, que se fait l'intégration de nombreux Juifs immigrés à la société française, grâce à la solidarité qui s'organise avec le syndicalisme français et la gauche politique. Organisation socialiste mais juive, elle prône une tradition laïque transmise en yiddish. Comme il avait agi en liaison avec le mouvement révolutionnaire russe, se considérant comme la branche juive du socialisme international, le Bund fait de même avec le mouvement socialiste français.

Entre 1906 et 1914, des sections juives sont créées au sein des syndicats CGT de l'habillement, de la fourrure, de la boulangerie, de l'ébénisterie, de la maroquinerie et de la cordonnerie. En 1911 est créé un Comité intersyndical des sections de langue yiddish, comprenant des représentants de tous les corps de métiers, qui organise la lutte contre les patrons, souvent des Juifs immigrés d'une vague précédente. En 1912 et 1913, plusieurs grèves sont organisées dans le secteur de l'habillement et les employeurs acceptent l'établissement d'un tarif syndical et l'arbitrage des conflits collectifs. Peu mobilisés par le patriotisme de guerre, les bundistes organisent des grèves dans le même secteur entre 1916 et 1918, même si le climat général les contraint néanmoins à modérer leur action et leur propagande par crainte de l'arrestation, de l'expulsion ou par souci de ne pas se couper du syndicalisme français totalement engagé dans l'union sacrée.

Après la guerre, le Bund perd son influence dominante sur le mouvement syndical juif au profit des communistes. Une partie des dirigeants a quitté la France pour les États-Unis au début de la guerre, afin d'échapper à la conscription, une autre part pour la Russie afin de participer au mouvement bolchevique.

Au moment de la scission du mouvement syndical français en 1921, tandis que la majorité des syndiqués français choisit de rester dans le syndicat réformiste CGT, la majorité des syndiqués juifs choisit l'affiliation au nouveau syndicat minoritaire communiste, la CGTU. En 1923, la CGTU réinstaure le comité intersyndical yiddish et approuve la création du bureau de la Main-d'Œuvre étrangère, la MOE devenue en 1932 la Main-d'Œuvre immigrée (MOI), dans le but d'intégrer les immigrés au mouvement syndical. L'influence de la CGTU parmi les ouvriers juifs s'accroît encore parce qu'elle prend leur défense contre la xénophobie et l'antisémitisme. Le Front populaire marque l'apogée de cette intégration : après les grèves de 1936, la Commission intersyndicale juive compte jusqu'à douze mille adhérents rassemblés dans les différentes sections syndicales de langue yiddish. Elle perd sa puissance lorsque, en 1937, sous la pression devenue trop forte du chômage et de la défense du travail français contre la crise, la CGT réunifiée met fin à sa politique ouverte à l'égard de l'immigration et de l'identité immigrée au sein de l'organisation.

Le sionisme

A partir des années 1880 se crée à Paris, parmi les immigrés d'Europe centrale, les premiers groupements présionistes. Le congrès fondateur du mouvement a lieu à Bâle en 1897, sous l'égide de Theodor Herzl. C'est en 1901 que se crée à Paris la Fédération sioniste de France où se retrouvent principalement des Juifs immigrés d'Europe orientale. Cette naissance, en plein cœur de l'affaire Dreyfus, ne favorise pas son implantation; l'émancipation et l'assimilation sont d'autant plus défendues qu'elles ont semblé contribuer à la victoire. Les israélites ne voient aucune contradiction entre leur appartenance au judaïsme et à la France dans une identité de destin. Contre le sionisme nationaliste, les Juifs sont pour eux, au sein de chaque nation, «l'avant-garde prophétique d'une humanité unie et pacifique» où «les égoïsmes nationaux seront dépassés».

Cette opposition au sionisme est aussi celle de l'Alliance israélite universelle, pour laquelle l'assimilation, solution française au problème juif, est indissolublement liée à l'émancipation et participe au rayonnement de la France; les intérêts de l'AIU et la bonne marche de nombre de ses écoles dépendent du bon vouloir de l'Empire ottoman.

Cette opposition du judaïsme officiel français ne se traduit pas avant-guerre par des prises de positions publiques. On ne considère pas la doctrine sioniste comme un concurrent sérieux et on préfère afficher à son égard une indifférence de façade. Son audience est alors évaluée à 1 000 sympathisants dont 300 à 400 militants. La plupart sont des étudiants roumains ou russes. Les leaders sont Alexandre Marmorek, biologiste à l'institut Pasteur, et Max Nordau, écrivain. Sujets austro-hongrois, ils furent expulsés en 1914.

Tout cela change avec la guerre. La France a un intérêt à déstabiliser l'ennemi ottoman, allié des puissances centrales. Mais la position française à l'égard des sionistes doit tenir compte d'autres facteurs: la France étant protectrice des lieux saints, il ne faut pas heurter les israélites, citoyens fidèles de leurs pays respectifs. La France a également besoin de ses soldats musulmans. Elle doit aussi être assez ferme pour satisfaire les sionistes. Par la voix de Jules Cambon, secrétaire général du ministère des Affaires étrangères, elle prend, la première, l'initiative de faire parvenir à Sokolov une lettre qui indique notamment: «Vous avez bien voulu m'exposer le projet auquel vous consacrez vos efforts et qui a pour objet de développer la colonisation en Palestine. Vous estimez que si les circonstances le permettent, et l'indépendance des lieux saints étant assurée d'autre part, ce serait faire œuvre de justice et de réparation que d'aider à la renaissance, par la protection des puissances alliées, de la nationalité juive, sur cette terre d'où le peuple d'Israël a été chassé il y a tant de siècles. Le gouvernement français, qui est entré dans la présente guerre pour défendre un peuple injustement attaqué et qui poursuit la lutte pour assurer le triomphe du droit sur la force, ne peut éprouver que de la sympathie pour votre cause dont le triomphe est lié à celui des Alliés. Je suis heureux de vous en donner ici l'assurance. » Les termes sont très prudents : ni le mot foyer ni le mot national n'apparaissent, et la procédure se présente comme un engagement entre gouvernements et en aucun cas comme une reconnaissance d'une quelconque autorité juive. Et c'est finalement l'Angleterre qui reconnaît publiquement l'idéal sioniste.

Georges Wormser et Edmond de Rothschild interviennent ensuite auprès de Georges Clemenceau, devenu président du Conseil le 17 novembre 1917, quinze jours après la déclaration Balfour. Lui-même intervient auprès de son ministre des Affaires étrangères, Stephen Pichon, et le communiqué suivant est rendu public le 9 février 1918 : « Monsieur Sokolov, représentant des organisations sionistes, a été reçu, ce matin, au ministère des Affaires étrangères par Monsieur Stephen Pichon qui a été heureux de lui confirmer que l'entente est complète entre les gouvernements français et britannique en ce qui concerne la question d'un établissement juif en Palestine. »

Mais les autorités juives britanniques et françaises, pour qui l'intégration civique et égalitaire des Juifs au sein de leur nation d'origine est un combat historique, réagissent négativement à cette déclaration, à cette évolution.

A la conférence de la Paix de Paris, Sylvain Lévi, professeur au Collège de France et membre du comité central de l'Alliance israélite universelle et André Spire représentent les Juifs de France, et le premier parle en leur nom. Il prend une position extrêmement réservée à l'égard du foyer autonome juif en Palestine, ce qui suscite une réaction violente du leader sioniste Chaïm Weizmann. Les notables juifs français, le Consistoire, l'Alliance israélite universelle, le rabbinat de France ont, en fait, mis fin à leur neutralité et sont passés à l'attaque : le sionisme peut représenter un idéal pour des millions de frères, mais pas pour les Juifs français.

En fait, l'influence du sionisme se développe aussi chez les Français, mais le «judaïsme consistorial» continue jusqu'au bout de vouloir se situer comme une troisième voie entre le judaïsme dit culturel, où la part de la religion est réduite et peut regrouper les sionistes, les socialistes les intellectuels laïques, les partisans des cultures régionales, comme le yiddish et, d'autre part, le judaïsme religieux intégral qui prône un retour à l'orthodoxie contre la promiscuité avec le pouvoir politique.

Cette troisième voie, Georges Wormser la décrit plus tard comme celle de la tolérance, comme un pôle de rassemblement de tous les Juifs, quel que soit leur degré de croyance ou de pratique religieuse, comme le lieu de la permanence, insensible aux modes et aux divers mouvements qui traversent la pensée juive, celle de l'équilibre par l'ouverture aux plus pieux comme aux plus détachés. La foi est personnelle et comprend des degrés différents. Elle doit être respectée en tant que telle : israélites français et non pas Juifs. Le premier terme signifie une religion alors que le second désigne une nation. En refusant la conception nationaliste de l'identité juive, l'israélite français veut s'opposer tout à la fois à l'antisémite et au sioniste qui «tous, eux, sont d'accord, l'un par haine, l'autre par tendresse, pour nous renvoyer à Jérusalem. Nous ne voulons y aller que de pensée, mais nous voulons que cette pensée y aille comme en pèlerinage. [...] Nous sommes citoyens français et sans la moindre restriction : je vote, je suis éligible. J'ai l'honneur et la charge de former l'esprit de jeunes Français et de conduire, le cas échéant, des soldats français à la bataille. C'est là, antisémites et sionistes, mon rempart et ma force. Voilà ce qui me permet de résister à vos attaques et à vos séductions, voilà ce qui m'*oblige* à y résister » (Georges Wormser).

Les Juifs de France et le sionisme

Les Juifs de France, déjà objets des sarcasmes de Theodor Herzl, furieux que ces derniers, prisonniers de leur illusion d'assimilation, restent sourds à ses appels, sont connus pour leur résistance opiniâtre au sionisme. Pourtant, au lendemain de la Seconde Guerre mondiale, les sionistes de France, marginaux hier encore dans le paysage communautaire, font leur entrée dans le tout nouveau Conseil représentatif des israélites de France, CRIF, créé en janvier 1944 avec neuf sionistes), tandis que la revendication de la libre installation des Juifs en Palestine figure en bonne place dans la charte fondatrice de cet organisme. S'agit-il d'un revirement soudain, imputable aux persécutions de l'Occupation et à la fondation prochaine de l'État d'Israël ? Faut-il y voir plutôt la première manifestation officielle d'une évolution plus complexe, discrètement entamée dans les décennies précédentes ?

Difficile toujours d'attribuer la « sionisation » des Juifs de France à l'efficience du propagandisme politique si l'on considère l'échec du sionisme institutionnel dans l'hexagone. Le militantisme y reste pratiquement cantonné – à l'exception notable de l'Alsace-Lorraine – au milieu des Juifs immigrés yiddishophones, des travailleurs modestes le plus souvent, attachés à une conception du judaïsme qu'il est commode, sinon vraiment satisfaisant, de qualifier d'« ethnique ». Mais la société juive immigrée elle-même se montre plus attirée par les sirènes de l'assimilation et du militantisme de gauche et, au total, les adhérents des sociétés sionistes n'excèdent jamais les 500 individus avant 1919, les congrès sionistes mobilisant, au mieux, 2 000 ou 3 000 votants. L'augmentation de quelques milliers d'électeurs, enregistrée par la suite, n'est pas à la mesure de la croissance globale de la population immigrée.

Marginal donc, le sionisme organisé est en outre sans cesse déchiré par d'incessantes querelles personnelles et idéologiques. L'unité, réalisée péniblement en 1901 au sein de la Fédération sioniste de France, autour de Max Nordau, d'Alexandre Marmorek et d'un programme strictement politique et herzlien, ne résiste pas à l'épreuve de la Grande Guerre et de la montée en puissance du sionisme «synthétique» – sionisme à la fois politique, culturel et d'installation pratique en Palestine – comme du révisionnisme de Vladimir Jabotinsky. Après plusieurs tentatives de réunification, celle-ci n'est réalisée à nouveau, au sein du comité directeur de l'Organisation sioniste de France, qu'entre 1941 et 1945, sous l'aiguillon de l'Occupation, avant de se défaire, une fois de plus, au lendemain de la Libération.

En réalité, et dès la Belle Époque, le judaïsme français offre de lui-même d'étroites plages de moindre résistance à l'idéologie nationale. Sans doute les notables israélites, les dirigeants de l'Alliance israélite universelle en tête, tous tenants d'un «franco-judaïsme» que l'affaire Dreyfus n'a pas vraiment mis à mal, rejettent-ils radicalement l'idéologie sioniste au nom d'une «mission» qu'Israël ne saurait remplir que dispersé; à leurs yeux, le sionisme, doctrine réactionnaire, est un allié objectif de l'antisémitisme. Et si du reste la raison n'y suffisait pas, la reconnaissance leur interdirait, soulignent-ils à l'envi, de marchander leur loyauté à la France émancipatrice, leur patrie bien-aimée. D'autres opinions, moins catégoriques, trouvent pourtant à s'exprimer. Certains rabbins ou notables «palestinophiles» ne peuvent s'empêcher d'apprécier, que les sionistes placent la renaissance d'*Eretz Israel* au centre de leur projet. D'autres, préoccupés du sort de leurs coreligionnaires malheureux de Russie ou de Roumanie, considèrent, eux aussi, que la Palestine est l'un des refuges possibles. Une poignée d'hommes de lettres autour d'André Spire et d'Edmond Fleg, et de l'inclassable Bernard Lazare, applaudissent carrément à un projet qui donne du sens à une identité juive avec laquelle ils sont d'autant plus anxieux de renouer qu'ils y voient la source même de leurs capacités créatrices.

Reste que la mentalité israélite, toujours reine, l'attachement indéfectible à la France, joints au refus de la direction sioniste du moment d'en rabattre sur le chapitre de l'exigence idéologique, notamment celle de l'*aliah*, laissent ces potentialités en l'état jusqu'à la déclaration Balfour et à la création d'un Foyer national juif en Palestine. Tout au long des années 20, en revanche, *l'establishment* israélite a beau camper sur les mêmes positions idéologiques, il n'en manifeste pas moins une réelle solidarité avec le *Yishuv* (la communauté juive de Palestine) lors des massacres de l'été 1929. Il est généralement admis désormais, dans ces milieux, que le succès de la mise en valeur de la Palestine est devenu un enjeu capital pour l'image et la réputation du judaïsme tout entier. De leur côté, les israélites de gauche considèrent l'entreprise avec tout l'intérêt qu'est susceptible de leur inspirer une «expérience sociale» novatrice, parrainée de surcroît par la Société des nations. Depuis que Chaïm Weizmann et la nouvelle direction mondiale ont en tête de rechercher la collaboration active des «non-sionistes», l'hypothèque morale qui pouvait jusque-là retenir les Juifs de France de participer à l'édification sociale et économique du Foyer national, en cotisant par exemple au KKL (le Fonds national juif), se trouve en outre largement levée.

Pas étonnant donc de voir s'exprimer alors, plus que par le passé, chez des écrivains, certains militants juifs de la SFIO (Léon Blum), des représentants du monde des affaires (Léonce Bernheim, les banquiers Charles et André Baur) ou du barreau (Fernand Corcos, Yvonne Netter), ou encore des segments de la jeunesse juive organisée (l'Union universelle de la jeunesse juive et, à un moindre titre, les Éclaireurs israélites de France), une sensibilité «prosioniste». Constituée d'admiration pour le labeur des colons et d'acquiescement à certaines de leurs valeurs, celle-ci est dépourvue en général d'engagement militant, et plus encore, d'aspiration à l'*aliah*. C'est donc au prix d'une évidente édulcoration, fruit d'une acculturation peu consciente, que la greffe sioniste commence à prendre çà et là.

Ce frémissement de l'opinion devient «infiltration», selon l'expression de Paula Hyman, au fil des années 30 et 40. Le désarroi du judaïsme immigré, désenchanté par la politique stalinienne, frappé aussi de plein fouet par la montée de l'antisémitisme et par la crise des valeurs républicaines avant de l'être par les persécutions, s'accompagne de progrès sensibles du sionisme et, plus encore, du prosionisme, dans ses organisations et ses organes de presse. Déstabilisés dans leur foi assimilatrice, traumatisés, des israélites, ceux en particulier qui côtoient leurs coreligionnaires immigrés dans des lieux de sociabilité mixtes – avant-guerre, certaines organisations de jeunesse, rédactions de journaux ou comités en charge des réfugiés d'Europe centrale; pendant l'Occupation, diverses organisations de la résistance juive –, sont conduits à réviser leurs positions.

Ainsi, au nom d'un nouveau «pluralisme» idéologique, les Éclaireurs israélites de France commencent-ils à pratiquer une politique d'«ouverture» aux idées et aux valeurs sionisantes qui conduit quelques centaines d'entre eux, en 1948-1949, à l'*aliah*. Cas exceptionnel cependant, car les «années sombres» se soldent en fait par fort peu de départs. Le prosionisme en revanche s'est répandu, sous diverses formes: prosionisme «opportuniste» de dirigeants communautaires soudain anxieux d'«expédier» en Palestine, avec la collaboration des sionistes, d'indésirables réfugiés; prosionisme «identitaire» ayant pour fonction, dans ce contexte de crise du modèle assimilateur en même temps que de recul du sentiment religieux, de donner un contenu laïc à un sentiment d'appartenance qui ne saurait plus s'exprimer en termes confessionnels; prosionisme «religieux» d'une bonne part du rabbinat rangée derrière Jacob Kaplan, soucieux que le Foyer national, puis l'État d'Israël, soient authentiquement juifs.

Au total, si, en 1945, le sionisme a fini par obtenir droit de cité dans la communauté juive française, c'est dans une version attiédie, comme en témoignent l'insignifiance de l'*aliah*, la modestie des effectifs militants et le niveau chroniquement bas des collectes. L'idée même d'un État juif suscite encore des réticences que les événements de 1947 et 1948 se chargeront de faire taire, sinon de supprimer tout à fait. Il n'empêche: un cap psychologique décisif est franchi.

Catherine Nicault

Entre Français et immigrés

Entre les Juifs français et immigrés, les relations sont complexes : les mariages sont relativement nombreux, certains des immigrants participent aux associations préexistantes à l'immigration, tandis que des Juifs français participent aux associations que les immigrants ont créées. Mais les Français regardent les nouveaux venus avec condescendance, un sentiment de supériorité culturelle renforcé par la différence de classes. La langue yiddish est considérée à la fois avec mépris et inquiétude. En période de montée de l'antisémitisme, les Juifs français cèdent souvent à la peur d'être associés, aux yeux des antisémites, non seulement au Juif mais à l'étranger, ou plutôt à la preuve représentée par ces immigrés que le Juif est en fait un étranger. Pendant la Première Guerre mondiale, parce que le yiddish était une langue germanique, le consistoire de Paris avait ainsi demandé son interdiction comme langue de sermon dans la synagogue de la rue Pavée.

Mais les institutions juives françaises participent, au travers d'œuvres ou d'actions de bienfaisance, à l'accueil des Juifs immigrés à qui, à peine débarqués, on fournit de la nourriture, des vêtements et un peu d'argent : en 1906, elles s'efforcent d'aller au-delà; James de Rothschild, auquel succède David Weill, crée l'Atelier, afin de pouvoir fournir une formation ou un emploi temporaire à ceux qui en manquent.

Le Consistoire assure aussi la protection des Juifs russes dont l'état civil était assuré en Russie par les autorités religieuses. L'Alliance israélite universelle a plaidé la cause des Juifs ottomans en difficulté pendant la guerre, eu égard à leur nationalité d'origine. Il lui fut facile de souligner l'identité particulière de ces Juifs le plus souvent formés dans ses établissements de l'Empire. Enfin, le Comité de protection des émigrants israélites fut établi en 1920 et transformé en 1927 en Comité central d'assistance aux émigrants juifs (CCAEJ).

Contre l'antisémitisme, qui ne cesse jamais de se manifester mais qui le fait plus ouvertement au moment des à-coups du chômage, les établissements d'enseignement animés par le consistoire de Paris s'emploient à l'assimilation des enfants d'immigrés. Il s'agit, comme le rapporte Paula Hyman, de transformer ces enfants qui fréquentent par centaines les écoles primaires consistoriales, par milliers l'instruction religieuse où l'enseignement est dispensé en français, en « citoyens utiles, des enfants qui, sans elles, pourraient devenir une charge pour la cité et pour leur frères d'origine. [...] » En exigeant des élèves rabbins, souvent d'origine étrangère, un haut niveau de culture française, l'école rabbinique contribue à cette assimilation.

Mais dans le même temps, les associations consistoriales rechignent à ouvrir leurs postes de responsabilités aux immigrés : souvent, elles bloquent leur candidature dans les conseils d'administration, en invoquant la clause qui exige dix ans au moins de résidence dans le département ou cinq ans d'affiliation au consistoire local. Avant la guerre, le consistoire de Paris avait refusé de désigner un rabbin étranger.

Puis, après 1918, progressivement, les associations consistoriales s'ouvrent aux étrangers. D'abord, en raison de l'attitude patriotique irréprochable manifestée pendant la guerre, il devient injustifiable et même néfaste de les exclure. Ils ont acquis non seulement une légitimité auprès des populations juives locales, mais aussi auprès des autorités administratives et politiques. Enfin, leur nombre et le statut social de certains de leurs membres ne peuvent plus être négligés par des associations qui, elles, ont perdu de nombreux adhérents et voient leur influence décliner.

Les conseils d'administration des consistoires commencent par s'ouvrir à des figures éminentes de la communauté juive immigrée, quand ils estiment que leur origine ou leur compétence leur permettent de connaître les besoins immédiats des nouveaux immigrés. En 1925, le consistoire de Paris coopte le baron Alfred de Gunzbourg, Isaac Naiditch et Me Salem. En 1930, il abroge une disposition interne datant de 1919 qui proscrit l'entrée dans son conseil d'administration d'un membre de nationalité étrangère. Mais cet effort d'assimilation n'aboutit pas totalement : les Juifs étrangers continuent de préférer leurs institutions sociales, culturelles et religieuses où ils se sentent toujours mieux ; la communauté juive parisienne, une communauté d'origine alsacienne et lorraine, comme nous l'avons déjà noté, ce qui lui donne un fort sentiment de supériorité et de défiance par rapport aux gens de l'Est, ne semble pas animée vis-à-vis de ses coreligionnaires d'un véritable égalitarisme républicain.

A la fin des années 30, les Juifs de France constituent une nébuleuse complexe d'associations et de groupements aux interactions et à l'imbrication constantes. L'influence des leaders institutionnels s'est affaiblie (Edmond de Rothschild, Sylvain Lévi, Jacques Bigart). Sionistes-socialistes, communistes, et bundistes se font concurrence pour organiser, parallèlement au rassemblement de la gauche française, celui de la gauche juive, mais cohabitent et s'entrecroisent dans les mêmes réseaux et organisations. L'apprentissage de l'hébreu se développe, de même que l'influence du sionisme au sein des milieux israélites français. Ce même phénomène d'imbrication et de compétition se développe aussi dans les organisations de jeunesse juives qui, comme l'ensemble des mouvements de jeunesse en France, prennent leur essor.

D'abord, dans la foulée de la guerre, s'est créée, en 1919, Chema Israel, association traditionnelle à but essentiellement religieux devenue rapidement un lieu de pratique et d'éducation religieuse dans le cadre duquel on célébrait les fêtes communautaires. Très vite, cependant, elle est dépassée par des organisations qui ont une conception plus ouverte de la communauté juive. L'Union universelle de la jeunesse juive, créée en 1921 à Salonique, défend la fin de la conception uniquement religieuse de l'identité juive et considère l'assimilation comme une menace. Très influente à la fin des années 20, elle rassemble donc aussi des non-croyants, les encourageant cependant à étudier l'histoire politique, sociale et religieuse d'Israël. Elle cherche à organiser la défense de la jeunesse juive contre l'antisémitisme et, en poussant à s'affirmer juif, répudie, selon le mot de Raymond-Raoul Lambert, le pâle qualificatif d'israélite. Elle est souvent en conflit avec les autres institutions juives, notamment le rabbinat. L'influence de l'Union décline cependant à la fin des années 20, quand une partie de ses responsables préfère un engagement plus actif contre l'antisémitisme au sein, par exemple, de la Ligue internationale contre l'antisémitisme (LICA).

Parmi les organisations de jeunesse, ce sont les Éclaireurs israélites de France, en 1923, qui ont le plus d'impact. Fondés par Robert Gamzon à dix-sept ans, ils se donnent pour mission de transmettre une éducation scoute aux jeunes israélites français ou étrangers dans un cadre juif, se plaçant d'emblée dans le pluralisme culturel, incluant des religieux, des laïques, des israélites français ou des sionistes. Ce faisant, ils heurtent la conception officielle du judaïsme telle qu'elle est encore défendue par ses institutions officielles. Mais, en le faisant avec diplomatie, gardant avec les autorités communautaires un contact constant, ils savent faire évoluer la nature de l'assimilation dans la nation française.

Les mouvements de jeunesse juive en France

La conscience d'une identité juive est déterminée par l'éducation des jeunes. Dans une société ouverte, où la majorité des Juifs n'appartient plus à une communauté, il faut trouver des solutions pour affirmer un sentiment d'appartenance à une judéité changeante. A côté des réponses traditionnelles de l'éducation juive orthodoxe, le mouvement de jeunesse semble en France la solution privilégiée par les parents et les éducateurs.

Si la jeunesse chrétienne s'organise peu à peu depuis le début du XIXe siècle, surtout autour du mouvement des patronages, les débuts des mouvements de jeunesse juifs se situent dans les années 20. Prenant modèle sur le mouvement scout, les Éclaireurs israélites de France (EIF) naissent en 1923 à l'initiative de Robert Gamzon (Castor soucieux). Recrutant principalement parmi la jeunesse juive parisienne, d'Alsace-Lorraine et d'Afrique du Nord, les EIF se développent rapidement et, à la veille de la guerre, le mouvement est capable de présenter un modèle d'organisation qui lui permettra de prendre une part active au sauvetage de jeunes Juifs et aux combats de la Résistance. La ferme-école de Moissac et la libération de Castres par la compagnie Marc Haguenau restent deux exemples symbolisant les qualités de courage et de combativité attachées aux scouts juifs.

Ce qui caractérise les EIF dans leur rapport à l'identité juive est la notion de minimum commun. Dès les origines du mouvement, cette doctrine a été théorisée pour permettre à des jeunes aux pratiques religieuses diverses, allant de l'orthodoxie à l'ignorance de la tradition, de vivre ensemble dans une communauté juive. Le respect des règles du scoutisme, avec ses principes de vie au grand air, de respect de la nature et de discipline librement consentie, le port de l'uniforme, et surtout l'attachement à la France demeurent des étais solides du mouvement EIF, en dépit des nécessaires adaptations à la modernité. Aujourd'hui, les Éclaireurs israélites de France restent un des principaux mouvements de jeunes Juifs en France, et ils représentent un vivier pour les cadres dirigeants des institutions communautaires, ainsi qu'un vivant réseau de solidarité.

Parmi les autres mouvements représentatifs, on peut établir une classification rapide, distinguant les mouvements haloutsiques, les mouvements religieux et les mouvements communautaires. Les premiers se revendiquent de l'idéologie sioniste et rejettent en grande partie l'attachement à la France caractéristique des EIF. Souvent liés à un organisme fondateur en Israël, autour d'un kibboutz, et très fortement idéologiques, d'inspiration socialiste, ils préparent leurs membres à l'émigration en Israël. Si subsistent aujourd'hui l'Hashomer Hatsaïr et le Dror-Habonim (fusion du Dror et de l'Ihoud Habonim), ces mouvements semblent en perte de vitesse, à cause de la crise de l'institution du kibboutz et de choix collectifs souvent difficiles à assumer pour de jeunes adolescents. Profondément antireligieux, ces mouvements exaltent la notion de peuple juif en exil qui ne peut se réaliser qu'à travers l'*aliah.*

A côté de ces mouvements très nettement à gauche, on trouve l'organisation de la jeunesse du parti Likoud, le Betar, sous ses différentes appellations. Également sioniste, porté parfois sur l'affrontement violent, ce mouvement oriente ses jeunes vers l'émigration dans les colonies juives dans les territoires occupés.

Les mouvements religieux insistent quant à eux sur le respect des *mitsvot.* Le Bné Akiva en a longtemps été un des représentants les plus actifs. Avec l'essor de communautés de stricte orthodoxie et du mouvement Loubavitch, ces groupes semblent plus nombreux, attirant une population souvent de milieux socialement plus modestes et souvent plus séfarades que les EIF et les mouvements haloutsiques.

Enfin, les mouvements communautaires souvent soutenus par le Fonds social juif unifié (FSJU), à l'instar du Département éducatif de la jeunesse juive (DEJJ), représentent une catégorie assez peu idéologique où se côtoient des jeunes d'origines variées, où le judaïsme religieux et le sionisme se tempèrent. L'Union universelle de la jeunesse juive, créée dans les années 20, en fut sans doute le précurseur. Citons également le B'nai brith Youth Organization (BBYO), plus récent.

Ces organisations d'éducation juive informelle, dont il est très difficile de chiffrer l'effectif, offrent un relais indispensable entre la famille et la communauté. Le mouvement de jeunesse est souvent pour les parents le moyen idéal de préserver l'endogamie, tout en offrant aux adolescents une évasion valorisée hors de la cellule familiale. Si les élèves des écoles juives et des *Talmudei Torah* sont bien évidemment nombreux dans les mouvements de jeunesse, ces derniers sont souvent le seul lieu de socialisation juive pour des jeunes fréquentant l'école publique. Les mouvements de jeunesse sont ainsi un des temps forts de la création d'une identité, et l'implication fréquente de ses anciens éléments dans la vie communautaire à l'âge adulte tout comme les réseaux de solidarité créés représentent une chance pour la vie juive en France.

J.-C. K.

La presse juive en France

Depuis plus de deux siècles qu'existe une presse juive en France, on peut s'étonner que le sujet n'ait pas été étudié exhaustivement, si l'on excepte l'article en yiddish de Zosa Szajkowsky paru en 1939. Le phénomène de la presse juive offre pourtant un champ de réflexion important pour l'historien. Si le premier titre connu apparaît en 1789 (*Die Zeitung* d'Abraham Goudchaux Spire, en yiddish), les titres parus depuis sont innombrables. Tout au plus peut-on esquisser une typologie.

Il semble logique que la presse juive en France accompagne l'émancipation, contexte dans lequel elle agit comme un marqueur identitaire. Ainsi, les plus nombreux parmi les journaux juifs en France ont-ils longtemps été ceux de l'immigration yiddishophone. Pour ces immigrés en voie d'intégration, le journal représente le lien privilégié avec les groupes d'originaires et avec les activités politiques et religieuses. Incapable à leur arrivée en France de lire le français, ils se retrouvent autour d'un journal, ferment de discussion et de création culturelle. Tous les courants sont représentés : sionistes de diverses obédiences, communistes, bundistes, religieux orthodoxes ou réformés, associations de secours mutuel, organismes professionnels regroupant les ouvriers ou les artisans d'une branche, etc. Parmi les titres : *Unzer Welt, Unzer Wort, Unzer Shtime, Di Naye Presse.* Tous ces titres ont disparu dans les années 1990 avec l'extinction progressive du yiddish comme langue vernaculaire.

La presse en d'autres langues est nettement plus rare : quelques titres éphémères en hébreu, en allemand, en judéo-arabe et plus récemment en judéo-espagnol. L'immigration juive d'Afrique du Nord n'a pas provoqué un tel bouillonnement journalistique : ces nouveaux arrivants, francophones, ont rejoint les structures déjà existantes.

La presse juive francophone est ancienne, riche et variée. Au cours du XIXe siècle, plusieurs titres s'efforçaient de montrer le chemin de l'émancipation et de la fidélité à la France, comme par exemple *L'Israélite français,* d'Élie Halévy. D'autres s'inquiétaient très tôt des risques d'assimilation et proposaient des introductions au judaïsme pour les familles éloignées de la pratique, comme *La Famille de Jacob,* à Marseille. Les deux principaux titres sont *Les Archives israélites de France (AIF),* 1840-1935, et *L'Univers israélite (UI),* 1844-1940. Couvrant un siècle de vie juive, ils abondent en informations sur les réactions des israélites français aux grandes mutations sociales, politiques et religieuses de leur temps, sur les événements et les hommes de l'époque. Si les *AIF* sont nettement réformatrices, l'*UI* est créé autour du Consistoire pour défendre « les principes conservateurs du judaïsme ».

Après la Seconde Guerre mondiale, la fonction de ces périodiques est reprise par d'autres, comme *Tribune juive, L'Arche, Information juive,* publiée par le consistoire de Paris après un regroupement avec le titre paru à Alger jusqu'en 1962, et *Actualité juive,* qui développent, chacun à leur manière, l'information sur la vie communautaire et se font le témoin des débats agitant la communauté. Les organes des communautés locales tissent aussi un lien social important.

Les revues culturelles, même si leur diffusion est restreinte et même si elles sont souvent éphémères, apportent une dimension essentielle à la réflexion de « l'honnête homme juif ». Là encore, elles sont souvent liées à une institution ou à un courant de pensée. *La Revue juive* d'Albert Cohen, *La Revue juive de Genève* de Josué Jéhouda, *L'Amandier fleuri, Targoum, Évidences, Les Nouveaux Cahiers, Traces, Combat pour la Diaspora,* évoquent les interrogations sur l'identité juive en France. D'autres revues plus universitaires, à commencer par *La Revue des études juives* depuis 1880, mais aussi *Pardès, Le Monde juif, Tsafon* à Lille, *Archives juives,* témoignent de la continuité des études juives en France.

La presse associative a été et reste vivante avec par exemple *Les Cahiers de l'Alliance israélite universelle, Mila,* organe de la WIZO, *La Revue de la coopération féminine, Les Enfants cachés,* celle des nombreuses associations d'anciens résistants et déportés, ou encore les organes des groupements professionnels : des médecins (*Revue d'histoire de la médecine hébraïque, AMIF, Medica judaica*), des avocats, des étudiants (divers titres de l'UEJF), de l'association des élèves juifs des grandes écoles, etc. Il faut également mentionner la presse se voulant un lien entre les individus de même origine, comme *La Lettre séfarade,* et on note même la reparution de titres en yiddish,

destinés à un public plus jeune que la presse traditionnelle. N'oublions pas les journaux pour enfants, dont *Ami*, d'Isaac Pougatch, fut le plus intéressant spécimen dans les années 50.
Presse d'appoint, utilisée en plus de la consommation de journaux nationaux, la presse juive n'échappe pas au processus de création de nouveaux médias. On a vu ainsi apparaître dans les deux dernières décennies des journaux gratuits d'annonces ou de la presse féminine. La communication dans le monde juif se détournera sans doute de plus en plus de la presse écrite pour se tourner vers la radio, très active depuis 1981, les sites Internet et la télévision.

J-C. K.

La permanence de l'antisémitisme

L'antisémitisme n'avait pas cessé après l'affaire Dreyfus. Dès les élections municipales de 1907, les électeurs du 14e arrondissement élisent, à une large majorité, un membre de la Ligue des patriotes, soutenu par Drumont, qui, appelant à la protection du travail national et du travailleur français contre la main-d'œuvre étrangère, vise principalement l'immigration juive récente. L'antisémitisme connaît un renouveau après la Première Guerre mondiale avec la diffusion en Occident des *Protocoles des sages de Sion*, faux fabriqué par la police tsariste au début du siècle, qui développe le mythe récurrent du complot juif. L'Action française, créée au moment de l'Affaire, regroupe 60 000 adhérents en 1934. Les Jeunesses patriotes, créées en 1924, et la ligue des Croix-de-Feu, fondée en 1927, mettent en cause le régime républicain. Dans ce contexte, le Juif immigré est souvent le plus vilipendé. La plus claire synthèse de tous les préjugés dont il fait l'objet tout au long des années 20, mais surtout des années 30, se reflète dans le témoignage que produit le spécialiste de l'immigration, Georges Mauco, géographe antisémite, lors de son témoignage au procès de Riom : « Toutes les particularités défavorables de l'immigration imposée apparaissent pour les réfugiés juifs. Santé physique et psychique, moralité et caractère sont également diminués. [...] Là encore, on a des âmes façonnées par les longues humiliations d'un état servile, où la haine refoulée se masque sous l'obséquiosité. [...] La névrose juive, avec son surmenage d'activité nerveuse, son hérédité alourdie par les événements actuels, apparaissait chez presque tous les réfugiés. Fait plus grave, elle se réveillait par contact, chez les Juifs francisés, et leur faisait perdre en partie les qualités qu'ils avaient pu acquérir. Au moins ces réfugiés apportent-ils une valeur intellectuelle à défaut d'une valeur morale et physique? Il ne le semble pas, malgré les apparences. Sans doute nombre de réfugiés juifs d'Europe centrale ont-ils un niveau intellectuel, une culture supérieure à celle de bien des étrangers et même de certains Français. Mais à l'examen il y a là subtilité et ingéniosité de l'esprit, habileté et assimilation rapide, utilisation du savoir et de l'expérience acquis par d'autres. En fait, leur originalité et leur invention sont faibles. L'esprit chez eux est un moyen de défense, une arme pour lutter contre la force des maîtres. C'est du savoir-faire tel qu'il peut se développer chez l'esclave intelligent, mais sans l'armature du caractère, ni la puissance de la création [...] Les Juifs pratiquaient une politique internationale au service de laquelle ils s'efforçaient de mettre le pays d'accueil. [...] Dans tel village de l'Oise, la venue d'un médecin roumain israélite fait tomber la moitié de la natalité, par avortements. [...] Alors que la multitude des rudes ouvriers étrangers entrait dans la collectivité française par la base, y prenant ainsi les réflexes des hommes et des travaux qui font la nation, ajoute Georges Mauco, leur aptitude [des Juifs] à la compilation du savoir et de l'argent leur permettait d'affluer dans les sphères dirigeantes de la nation.»

L'immigration de réfugiés juifs venus d'Allemagne, d'Autriche et de Tchécoslovaquie, dans un contexte de crise économique et politique internationale, est, au cours des années 30, au cœur des contradictions de la société française et de la communauté juive elle-même.

L'affaire Schwarzbard

Le 25 mai 1926, vers 14 heures, à l'angle de la rue des Écoles et du boulevard Saint-Michel, Samuel Schwarzbard, né le 30 septembre 1888 à Smolensk (Russie), horloger au 82, boulevard de Ménilmontant, abat d'un coup de revolver Simon Petloura.
Immigré en 1906 en France, Samuel Schwarzbard s'est engagé volontairement au début de la guerre de 1914. En 1917, il fait partie, comme interprète, d'une mission militaire pour la propagande française à Petrograd, puis à Odessa. C'est là qu'il entend parler de Simon Petloura, membre du gouvernement provisoire de la république d'Ukraine. Il est alors témoin des terribles pogroms qui ravagent l'Ukraine et font plusieurs dizaines de milliers de morts juifs. Rentré en France, il s'établit boulevard de Ménilmontant, fréquente les cercles anarchistes juifs, se lance dans la préparation d'un ouvrage sur les pogroms en Ukraine. Il apprend que Petloura, chassé par le gouvernement soviétique, a quitté l'Ukraine pour la Pologne, la Tchécoslovaquie et enfin Paris. Il prend alors la décision de le tuer.
La défense de Schwarzbard est l'objet d'une intense mobilisation. Le journaliste Bernard Lecache, qui rassemble une considérable documentation sur les pogroms, crée la Ligue internationale contre les pogroms dont sont membres notamment Albert Einstein, Maxime Gorki, Paul Langevin, Edmond Fleg, André Spire, Victor Basch et maître Henri Torrès, l'avocat de Samuel Schwarzbard.
Le procès de Samuel Schwarzbard, qui suscite dans l'opinion publique une émotion considérable, est celui des pogroms. De nombreux témoins – rescapés des pogroms, hommes politiques de tout bord, défilent à la barre. Joseph Kessel déclare : « L'acte de Schwarzbard, je ne l'aurais sans doute pas commis, mais simplement parce que je suis moins courageux. Quand ce ne serait que pour avoir attiré l'attention du monde civilisé sur l'atrocité des pogroms, Schwarzbard devait faire ce qu'il a fait. » Le 26 octobre 1927, le tribunal de la Seine acquitte Samuel Schwarzbard. Quelques mois plus

tard, la Ligue internationale contre les pogroms devient la LICA (Ligue internationale contre l'antisémitisme).

A. W.

Histoire de la LICA

La LICA a été créée en 1928 après l'acquittement de Samuel Schwarzbard. Elle se développe dans les années 30 autour de son président fondateur, le journaliste Bernard Lecache, en luttant contre l'antisémitisme et en dénonçant la montée du fascisme. Ses militants et ses dirigeants sont pour la plupart des Juifs, souvent immigrés. Elle est à l'époque essentiellement une association regroupant des Juifs de gauche et publie un journal intitulé *Le Droit de vivre.* Elle se structure par comités de ville ou d'arrondissement.
Dès la déclaration de guerre, elle appelle ses sympathisants et ses adhérents à s'engager et à se mobiliser. Pendant l'Occupation, la Gestapo occupe ses locaux. Beaucoup de ses dirigeants et de ses militants entrent dans la Résistance ou sont déportés.
La Ligue se reconstitue après la guerre et décide de fusionner en 1946 avec le MNCR (Mouvement national contre le racisme, proche des communistes), dans l'Alliance antiraciste. Mais cette alliance échoue notamment en raison des options divergentes des organisations antiracistes pendant la guerre froide.
La LICA reprend son autonomie en 1947 et décide alors d'être politiquement indépendante. Elle se consacre à la lutte contre l'antisémitisme dans tous les pays, même ceux du bloc soviétique, à la dénonciation du retour du fascisme et à la traque des nouvelles formes de racisme issues du colonialisme notamment. Elle se mobilise en particulier contre les procès antisémites à Prague et à Moscou au début des années 50. Elle lutte contre le réarmement de l'Allemagne et contre le spectre du fascisme en Allemagne et ailleurs. Elle lutte contre le racisme en France, notamment contre le traitement réservé aux immigrés d'Afrique du Nord (rafles « au faciès ») après le déclenchement de l'insurrection algérienne. Cette guerre divise la LICA, même si, peu à peu, ses militants se rallient aux positions du général de Gaulle. Elle dénonce les méthodes de répression (torture, camps d'internement) et le recours au terrorisme. Elle est particulièrement attentive à la question juive au cours de cette guerre.

Elle demeure, malgré son ouverture vers les anciennes colonies et son combat anticolonial, essentiellement une organisation juive, attachée à la défense de l'État d'Israël.
Bernard Lecache meurt en 1968, Jean Pierre-Bloch lui succède à la présidence de la LICA.
Pour officialiser l'élargissement de son combat à l'ensemble des formes de racisme, elle change de nom en 1979 et devient la LICRA (Ligue internationale contre le racisme et l'antisémitisme). Elle est actuellement dirigée par Pierre Aidenbaum.

Cécile Amar

De la montée des périls à la chute finale

C'est à partir du début des années 30 qu'en France vont se trouver réunis les ingrédients de la montée de la xénophobie et de l'antisémitisme.

La France n'était devenue un pays d'immigration de masse qu'à la fin du XIXe siècle. Jusqu'à la Première Guerre mondiale, l'arrivée d'immigrants était certes freinée dans les moments de crise, mais les besoins de main-d'œuvre avaient jusque-là été tels, renforcés par la crise démographique, que l'arrivée des immigrés s'était organisée sous l'égide de conventions internationales signées avec l'Italie en 1904 et 1906 et avec la Belgique en 1906. L'immigration de Juifs d'Europe centrale avait donc accompagné marginalement un mouvement d'ensemble.

La saignée humaine de la Première Guerre mondiale change la donne : les millions de morts et de blessés créent des besoins immenses dans un contexte de crainte du déclin démographique. L'immigration de masse est fortement encouragée, de nouveaux accords sont signés avec la Pologne et avec l'Italie en 1919, avec la Tchécoslovaquie en 1920. La même année un organisme privé, la Société générale d'immigration (SGI), est autorisé à organiser à l'étranger le recrutement, la sélection médicale et professionnelle, le transport et la répartition des travailleurs au service de la grande industrie minière et sidérurgique. On privilégie une main-d'œuvre européenne contre la main-d'œuvre coloniale que l'État avait enrôlée pendant la guerre pour des travaux militaires, agricoles ou industriels mais « qui n'avait pas donné satisfaction », et les migrations juives des années 20 s'intègrent dans ces flux. Pour des motifs explicitement démographiques, l'accès à la nationalité est en 1927 encore facilité bien au-delà des dispositions de la loi de 1889.

A partir de juin 1919, le phénomène migratoire a pris une telle ampleur que la France, en 1931, compte un taux plus fort d'étrangers que les États-Unis, soit 6,58 %. Dans ce cadre général où la main-d'œuvre est bienvenue au service de l'industrie et du peuplement, la France reçoit également un nombre important de réfugiés politiques. Depuis la Première Guerre mondiale se succèdent des vagues de réfugiés de différentes origines, témoignage des événements politiques qui bouleversent l'Europe. Ce sont d'abord des Russes, chassés par la révolution bolchevique, puis des Arméniens, des Géorgiens et des Juifs de l'Est de l'Europe. A partir de 1924, les antifascistes italiens se réfugient à Paris rejoints par des Hongrois, des Roumains, des Yougoslaves.

La France est donc devenue un pays d'immigration, mais elle n'a pas de politique de l'immigration : jusqu'au début des années 30, les pouvoirs publics réagissent par à-coups, de façon contradictoire, à différentes pressions ou intérêts économiques, démographiques, politiques, surtout quand les affrontements se développent autour de l'immigration, en période de difficultés économiques et de chômage.

Le krach de la bourse de New York de 1929 et la crise qui en découle provoquent une inversion durable de tendance. Le climat de tension politique et le maintien d'une situation économique grave entraînent la montée de la demande d'intervention contre la présence étrangère.

Les Juifs et les Croix-de-Feu

Lorsqu'en 1930 le lieutenant-colonel François de La Rocque réorganise l'association des Croix-de-Feu, il affirme œuvrer pour la sécurité nationale et l'ordre républicain. La devise de l'association, «Honneur et Patrie», trouve d'ailleurs un écho favorable chez les Juifs français qui défendent l'idéal de «Patrie et Religion». Les grands rabbins Maurice Eisenbeth et Maurice Liber, les hommes de lettres Henry Bernstein et André Maurois, sans compter de nombreux élus des consistoires apportent leur soutien au mouvement fort de 50 000 adhérents en 1934.

Face à la crise économique et sociale qui assaille la France, les Croix-de-Feu – sans définir une politique antisémite – s'orientent vers l'anticommunisme et la xénophobie. De La Rocque évoque la possibilité d'une révision des naturalisations, ce qui fait dire à Bernard Lecache : «N'est-il pas antisémite rue des Rosiers et philosémite rue de la Victoire ?» Le consistoire de Paris entretient des relations cordiales avec l'association. De 1932 à 1936, les cérémonies commémoratives sont célébrées à la synagogue de la rue de la Victoire. Le grand rabbin Jacob Kaplan, lui-même ancien combattant, est chargé de l'office qui, de 1933 à 1936, suscite de nombreuses critiques de la part de certains fidèles. Les notables consistoriaux, en accord avec le grand rabbinat, estiment qu'il est nécessaire à la fois d'entretenir le souvenir de l'union sacrée et de ne point rejeter cette organisation de droite qui, officiellement, n'est pas antisémite.

Après l'émeute du 6 février 1934, questionné par une délégation d'anciens combattants volontaires juifs étrangers, le colonel de La Rocque rassure la communauté : «Les Croix-de-Feu n'ont jamais fait d'antisémitisme.» En réaction aux attaques de la LICA, et pour mieux s'opposer aux actions de certains de leurs coreligionnaires, des Juifs Croix-de-Feu, dont Marcel Diamant-Berger, Fernand Benda et Léon Kosczíusko, fondent l'Union patriotique des Français israélites avec Edmond Bloch. Son programme condamne les positions de la LICA et exprime sa volonté d'instaurer une

«saine union sociale». Le clivage politique se confirme. Edmond Bloch, avec l'UPFI, s'acharne sur Bernard Lecache et la LICA, tandis que le Consistoire, inquiet de l'orientation idéologique des Croix-de-Feu, à la suite des troubles de Constantine en 1935, tend à prendre ses distances avec le mouvement. L'avènement du gouvernement Blum entraîne de vives réactions chez les Juifs Croix-de-Feu qui craignent désormais une explosion antisémite comparable à celle de l'affaire Dreyfus.
Dissout en juin 1936 et devenu le Parti social français, le mouvement de de La Rocque n'exerce plus la même attraction sur ses adhérents israélites. Les membres les plus convaincus militent alors au sein de l'UPFI qui compte environ 3 000 sympathisants. Mais nombreux sont ceux qui quittent les sections après les diverses actions des Croix-de-Feu en Algérie.

Ph. E.L.

Le Parlement, poussé par l'opinion publique, vote la loi du 10 août 1932 qui permet au gouvernement de fixer des quotas de travailleurs étrangers dans les entreprises privées de secteurs industriels ou commerciaux désignés. Mais ce n'est qu'à la fin de 1934 que la mise en place des quotas est accélérée et que la décision est prise de ne plus accorder de cartes de travail à de nouveaux migrants. Le décret du 6 février 1935 permet le non-renouvellement des cartes des étrangers n'ayant pas séjourné plus de dix ans dès lors qu'ils exercent leur activité dans un secteur où sévit le chômage; la même année, 20 500 rapatriements, le plus souvent de Polonais, sont organisés et se déroulent dans une totale indifférence.

Mais la fermeture à l'immigration, décidée depuis 1924 et qui se développe progressivement, n'est pas censée s'appliquer aux réfugiés: c'est que leur accueil, outre qu'il est de plus en plus garanti par des conventions particulières, va jusqu'à constituer pour Édouard Herriot un des éléments essentiels de la «doctrine républicaine». Et il est vrai que l'État, surtout quand il est dirigé comme entre 1932 et 1938, par des coalitions de gauche, préserve formellement ce droit affiché dans la Déclaration des droits de l'homme et du citoyen de 1789. Ainsi, en 1933, l'accueil en France des réfugiés d'Allemagne est envisagé sous un jour relativement favorable : la circulaire du 20 avril 1933 ayant prescrit aux consuls d'accorder des visas d'une manière plus large, de 25 000 à 30 000 Allemands trouvent refuge en France à la fin de 1933. Le 17 septembre 1936, Léon Blum signe la convention de reconnaissance du statut de réfugié en provenance d'Allemagne; un certificat d'identité est délivré à tous ceux qui sont arrivés en France avant le 5 août. Plus tard, le décret Daladier du 2 mai 1938 assure, pour la première fois, des garanties particulières aux réfugiés.

Léon Blum et Pierre Mendès France

«Pour la première fois, ce vieux pays gallo-romain sera gouverné [...] par un Juif» (Xavier Vallat à la tribune de la Chambre des députés, lors de l'investiture de Léon Blum en 1936).
«La France, ce n'est quand même pas ce petit Juif marchand de tapis» (réflexion de Laurent Casanova, dirigeant communiste, lors de l'investiture de Pierre Mendès France en 1954).
«Si vous aviez une goutte de sang gaulois, vous n'auriez jamais osé, vous, représentant de notre France, [...] vous faire servir du lait dans une réception internationale» (Pierre Poujade, également en 1954).
Léon Blum, dont la famille était originaire de Westhofen (près de Saverne) dans le Bas-Rhin, est né en 1872 à Paris. Son père, Auguste Blum – très modeste mercier –, s'y était établi vers 1848, mais ses affaires avaient considérablement prospéré. Élève, peu de temps, de l'École normale supérieure, conseiller d'État, critique littéraire, ce n'est que tardivement que Léon Blum entre en politique, et c'est en tant que socialiste qu'il devient, au moment du

Front populaire, le premier président du Conseil juif de l'histoire française.
Les origines de Pierre Mendès France sont plus complexes. Par son père Cerf-David, il descend d'un marrane portugais arrivé en France en 1684 sous le nom de Luis de França et qui prend le nom de Louis Mendès France, mais par sa mère Palmyre Cahn dont la famille était originaire de Sarrebourg (Moselle), il descend des communautés juives de la France de l'Est. C'est en 1885 que le grand-père Jules-Isaac s'était installé à Paris où le père de Pierre Mendès France crée son propre commerce de textile. Né à Paris en 1907, avocat à moins de vingt ans, Pierre Mendès France s'engage très tôt en politique dans les rangs du Parti radical. Plus jeune député de France à vingt-cinq ans en 1932, plus jeune ministre à trente et un ans en 1938 dans le deuxième gouvernement Blum, sa grande carrière se place sous la Quatrième République. Bien que bref – sept mois – son ministère en est un moment essentiel.
Il était probablement inévitable que l'arrivée au premier plan de la vie politique française de personnalités juives fût marquée par des manifestations d'antisémitisme, surtout dans les années 30, mais c'était aussi la traduction de la profonde assimilation à la société française de sa composante juive, à travers des hommes, à vrai dire, très détachés du judaïsme.

J-J B.

Mais en réalité, dans le climat de tension provoqué par la situation économique – montée du chômage – et internationale – arrivée au pouvoir d'Hitler –, le maintien de cette tradition d'accueil des réfugiés, et en particulier des Juifs, va être particulièrement impopulaire. Les réfugiés sont souvent perçus comme responsables de «l'importation» de conflits politiques étrangers sur le territoire national, comme après l'assassinat de Barthou et du roi de Yougoslavie à Marseille, le 9 octobre 1934, par des Croates, agents de Mussolini. Au cours de l'année 1937, quinze attentats politiques sont commis par ou sur des étrangers, dont trois assassinats, sept dépôts ou explosions de bombes, un incendie, un enlèvement.

Les pressions de l'opinion provoquent le vote par le Parlement de mesures qui visent directement l'immigration qualifiée de Juifs allemands, étudiants en droit ou en médecine : la loi du 1er juillet 1934 impose un délai de dix ans après naturalisation pour l'exercice de la profession d'avocat. La loi Armbruster soumet l'exercice de la médecine à la possession d'un diplôme français et de la nationalité française, et la loi du 26 juillet 1935 renforce encore les exigences à l'égard du médecin naturalisé qui pour exercer devra avoir effectué son service militaire et attendre encore cinq ans.

Les réactions restrictives à l'égard de l'accueil de réfugiés d'Europe centrale trouvent ensuite un écho au sein des gouvernements occidentaux, sensibles à ce qu'ils perçoivent comme une stratégie politique du régime nazi et, au fur et à mesure que l'on s'approche de la guerre, par le souci de sa préparation.

D'abord, dès l'arrivée de Hitler au pouvoir, en janvier 1933, l'objectif du ministère français des Affaires étrangères est longtemps de ne pas envenimer les rapports avec les autorités allemandes. Or, la reconnaissance de réfugiés passe par la vérification de la réalité de la persécution par les consuls, donc par des enquêtes en Allemagne même ; et le statut de réfugié accordé est toujours perçu comme une condamnation de l'État d'origine. De cela, le régime nazi n'a probablement que faire, car de 1933 à 1940 la politique antisémite allemande vise plus à déporter et à expulser les Juifs vers d'autres pays qu'à les exterminer. L'objectif des nazis, en expulsant les Juifs vers les démocraties occidentales, est d'y faire monter l'antisémitisme. C'est ce que déclare clairement Goering à un diplomate américain au cours de l'été 1938; Hitler lui-même indique au ministre sud-africain de la Défense qu'il ne cherche pas à exporter le nazisme, mais plutôt l'antisémitisme.

Plusieurs rapports ou notes du ministère français de l'Intérieur constatent sur le terrain cette stratégie allemande, par exemple après le rattachement de l'Autriche à l'Allemagne (13 mars 1938), à l'égard des Juifs ex-autrichiens. Les 170 000 Juifs autrichiens et les «non-aryens» ayant parfois des ancêtres juifs se voient offrir le choix entre l'exil et le camp de concentration. Pour encourager à l'exil, les autorités allemandes facilitent les choses: le 24 septembre 1938, le ministre français de l'Intérieur signale ainsi au ministre des Affaires étrangères que, du 20 août au 3 septembre, la police a procédé aux frontières à l'arrestation de trente-cinq d'entre eux. Leurs interrogatoires ont montré que ces réfugiés s'étaient vu délivrer à Vienne un passeport allemand et des conseils sur la façon de passer la frontière française. Dans une autre note, le ministre de l'Intérieur signale que certains Autrichiens avaient souvent été incarcérés auparavant dans des camps ou des prisons avant d'être acheminés vers le Luxembourg, la Belgique ou la France. La Fédération des émigrés d'Autriche confirme d'ailleurs, dans une note transmise au gouvernement français, qu'un nombre considérable de réfugiés ont été conduits sur le territoire français par les policiers du Reich. Puisque les nazis se débarrassent des Juifs en réquisitionnant et en s'appropriant la majeure partie de leurs biens, les démocraties occidentales cherchent en quelque sorte à les en empêcher.

Du coup, dans la politique officielle de l'État, se succèdent les décisions contradictoires: une circulaire du 20 avril 1933 prescrit aux consuls d'accorder des visas d'une manière large. Mais, dès octobre, les mesures de sauvegarde prises en avril en faveur des réfugiés allemands sont suspendues. Le décret

Daladier du 2 mai 1938 protège le droit d'asile, mais il prévoit aussi que l'étranger entré clandestinement est passible d'un emprisonnement allant d'un mois à un an; que tout logeur doit se déclarer; que les étrangers doivent signaler leurs changements de domicile. Le décret du 18 octobre 1938 prévoit l'obligation du visa pour les Allemands, Autrichiens, Tchécoslovaques, et celui du 12 novembre 1938 prévoit la relégation pour les irréguliers qui ne repartent pas, la restriction du droit au mariage et des naturalisations, et la création d'une carte de commerçant étranger. Dans ce contexte, la plupart des experts qui réfléchissent à rendre plus cohérente la politique française de l'immigration songent à sélectionner les immigrés par origine, selon un ordre de désirabilité dans lequel les réfugiés juifs seraient classés en fin de liste parmi les non-désirés, eu égard à leur «faible assimilabilité».

Ces restrictions n'empêchent cependant pas la France de recevoir des réfugiés juifs d'Europe centrale. Le chiffrage est incertain, d'abord parce qu'aucune comptabilisation officielle n'est effectuée; ensuite, parce que dans les statistiques disponibles, la religion d'origine ne pouvait pas apparaître, enfin et surtout du fait que la France est non seulement un pays d'accueil mais aussi un pays de transit, ce qui rend plus malaisée l'évaluation du nombre de réfugiés.

En 1933, 100 000 Allemands quittent le Reich, 40 % vers la France ; au total, 120 000 Allemands et Autrichiens sont admis en France entre 1933 et 1940 dont 90 % de Juifs. En 1939, Louise Weiss évalue entre 6 000 et 7 000 le nombre de réfugiés autrichiens en France. Mais la majorité des Allemands ont alors quitté la France. Une lettre du sénateur Justin Godart adressée en 1936 à Albert Sarraut, président du Conseil, indique : «sur 26 000 réfugiés Juifs allemands venus en France en 1933, plus de 19 000 ont dû quitter la France, n'ayant pas reçu le droit dc séjour permanent».

Des chiffres sont également fournis par Claude Bourdet qui, conseiller au cabinet du ministre socialiste Charles Spinasse, remet en 1939 un rapport au Haut Comité de la population sur l'utilisation des réfugiés étrangers dans l'économie française : « On a évalué à une centaine de mille le nombre de réfugiés venus d'Allemagne, 60 000 restés en France. 10 000 d'Autriche, en majorité restés en France. Sur ces 65 000 réfugiés, de 10 000 à 30 000 vivent en marge de l'économie française dans des conditions aussi déplorables pour eux que pour la France. »

Pour Mauco, le nombre de Juifs autrichiens, allemands et tchécoslovaques présents en France se situerait aux alentours de 45 000 auxquels il faudrait ajouter quelques milliers d'apatrides ou de diverses nationalités en provenance de ces trois pays. En 1939, dans une réunion du Haut Comité de la population, le représentant du ministère de l'Intérieur évalue aussi à 45 000 le nombre de ces immigrants sur le territoire français. Les évaluations officielles françaises varient donc entre 45 000 (Mauco et l'Intérieur) et 65 000/70 000 (Bourdet).

La France accueille donc d'autant plus que ses frontières sont franchissables par voie terrestre et que les États-Unis pratiquent une politique de quotas particulièrement restrictive. En outre, la bataille est permanente entre ministères, fonctionnaires, acteurs politiques sur l'interprétation des règles et leur application, elle-même soumise à l'éclatement et à la confusion des pouvoirs. Le durcissement des règles est souvent contourné par la solidarité internationaliste et interventionniste des associations de soutien, des militants des partis du Front populaire, des syndicalistes, associations de solidarité juives ou non-juives, avec l'aide et la complicité active de fonctionnaires ou de responsables politiques. Ce qui explique que tandis que la France présente un visage officiel ferme à l'intérieur comme à l'extérieur, elle pratique dans le plus grand désordre, et souvent contre son gré, un certain libéralisme.

Certes, nombreux sont les réfugiés entrés illégalement qui sont refoulés, expulsés par les autorités de police. Parfois, les associations le constatent : dans une lettre du 2 juin 1938, Marc Jarblum, président de la Fédération des sociétés juives de France, indique que « le décret du 2 mai 1938 a eu pour effet le départ de dizaines de milliers d'étrangers, soit qu'ils aient été refoulés, expulsés ou qu'ils aient émigré ». L'administration elle-même le reconnaît mais souvent pour constater son inefficacité. Ainsi, lorsque des ex-Autrichiens envoyés par les Allemands vers la France sont refoulés, certains d'entre eux se voient attribuer par les autorités allemandes un nouveau passeport et sont renvoyés vers la France.

Par ailleurs, de nombreuses interventions sont aussi effectuées pour obtenir des droits ou des dérogations et produisent des résultats. Il peut s'agir d'abord de l'obtention de visas quand le ministère des Affaires étrangères s'y oppose. Un exemple permet d'éclairer ce cas, celui des immigrés sudètes. Après l'invasion de la Tchécoslovaquie, une réunion interministérielle se tient le 25 octobre 1938 à l'hôtel Matignon, sous la présidence de Camille Chautemps, vice-président du Conseil, chargé entre autres de la coordination des services de la présidence du Conseil. Le diagnostic est le suivant : la France est « saturée » – 3 300 000 étrangers dont 220 000 réfugiés. Elle ne peut laisser entrer des réfugiés que par humanité, à titre individuel, à quatre conditions : un bon état sanitaire du demandeur, un motif valable, par exemple que sa sécurité soit impossible à garantir en Tchécoslovaquie, une bonne moralité de l'individu excluant les agitateurs professionnels, enfin une profession correspondant à des secteurs non « encombrés » où la main-d'œuvre française fait défaut : mines, métallurgie, agriculture.

Les démarches visant à obtenir l'entrée de réfugiés auprès de Chautemps ou celles de Chautemps lui-même ne sont pas sans résultats. Donnons un seul exemple. Le 30 novembre 1938, le consul de France à Vienne émet les plus expresses réserves sur une liste de 68 noms de réfugiés qui lui a été transmise : 36 ont déjà été accueillis par d'autres pays et sur les 32 qui restent, tous veulent se fixer en France, même ceux qui déclarent vouloir émigrer; aucun ne pratique un métier intéressant et aucun n'a de ressources en France sauf un, à qui seul le consul propose de réserver une réponse favorable. Finalement, parmi ces 32 réfugiés, 13 reçoivent un visa pour la France.

Les actions ou les interventions en faveur d'un réfugié sont encore plus efficaces quand celui-ci atteint le territoire français, notamment juste après l'installation du gouvernement de Front populaire : le 4 juillet 1936, des consignes de prudence ont été données par Roger Salengro dans l'exécution des arrêtés d'expulsion à l'encontre de demandeurs d'asile. Aussi, le 13 juillet 1937, une note du préfet de police de Paris au ministre de l'Intérieur réagit contre la multiplication des interventions : « La France a accueilli ces réfugiés en simplifiant *à l'extrême,* à leur entrée sur notre territoire, les règles de contrôle habituelles. De nombreux indésirables ont mis à profit ces dispositions bienveillantes pour s'introduire dans notre pays. [...] De plus en plus fréquemment, les étrangers qui reçoivent notification d'un arrêté d'expulsion trouvent le moyen de faire intervenir en leur faveur, et aussitôt la préfecture de Police est invitée à faire une nouvelle enquête. En conséquence, un sursis de départ est accordé, et ce sursis est forcément de quelques semaines, le nombre des enquêtes de ce genre finissant par surcharger les services. Pour la Seine, 20 000 étrangers ont obtenu des sursis. » Et le préfet de demander qu'on ne l'oblige à faire une enquête que si l'intéressé fait valoir des éléments nouveaux.

Mais le décret du 2 mai 1938, pris dans cet esprit, crée de nouveaux problèmes : « Avant le décret du 2 mai, le juge avait la possibilité de prononcer un sursis à exécution d'une décision d'expulsion, or le décret du 2 mai rend impossible le sursis. La seule clause libérale du décret était son article XI qui remplaçait par la résidence forcée la peine d'emprisonnement jusque-là réservée aux étrangers expulsés qui ne pouvaient sans risque quitter le territoire. Or cette dernière peine est appliquée depuis, en lieu et place du droit de séjour normal, à des réfugiés politiques très honorables, transformant ainsi une mesure destinée à garantir les droits humains des réfugiés politiques en une véritable mesure de persécution », indique Louise Weiss dans une note au gouvernement.

Contre les effets pervers de ces décrets, les associations de soutien, qui n'ont cessé de se créer, s'efforcent de faire évoluer la législation. Le Comité pour la défense des droits des israélites, la Commission nationale d'assistance aux migrants, présidée par William Oualid, réclament le rétablissement du sursis; le baron Robert de Rothschild demande la remise en vigueur du décret du 17 septembre 1936 qui fixait comme date limite le 31 décembre 1936 et le choix comme date butoir du 1er juin 1939. Le Comité central d'accueil en France aux réfugiés tchécoslovaques intervient pour l'accueil de réfugiés tchèques. Les manifestations peuvent venir d'un syndicaliste : Léon Jouhaux, le 25 octobre 1938, pour des camarades autrichiens résidant en Tchécoslovaquie. Elles proviennent de l'Alliance israélite universelle qui, le 14 décembre 1938, obtient de la présidence du Conseil le droit de faire venir en France, en utilisant un permis d'entrée global, un assez grand nombre d'enfants israélites allemands, âgés de six à douze ans, que leurs parents n'ont plus les moyens de nourrir.

Enfin, à la frontière du milieu associatif et du ministère des Affaires étrangères, est créé, par un arrêté ministériel du

29 décembre 1938, le Comité central des réfugiés (CCR), présidé par Georges Bonnet, et dont la secrétaire générale est Louise Weiss. Ce comité se situe dans la ligne des propositions émises par l'éphémère cabinet du premier sous-secrétaire d'État chargé des étrangers, Philippe Serre, disparu deux mois après sa création au début de 1938, et il se confie à lui même une sorte de rôle de coordination. Son action semble être d'autant plus importante qu'elle a lieu auprès des fonctionnaires du ministère des Affaires étrangères souvent les plus réservés, et dont les réticences sont parfois assorties de considérations ouvertement antisémites. De nombreuses notes sont adressées au gouvernement par Louise Weiss. Le 8 mai 1939, par exemple, elle le saisit de la situation tragique et absurde des réfugiés autrichiens, de 6000 à 7000 en France dont 90% illégalement, qu'ils aient reçu un refus de séjour, un avis de refoulement ou d'expulsion... «Des centaines d'entre eux ont été arrêtés et condamnés à des peines de prison allant de un à six mois et à une amende de cent francs or, de sorte qu'en cas de nouvelle arrestation, ils sont menacés d'une peine d'au moins six mois de prison. [...] Une partie considérable des réfugiés autrichiens désirent *ré-émigrer*. Pour ce faire, les intéressés doivent se procurer, entre autres documents, un extrait du casier judiciaire, car un réfugié ne peut obtenir un certificat de bonnes mœurs de son pays d'origine que dans des cas très rares. Les condamnations subies par les réfugiés sont marquées dans l'extrait de leur casier judiciaire, ce qui rend impossible l'émigration dans beaucoup de pays et même dans le cas le plus favorable, lorsqu'il s'agit des États-Unis si indulgents, entraîne des retards considérables en raison d'enquêtes nouvelles rendues nécessaires par l'observation figurant dans l'extrait de casier judiciaire.» Le CCR incite aussi le gouvernement français à suivre l'exemple de l'Angleterre, de la Hollande et de la Suisse et à accueillir un

certain nombre d'enfants. Dans son compte rendu d'activité, un trimestre après sa création, le CCR manifeste ainsi une préoccupation démographique pour les enfants, « si important, pour l'augmentation de notre population » et présente ses premiers résultats : 200 visas collectifs ont été obtenus du ministère des Affaires étrangères (100 pour des enfants de Vienne, 50 de Berlin, 40 de Mayence, 10 de Francfort) et 56 enfants ont été en outre admis à rejoindre leurs familles domiciliées en Alsace-Lorraine.

La législation et les actions répressives sont donc compensées par des interventions ou des protections libérales qui se produisent à tous les niveaux de la société ou des administrations. Il faut cependant noter les rôles déterminants joués depuis l'hôtel Matignon, à partir de 1936 et jusqu'à la guerre, dans les périodes mêmes où la législation se durcissait, par les interventions très actives et fermes des deux secrétaires généraux de la présidence du Conseil nommés par les gouvernements de Front populaire, Jules Moch et son successeur Yves Chataigneau. Ce dernier apparaît d'ailleurs jusqu'à la guerre comme la cheville ouvrière du réseau d'intervention en faveur des réfugiés.

Au total, sous l'effet de ces interventions qui concernent proportionnellement peu d'entre eux mais qui contribuent à paralyser l'action répressive et à y créer le désordre, beaucoup de réfugiés restent en France dans l'illégalité, à la merci de l'arbitraire le plus favorable ou défavorable, souvent dans l'insécurité la plus totale. Cette insécurité est due plus à la crainte qu'au risque d'être interpellé, et elle perdure jusqu'à la guerre.

Louise Weiss, dans ses *Mémoires*, crée un cas d'école pour illustrer la situation du « réfugié type » dans le Paris du début de 1939. C'est *L'Odyssée d'Abraham S.* Il a passé la frontière dans les environs de Metz à pied, la nuit, remarqué par un douanier, socialiste militant, membre d'un syndicat pacifiste, qui a tourné la tête. Arrivé dans les faubourgs de Metz, hâve et affamé, il s'est attablé dans un café et, pour payer, a changé sa monnaie allemande. Le patron et sa femme, qui ont compris qu'il s'agissait d'un clandestin, se sont tus, le commerce des devises étant profitable. La bonne, maîtresse d'un gendarme, en passe d'être renvoyée, l'a signalé, dénonçant du même coup ses employeurs qui ont été pénalisés. Abraham était déjà dans le train pour Paris.

A Paris, Abraham s'est caché pendant quelques jours pour éviter la police. Le gérant de l'hôtel borgne où il a échoué lui accorde vingt-quatre heures. Un autre réfugié l'introduit auprès du tenancier d'un autre garni qui, contre un gros billet, l'accepte pour vingt-quatre heures.

Abraham se décide à frapper à la porte des œuvres. La vieille dame, secrétaire bénévole, le confesse, alors qu'il invente une histoire destinée à l'apitoyer encore davantage. Fourreur de profession, il se déclare agriculteur. Elle le convainc de se présenter à la police avec le double de la fiche qu'elle vient d'établir.

Abraham lui obéit et rentre ainsi dans la légalité. A la préfecture, un agent le bouscule pour plaire à son sous-chef, redevable de son avancement à Jean Chiappe, l'ancien préfet de police, beau-père d'Horace de Carbuccia, le propriétaire de *Gringoire*, l'hebdomadaire antisémite. Pourtant, le chef de ce sous-chef est un ancien du Front populaire et surveille étroitement son subordonné. Homme dévoué aux transfuges, il est aidé par sa femme, demi-juive, qui hait Hitler.

Abraham est jeté en prison en attente du jugement. Le président du tribunal, auquel un récent décret du ministère de l'Intérieur a enlevé son pouvoir d'appréciation, devrait le condamner à un mois. Mais ce président, estimant abusive cette limitation du pouvoir de la magistrature, statue par un non-lieu. Ces quinze jours de prison ont permis à Abraham de se reposer. Il a pris trois kilos et se retrouve libre.

Abraham se représente à la préfecture de Police, accompagnée d'une femme qui connaît quelques bribes d'allemand. Le sous-chef est pitoyable aux transfuges, et la femme, qu'il a reconnue et qui appartient au personnel d'une maison de passe, lui plaît. Il lui accorde huit jours. Alertée par la vieille bénévole qui la première l'avait reçu, la section spécialisée d'un autre comité s'est occupé de placer Abraham aux champs. Ce qui n'est pas facile en raison des conflits entre les diverses administrations. Louise Weiss termine cette odyssée en émettant une hypothèse, bien dans l'air du temps. Les agents d'Adolf Hitler pourraient retrouver Abraham et lui faire signer un pacte d'espionnage…

Au début de l'année 1939 s'ouvre un important débat, notamment au sein du Haut Comité de la population, sur les possibilités d'intégration des immigrés juifs d'Europe centrale. Il fait suite à deux notes de la direction de la Sûreté nationale et à un rapport remis par Claude Bourdet, attaché au ministère de l'Économie nationale, sur l'utilisation des réfugiés étrangers dans l'économie française. Ils présentent d'autant plus d'intérêt qu'ils ont été laissés à l'état brut et qu'ils n'ont pas été revus par les intervenants.

Trois stratégies sont envisagées par les quelques acteurs qui souhaitent sortir de la situation décrite plus haut. D'abord, la direction de la Sûreté nationale prône la valorisation des métiers de certains émigrés juifs : « Il existe en Europe centrale, notamment en Thuringe et en Bohême, un très grand nombre de petites industries dites industries domestiques *(Hausindustrieen)* qui fournissent des jouets, de la bijouterie, des boutons de verre ou en bois, des thermomètres. Ces articles sont fabriqués par des artisans qui travaillent chez eux avec leur famille et qui livrent le produit des travaux à des comptoirs centraux, qui se chargent de la vente et de l'exportation. Les villes de Gablenz dans les Sudètes, de Sonneberg et d'Ilmenau en Thuringe sont les principaux centres de ces industries dont les exportations se chiffrent par des millions de dollars chaque année. L'activité dont il s'agit est le fait des Juifs, presque entièrement à Gablenz et partiellement en Thuringe. Un grand nombre de ceux qui ont émigré en France disposent d'ailleurs des relations internationales nécessaires pour l'exportation. Les débouchés en Angleterre et en Amérique sont au surplus entre les mains de leurs coreligionnaires. Il serait donc facile d'organiser et de faire prospérer dans certaines régions dépeuplées de France (le Sud-Ouest par exemple) des industries et un commerce d'exportation, tous les éléments d'activité indispensables se trouvant d'ores et déjà dans ce pays. »

Le rapport cite encore les bienfaits de l'émigration huguenote en Prusse, la prospérité des ports hollandais grâce aux Juifs des Pays-Bas. Et d'ajouter qu'en Angleterre, tout étranger désireux de créer une affaire reçoit toute facilité pour s'y établir. Il propose de faciliter l'installation des étrangers avec des capitaux. Philippe Serre soutient cette idée : « Un des remords de la politique française [...] est que nous aurions pu faire la même politique que l'Allemagne au lendemain de la révocation de l'édit de Nantes et implanter de nouvelles industries et faire pour la France de nouveaux monopoles économiques dont nous aurions pu profiter », déclare-t-il lors de la réunion du 4 juillet 1939 du Haut-Comité de la population.

Cette proposition se heurte longtemps à l'opposition des ministères de l'Intérieur ou des Affaires étrangères, ou à celle d'experts comme Mauco qui considèrent que l'installation de ces réfugiés se ferait « au détriment d'éléments français qui méritent d'être protégés ». Au cours de la réunion du Haut-

Comité de la population, tenue le 28 mars 1939, Mauco avait déclaré : « L'immigration étrangère est donc une nécessité pour la France, mais une immigration ouvrière et paysanne, une immigration de complément. Par contre toute immigration se dirigeant vers les villes, vers les activités de "cadres" – professions libérales, commerciales et mêmes artisanales – ne correspond pas à un besoin. »

La deuxième solution est illustrée par le rapport Bourdet. Après avoir indiqué que depuis mars 1938, la restriction de l'immigration, alors que les persécutions dans le Reich et en Autriche annexée se développent, entraîne le refoulement théorique et la condamnation à la prison et voue à une « déchéance irrémédiable des individus parfaitement sains » qui ne « peuvent vivre que comme des épaves accrochées à la solde des comités de secours », Bourdet propose leur reclassement dans l'agriculture : « On peut dire que le reclassement réside moins dans le reclassement en lui-même que dans la fixation définitive à la terre d'anciens habitants des villes. Cependant, l'expérience de la Palestine nous montre que cette fixation est possible : à la condition qu'une foi suffisante dans sa nouvelle vie existe chez le réfugié et que, d'autre part, il lui soit matériellement impossible ou au moins très difficile de changer de métier ou de résidence. Ces conditions étaient évidemment réalisées en Palestine, mais nous pensons qu'elles peuvent l'être également en France. »

Pour Mauco, aucune comparaison n'est possible entre « une telle émigration et l'émigration de jeunes colons, ardents, partant avec foi vers une terre nouvelle ». Il est soutenu par le représentant du ministère de l'Intérieur très optimiste quant à l'intégration des réfugiés espagnols, mais qui ne croit guère à la réussite d'une action en faveur des réfugiés d'Europe centrale. Bourdet défend alors l'idée que s'ils n'ont pas d'autres choix, ces réfugiés accepteront d'aller dans l'agriculture. La législation donnant le droit au gouvernement d'assigner une résidence aux réfugiés, il est possible « d'éviter qu'ils reviennent à la ville, et si on leur accorde par ailleurs le moyen matériel de vivre sur la terre, on aura réalisé artificiellement les conditions que la géographie impose en Palestine. On peut être absolument certain, d'autre part, que la perspective d'acquérir enfin une situation stable et *légale* et peut-être de devenir un jour français créera un véritable mouvement d'enthousiasme chez ces homme refoulés en marge de notre société ».

Mais la réserve semble aussi venir d'où on l'attend moins, de certains des responsables de la communauté juive française. La troisième proposition, complémentaire des deux autres, était d'assurer la formation professionnelle des réfugiés afin de les installer durablement sur le territoire dans les métiers où des besoins existent. D'autant que, comme le dit Bourdet au cours de la réunion du 4 juillet 1939 du comité : « Les travaux destinés à établir les réfugiés en France d'une manière quasi définitive autant que ceux destinés à les faire partir comprennent des tâches du même ordre, par exemple le reclassement professionnel. Si vous voulez faire accepter par un pays quelconque des réfugiés d'Europe, il est impossible de le faire s'ils ne sont pas pourvus d'un métier qui puisse être utile à ces pays. [...] Il me semble qu'une politique intelligente pourrait veiller à garder en France les éléments les plus utilisables et les autres, qui seraient néanmoins titulaires d'un métier, pourraient être dirigés vers des pays étrangers. » Ce qui fait se demander à l'ancien ministre Philippe Serre « pourquoi les organisations juives françaises préfèrent dépenser leur argent en secours ridicules plutôt que de se lancer dans une vaste politique de reclassement et d'implantation ». Selon lui, la raison en est simple : elles considèrent, à tort, qu'une pareille politique ferait renaître l'antisémitisme et préfèrent maintenir ces gens dans la précarité avec la volonté de les faire partir. « Monsieur Helbronner [président du Consistoire central] est le seul israélite antisémite que j'ai rencontré dans ma vie. Voilà l'attitude des grands Juifs français qui n'est nullement partagée par les grandes associations internationales. Je me souviens d'une réunion : toutes les associations juives étaient représentées, et je vois très bien le délégué américain se relevant et dire : "Nous mettons à la disposition du Travail, une somme de 2,5 millions." Par conséquent il n'y a que l'obstacle psychologique, car les associations (internationales) juives ont de l'argent et pourraient le mettre à la disposition d'une tentative française. »

Alors que ces débats se mènent dans les sphères gouvernementales, que le pessimisme, après les accords de Munich, gagne la communauté juive, les organisations juives adoptent des stratégies contrastées. Les organisations de la mouvance consistoriale continuent à affirmer leur indéfectible amour de la France dont les intérêts sont supérieurs à ceux de la communauté. Mais d'autres voix se font entendre, notamment parmi les jeunes générations qui s'expriment par l'intermédiaire de deux publications nouvelles, *Samedi* et *Affirmation.* Ces publications critiquent l'attitude des autorités consistoriales, leur passivité et l'absence de condamnation forte d'événements comme, en Allemagne, le pogrom de la nuit de Cristal des 9 et 10 novembre 1938.

L'assassinat de Vom Rath

Le 7 novembre 1938, un jeune Juif polonais, Herschel Grynzpan, dont les parents venaient d'être déportés d'Allemagne à Zbaszyn, sur la frontière d'une Pologne qui refusait de les accueillir, tuait le troisième secrétaire de l'ambassade d'Allemagne en France, Vom Rath. Ce fut le prétexte choisi par les nazis pour déclencher la nuit de Cristal (10 et 11 novembre), pendant laquelle des synagogues furent incendiées, les vitrines de magasins juifs brisées, de nombreux Juifs tués et une trentaine de milliers internés dans des camps de concentration.

Les Juifs de France réagissent de façon contrastée au geste d'Herschel Grynzpan. Le belle unanimité qui avait salué le courage du geste de Schwarzbard n'existe plus. *L'Univers israélite* publie une lettre ouverte de la mère de Vom Rath, exprime ses condoléances, demande sa pitié pour les Juifs et rappelle aux immigrés leur devoir de réserve. La Fédération des sociétés juives de France lance un appel au calme et à l'ordre et dément tout contact qu'aurait pu avoir Herschel Grynzpan avec les organisations d'immigrés. Après la conférence de Munich, l'heure est en France à l'apaisement avec l'Allemagne, les organisations juives ne veulent pas être accusées de vouloir la guerre et soutiennent le gouvernement. Ainsi, le grand rabbin de Paris Julien Weill déclare au quotidien *Le Matin* qu'il ne veut prendre aucune initiative pouvant « entraver en quoi que ce soit les tentatives actuellement en cours de rapprochement franco-allemand ». La seule protestation sérieuse provient d'un petit groupe de jeunes Juifs français et immigrés qui s'expriment dans *Samedi*, journal né en 1936, le plus antinazi de toute la presse juive.

Les réactions des Juifs de France à l'assassinat de Vom Rath sont l'expression de leur désarroi et de leur impuissance devant la montée du péril extérieur et la force de l'antisémitisme en France.

Herschel Grynzpan fut livré aux Allemands après l'occupation de la France. Il fut un temps question de faire son procès. Les Allemands y renoncèrent, et le jeune homme mourut probablement dans un camp nazi en 1943, sans que les circonstances de sa détention et de sa mort aient été totalement éclaircies.

A. W.

A l'approche de l'épreuve de la guerre, les Juifs de France sont affaiblis, divisés et meurtris. Paradoxalement, c'est la persécution de Vichy qui contribuera à leur redonner une certaine unité. Car, comme l'écrit Pierre Vidal-Naquet, « l'Occupation est justement le moment où le judaïsme cesse d'être pluriel pour être unifié sous le regard inquisiteur et despotique de Vichy et de la Gestapo ».

Les écrivains juifs français de l'affaire Dreyfus à la Seconde Guerre mondiale

Michel Trebitsch

«J'ai décidé d'être le plus grand écrivain juif français après Montaigne, Marcel Proust et Louis-Ferdinand Céline.» L'aberrante généalogie que Raphaël Schlemilovitz, le double halluciné de Patrick Modiano, s'invente dans *La Place de l'étoile*, transforme sa quête d'identité en entreprise de subversion de l'histoire littéraire. La figure de l'écrivain juif français fait scandale, comme s'il y avait une contradiction insurmontable dans l'idée même d'une littérature juive de langue française, une incompatibilité radicale ne laissant d'autre alternative que «l'impuissance du Juif en littérature», celle que dénoncera Drieu La Rochelle en 1941 dans *Je suis partout*, ou au contraire la perversion, l'abâtardissement par le «levain étranger» inassimilable à la pâte qu'évoquait Gide : «Je ne nie point, certes, le grand mérite de quelques œuvres juives», écrivait celui-ci dans son *Journal* de 1914, «mais combien les admirerais-je de cœur plus léger si elles ne venaient à nous que traduites».

Toute l'histoire du «filon juif», ténu et passager, qui apparaît sur la scène littéraire à la fin du XIXe siècle, et dont on peut suivre la trace jusqu'à la Seconde Guerre mondiale, est celle d'une petite cohorte d'écrivains, une quinzaine peut-être, qui ont cru possible de surmonter cette contradiction, d'enfreindre ce tabou. Purs produits de l'émancipation, souvent plus français que juifs, ils ont dû, au choc de l'antisémitisme, faire retour à l'origine pour pouvoir dire, comme André Spire : «J'étais redevenu Juif avec un grand J. Et poète français, poète juif aussi.» Loin d'être traduction ou transposition, la tentative d'André Spire, celle d'Edmond Fleg, d'Henri Hertz, de Henri Franck, puis d'Albert Cohen ou d'Armand Lunel a bien été, sinon d'une symbiose, d'une fécondation mutuelle pour parvenir à définir dans et par l'écriture une identité juive moderne.

Le révélateur de l'Affaire

Au commencement était l'affaire Dreyfus. On aurait tort cependant d'y voir un rapport simple de cause à effet. Les intellectuels juifs, on le sait, se sont, sauf exception, rarement et tardivement engagés dans le combat dreyfusard et la victoire du dreyfusisme, loin de rompre avec le mouvement assimilationniste, conforte au contraire leur intégration à la société française, que la surenchère patriotique viendra parachever en 1914. «Un Juif moyen, tel que je l'étais, n'avait pas de vocation plus marquée que tout autre à recevoir la grâce dreyfusarde», écrit Léon Blum dans ses *Souvenirs sur l'Affaire.* Il s'engagera pourtant et sera, avec Proust ou Daniel Halévy, un des premiers signataires du manifeste des intellectuels, mais au nom de la justice et de la vérité, au nom de sa foi profonde dans la France des droits de l'homme. Si l'Affaire sert de révélateur, parfois brutal, ce n'est pas comme tournant politique, mais parce qu'elle symbolise, pousse au paroxysme, le choc frontal entre deux tendances plus profondes : d'un côté, la promotion accélérée des «couches nouvelles» de la bourgeoisie juive dans la seconde moitié du XIXe siècle, et de l'autre, l'essor et les métamorphoses de l'antisémitisme qui les contraint à repenser les modalités de leur intégration. Or, une telle remise en cause n'est elle-même qu'une des composantes de la contradiction plus globale entre la laïcisation croissante de la société et la crise d'identité qu'elle déclenche, une « crise juive de la pensée française » de même nature et de même origine que la « crise allemande de la pensée française » que l'historien de la littérature Claude Digeon avait naguère diagnostiquée.

Jusqu'à la fin du siècle, le monde de la culture n'est pas resté inaccessible aux jeunes bourgeois « israélites » qui se sont lancés à l'assaut des grands lycées parisiens, des grandes écoles, des grands corps de l'État, si l'on pense aux grands universitaires d'origine juive qui, à l'égal de Bergson ou de Durkheim, sont légion dès les années 1860, aux percées dans le marché culturel, presse, édition, commerce de l'art, ou, sans remonter à Ludovic Halévy, maître de l'opérette sous le second Empire, aux premiers succès de piliers du Parnasse comme Catulle Mendès ou du symbolisme comme Gustave Kahn, à ceux de Georges de Porto-Riche, l'inventeur du « Théâtre d'amour ». Une élite intellectuelle juive s'est constituée et intégrée aux milieux mondains, et les salons de Thadée et Misia Natanson, de Geneviève Bizet-Straus, de madame Arman de Caillavet n'ont rien à envier aux salons aristocratiques du faubourg Saint-Germain. Mais, dans les années 1890, c'est une génération intellectuelle qui succède aux générations de l'émancipation économique et sociale. André Spire, fils d'un industriel de Nancy, né en 1868, Edmond Fleg, né en 1874 à Genève d'une famille d'origine alsacienne, Henri Hertz, fils d'officier, né en 1875, sont les contemporains de Bernard Lazare, d'Éphraïm Mikhaël, d'André Suarès, de Tristan Bernard, de Julien Benda, de Léon Blum, de Marcel Proust, de Daniel Halévy, d'Henry

Bernstein ou de Max Jacob. Parisiens de naissance ou d'installation plus récente, arrivés d'Alsace-Lorraine ou montés du Midi vers la capitale, plus rarement acclimatés de l'étranger, ils proviennent presque tous de milieux fort intégrés, souvent de souche ancienne, éloignés de tout sentiment d'appartenance ethnique, de toute tradition religieuse, parfois même «demi-Juifs», et nombre d'entre eux suivent les mêmes filières que leurs pères ou leurs aînés, entreprennent eux aussi des carrières dans l'université, le droit, la haute administration. Mais, dans cette jeunesse dorée, souvent fortunée, rares seront ceux qui les poursuivront, comme André Spire au Conseil d'État.

L'entrée en littérature, l'accession au patrimoine sacré de la langue et de l'écriture, sont en quelque sorte le couronnement du long mouvement d'intégration. Certes, sans parler des liens familiaux, plusieurs se sont connus dès leurs études, à l'École normale supérieure et même avant, sur les bancs du lycée. Mais, en cette époque où il n'est pas une classe de rhétorique qui ne fonde sa petite revue littéraire, rien ne distingue les anciens de Condorcet, Fernand Gregh et Daniel Halévy, lançant *Le Banquet*, et les anciens d'Henri IV, Pierre Louÿs, André Gide, Léon Blum, lançant *La Conque*, rien ne distingue Edmond Fleg des autres «esthètes» de la rue d'Ulm. Salonnards, mondains, anarchistes décadents, Maurice Barrès est aussi le prince de leur jeunesse. Wagnériens, fanatiques de *Pelléas et Mélisande*, fous de théâtre, poètes pour mieux renier le hideux roman naturaliste, ils distillent leurs vers dans les revues d'avant-garde, le *Mercure de France* et la *Revue blanche*. Si l'on peut parler d'une génération, c'est de cette génération anti-intellectualiste qui appartient de plain-pied au système littéraire des années 1890, à cette conjoncture de dépression intellectuelle, marquée à la fois par l'expansion et la recomposition du champ littéraire et par un vaste et profond courant de révolte de l'esprit contre la raison positive, de la modernité littéraire contre les académismes, par une aspiration spirituelle conduisant tant à une mystique de l'esthétisme qu'à une mystique de l'action. Benjamin Crémieux le souligne en 1937 dans un article de la *Revue juive de Genève* sur « Le Juif dans la littérature française » : « Le décadentisme et le symbolisme sont riches en Juifs. Mais on a beau chercher on ne voit aucune différence spécifique dans l'idée de poésie entre celle des symbolistes non juifs et des symbolistes juifs. Pour ce qui est du théâtre rosse de Becque, du théâtre super-individualiste d'Ibsen, ils me paraissent à la source, le premier de Porto-Riche, l'un et l'autre à des degrés divers des autres pièces juives et non juives de cette période. »

Or c'est précisément à ce milieu de jeunes dandys fin de siècle que va être accolée l'étiquette de « littérature juive », mais de l'extérieur, du camp ennemi, comme la version littéraire d'un antisémitisme moderne dont le symbole est *La France juive*, le best-seller d'Édouard Drumont publié en 1886. Il y a dans le roman ou au théâtre des répliques exactes aux hantises de l'invasion juive, de la pieuvre capitaliste, du syndicat juif, de la trahison au profit de l'Allemagne. Shylock moderne, le banquier juif ne prélève pas sa livre de chair, mais, tel le *Baron Sinaï* de Gyp, corrompt par ses succès la société et en sape les fondements. Au stéréotype littéraire du parvenu, d'autant plus sournois et menaçant qu'il est de moins en moins repérable, vient se superposer, comme pour cet amour entre un chrétien et une juive, qui fait scandale au Gymnase en 1903 dans *Le Retour de Jérusalem* de Maurice Donnay, le thème de l'impossible assimilation. Une version plus radicale encore décèle un véritable complot littéraire juif qui s'infiltre dans les genres faciles et bourgeois pour prendre le contrôle du marché culturel. « Un moment, le théâtre étant la partie littéraire où l'on gagne le plus d'argent, les Juifs de la littérature étaient seulement des auteurs dramatiques», notent les Goncourt dans leur *Journal*, le 26 janvier 1896. Georges de Porto-Riche, le «Racine juif», qui triomphe avec *Amoureuse* en 1891, les grands et petits maîtres du boulevard, Tristan Bernard ou Romain Coolus, Henry Bernstein, le rival d'Henry Bataille, dont les «drames rapides» dominent la scène après 1900, imposent au vaudeville, au Théâtre libre d'Antoine, à l'Œuvre, à l'Athénée, un «théâtre juif» immoral et faisandé qui inocule le venin de la corruption et du désordre. Mais il y a plus : les Juifs se sont dotés d'«un organe ethniquement à eux», selon le mot de Léon Daudet, dont le projet remonte même au groupe occulte du lycée Condorcet et aux feuilles lycéennes où plusieurs ont fait leurs premières armes, la *Revue blanche*, des frères Natanson, fondée en 1891, qui compte Bernard Lazare, Daniel Halévy, Marcel Proust, Léon Blum, Tristan Bernard parmi ses principaux collaborateurs. «Maintenant, poursuivent les Goncourt, la jeune génération israélite a compris la pesée toute-puissante de la critique et l'espèce de chantage qu'on pouvait exercer par elle sur les théâtres et les éditeurs, et elle a fondé la *Revue blanche*, qui est un vrai nid de jeunes youtres, et l'on peut penser qu'avec le concours de leurs aînés, qui font les fonds de presque tous les journaux, ils seront les maîtres de la littérature française avant vingt-cinq ans.»

Brillante revue littéraire, ouverte aux courants les plus divers en France et à l'étranger, «le centre de ralliement de toutes les divergences» comme l'écrira Gide, mais aussi, sous l'impulsion de Félix Fénéon, revue d'inspiration libertaire, qui sera en première ligne du combat dreyfusard, on ne s'étonnera guère que la *Revue blanche* soit la cible privilégiée des attaques antisémites. Mais qui définit le «théâtre juif» comme ce «micmac de sentiments» introduit par «les Juifs parisianisés (et les chrétiens judaïsés) » qui « excellaient à battre ensemble l'ordure et le sentiment » ? Romain Rolland, dans *La Foire sur la place* : « Leur art avait une odeur *sui generis* qui sentait bon et mauvais à la fois, c'est-à-dire très mauvais ; ils nommaient cela amoralisme. » Qui dénonce une « littérature avilissante », dont toute idée de noblesse est exclue, où chacun « ne peint que des créatures abandonnées, des déchéances » ? Gide, dans son *Journal* de 1914. Loin d'être l'apanage des milieux d'extrême droite, l'attaque contre la « littérature juive » fixe des clichés qui envahissent l'espace métaphorique, selon des modalités assez similaires aux termes « femme » ou « intellectuel » : les Juifs sont destructeurs des valeurs traditionnelles, de la morale familiale et sociale en vertu d'une sensualité orientale, ils abattent les barrières intellectuelles en vertu du caractère irréductible de leur « race étrangère » qui fait aussi d'eux les porte-parole des divers modernismes. Accordons à Romain Rolland, qui reconnaît aux Juifs la mission de « coordonner le réseau de l'unité humaine », que ces clichés ne soient pas tous péjoratifs, qu'ils peuvent même être partagés et intériorisés par les Juifs eux-mêmes, comme Julien Benda qui note dans *Belphégor* en 1918, reprenant une comparaison classique entre la France fin de siècle et la décadence de l'Empire romain : « Je veux bien que l'actuelle société française ait été précipitée en alexandrinisme par l'action juive, mais c'est que cette société était déjà elle-même alexandrine. »

C'est ce système dominant de représentations que l'affaire Dreyfus vient ébranler en contraignant les intellectuels juifs assimilés à se révéler à eux-mêmes les contradictions de l'assimilation, à tenter de rompre avec le stéréotype du Juif parvenu. « Jusqu'à ce jour, j'avais eu la faiblesse de croire qu'un Juif peut être français, j'entends un Juif honorable, homme du monde », constatait Swann. L'Affaire voit naître cette inexorable maladie ; elle est cette maladie qui, creusant peu à peu son visage, y dégage son nez de «vieil Hébreu». Elle déclenche cette crise d'identité qui prend des formes diverses, de la dénégation et de la «haine de soi juive» que manifeste un temps Edmond Fleg qui pense à se convertir au catholicisme et se laisse même séduire par l'Action française, jusqu'à cette sorte de schizophrénie au nom de laquelle Julien Benda oppose, dès 1900 dans son *Dialogue à Byzance*, «les Sémites sensuels, aïeux de Porto-Riche et de Bernstein» et «le peuple hébreu, adorateur de valeurs graves» auquel il se dit fier d'appartenir. Elle est aussi révélation, au terme d'une métamorphose intérieure dont l'incarnation mythique est Bernard Lazare qui, parti lui aussi de l'opposition, dans un texte fameux de 1890, entre «Juifs et Israélites», ces honnêtes travailleurs «las de se voir confondre avec une tourbe de rastaquouères et de tarés», passe de l'anarchisme littéraire au combat dreyfusard, de l'universalisme au sionisme, du rationalisme au prophétisme juif, résumant à lui seul, comme l'a écrit un historien, toutes les figures possibles de l'intellectuel juif émancipé.

Proust et la judéité

Marcel Proust (1871-1922) naît rue La Fontaine à Auteuil, dans la résidence d'été de son grand-oncle maternel, Louis Weil. Il fréquente plus assidûment les Weil que la branche paternelle de la famille. Sa mère, née Jeanne Weil, fille de Nathée Weil, agent de change et d'Adèle Berncastel, est issue d'une vieille famille judéo-lorraine. Si lui-même n'est pas «juif» (il est baptisé, fait sa communion et meurt avec les sacrements de l'Église), son œuvre – essentiellement *A la recherche du temps perdu* – témoigne en revanche d'une connaissance extrêmement précise de la judaïcité parisienne au tournant du siècle. Cette connaissance vient d'une réelle familiarité avec ce milieu homogène, soumis à l'antisémitisme de l'époque, avant et après l'affaire Dreyfus. Malgré certaines amitiés notoirement antisémites, tels Léon Daudet ou Robert de Montesquiou, sa sociabilité tout autant que son imaginaire sont fortement imprégnés de judéité. Dans la *Recherche*, les personnages juifs sont nombreux et jouent un rôle clé. Le plus prestigieux est sans conteste Charles Swann (inspiré par le réel Charles Haas), membre de l'aristocratique Jockey-Club, ami des Guermantes, amateur d'art. Issu de parents convertis, nous le voyons, à la faveur de l'affaire Dreyfus et de sa maladie, regagner le «bercail religieux de ses pères». Le destin du personnage d'Albert Bloch, au contraire, dessine la courbe inverse. Lui qui était presque la caricature du Juif perçu par les antisémites, avec son manque de tact, sa maladresse et son snobisme, sa judéité s'efface peu à peu; il troque son nom de Bloch en du Rozier, devient méconnaissable. Ainsi, l'œuvre de Proust témoigne d'un processus sociologique caractéristique des Juifs en France après l'émancipation : tour à tour, au gré des événements extérieurs, assimilation et reviviscence. Les analyses postérieures de Sartre, dans ses *Réflexions sur la question juive*, décrivent un semblable processus.

Henri Raczymow

Péguysme juif?

«J'ai pensé, j'ai médité; j'ai vu, je suis juif; j'ai refait mon âme», s'exclame Bernard Lazare dans *Le Fumier de Job*, cette œuvre inachevée à sa mort en 1903, qui ne sera publiée qu'en 1928. C'est sur le mode de la révélation, gai savoir nietzschéen et résurrection chrétienne, que s'opère cette réfection d'âme d'où procède le filon juif. André Spire parlera d'«une direction de vie soudain changée», Edmond Fleg expliquera, dans *Pourquoi je suis juif* (1928) : «Je suis juif parce que, né d'Israël et l'ayant perdu, je l'ai senti revivre en moi, plus vivant que moi-même.» Cette révolution consiste dans le retournement, dans l'inversion terme à terme de tout l'argumentaire antisémite. Rejetant, comme dans cette pièce d'après-guerre, *Le Marchand de Paris*, où Fleg met en scène un grand négociant juif loyal et généreux, la figure du Juif parvenu qui rendait intenable la contradiction entre assimilation et identité, elle lui substitue la figure inverse du *paria*, selon la thématique célèbre qu'Hannah Arendt mettra en lumière à propos de Bernard Lazare. A l'opposé du parvenu, produit de l'assimilation, honteux d'être rappelé à son origine, le paria est porteur d'une tradition cachée, d'une promesse messianique, « il crée, écrit Bernard Lazare, une noblesse de son infamie, une royauté de son avilissement ». Assurément, l'emblème de cette révolution est Job, le pauvre devenu l'errant prophétique, image poétique de l'homme nouveau, incarnation d'une judéité libérée des particularismes raciaux et religieux, et l'on peut même dire que le Livre de Job est le texte fondateur de tout ce filon juif jusque dans l'entre-deux-guerres, puisque l'on en retrouve l'écho non seulement chez Bernard Lazare, André Spire ou Edmond Fleg, mais jusque dans les poèmes d'Henri Hertz, d'Ivan Goll ou de Benjamin Fondane.

Entendons : le paria est une figure mythique. Ce n'est pas la découverte directe d'un prolétariat juif, notamment parmi la première vague d'immigrés d'Europe de l'Est venant peupler le *Pletzl* dans les années 1880, qui suscite la prise de conscience de l'exploitation et de la persécution qu'on a sous ses propres yeux. Elle se fait ailleurs et plus tard, à propos du prolétariat juif londonien de Whitechapel sur lequel André Spire enquête en 1902 et, plus encore, à propos des pogroms de Kichinev en 1903. Le catalyseur de cette prise de conscience est d'ailleurs proprement littéraire : c'est le choc, sur Spire (qui parle de « conversion ») comme sur Fleg, du *Chad Gadya* d'Israël Zangwill, traduit dans les *Cahiers de la quinzaine* en 1904, qui raconte l'histoire d'un jeune Juif vénitien que l'assimilation conduit au désespoir et au suicide. Par-delà ce texte, l'œuvre de Zangwill, le « Dickens juif », notamment ses *Enfants du ghetto,* comme son rôle dans le mouvement sioniste, auront une influence durable. De ce moment peut-on du moins dater, une décennie après l'éclatement de l'Affaire, l'apparition d'une écriture juive dans le champ littéraire, entre 1905, où André Spire publie dans les *Cahiers de la quinzaine* « Et vous riez », premier recueil de « poèmes juifs », qu'il regroupera avec d'autres en 1908 dans ses *Versets,* et 1913, où Edmond Fleg publie le premier volume d'*Écoute Israël,* sa « Légende des siècles juive ». Une jeune génération, née dans les années 1880, apporte sa pierre aux fondations de ce courant juif, avec les premiers poèmes d'Henri Hertz, parus dans diverses revues postsymbolistes, une nouvelle de Jean-Richard Bloch, *Lévy,* publiée dans la *NRF* en 1911 puis reprise dans un premier livre de contes en 1912, et surtout *La Danse devant l'arche,* que publie la même année Henri Franck, juste avant de mourir prématurément et qui deviendra l'objet d'un véritable culte posthume. Mais il n'est pas jusqu'à de grands aînés, bien éloignés de toute préoccupation d'identité, qui ne manifestent quelque évolution, de Gustave Kahn, mettant au service de sa redécouverte du judaïsme la « joaillerie allégorique » du symbolisme, à Henry Bernstein, introduisant tardivement des thèmes bibliques à la scène, avec *Samson* et *Israël,* et qui polémiquait dès 1903 avec Maurice Donnay à propos du *Retour de Jérusalem* : « Si l'on veut parler du problème juif, il eût mieux valu signaler l'incertitude, je dirais l'insécurité juive. »

En ce sens, ce courant littéraire participe d'un mouvement plus vaste qui se manifeste par la naissance de diverses revues et associations intellectuelles, *Foi et réveil,* animée par le rabbin Jules Bauer et le semi-converti Aimé Pallière, la *Revue hébraïque,* la Société pour l'histoire et la littérature juive, l'association étudiante « Les hérauts de la renaissance juive », le cercle sioniste Hebræa de Paris, la principale d'entre elles, créée en 1913, étant Les amis du judaïsme, présidée par Gustave Kahn, où l'on retrouve le grand rabbin Israël Levi, Salomon Reinach, mais aussi Victor Basch, Darius Milhaud et André Spire. Sans qu'on puisse parler, Perrine Simon-Nahum l'a montré, d'une « science du judaïsme » comme en Allemagne, ce réveil des études juives se traduit par un regain d'intérêt pour la littérature hébraïque classique, étudiée notamment par Nahum Slousch, et pour les principes du judaïsme. La traduction en 1911 du livre d'Hermann Cohn, *Le Judaïsme et le progrès religieux de l'humanité*, qui voit dans le kantisme la base du judaïsme moderne, favorisera l'éclosion d'une comparaison si souvent reprise entre le Décalogue et la Déclaration des droits de l'homme. Mais la tendance principale de ce réveil est peut-être l'intérêt pour le prophétisme juif, découvert à travers l'œuvre de James Darmesteter, notamment son ouvrage de 1892, *Les Prophètes d'Israël*. Ce mouvement, contemporain de la redécouverte du messianisme juif par Martin Buber puis Gershom Scholem, n'en tire-t-il pas, sous une forme certes fort différente, des conclusions de même nature sur la mission du peuple juif? En vérité, ne s'intègre-t-il pas à ce retour généralisé du religieux, du mysticisme, hanté par la recherche d'une réponse à la fameuse question de Dostoïevski : « Qui sera le peuple porteur de Dieu ? »

Si une mystique inspire le filon littéraire juif, c'est une mystique péguyste, et l'on serait tenté de le définir dans son ensemble comme un « péguysme juif ». Ce n'est pas dans la *Revue blanche*, disparue en 1903, qu'il s'exprime de manière privilégiée, mais bien dans les *Cahiers de la quinzaine* où seront publiés le *Chad Gadya* de Zangwill, les premiers textes de Spire et de Fleg, ou même *Bar Cochébas* des frères Tharaud, et qui consacreront au total une vingtaine de numéros à la question juive, au point qu'un Georges Sorel ou un Daniel Halévy accuseront Péguy d'être sous la coupe financière des Juifs. Péguy lui-même, qui donne en 1910 les plus belles pages de *Notre jeunesse* au portrait de Bernard Lazare, « prophète athée ruisselant de Dieu », définit les Juifs comme une « race prophétique » et incarne un christianisme fasciné par le judaïsme. Il y a bien ici rencontre entre deux aspirations spirituelles, deux formes d'inquiétude métaphysique qui, loin d'opposer le réveil juif au mouvement contemporain de conversions, traduit la recherche d'une sorte de syncrétisme, ou mieux, la remontée aux sources bibliques communes. « Je suis le plus chrétien de tous les Juifs », dit Max Jacob au lendemain de sa conversion. De même que Job se réincarne dans la figure de Lazare, le *Lazare le ressuscité* de Mécislas Golberg, le thème du Jésus juif, paria, prophète et roi, hante ces interrogations, notamment chez Fleg qui en tirera, après-guerre, un roman, *L'Enfant prophète*, et une biographie légendaire, *Jésus raconté par le Juif errant*. Inquiétude spirituelle certes, mais spiritualité laïque. La mystique péguyste fonctionne aussi, pour André Spire comme pour Henri Hertz ou Jean-Richard Bloch, dans sa dimension sociale, celle des universités populaires, celle de cette sorte de socialisme « vitaliste » et populiste qui, rejetant le politique, transfère sur le peuple rédempteur une mission universelle. Surtout, c'est à la lumière de ce péguysme juif que se pose la question de l'identité nationale et du sionisme. Peut-on soutenir, comme Michael Marrus, qu'André Spire ou Edmond Fleg ont été en quelque sorte les Maurice Barrès, Charles Maurras et Léon Daudet du judaïsme ? Loin d'être pure et simple rupture avec l'assimilationnisme, sinon pour quelques marginaux comme Mécilas Golberg, qui s'en prenait dès 1899 à « l'intellectualisme juif », voire comme Bernard Lazare lui-même, le nationalisme juif de Spire ou de Fleg, qui restent à distance du sionisme politique de Herzl jusqu'à l'après-guerre, apparaît lui aussi, d'une certaine manière, comme un syncrétisme. Ainsi Henri Franck, dans *La Danse devant l'arche*, s'adresse-t-il à la France : « Et toi, qui fus après Israël, la terre élue. » Il y a, dans cette première lecture, pleine de la retrouvaille avec les textes bibliques, avec leur puissance éminemment poétique, la tentative de trouver des racines communes à l'identité française et à l'identité juive, une définition commune de la nation non en termes de race mais, dans la tradition de Moses Hess, comme volonté collective, d'établir, à travers la littérature et jusque dans le travail sur la langue, le parallèle entre la vocation universelle du peuple juif et les valeurs universelles héritées de la France des droits de l'homme.

Edmond Fleg, 1874-1963

Parmi les écrivains français de la génération littéraire juste éclose avant la Première Guerre mondiale, Edmond Fleg (pseudonyme de Flegenheimer) est l'une des figures de proue d'une nouvelle conscience juive au début du XXe siècle.
Né à Genève dans une famille aisée, pratiquante, et tournée vers la France émancipatrice, il fait ses études à Paris, à l'École normale supérieure. La mort de son père, l'affaire Dreyfus et l'évolution de son ami Lucien Moreau vers le nationalisme maurrassien, provoquent sa première crise de conscience identitaire. Il se passionne alors un temps pour le nationalisme juif naissant. Puis, agrégé d'allemand en 1900, le parisianisme l'attire à nouveau. Il écrit pour le théâtre et, influencé par Moreau, lit *L'Action française*. La naissance d'un premier enfant et la conscience de la pérennité de l'antisémitisme, transforment définitivement son cheminement. *Écoute Israël*, dont le premier volume paraît en 1913 aux *Cahiers de la quinzaine*, de Charles Péguy, incarne cette nouvelle conscience juive. A la fin de la Grande Guerre, pendant laquelle il s'était engagé dans la Légion étrangère, on le trouve aux côtés des rares Juifs français qui soutiennent le sionisme. En 1921, il prend la nationalité française et est nommé chevalier de la Légion d'honneur. Dans l'entre-deux-guerres, il collabore aux revues *Menorah,*

Chalom, *La Revue juive de Genève* et dirige aux éditions Rieder la collection «Judaïsme». Pendant la Seconde Guerre mondiale, réfugié dans le sud de la France après avoir perdu ses deux fils, il donne des cours de judaïsme (réunis dans *Le Chant nouveau*, 1972) aux Éclaireurs israélites de France, dont il est le chef spirituel depuis les années 20. Les hommages se succèdent les années suivantes: en 1954, le jeune État d'Israël plante une forêt à son nom, et, côté français, il est fait en 1959 commandeur des Arts et des Lettres.
L'apport original d'Edmond Fleg réside dans une conception pluraliste du judaïsme fondée sur une définition ethnico-culturelle intégrant la dimension religieuse et un messianisme universaliste. De même a-t-il prôné le dialogue entre les religions, posant ainsi les premiers jalons de l'amitié judéo-chrétienne (1947). Son œuvre multiforme rappelle tous ces combats éthiques.

Catherine Fhima

Jean-Richard Bloch (1884-1947)

Jean-Richard Bloch, né dans une famille de la bourgeoisie juive assimilée, est marqué tout jeune par l'affaire Dreyfus, aux sources de son engagement et de ses rapports complexes à sa judéité. Agrégé d'histoire, mais quittant vite l'enseignement pour la littérature et l'action, il défend, dans sa petite revue *L'Effort* (puis *L'Effort libre*), fondée à Poitiers en 1910, en même temps qu'il devient un dirigeant local du parti socialiste, une vision d'un art social, d'une nouvelle «culture révolutionnaire», proche de l'unanimisme et de Romain Rolland. Ses premières œuvres, notamment sa nouvelle *Lévy* (1911), une des rares représentations littéraires de l'Affaire en province, ou son roman *Et Compagnie* (1917), histoire d'une famille d'industriels juifs alsaciens installés en Normandie, le rattachent aussi au courant d'inspiration juive d'avant 1914.
Tournant essentiel, la guerre de 1914-1918, qu'il fait courageusement, l'éloigne d'abord de Romain Rolland, mais, sans voir de contradiction entre son patriotisme et son internationalisme, il est, en 1919-1921, un des plus actifs partisans de la révolution russe et de la Troisième Internationale. S'écartant ensuite de la politique active, il devient une des principales figures du monde littéraire, auteur NRF, pilier des éditions Rieder et de la revue *Europe*, tâtant

d'à peu près tous les genres, poèmes, nouvelles (*Les Chasses de Renaut*), récits (*Sur un cargo*; *Cacahouètes et bananes*), pièces de théâtre (*Le Dernier Empereur*), sans achever son grand projet de cycle romanesque (*Le Faiseur de fédération*). Homme de gauche, pacifiste, proche des courants critiques du socialisme et du radicalisme, il est un temps tenté par le sionisme, perçu comme un « universalisme juif », et l'on peut lire son étrange « poème romanesque » *La Nuit kurde* (1925), histoire d'un amour impossible entre deux êtres venus de deux communautés différentes, comme un appel tourmenté au pluralisme culturel.

Les années 30, la montée des tensions et de la menace fasciste le ramènent à l'action (*Offrande à la politique*, 1933). Il est un des fondateurs du Front commun de Gaston Bergery, puis, après le 6 février 1934, du Comité de vigilance des intellectuels antifascistes. Invité en URSS en 1934, animateur du Congrès international des écrivains pour la défense de la culture réuni à Paris en 1935, il devient un des grands intellectuels du Front populaire, renonçant à son œuvre littéraire pour ferrailler dans *Europe* et dans ses essais (*Naissance d'une culture*, *Espagne! Espagne!*) et pour prendre avec Aragon, en 1937, la direction du quotidien *Ce soir*. Il est un des principaux « compagnons de route » du parti communiste, auquel il réadhère après Munich, soutenant sans faille sa politique, y compris le pacte germano-soviétique. Réfugié en URSS du printemps 1941 à la fin de 1944, il y est la voix de la France à Radio Moscou. Il reprend à son retour la direction de *Ce soir* mais, profondément marqué par la guerre (sa fille France fut déportée et guillotinée par les nazis), il meurt brutalement au début de 1947.

M. Tr.

André Spire (1868-1966)

André Spire est l'un des précurseurs d'une renaissance juive qui émerge au début du XXe siècle et s'exprime à travers une littérature composite, représentée notamment par Edmond Fleg, Henri Franck, Jean-Richard Bloch, etc.

Né en Lorraine dans une famille de la bourgeoisie juive nancéienne, il fait des études de droit à Paris et devient haut fonctionnaire, successivement au Conseil d'État, au ministère du Travail, puis au ministère de l'Agriculture. Pendant l'affaire Dreyfus, il s'engage dans le mouvement des universités populaires et collabore à la revue *Pages libres*. L'antisémitisme européen, la découverte de l'existence d'un prolétariat juif à Londres en 1902 et la lecture de l'œuvre de l'auteur anglais Israël Zangwill l'entraînent à repenser le mode d'intégration des Juifs dans la société française. Dès lors, son engagement pour la cause juive ne se dément plus. En 1908, paraissent ses premiers *Poèmes juifs* dans le recueil, *Versets*, réédités en 1919 et en 1959. Parallèlement, il se fait l'apôtre d'une prosodie libre et rénovée dont rend compte un essai publié en 1949, *Plaisir poétique et plaisir musculaire*. Il devient sioniste avec la déclaration Balfour, après avoir été territorialiste, crée la Ligue des amis du sionisme dont il anime la revue, *La Palestine nouvelle*. Après la conférence de la Paix de 1919 où il représentait les sionistes français, il accompagne Chaïm Weizmann en Palestine. Il collabore à maintes revues qui fleurissent dans l'entre-deux-guerres : *Menorah*, *Palestine*, *La Revue juive de Genève*, *La Terre retrouvée*, etc. Un recueil d'études sur *Quelques Juifs et demi-Juifs*, (Zangwill, James Darmesteter, Henri Franck, Otto Weininger, Proust...) paraît en 1928 et représente la somme de son combat pour la revendication de la judéité. Devant l'antisémitisme grandissant des années 30, il s'engage aux côtés des intellectuels juifs persécutés et participe à la création du Comité français du congrès juif mondial. En 1941, il réussit à se réfugier aux États-Unis où il donne des cours sur l'histoire de la poésie française à l'École libre des hautes études de New York et ne revient en France qu'en 1946.

En 1962, ses *Souvenirs à bâtons rompus* évoquent tous les combats qui l'ont mobilisé pendant presque un siècle, faisant d'André Spire le promoteur d'une nouvelle synthèse franco-juive où les identités française et juive sont pensées comme consubstantielles.

C. Fh.

Sionisme, rencontre manquée

Jusqu'à la guerre de 1914-1918, les contradictions internes à cette mystique syncrétiste n'apparaissent guère et même, loin de marquer une rupture, la guerre du droit et de la justice semble les balayer, en entraînant l'élite intellectuelle juive dans l'adhésion massive à l'Union sacrée. Edmond Fleg, qui ne sera naturalisé qu'en 1921, s'engage dans la Légion étrangère « par amour de la France et pour l'honneur d'Israël », André Spire note en 1917, dans *Les Juifs et la guerre* : « Tout Juif a deux honneurs à défendre : celui de sa patrie d'abord, et puis l'autre, celui dont si souvent et avec tant d'injustice on l'a accusé de manquer. » A première vue, rien ne distingue leur « loyalisme juif » de celui d'un Durkheim, d'un Joseph Reinach, d'un Victor Basch, d'un Henri Berr, prompts à dénoncer le germanisme, actifs au Comité d'études et de documents sur la guerre de Lavisse, à la Ligue civique d'Hubert Bourgin, de celui d'un Bergson, ambassadeur intellectuel de la France auprès du président Wilson, de celui d'un intellectuel socialiste comme Jean-Richard Bloch qui part sans une hésitation au combat faire son « métier de citoyen ». Or, c'est de la guerre qu'est issu un événement décisif, la déclaration Balfour de 1917. Concrétisant, même sous une forme embryonnaire et utopique, la thématique d'un Israël « perdu et retrouvé », la création d'un Foyer national juif en Palestine va contraindre les tenants d'un courant juif français à clarifier leur position à l'égard du grand mouvement d'assimilation qui semble toucher au port dans l'entre-deux-guerres et à se rallier au sionisme contre l'opinion dominante du judaïsme français. De cette divergence qui va se révéler fondamentale, le symbole est l'affrontement qui oppose André Spire et le grand orientaliste Sylvain Lévi, désignés en 1919 par le Quai d'Orsay pour intervenir à la conférence de la Paix sur la question du Foyer national juif. Rejetant catégoriquement la « double allégeance », Sylvain Lévi, président de l'Alliance israélite universelle, incarne tout à fait ce judaïsme officiel qui ne voit dans le sionisme qu'un courant révolutionnaire propre aux milieux immigrés arrivés massivement après la guerre. Julien Benda, lui, n'y verra, dans *La Trahison des clercs*, qu'un nationalisme aussi dangereux que celui de l'Action française. *Juif non! Israélite*, tout le judaïsme assimilationniste eût pu faire son credo de ce livre d'Edmond Cohen, l'insolite inventeur, avec *Léon des Landes* ou *Le Juif auvergnat*, d'un roman «régionaliste juif»... Accorder une terre aux Juifs, n'était-ce pas détruire d'un trait la conquête séculaire de l'égalité et de l'intégration à l'heure même où la boue des tranchées les avait enfin enracinés dans le sol français?

Face à Sylvain Lévi, André Spire siège en tant que représentant du sionisme français. Proche, avant-guerre, du territorialisme de Zangwill, la déclaration Balfour l'a décidé à se rallier au courant officiel de l'Organisation sioniste mondiale, et en 1920 Chaïm Weizmann l'invitera d'ailleurs en Palestine pour mener les négociations avec la Syrie sur les frontières du Foyer national. Le sionisme militant d'André Spire est certes minoritaire, mais pas totalement isolé. Si, pour l'ensemble des Juifs français, le sionisme a été une rencontre manquée, comme l'a montré Catherine Nicault, il n'en a pas moins recruté ses principaux partisans dans le milieu même du réveil identitaire d'avant-guerre, les écrivains juifs français s'opposant ainsi à l'antisionisme de la majorité des intellectuels juifs. La Ligue des amis du sionisme, qu'André Spire fonde en 1918, a pour ancêtres directs la Ligue franco-sioniste de 1915-1917 et même ces Amis du judaïsme d'avant-guerre, et l'on y retrouve autour de lui toujours les mêmes, Gustave Kahn, Edmond Fleg, Henri Hertz. On peut se demander s'il n'y a pas comme une connivence objective entre les intérêts du mouvement sioniste mondial et les préoccupations particulières à ce milieu littéraire. En France, en effet, face à l'hostilité dominante des milieux juifs, l'action de lobbying entreprise par Weizmann lui-même et son second, Victor Jacobson, au début des années 20, vise particulièrement le monde des lettres. Rencontrant tour à tour des écrivains comme Albert Cohen ou Jean-Richard Bloch, les dirigeants de l'Organisation sioniste mondiale négocient avec des éditeurs comme Gallimard ou Rieder et financent plusieurs projets de revues, *L'Illustration juive,* revue francophone d'Alexandrie, dès 1922, la *Nouvelle Revue juive* et *Palestine* en 1927 et 1928 et surtout, en 1925, la *Revue juive,* d'Albert Cohen, qui, lancée chez Gallimard sous le patronage d'un gotha international d'intellectuels juifs, cessera de paraître au bout d'un an. En 1925 encore, ils donnent un éclat particulier à l'inauguration de l'Université hébraïque de Jérusalem en y conviant, parmi le même gotha, Einstein, Martin Buber ou Gershom Scholem, plusieurs Français comme Charles Gide, André Spire, qui ne peut s'y rendre, et Jean-Richard Bloch qui en rapporte des reportages destinés à être réunis en un essai jamais publié, *Le Robinson juif.* C'est un écrivain, Henri Hertz, qui anime avec Justin Godart, un proche de Briand, le Comité France-Palestine et sa revue *Palestine* dont ils suscitent la création la même année ; c'est un écrivain, Edmond Fleg, qui est le mentor des jeunesses juives, notamment du mouvement scout; un écrivain, le vieux Gustave Kahn, qui dirige l'édition française de la revue internationale *Menorah.*

A ce prosélytisme de l'Organisation sioniste mondiale fait écho tout un courant littéraire qui s'inscrit sous le thème de la « renaissance juive ». Le mot fait mouche. La *Revue juive* est « l'organe de la renaissance juive », explique Albert Cohen à René Crevel, dans une interview des *Nouvelles littéraires* : « Le monde juif est en état de décadence, à la fois, et de résurrection. » André Spire, qui réédite en 1919 ses *Poèmes juifs,* en retrace la fécondation vingt ans plus tôt, dans son essai de 1928, *Quelques Juifs et demi-Juifs.* C'est en tout cas dans les années 20 que les générations d'avant-guerre parviennent à maturité. Edmond Fleg publie une *Anthologie juive* en 1923, un roman, *L'Enfant prophète,* des pièces de théâtre, tout en poursuivant *Écoute Israël*, son grand œuvre en plusieurs volumes ; Henri Hertz se fait enfin reconnaître avec *Vers un monde volage* en 1924, et, si Jean-Richard Bloch refuse l'étiquette de romancier juif, la saga des Simler dans *Et Compagnie*, en 1917, comme le « conte oriental » *La Nuit kurde*, en 1925, n'en sont pas moins marqués au sceau de sa judéité. Des voix nouvelles se font entendre, celle d'Armand Lunel qui, avec *Nicolo Peccavi ou l'affaire Dreyfus à Carpentras*, prix Théophraste Renaudot en 1926, introduit la « gaieté juive », proche de Zangwill, inspirée de la littérature populaire judéo-provençale ; celles de quelques immigrés acclimatant en français l'atmosphère « orientale » de l'Égypte ou du *shtetl*, comme Elian Finbert, Josué Jéhouda, Élie Eberlin, ou les échos de l'âme slave, comme *Les Traqués* de Michel Matveev ou *David Golder* d'Irène Nemirovsky ; celle surtout, évidemment, d'Albert Cohen, dont les *Paroles juives* paraissent en 1921 à Paris et à Genève, mais qui attendra 1930, avec *Solal*, pour honorer le contrat qui le lie à Gallimard. Parmi les plus jeunes, nés autour de 1900, poètes surtout, l'inspiration juive se rattache expressément à l'avant-garde, chez Ivan Goll comme chez Benjamin Fondane ou Pierre Morhange.

En vérité, autour de ces quelques noms, se produit tout un bouillonnement moins lié à ces thématiques proprement juives qu'au contexte général des années 20 : l'afflux d'immigrés russes et polonais qui, en rendant majoritaires les Juifs « étrangers », renouvelle la problématique du paria ; les soubresauts de la révolution bolchevique et le messianisme dont elle est porteuse auprès de nombre d'intellectuels ; l'attrait complexe pour un Orient mythifié, critique des valeurs occidentales et source de renouveau ; les espoirs, au temps du Cartel des gauches, mis dans le rapprochement franco-allemand et dans la SDN qui font de ce sionisme à la française une des variantes de l'esprit de Genève. Alors même que se réveille un antisémitisme un instant estompé par la guerre, c'est une véritable « mode juive » qui déferle dans cette période : grands reportages sur la Palestine de Joseph Kessel (*Terre d'amour*) et d'Albert Londres (*Le Juif errant est arrivé*) ; romans « juifs » comme *L'Épopée de Ménaché Foïgel* d'André Billy et Moïse Twersky, voire le *Silbermann* de Jacques de Lacretelle, reçu comme un livre philosémite ; d'inspiration plus équivoque chez les frères Tharaud ou Pierre Benoît ; création de collections juives chez les éditeurs comme Crès et surtout Rieder, qui publie dans la revue *Europe* et dans la collection « Judaïsme » dirigée par Edmond Fleg, non seulement les classiques de la littérature hébraïque, le Zohar ou Maïmonide, les œuvres de Herzl, de Zangwill, de Bernard Lazare, d'Edmond Fleg, mais aussi une *Anthologie des conteurs yiddish* et de grands auteurs jusque-là ignorés, comme Sholem Aleikhem ou Bialik. Si l'on excepte le milieu très particulier des artistes de l'« École de Paris », reprenant le chemin arpenté par Chagall, Modigliani ou Soutine, descendus de Montmartre pour se joindre aux « Montparnos » des années folles, Rieder et *Europe* sont d'ailleurs un des rares lieux d'ouverture à l'apport culturel étranger, notamment d'Europe de l'Est. Mépris des israélites pour les « Pollacks », titre d'un roman de Jacob Lévy, ignorance d'un monde presque exotique, comme dans ce *Voyage de la rue des Écouffes à la rue des Rosiers* de Raymond Hesse, isolement linguistique, la littérature yiddishisante ne participe guère de cette mode juive, et une revue d'avant-garde comme *Khaliastra*, publiée d'abord à Varsovie puis à Paris, reste confidentielle. C'est aussi que la renaissance juive qui irrigue ces phénomènes de mode reste essentiellement marquée, jusqu'aux grandes ruptures des années 30, par l'obsession d'une fécondation mutuelle entre l'apport juif et l'apport français.

Albert Cohen (1895-1981) et la Revue juive

Albert Cohen ne devient célèbre qu'après 1945, et pourtant l'essentiel de son œuvre, y compris *Belle du Seigneur*, publié en 1968, est conçu dès l'entre-deux-guerres. Originaire de Corfou, siège d'une ancienne communauté juive, la Céphalonie de ses romans, il passe son enfance à Marseille où il se lie avec Marcel Pagnol, vivant entre deux langues et deux mondes dans cette ambiance méditerranéenne si pleine d'Orient. Il part faire ses études de droit à Genève, tout en suivant les cours de littérature, et y entreprend une carrière de fonctionnaire international, en particulier au Bureau international du travail jusqu'en 1932, y trouvant pour ses romans un lieu privilégié d'observation.

Sa rencontre en 1917 avec André Spire, qui l'entraîne au Congrès sioniste de Bâle, puis en 1921 avec Chaïm Weizmann, au hasard d'un voyage en bateau, déterminent son engagement sioniste au moment même où paraissent ses premières œuvres (*Paroles juives*, 1921). Devenu chroniqueur à la *Revue de Genève*, les premiers textes qu'il donne alors à la *NRF* en 1922-1923 («Projections: après-minuit à Genève», «Mort de Charlot») décident Gaston Gallimard à passer avec lui un contrat qu'il n'honorera, pris par ses activités professionnelles et ses aventures amoureuses, qu'en 1930, avec *Solal*, et en 1938, avec *Mangeclous*, premiers éléments, extraits d'un gigantesque *work in progress*, de sa saga des «Valeureux».

Le soutien de Chaïm Weizmann et de l'Organisation sioniste mondiale l'incitent dès 1922 à élaborer le projet d'une revue qui soit l'organe de la «renaissance juive». C'est la *Revue juive*, lancée en 1925 chez Gallimard, avec le patronage prestigieux de Freud, d'Einstein, de Buber et des grands esprits du temps. Riche de ses contributions internationales, ouverte à tous les courants littéraires juifs, elle n'a que six numéros et est interrompue brutalement par les conflits, révélateurs des contradictions du «sionisme français», qui s'élèvent entre Albert Cohen et certains collaborateurs. Elle est pourtant, en plein «esprit de Genève», un des signes les plus visibles et les plus réussis de la «mode juive» qui atteint la vie culturelle française au milieu des années 20.

Mûrissant dans les années 30 son grand œuvre entre Genève et Paris, entre la diplomatie internationale et la solitude créatrice, Albert Cohen revient à l'action au début de la Seconde Guerre mondiale. Réfugié à Londres en juin 1940, il est délégué de l'Agence juive auprès de De Gaulle et conçoit sans succès un projet de Légion juive destinée à combattre aux côtés des Alliés. Il retrouve après-guerre ses fonctions internationales, en particulier à l'Organisation internationale des réfugiés, dans le cadre de laquelle il élabore un passeport international pour les réfugiés et apatrides. Ce n'est qu'après 1954 et le succès du *Livre de ma mère* qu'il se remet à travailler l'énorme masse de manuscrits accumulés avant-guerre, qui donneront, dans les années 1960-1970, ses ouvrages majeurs, *Belle du Seigneur, Les Valeureux, Ô vous frères humains.* Agé, malade, il publie encore ses *Carnets 1978* et meurt en 1981.

M. Tr.

La patrie de la langue

A la veille de la Seconde Guerre mondiale, la «nouvelle Jérusalem» n'est pas encore véritablement incarnée. Il s'agit encore de poursuivre et d'approfondir cette recherche d'une identité juive moderne qui puise dans le sionisme non un nouveau type de patriotisme, mais une inspiration à la fois révolutionnaire par son caractère d'utopie sociale, mystique par sa volonté prophétique, universaliste par son attachement aux grands idéaux humanistes et même proprement existentielle par son insistance sur l'«inquiétude juive» vécue non plus sous la forme schizophrénique de la «conscience malheureuse», mais comme un instrument d'analyse critique de l'existant. Et c'est moins dans l'action, sociale ou politique, que dans l'œuvre littéraire que doit être délivrée la parole de ce messianisme. «Que tout écrivain travaille sur ses racines plus que sur son feuillage, sur les souvenirs du passé, les stratifications historiques d'un peuple formant son terreau», note Jean-Richard Bloch dans un texte inédit sur «La situation faite à l'écrivain juif dans le monde moderne». Or, poursuit-il, «l'écrivain juif peut acquérir la culture, la langue, le goût, les idéologies du

L O I

RELATIVE AUX JUIFS.

Donnée à Paris, le 13 Novembre 1791.

LOUIS, par la grâce de Dieu & par la Loi conſtitutionnelle de l'État, ROI DES FRANÇOIS : A tous préſens & à venir ; SALUT.

L'ASSEMBLÉE NATIONALE a décrété, & Nous voulons & ordonnons ce qui ſuit :

DÉCRET DE L'ASSEMBLÉE NATIONALE,
du 27 Septembre 1791.

1. Loi de 1791 qui émancipe les Juifs.

2. Nationalisme et antisémitisme se renforcent au moment de la crise boulangiste.

3. Photo d'Alfred Dreyfus sur le cahier de l'école Polytechnique. Sous la photo, quelqu'un avait écrit : « le traître ».

4. Mardoché Schuhl, entouré de sa famille en Alsace, vers1883.

Les Juifs étaient présents depuis plusieurs siècles en Alsace et en Lorraine, tout comme dans le Sud-Oue et dans le Comtat Venaissin, quand, dans le dernier tiers du XIXe siècle, commencèrent à arriver d immigrants de l'Europe de l'Est et de l'Empire ottoman.

Vladimir Jankélévitch, né en 1903 à Bourges, et sa sœur, avec leurs parents, immigrés de Russie.

6. Les familles Waissmann et Fonberg, raccommodage et remise à neuf de friperie, à Clichy, en 1920.

7. Leib et Ella Bober, bottiers et corsetiers, rue de la Butte-aux-Cailles, à Paris dans le 13e arrondisseme

14. Léon Blum accueilli par Jean Zay, sur le parvis de l'hôtel de ville d'Orléans, le 18 octobre 1936.

15. La famille Zisserman aux bains de mer. Une image qui se répandra avec l'institution des congés payés par le gouvernement du Front populaire.

16. André Malraux parlant à un meeting à la LICA, à Paris, en avril 1934.

17. Groupe de prisonniers français au stalag IVB. Trois d'entre eux portent l'étoile jaune.

18. Sous une affiche du secours national à l'effigie de Pétain, Denise Baumann et ses parents affublés de l'étoile jaune. Les parents seront déportés. Denise Baumann consacrera sa vie aux enfants orphelins du fait de la déportation.

19. Affichette apposée obligatoirement sur les commerces juifs de la zone occupée (ordonnance allemande du 27 septembre 1940).

). Camp de Beaune-la-Rolande, avril 1942. Distribution de soupe.

21. En octobre 1942, les enfants et les éducatrices de la maison du Couret, une des maisons ouvertes par l'OS (Organisation de secours à l'enfance) pour sauver les enfants. L'OSE fut la principale organisation c sauvetage d'enfants.

2. Près de Villeneuve-sur-Lot, groupe de partisans juifs en septembre 1944 (Boris-Borvine Frenkel, Sacha Kornblum, Marek...)

23. Les enfants de Buchenwald, en juin 1945.

24. En 1945, la famille Perelman devant leur boulangerie-pâtisserie du 11e arrondissement. Malgré les pertes (75 000 Juifs de France morts en déportation), la vie reprend dans des cadres à peine modifiés.

25. Edmond Jabès, arrivé d'Égypte, comme toute la communauté juive de ce pays, en 1956, après la crise du canal de Suez.

Mai 1962. Chaque jour de nombreux réfugiés d'Algérie débarquent dans le port de Marseille.

27. Tim illustre la phrase prononcée par le général de Gaulle, lors de sa conférence de presse qui suit la guerre des Six-Jours : « Un peuple d'élite, sûr de lui-même et dominateur ». Cette phrase choque durablement une grande partie des Juifs de France.

8. Affiche des Journées de la culture yiddish à Beaubourg.

29. Manifestation du 14 mai 1990, après la profanation du cimetière juif de Carpentras. On distingue une banderole du Betar, le mouvement de jeunesse des sionistes révisionnistes, et une autre des Fils et filles de déportés juifs de France, organisation présidée par Serge Klarsfeld.

pays où il est enraciné, il ne peut acquérir son passé» et seule la création littéraire, seul le travail sur le langage permettent cette réappropriation. Sans doute, l'invention du poème en prose par Gustave Kahn appartient-elle à l'histoire du symbolisme, sans doute les exercices stylistiques d'André Spire l'apparentent-ils à tout le courant vers-libriste de la fin du siècle, les quatrains de *Jean sans Terre* d'Ivan Goll, le poème-cri de Benjamin Fondane ou de Pierre Morhange, sont-ils empreints des influences des avant-gardes des années 20, et le «langage valeureux» d'Albert Cohen tient-il de cet exotisme diffus, de ces acrobaties verbales qui signent aussi l'époque. On ne peut s'empêcher pourtant de déceler quelque connivence dans une volonté commune de rompre avec les codifications de la langue classique, d'introduire comme par effraction dans la langue les instruments de la réappropriation. Venu du verset biblique, le vers libre de Spire est «une conquête morale», disait Apollinaire, la conquête d'un Juif qui, selon le mot de Daniel Halévy, «force notre langue à prononcer sa plainte». Citant le *Zohar*, Fondane écrit, dans *Rimbaud le voyou*, que le cri, le simple cri, le cri de Job, est supérieur à toute prière, et la prière supérieure à toute poésie. «Que de mots!», s'exclame Salomon dans *Les Valeureux*, «Je veux dire que de mots dans le monde, que de phrases, que de pensées!». Et Saltiel de lui répondre que la vérité, «c'est ce qui est entre les mots, et qu'on éprouve dans la joie». N'est-ce pas là que réside la subversion qui fait le projet littéraire même de Patrick Modiano, ce travail de sape qui consiste à «utiliser le français pour qu'il se retourne contre lui-même, de l'intérieur», pour investir la patrie de la langue, la seule patrie possible des écrivains juifs français?

Bibliographie des œuvres d'écrivains juifs

Bernard Lazare (1865-1903)
Le Fumier de Job, Paris, Rieder, 1928 (réédition Paris, Circé, 1990 et 1996, préface de Carole Sandrel, suivi de *Le Nationalisme juif* et *Contre l'antisémitisme*, postface de Hannah Arendt, « Herzl et Lazare »).

Éphraïm Mikhaël (1866-1890)
Poèmes en vers et en prose, réédition Genève, Droz, 1994.

André Spire (1868-1966)
Poèmes juifs, Paris, Crès, Genève, Kundig, 1919 (réédition Paris, Albin Michel, 1978).
Quelques Juifs et demi-Juifs, Paris, Grasset, 1928, 2 volumes.
Plaisir poétique et plaisir musculaire, Paris, Corti, 1947 (réédition 1986).
Souvenirs à bâtons rompus, Paris, Albin Michel, 1962.

Edmond Fleg (1874-1963)
Écoute Israël, 1913-1948, 7 volumes (édition intégrale, Paris, Flammarion, 1954).
Anthologie juive, 1923 (réédition intégrale Paris, Flammarion, 1956).
Le Juif du pape, pièce en quatre actes et douze tableaux, Paris, Rieder, 1925 (réédition Paris, Albin Michel, 1958).
L'Enfant prophète, Paris, Gallimard, 1926.
Pourquoi je suis juif, Paris, Les Éditions de France, 1928 (réédition, Paris, Belles Lettres, 1995).
Jésus raconté par le Juif errant, Paris, Gallimard, 1933 (réédition, Paris, Albin Michel, 1993).

Henri Hertz (1875-1966)
Vers un monde volage, Paris, Rieder, 1924.
Le Guignol horizontal et autres récits, Paris, Flammarion, 1972.

Jean-Richard Bloch (1884-1947)
Lévy, premier livre de contes, Paris, Gallimard, 1912.
Et Compagnie, Paris, Gallimard, 1917 (réédition 1997, préface de Max Gallo).

Henri Franck (1888-1912)
La Danse devant l'arche, Paris, Gallimard, 1912.
Lettres à quelques amis, préface d'André Spire, Paris, Grasset, 1926.

Armand Lunel (1892-1977)
L'Imagerie du cordier, Paris, NRF, 1926.
Esther de Carpentras, Paris, NRF, 1926.
Nicolo Peccavi ou l'affaire Dreyfus à Carpentras, Paris, NRF, 1926 (réédition Gallimard, 1976).

Albert Cohen (1895-1981)
Paroles juives, Paris, Crès, Genève, Kundig, 1921.
Solal, Paris, NRF, 1930.
Œuvres, Paris, collection de La Pléiade, 1986 et 1993.

Les années noires

Annette Wieviorka

La période de l'Occupation et de Vichy est bien, suivant l'expression de l'historien allemand Nolte, « un passé qui ne veut pas passer ». Cinquante ans après, les « affaires » se succèdent : affaire Barbie, Touvier, Bousquet, Papon, affaire de la spoliation des biens... Ces « affaires » et leur retentissement dans les médias ont eu pour conséquence de placer la complicité de l'État français dans le génocide au cœur de la mémoire collective des années noires. Alors que le champ de l'histoire des Juifs pendant la Seconde Guerre mondiale avait été délaissé par la recherche universitaire, défriché seulement par les équipes du Centre de documentation juive contemporaine (CDJC), il s'est, depuis une quinzaine d'années, largement développé. Les écrits de toutes sortes – maîtrises, thèses, ouvrages d'histoire, témoignages – se multiplient. Des zones obscures demeurent, que l'historien cherche à éclairer, bien souvent sous la pression de la demande sociale ; de nouvelles approches se font jour. Il n'en reste pas moins que cette histoire est désormais, pour l'essentiel, écrite.

L'histoire des Juifs dans la France occupée demeure une histoire complexe, mettant en jeu des acteurs multiples, dont les stratégies tout à la fois se complètent, se croisent et s'opposent : les divers appareils rivaux de la bureaucratie nazie et du commandement militaire allemand en France, l'administration de l'État français installé à Vichy, les élites politiques ou religieuses, la société française… Mais aussi les Juifs eux-mêmes qui, sous l'effet d'une persécution qui s'installe aussi progressivement qu'inexorablement, sans qu'ils en perçoivent au départ la finalité, sont certes pris dans un cercle infernal, mais se montrent aussi capables de mettre en place des stratégies de survie tout à la fois collectives et individuelles.

Edgar Faure, jeune avocat, membre de l'accusation française au procès des grands criminels nazis devant le tribunal international de Nuremberg et chargé de l'exposé sur la persécution en France, avait d'abord présenté à la cour l'ensemble des textes – allemands ou français – réglementant le sort des Juifs, classé en deux tableaux, le premier chronologique, le second thématique. Ces textes, commentait-il, « créaient pour les Juifs une condition très diminuée […] il est à remarquer, précisait-il, que le développement de cette législation est constamment progressif jusqu'en 1942, et qu'à ce moment-là, elle marque un temps d'arrêt. A ce même moment d'arrêt, […] par des mesures proprement administratives, on a procédé à la déportation des Juifs, ce qui, par conséquent, devait entraîner l'extermination ». Au temps des décrets succéda donc celui des arrestations et des déportations.

Le temps des décrets

Il n'est pas possible d'entrer ici en détail dans le labyrinthe des textes officiels français et allemands. Pour les seuls lois et décrets émanant de Vichy, 168 dont 157 émis en trois ans : 1940, 1941 et 1942. Ils furent recueillis dès la période de l'Occupation par le Centre de documentation juive contemporaine (CDJC). Une commission de juristes, selon les termes de son fondateur, Isaac Schneersohn, président du CDJC jusqu'à sa mort, examina « le régime des personnes (législation et jurisprudence), ainsi que l'incidence de la législation de Vichy et des ordonnances allemandes sur l'économie juive». Dès 1945, le CDJC publiait sous le titre *Les Juifs sous l'Occupation. Recueil des textes officiels français et allemands. 1940-1944* l'ensemble des textes réglementaires. De ces textes se dégage, comme le notent R. Sarraute et P. Tager, «une horreur qui leur est propre» et qui déconcerte l'esprit, car cette réglementation officielle et circonstanciée, sur le «ton impersonnel des textes juridiques, avec la minutie inhérente aux législations, décrète, sans raison valable, l'isolement, le dépouillement et l'abaissement de quelques centaines de milliers d'êtres humains».

La premier texte signé par Pétain date du 27 août. Il porte sur la presse et abolit le décret-loi de 1939, dit Marchandeau, qui faisait de l'injure raciale un délit. Le déferlement de l'insulte antisémite est à nouveau possible. Mais ce sont les mesures législatives suivantes qui ouvrent la voie à l'exclusion des Juifs de la nation. La première est allemande. L'ordonnance du commandement militaire du 27 septembre 1940 concerne les Juifs de la seule zone occupée. Elle définit d'abord qui est juif: «[...] ceux qui appartiennent ou appartenaient à la religion juive, ou qui ont plus de deux grands-parents (grands-pères et grand-mères) juifs. Sont considérés comme juifs les grands-parents qui appartiennent ou appartenaient à la religion juive». Elle interdit ensuite à ceux qui ont fui la zone occupée d'y retourner. Mais surtout, elle organise le recensement de ceux qu'elle a définis: toute personne juive doit se présenter «jusqu'au 20 octobre 1940 auprès du sous-préfet de son arrondissement, dans lequel elle a son domicile ou sa résidence habituelle, pour se faire inscrire sur un registre spécial. La déclaration du chef de famille sera valable pour toute la famille». Elle s'en prend aux commerces dont le propriétaire ou le détenteur est juif. Ils seront désignés « comme “Entreprise juive” par une affiche spéciale en langues allemande et française ». Elle tente enfin d’impliquer les organisations juives elles-mêmes : « Les dirigeants des communautés israélites seront tenus de fournir, sur demande des autorités françaises, toutes les justifications et les documentations nécessaires pour l’application de la présente ordonnance ». En quatre courts articles se met en place la politique nazie : marquage précédant l’exclusion des personnes et spoliation de leurs biens ; rôle d’intermédiaire dévolu aux organisations juives.

La quasi-totalité des Juifs (90 % selon des estimations concordantes) a honoré ce recensement : par légalisme ou peur des sanctions, par dignité mais aussi parce qu’aucun mot d’ordre de quelque horizon que ce fût n’a alors encouragé à la désobéissance, et que bien peu ont pris conscience de la mécanique qui se mettait en place. Un tampon rouge, « juif » ou « juive », marque la carte d’identité. Pour le seul département de la Seine, qui englobait alors les communes limitrophes et où résidait près d’un Juif sur deux, 149 734 Juifs se sont fait recenser : 86 664 Français, 65 070 étrangers.

Le 2 juin 1941, l’État français prenait le relais, ordonnant à son tour un recensement, valable, comme toute loi promulguée par Vichy, pour les deux zones. Il semblerait pourtant qu’elle ne fut appliquée qu’en zone sud. La déclaration concernait tout à la fois les biens et les personnes.

Ces recensements, en contradiction avec la tradition républicaine qui, depuis celui de 1872, interdisait toute question concernant la religion ou une quelconque appartenance ethnique, mettent ainsi à jour une improbable population juive à la définition erratique. Que cette définition fût davantage religieuse, comme dans l’ordonnance allemande, ou davantage raciale, comme dans celle donnée par le statut des Juifs (« est regardé comme juif [...] toute personne issue de trois grands-parents de race juive ou de deux grands-parents de la même race, si son conjoint lui-même est juif»), qu'elle fût plus ou moins large ou étroite, elle définit toujours le Juif par le poids de son ascendance. Ainsi, la liberté d'être ou de ne plus être juif, fruit de l'émancipation, est annulée. Mais surtout, ces recensements sont la base du fichage. La préfecture de la Seine constitue, sous l'autorité du commissaire Jean François et d'André Tulard, un grand fichier. Dérivant de ce fichier central, quatre sous-fichiers : par nom, par nationalité, par domicile, par profession.

Recensements et fichiers

Pendant les quatre années de l'Occupation, les Français et les étrangers, qui ont subi non seulement les retombées d'un régime autoritaire et répressif sans équivalent dans l'histoire de la France au XXe siècle mais encore les effets d'une occupation nazie dure pour tout un chacun et impitoyable pour les Juifs, ont été surveillés et contrôlés de manière systématique. Entre 1940 et 1944, les Juifs français et étrangers ont bien été fichés; ceux de zone nord, de manière systématique, ceux de zone sud, à plusieurs reprises. A fonctionné continûment un binôme recensement-fichier qui a presque toujours servi à mieux identifier pour surveiller, contrôler, et au fil des mois, arrêter, interner, voire déporter.
Deux recensements ont une importance particulière; celui ordonné en zone nord par l'occupant le 27 septembre 1940; celui organisé par le gouvernement de Vichy le 2 juin 1941.
Le 27 septembre 1940, le Militärbefehlshaber in Frankreich publiait une première ordonnance enjoignant impérativement aux Juifs de zone nord (français ou étrangers) de se faire recenser. Les Juifs recensés devaient fournir les renseignements suivants : le nom, les prénoms, la date et le lieu de naissance, le sexe, la situation de famille, la profession, la confession, la durée ininterrompue de séjour en France, la nationalité, la filiation, le domicile actuel.
Le deuxième recensement de grande ampleur est ordonné par une loi de Vichy du 2 juin 1941 (paraissant le jour où est publié le

deuxième statut des Juifs), recensant en une seule fois les personnes et les biens juifs. Les renseignements à fournir concernaient la religion, la nationalité, la filiation (père, mère et les quatre grands-parents), le conjoint, les enfants, le domicile, la profession, les états militaires, les diplômes universitaires, les distinctions honorifiques et l'état des biens.

Les autres recensements de zone nord s'apparentent pour la plupart d'entre eux (tout en soulignant la singularité de celui du 18 octobre 1940 visant toutes les entreprises économiques juives, début de « l'aryanisation » économique) à des recensements-contrôles qui permettaient au SD allemand de tenir à jour les fichiers. Quant aux autres recensements ordonnés par Vichy, ils visaient à fournir aux préfets des listes nominatives mises à jour. L'un d'entre eux allait avoir des retombées particulièrement meurtrières, puisqu'il sera utilisé un peu partout lors des rafles des Juifs étrangers de l'été 1942 : à compter du 2 janvier 1942, devaient se faire recenser tous les Juifs entrés en France depuis le 1er janvier 1936 (y compris ceux qui avaient acquis la nationalité française depuis cette date).

Opérations de recensement et enquêtes allaient constituer la base d'un grand nombre de fichiers. Les Juifs ne furent pas les seuls visés (comme en témoignent notamment les fichiers des hommes astreints au STO), mais les Juifs, eux, furent systématiquement fichés.

Il fut décidé de créer, dès l'automne 1940, à la préfecture de Police, un fichier central couvrant tous les arrondissements parisiens et les communes de la périphérie que le département de la Seine englobait alors. Pour mieux sélectionner Juifs français et étrangers, furent établis quatre sous-fichiers; un sous-fichier alphabétique, par nationalité, par domicile, par profession. Ce fichier, qui passa à l'époque pour un modèle du genre, fut selon toute vraisemblance mis au pilon en novembre 1948. D'autres fichiers furent établis par les services de la préfecture de Police, notamment deux fichiers de Juifs arrêtés puis internés, ceux que la commission présidée par René Rémond fut chargée d'expertiser (et dont les conclusions figurent dans l'ouvrage *Le Fichier juif*, publié aux éditions Plon en 1996).

Vichy allait créer à son tour un grand fichier à partir des fiches du recensement du 2 juin 1941. Son exploitation fut finalement confiée au Service national des statistiques (ancêtre de l'INSEE), mais elle n'était pas opératoire en 1944.

D'autres fichiers à vocation notoirement antisémite furent encore établis par la police des questions juives, puis par la section d'enquête et de contrôle dépendant du Commissariat général aux questions juives.
On fera enfin un sort particulier aux fichiers de la déportation, à ceux des camps de Pithiviers et de Beaune-la-Rolande, à ceux surtout du camp de Drancy, antichambre des camps de la mort : les internés furent astreints à mettre en œuvre un fichier général de tous les arrivants et des fichiers par catégories (et notamment celles et ceux classés B, à savoir déportables immédiatement).

Jean-Pierre Azéma

Alors que l'ordonnance allemande est rendue publique le 2 octobre 1940, que les Juifs commencent à se rendre, par ordre alphabétique, pour « éviter une trop longue attente », dans le commissariat de leur quartier, le gouvernement de Vichy promulgue la loi du 3 octobre 1940 « portant statut des Juifs », valable pour les deux zones. Pour l'essentiel, c'est la longue liste des professions interdites à ceux que le statut définit comme juifs. Ils ne peuvent plus exercer de mandats politiques ; la fonction publique leur est largement fermée ; ils ne peuvent plus travailler dans la presse, la communication ou le cinéma. Il est prévu de limiter leur nombre dans les professions libérales. Une série de décrets précisera ces interdictions. Les prisonniers de guerre sont épargnés, jusqu'à leur retour de captivité. Le Conseil d'État, épuré lui-aussi de ses Juifs, peut cependant examiner des demandes de dérogation pour « services exceptionnels rendus à l'État dans les domaines scientifique, littéraire ou artistique ». Il ne se montra guère généreux. Pour un Marc Bloch, un Robert Debré, un Louis Halphen ayant obtenu dérogation, des centaines furent refusées. En quelques mois, quelque 3 500 fonctionnaires sont révoqués. Le statut évoquait aussi que des « proportions déterminées » puissent être fixées pour les professions libérales « par des règlements d'administration publique ». Un *numerus clausus* affecte chaque profession libérale, à des dates diverses – 16 juillet 1941 pour les avocats, 11 août 1941 pour les médecins, 20 septembre 1941 pour les architectes, 26 décembre 1941 pour les pharmaciens et les sages-femmes, 5 juin 1942 pour les dentistes. Un second statut, le 2 juin 1941, élargit encore la liste des interdits professionnels. Les études récentes portant sur diverses branches – celle de Claude Singer sur l'université, ou de Robert Badinter sur les avocats ou de Marc-Olivier Baruch sur l'ensemble de l'administration – montrent bien l'ampleur de ces véritables épurations et la détresse de ceux qui en furent victimes.

A y regarder de près, le statut des Juifs touche pour l'essentiel les Juifs français. Les immigrés n'exercent guère alors les professions désormais interdites. La législation précoce de Vichy ne les oublie pourtant pas. Le 4 octobre est adoptée la loi sur les ressortissants étrangers de race juive. « Ils pourront, précise l'article 1, [...] être internés dans des camps spéciaux par décision du préfet du département de leur résidence. » Ils pourront aussi « en tout temps se voir assigner une résidence forcée par le préfet du département de leur résidence ». Quant aux Juifs d'Algérie, hors d'atteinte des Allemands, avec l'abolition du décret Crémieux, ils deviennent des « indigènes des départements d'Algérie », au statut identique à celui des indigènes musulmans.

L'occupant s'en prend aussi rapidement aux biens. Sa seconde ordonnance, du 18 octobre 1940, jette les bases de ce qu'on appellera bientôt « l'aryanisation économique ». Le terme même est un néologisme, la francisation du terme allemand *Ariesierung*, c'est-à-dire le transfert des biens juifs dans des mains non-juives. Au-delà du préjudice matériel, ces mesures qui se mettent en place progressivement tranchent, comme l'écrit Joseph Billig, « l'enracinement matériel dans la nation ». Elles rencontrent d'abord l'hostilité d'un Pétain, sensible au principe de propriété : « Attaquer la puissance universelle de celle-ci lui paraissait redoutable », note encore Billig. Pourtant, dans la logique qui est celle de Vichy – affirmer son autorité sur tout le territoire français, empêcher que les biens volés ne partent pour l'Allemagne –, l'État français se mêle bien vite de la question.

La première étape peut sembler anodine : il s'agit simplement de nommer un administrateur provisoire pour chaque entreprise juive. Le 12 novembre 1940, les administrateurs provisoires sont devenus des « commissaires-gérants ». Les instructions qu'ils reçoivent alors du département de l'économie de l'état-major administratif du commandement militaire allemand en France (MBF) lèvent toute ambiguïté : « Les commissaires-gérants d'entreprises juives ont avant tout la tâche de supprimer définitivement l'influence juive dans l'économie française. » Leur fonction devient ainsi transitoire. En effet, trois possibilités s'offrent à ces entreprises. Elles peuvent d'abord être vendues, directement par leurs propriétaires juifs, à des non-Juifs, ce qui est vivement encouragé si « les acquéreurs prévus offrent par leur personnalité et par leur passé la garantie d'une indépendance totale de l'influence juive ». Si les Juifs refusent d'aliéner leurs droits, le commissaire-gérant doit lui-même, le plus rapidement possible, mais avec l'autorisation de l'autorité militaire, vendre l'entreprise, en totalité ou en partie. Troisième possibilité enfin : le grand nombre d'entreprises « qui ne répondent pas aux besoins, en raison de la saturation actuelle de certaines branches de l'économie », en clair, la poussière d'ateliers et de petits commerces tenus principalement par les immigrés, « doivent être liquidés très rapidement par la vente du stock des marchandises en totalité ou par lot ».

Le commissaire-gérant n'a aucun compte à rendre aux anciens propriétaires des biens dont il assume la gérance. Il n'est responsable que devant les autorités, allemandes ou françaises qui l'ont nommé. Ce sont bien ces instructions qui posent, comme le note toujours Joseph Billig, « la pierre angulaire de l'aryanisation économique ».

Cette première phase de la spoliation, Vichy n'y participe pas réellement, mais tente simplement de la contrôler. C'est avec la création du Commissariat général aux questions juives que le gouvernement adopte le principe de l'aryanisation économique. En effet, l'inquiétude de Vichy est grande : les biens extorqués risquent de tomber dans des mains allemandes. S'engage alors une course de vitesse. Vichy crée à une date encore ignorée, probablement en décembre 1940, un Service de contrôle des administrateurs provisoires (SCAP) auprès du ministère de la Production industrielle qui, sous le contrôle du MBF, établit les listes d'administrateurs provisoires. Le 2 février 1941, une première loi française autorise les commissaires administrateurs à procéder à la cession des entreprises qu'ils gèrent.

Le 29 mars 1941, avec la création du Commissariat général aux questions juives (CGQJ), la donne change. Comme l'indique Joseph Billig, sa création est typique de tous les actes essentiels de collaboration : « Le gouvernement affiche une attitude d'indépendance en exécutant un projet que lui impose l'occupant et qui, en même temps, rentre virtuellement dans la logique du régime de l'"État français". » La loi qui le crée assigne au CGQJ une double mission : « préparer et proposer au chef de l'État toutes mesures législatives relatives à l'état des Juifs, à leur capacité politique, à leur aptitude juridique à exercer des fonctions, des emplois, des professions », c'est-à-dire une mission législative ; « fixer, en tenant compte des besoins de l'économie nationale, la date de liquidation des biens juifs dans les cas où cette liquidation est prescrite par la loi» et «désigner les administrateurs séquestres et contrôler leur activité». C'est-à-dire procéder à l'aryanisation de l'économie. En mai 1942, le SCAP perd tout caractère propre et devient partie intégrante de la direction de l'Aryanisation économique, un des services du CGQJ, le seul où est présent un représentant allemand. Alors que le CGQJ est encore à l'état embryonnaire, qu'il a bien des difficultés à s'organiser et à recruter son personnel, le SCAP lui apporte une organisation toute prête. A partir du 22 juillet 1941, la loi française est alignée sur les principes allemands. Le but est aussi d'«éliminer toute influence juive dans l'économie nationale». Le CGQJ a désormais le pouvoir de nommer un administrateur provisoire pour toute entreprise, tout immeuble ou droit au bail, tout bien meuble. A la tête de ce premier CGQJ, Xavier Vallat, que les Allemands n'apprécient guère. Contraint à la démission en mars 1942, il est bien vite remplacé par Darquier de Pellepoix, destitué au début de 1944. Après un intérim de deux mois confié à du Paty de Clam qui ne joue aucun rôle effectif, Antignac est placé à la tête du CGQJ. Les deux personnalités, Xavier Vallat et Darquier, illustrent bien deux phases de la politique anti-juive : le temps des décrets et le temps des rafles.

Le pillage des œuvres d'art appartenant à des collectionneurs juifs

A Nuremberg, le pillage des biens juifs par les nazis fut considéré comme un crime de guerre et le dossier permit d'éclairer la conduite et les motivations des responsables nazis en matière d'objets d'art. Lieux de mémoire symboliques, ceux-ci avaient servi à la fois de cible à leur appétit d'esthètes, d'objets de gage diplomatique et de transactions financières dans le cadre d'une économie détraquée par la guerre.

En France, le pillage commença très tôt, quinze jours après l'armistice. Dans un premier temps, toutes les collections furent concernées et pas seulement les collections juives. Tout ce qui se trouvait sur le sol du «vaincu» devait faire l'objet d'un inventaire, dans le cadre du vaste projet de Hitler de récupérer toutes les œuvres «volées» à l'Allemagne au cours de l'histoire ou, plus largement, ayant, de près ou de loin, un lien avec l'Allemagne; elles étaient répertoriées désormais dans le rapport Kümmel (de 300 pages).
Ce travail de récupération était renvoyé à plus tard, tandis que, dès juillet 1940, les collections juives étaient spécifiquement visées dans le cadre de la guerre déclarée contre les Juifs. S'appuyant sur une institution puissante, l'ERR (Einsatzstab Reichsleiters Rosenberg), Alfred Rosenberg prit la tête de ce qui allait devenir un pillage systématique, agissant pour le compte de Goering et rivalisant avec le tandem Abetz-Ribbentrop.
Le premier acte important de rapine fut mené par Otto Abetz, ambassadeur du Reich à Paris. En juillet 1940, il s'attaqua aux collections Rothschild et à quelques autres, faisant procéder à des actions violentes, souvent de nuit. De 2 000 à 3 000 œuvres furent pillées sur ses ordres : il en conserva 80 pour son usage personnel, dont le bureau de Maurice de Rothschild sur lequel il travaillait. Mais le plus gros des opérations – qui eurent lieu principalement de juillet 1940 à la fin de 1941, même si le processus dura tout au long de l'Occupation – fut le fait du clan Rosenberg-Goering qui supplanta rapidement le tandem Abetz-Ribbentrop. Au total, plus de 200 collections et plus de 20 000 objets de toute nature furent volés à leur initiative.
Dans cette affaire, le gouvernement de Vichy n'adopta pas de ligne très arrêtée, mais sa politique d'exclusion et de persécution des Juifs facilita le projet des nazis. Les rapports nazis témoignent de la mauvaise volonté du personnel de police français, l'occupant étant contraint d'embaucher des petits malfrats pour s'emparer du butin. Alors que Vichy récupérait les biens des victimes et les vendait au profit du Secours national, les nazis furent amenés à protester en réclamant les objets de valeur qui les intéressaient, rappelant à l'ordre les Français au nom de leur antériorité et de leur prééminence en matière de lutte contre les Juifs.
Côté français, les relais du pillage nazi se recrutèrent essentiellement parmi les marchands d'art et les courtiers de métier ou

improvisés, qui nourrirent un marché prospère. Une quarantaine de marchands et d'intermédiaires au moins facilitèrent ainsi les transactions autour des œuvres volées à leurs propriétaires.
Après la guerre, une commission de récupération fut mise en place et une exposition des chefs-d'œuvre pillés eut lieu. Un certain nombre d'œuvres furent restituées à leurs propriétaires ou à leurs ayants droit, mais un nombre important également demeura « en dépôt » dans le domaine public français, coté MNR (Musées nationaux récupération).
Récemment, le problème fut posé de la restitution de ces œuvres : il n'existe aucune loi qui empêche les ayants droit de les récupérer. L'absence de revendication des œuvres durant de longues années a différentes raisons : le peu de publicité faite autour de ces œuvres restantes, le manque d'intérêt des survivants ignorant même la possibilité de récupérer leurs biens, et tout simplement, la disparition de familles entières.
Très peu de travail de recherche précis sur l'historique des biens pillés ayant été effectué ni aucune recherche systématique des ayants droit engagée, la direction des Musées de France fut prise à partie en 1997 et décida de rendre public un catalogue, le plus précis possible, des œuvres spoliées encore conservées en organisant, en outre, une exposition des œuvres qui restaient sans propriétaire.

Laurence Bertrand-Dorléac

Pour parfaire le dispositif, il manque encore ce dont rêvent les nazis, et singulièrement Theodor Dannecker, membre de l'équipe d'Adolf Eichmann dès 1937, arrivé à Paris en 1940, responsable des Affaires juives de la Gestapo où il sévit jusqu'à la fin de 1942 : une association juive unique, comme celle qui fut créée en Allemagne. Les organisations juives perçoivent le piège. Le Consistoire surtout, arguant de la loi de séparation de l'Église et de l'État, de son statut d'association cultuelle, refuse toute union des Juifs définie en d'autres termes que confessionnels. Pourtant, les Juifs de France sont dans une grande précarité. Des dizaines de milliers d'entre eux ne peuvent vivre que grâce à l'aide des organisations de secours, et le choix devant lequel elles se trouvent est piégé : en passer par les désirs allemands pour pouvoir collecter de l'argent et continuer les secours; s'abstenir et laisser les Juifs livrés à une misère mortelle. Le 30 janvier 1941 est créé le Comité de coordination juif qui regroupe les organisations de la capitale. Grâce à deux Juifs viennois qu'il a fait venir, Dannecker réussit à faire paraître un journal juif qui transmet les instructions qu'il veut communiquer. Ce n'est pas suffisant pour Dannecker. Xavier Vallat quant à lui est réticent à l'idée de créer une organisation juive. Ses correspondances montrent qu'il ne l'envisage que dans sa fonction d'assistance, non dans le rôle essentiel que veut lui assigner Dannecker : la représentation obligatoire des Juifs. L'Union générale des israélites de France (UGIF), telle qu'elle est mise sur pied par Vallat, est le fruit d'un compromis qui ne satisfait ni les nazis ni les représentants juifs. Car si elle apparaît en premier lieu comme l'organe de l'assistance publique juive, l'idée d'en faire l'administration centrale de l'ensemble des Juifs, une sorte de *Judenrat* pour des hommes et des femmes séparés totalement de la communauté nationale, y figure aussi en filigrane.

« Il est institué, auprès du Commissariat général aux questions juives, l'Union générale des israélites de France. Cette Union a pour objet d'assurer la représentation des Juifs auprès des pouvoirs publics, notamment pour les questions d'assistance, de prévoyance et de reclassement social. Elle remplit les tâches qui lui sont confiées dans ce domaine par le gouvernement », précise l'article 1 de la loi du 29 novembre 1941 qui crée l'UGIF, la place sous le contrôle du CGQJ, rend l'affiliation obligatoire, dissout toutes les organisations juives, organisations consistoriales exceptées. Comme toute institution issue de Vichy, l'UGIF, dont les ressources doivent provenir du fonds de solidarité alimenté par les spoliations, doit rayonner sur tout le territoire. Toutefois, deux conseils d'administration sont nommés, un pour chaque zone, et leur marge de manœuvre est très différente, comme est différent le contrôle sur les Juifs dans les deux zones. En zone nord, l'action caritative : entretien de cantines, de dispensaires, secours, y compris aux internés, ne peut se faire sans se mettre sous l'emprise allemande. Le dilemme est ainsi infernal. En revanche, l'UGIF de la zone sud, placée sous la direction de Raymond-Raoul Lambert, n'est en vérité qu'un conglomérat des organisations juives qui existaient déjà (OSE, EI...) et qui deviennent chacune une « direction » de l'UGIF, sans rien changer à leurs activités.

Le temps des arrestations

La situation des Juifs est devenue d'une grande précarité. Ils sont, pour reprendre l'expression de Renée Poznanski, « en état de choc ». Comment pouvaient-ils imaginer qu'ils seraient ainsi relégués aux marges de la nation ? Pour une grande partie d'entre eux, la vie quotidienne s'est considérablement dégradée, et ils ne vivent que de l'assistance des organisations. Pourtant, ils ne sont pas encore menacés dans leur liberté. C'est en mai 1941 qu'a lieu la première arrestation de masse, improprement qualifiée de « rafle ». A Paris, 6 694 hommes, Polonais, Tchécoslovaques, ex-Autrichiens, choisis grâce au fichier perfectionné de la préfecture de Police issu du recensement, ont reçu « un billet vert » les convoquant, pour examen de leur situation, le 14 mai au matin. Ils devront se rendre, accompagnés d'un ami ou d'un membre de la famille, dans un lieu que précise la convocation. Les raisons de cette première arrestation de masse ne sont pas encore totalement éclairées, mais il s'agit peut-être de l'amorce de la « solution finale » : le synchronisme entre la date de cette arrestation et celle prévue pour l'invasion de l'Union soviétique, retardée de plus d'un mois par les difficultés militaires dans les Balkans, est troublant.

Près de 40 % des personnes convoquées se sont dérobées. Au respect de la légalité vichyste ou allemande, qui a marqué les premiers mois de l'Occupation, ont succédé la méfiance et le début de la désobéissance. Les 3 710 hommes qui se sont présentés sont retenus, tandis que l'accompagnateur va quérir ses effets et deux jours de ravitaillement. Transportés en autobus vers la gare d'Austerlitz, chargés dans quatre trains spéciaux, ils sont internés dans deux camps à l'histoire jumelle, Pithiviers et Beaune-la-Rolande. Créés en 1939 dans la perspective de l'internement de prisonniers de guerre allemands, les Allemands les utilisèrent après la débâcle de l'armée française en mai et juin 1940 pour y rassembler leurs prisonniers français en attendant leur transfert vers les stalags et les oflags d'Allemagne.

La seconde arrestation de masse est bien une rafle. Le prétexte : « l'agitation communiste » qui a suivi l'entrée de la Wehrmacht en Union soviétique, le 22 juin 1941. Le 20 août 1941, au petit matin, la police parisienne et la Feldgendarmerie cernent le 11ᵉ arrondissement. Leur objectif : l'arrestation de 6 000 hommes, français ou étrangers, âgés de dix-huit à cinquante ans. Ce jour-là et les jours suivants, plus de 4 000 Juifs sont arrêtés dans la rue, tandis que, munis des précieuses fiches issues du recensement, les arrestations ont aussi lieu au domicile et dans d'autres arrondissements. Comme en mai, les résultats sont en-deçà des espérances. Les personnes arrêtées sont conduites dans les bâtiments de la cité de la Muette, à Drancy, qui avait déjà abrité des prisonniers de guerre.

Le 12 décembre 1941, alors que les attentats contre les forces d'occupation allemandes se sont multipliés,

743 hommes sont arrêtés à leur domicile par la Feldgendarmerie, la SIPO-SD et des policiers français. Les « beaux quartiers » sont alors visités. Pour l'essentiel, ce sont des Français appartenant souvent aux élites : hauts fonctionnaires, hauts gradés de l'armée, avocats qui sont conduits à l'École militaire, puis au camp de Compiègne-Royallieu où ils sont rejoints par 300 détenus extraits de Drancy. Trois jours plus tard, 95 otages sont fusillés par les Allemands au mont Valérien. Parmi eux, 51 juifs.

Mais c'est surtout la rafle dite du Vel' d'hiv' qui résume le sort tragique des Juifs de France pendant la guerre. Par le nombre de ceux qui y furent arrêtés : plus de 12 000 ; par le fait que, pour la première fois, ce ne sont plus seulement des hommes en âge de travailler, mais principalement des femmes et des enfants. Parce que cette rafle, ordonnée par les Allemands, fut exécutée par la police française. Mais surtout parce que cette rafle s'inscrit clairement dans le projet de la « solution finale ». Dès l'après-guerre, le souvenir de la rafle était maintenu par une cérémonie annuelle au Vélodrome d'hiver. En février 1993, un décret du président de la République instituait, par son article 1, « une journée nationale à la mémoire des victimes des persécutions racistes et antisémites commises sous l'autorité de fait dite "gouvernement de l'État français", le dimanche suivant le 16 juillet ». Chaque année, à cette date, précise le décret, « la République organisera une cérémonie officielle à Paris devant le monument qui sera érigé à l'emplacement du Vélodrome d'hiver. Une cérémonie analogue aura lieu au chef-lieu de chaque département à l'initiative du préfet. » Une plaque y sera apposée portant un texte standard : « La République française/ en hommage aux victimes /des persécutions racistes et antisémites/et des crimes contre l'humanité/ commis sous l'autorité de fait /dite « gouvernement de l'État français »

(1940-1944)/ N'oublions jamais.» C'est un exemple unique dans l'histoire du souvenir en France d'une politique de pose de plaques ou d'érection de stèles sous l'impulsion de l'État. Le 17 juillet 1994, en présence du président de la République François Mitterrand, était dévoilé le monument dû au sculpteur Walter Spitzer: sept personnages en bronze portant témoignage des persécutions. En 1995 enfin, Jacques Chirac, qui venait d'être élu à la magistrature suprême, prononçait un important discours reconnaissant la responsabilité de la France dans la déportation des Juifs.

Au moment de la rafle du Vel' d'hiv', la déportation des Juifs vers l'Est a commencé depuis trois mois. Dans l'indifférence quasi générale, un premier convoi est parti pour Auschwitz le 27 mars 1942, suivi entre le 5 juin et le 17 juillet par six autres convois. Les responsables nazis de la «solution finale» souhaitent accélérer le rythme des déportations de France. Le 11 juin 1942, Theodor Dannecker est à Berlin pour une conférence convoquée par Adolf Eichmann. Le contenu de la réunion, une conférence de Wannsee modèle réduit, et les décisions qui y furent prises, sont connus par la note que Dannecker adresse le 15 juin au colonel Helmut Knochen, adjoint au général Oberg qui exerce en France depuis le 1er juin 1942 le commandement supérieur des SS et de la police allemande, et à son suppléant, Kurt Lischka. Les opérations militaires en cours en Union soviétique stoppent momentanément les déportations en provenance du Reich vers les centres de mise à mort. Himmler a donc ordonné que fussent déportés à Auschwitz les Juifs de Roumanie et de l'Europe occidentale: Belgique, avec les deux départements du Nord et du Pas-de-Calais qui lui ont été rattachés en 1940, Pays-Bas, France. Pour ce dernier pays, Dannecker a avancé le chiffre de 100 000: «La condition essentielle est que les Juifs (des deux sexes) soient âgés de seize à quarante ans, 10% de Juifs inaptes au travail pourront être compris dans les convois.» A partir du 13 juillet, les transports devront rouler à raison de trois par semaine. La note évoque aussi le problème fondamental des rapports avec le gouvernement français: «Il faut obtenir du gouvernement français par voie de négociations directes ou indirectes, que paraisse une loi stipulant [...] que tous les Juifs résidant hors de France ou émigrant par la suite perdront leur nationalité et les droits qui s'y rattachent.» En clair, Dannecker souhaite que Vichy retire leur nationalité à tous les Juifs de France.

La déportation exige donc une négociation avec le gouvernement de Vichy sur trois points: l'identité des Juifs à déporter d'abord. Pour les Allemands, les Juifs des deux sexes doivent l'être, le seul critère discriminant étant celui de l'âge, sauf ceux ayant contracté un mariage mixte, «les conjoints d'Aryens», ou ayant la nationalité de Grande-Bretagne, des États-Unis, du Mexique, des États ennemis de l'Amérique centrale et de l'Amérique du Sud ainsi que des États neutres et alliés. Or le gouvernement de Vichy s'oppose à la déportation de Juifs français. Le nombre des Juifs à «transférer à l'Est», ensuite. Dannecker avait avancé à Berlin celui de 100 000. Chiffre à l'évidence inaccessible. Parmi les Juifs de la zone occupée recensés en vertu de l'ordonnance allemande du 27 septembre 1940, moins d'une cinquantaine de milliers répondent à ces critères d'âge. Le recensement du 2 juin 1941 permet d'évaluer à 45 000 les Juifs de seize à quarante ans résidant en zone libre. En tout, et si personne n'échappe à l'arrestation, 92 000 Juifs «seulement» sont déportables. Dernier problème enfin. Pour déporter, il faut d'abord arrêter les Juifs et les rassembler. Les Allemands ne possèdent pas en France les effectifs nécessaires à une opération de cette envergure et ne peuvent franchir la ligne de démarcation pour aller chercher ceux qui y résident. Il faut donc s'assurer du concours de la police française.

Les négociations s'engagent ainsi avec le gouvernement de Vichy, dirigé par Pierre Laval, de retour au pouvoir depuis avril 1942, et qui détient aussi les portefeuilles de l'Information, des Affaires étrangères et surtout de l'Intérieur, auquel est désormais rattaché l'ensemble de l'appareil policier : 100 000 hommes comprenant la gendarmerie, les polices municipales (30 000 policiers pour la seule ville de Paris), les gardes mobiles, etc. Dannecker a revu à la baisse ses objectifs : 40 000 Juifs à « transférer » vers l'Est, dont les trois quarts, Juifs français compris, pour la zone occupée. Pour atteindre ce chiffre, il doit sans cesse élargir les limites d'âge. Le 10 juillet, l'âge limite des déportables est fixé à cinquante-cinq ans pour les femmes, soixante pour les hommes. La question des enfants est aussi évoquée. Les mères avec des enfants de moins de deux ans ne devront pas être arrêtées. Les enfants de plus de deux ans, conduits au Vélodrome d'hiver, seront pris en charge par l'Assistance publique, puis, la rafle terminée, confiés à l'UGIF qui les placera dans des maisons.

Comment s'assurer du concours de la police française ? Le 29 juin, Dannecker fait un premier bilan de ses contacts avec Vichy. L'entretien du 25 juin, entre Oberg et Knochen, côté allemand, et René Bousquet, secrétaire général à la police, n'a pas donné les résultats escomptés. Son représentant dans le territoire occupé, Jean Legay, a été informé le 25 juin 1942 qu'il était souhaitable que les autorités françaises fassent connaître incessamment à quelle date celles-ci seraient à même de fournir le premier contingent de 10 000 Juifs et soumettent un plan permettant d'arrêter jusqu'à la mi-juillet 1942, dans le Grand Paris, quelque 22 000 Juifs. Une note de Dannecker fait état du manque d'enthousiame des autorités françaises : Legay a clairement fait savoir que le gouvernement français ne veut pas prendre la responsabilité de faire arrêter jusqu'au 15 juillet le nombre de Juifs demandé résidant à Paris. La police française ne doit pas être chargée de la rafle. Le 4 juillet pourtant, Bousquet informe Dannecker : les forces de police françaises se chargeront des arrestations. « Si déplaisante qu'elle fût, écrivent les historiens Marrus et Paxton, la coopération policière était jugée préférable à l'empiètement des Allemands sur les compétences administratives françaises. » Le 6 juillet enfin, Dannecker informe Eichmann par télégramme que « le président Laval a proposé, lors de la déportation des familles juives de la zone non occupée, d'y comprendre également les enfants âgés de moins de seize ans ». La question des enfants juifs restant en zone occupée ne l'intéresse pas.

« Je vous demande de prendre une décision d'urgence, par télégramme, afin de savoir si, à partir du quinzième convoi, les enfants au-dessous de seize ans pourront être déportés. » Laval a ainsi proposé la déportation des enfants, sans prendre d'ailleurs en considération le fait que, nés pour la plupart en France, ils sont de nationalité française.

Reste à mettre sur pied l'organisation pratique de la rafle. Le 4 juillet, une réunion met en présence, du côté allemand, Knochen, Dannecker et Schmidt, du côté français, Bousquet, Darquier de Pellepoix, le docteur Wilhem, de la délégation générale française pour les Territoires occupés. Une commission où siègent, côté français, un représentant du CGQJ, un représentant du secrétaire général à la police, Bousquet, de la préfecture de Police, du service de ravitaillement est constituée Le 8 juillet, lors de sa première réunion, les chiffres des arrestations sont précisés : 28 000 Juifs dans Paris et les communes limitrophes. Puis la commission s'attache au détail des opérations. Les fiches de ceux qui doivent être arrêtés sont préparées, classées par arrondissements grâce au fichier tenu à jour en permanence, en particulier par André Tulard, présent à la réunion, et réparties par le directeur Hennequin, chef de la police municipale, entre les commissaires de police des différents arrondissements où la rafle s'effectuera simultanément le 13 juillet au petit matin. En raison du risque représenté par un déploiement de police la veille de la fête nationale, la rafle est repoussée au 16. Le 8 juillet, la préfecture de Police a adressé aux commissaires d'arrondissements une circulaire détaillant le travail à effectuer : les équipes, composées « d'un gardien en tenue et d'un gardien en civil ou d'un inspecteur des Renseignements généraux ou de la police judiciaire », devront procéder « avec rapidité ». Quand chacune d'elles dispose d'« un contingent suffisant pour remplir un autobus », elle dirige « sur le camp de Drancy les individus ou familles n'ayant pas d'enfants de moins de seize ans ». Les autres seront conduits au Vélodrome d'hiver. Le 12 juillet, Hennequin adresse aux équipes d'arrestation une circulaire plus concrète. Si tous les occupants du logement sont arrêtés, les agents doivent s'assurer que les compteurs à eau, à gaz, à électricité sont bien fermés. Les animaux et les clés seront confiés aux concierges. Les Juifs arrêtés doivent se munir de leur carte d'identité d'étranger, de leurs cartes d'alimentation, de leurs tickets d'alimentation et textile, ainsi que d'un certain nombre d'effets et d'ustensiles comprenant un vêtement de travail et d'au moins deux jours de vivres. Les « agents capteurs » – c'est ainsi qu'on les appelle – doivent remplir une fiche indiquant les noms des gardiens et inspecteurs ayant opéré l'arrestation, le nom et l'adresse de la personne à qui les clés auront été remises et, éventuellement, les raisons ayant empêché l'arrestation de l'individu mentionné sur la fiche.

Le 16 juillet au petit matin, 4 500 gendarmes, gardes mobiles, policiers de la police judiciaire ou des Renseignements généraux constitués en 900 équipes d'agents capteurs, chacune de trois ou quatre hommes, se déversent dans les rues de Paris, surtout dans les quartiers à forte population juive des 3ᵉ, 4ᵉ, 10ᵉ, 11ᵉ, 12ᵉ, 18ᵉ et 20ᵉ arrondissements et dans les communes de banlieue. Les Allemands ne se montrent guère, alors qu'ils sont le grand ordonnateur. Les Juifs arrêtés sont chargés dans une cinquantaine d'autobus à plate-forme de la TCRP, la Compagnie des transports en commun de la région parisienne, réquisitionnés pour la rafle, et conduits à Drancy ou, pour les familles accompagnées d'enfants, au Vel' d'hiv'. Sept mille détenus y sont consignés, dont quelque 4 000 enfants, dans des conditions d'hygiène invraisemblables. Ils y restent quelques jours avant d'être transférés à Pithiviers et à Beaune-la-Rolande, d'où les détenus de mai 1941 ont été déportés vers Auschwitz au printemps et au début de l'été 1942, le dernier départ de Pithiviers datant du 17 juillet 1942.

Des témoignages, de l'assistante sociale Annette Monod notamment, ou d'Annette Muller, alors fillette, montrent la détresse qui y régna. Femmes et enfants vivent dans la promiscuité, la saleté, la faim, la maladie. La réponse tarde à la proposition de Laval de déporter aussi les enfants. Ainsi, les enfants sont arrachés à leurs mères qui partent pour Drancy pour être immédiatement déportées. Le 20 juillet, Adolf Eichmann donne une réponse positive à la déportation des enfants qui quittent seuls Pithiviers et Beaune-la-Rolande pour être transférés à Drancy. Dès son retour de déportation, Georges Wellers fit le récit déchirant de leur arrivée et de leur séjour à Drancy, récit qui constitua aussi son témoignage en 1961 au procès Eichmann et dont s'inspira André Schwarz-Bart dans *Le Dernier des Justes*. Nous sommes ici au cœur du crime contre l'humanité, suivant la forte formule d'André Frossard : « Il y a crime contre l'humanité lorsqu'on tue quelqu'un sous le prétexte qu'il est né. »

Le bilan de la rafle est lourd : 12 884 personnes dont 3 031 hommes, 5 802 femmes et 4 051 enfants. Pourtant, ces effectifs ne représentent que 46 % des 28 000 Juifs étrangers et apatrides que les autorités allemandes avaient prévu d'arrêter. D'après le rapport de Röthke, si 9 800 Juifs ont été arrêtés le 16, ils ne sont plus que 3 000 à l'être le 17. Pourquoi cet écart entre les prévisions allemandes et la réalité des arrestations ?

Malgré le secret dont la rafle devait être entourée, des informations ont filtré. Röthtke en fait état dans une note du 18 juillet : un nombre important de « Juifs apatrides » en ont eu vent et ont pu se cacher. « Des fonctionnaires de la police française auraient, dans plusieurs cas, renseigné sur les rafles projetées les personnes qu'ils devaient arrêter, en particulier les Juifs apatrides fortunés, en leur conseillant de ne pas demeurer dans leurs appartements les 16 et 17 juillet. » De fait, la rumeur de la rafle a circulé dans les rues de Paris. Des mouvements de résistance ont eu connaissance de la nouvelle, et leurs militants, sionistes ou communistes, l'ont colportée. Pourtant, les Juifs de la région parisienne ne peuvent imaginer la rafle qu'en fonction des rafles précédentes. En mai, en août, ou encore en décembre 1941, les hommes seuls avaient été arrêtés, ce qui pouvait maintenir la fiction d'une déportation pour travailler à l'Est. Pourquoi en eût-il été autrement ? Bien souvent, dans les familles, l'homme se cache, la femme et les enfants restent à la maison. Si bien que les trois quarts des personnes arrêtées sont des femmes et des enfants qui seront déportés vers Auschwitz-Birkenau. Des enfants du Vel' d'hiv' déportés, aucun n'a survécu, et parmi les adultes, les survivants constituent une infime minorité.

Les arrestations de la zone occupée ne suffisent pas à remplir les trains de déportation. Le complément doit être trouvé en zone sud. Les camps d'internement remplis d'étrangers ou les zones d'assignation à résidence, prévus, nous l'avons vu, par la loi de Vichy du 4 octobre 1940, sont un vivier dans lequel la gendarmerie peut puiser facilement. Certains camps contiennent de petits effectifs. D'autres, comme ceux de Gurs, où 6 538 Juifs du pays de Bade ont été transférés le 24 octobre 1940, de Rivesaltes, de Noé, de Recébédou, du Vernet, des Milles... sont plus importants. Dès le début du mois d'août, des internés sont sortis des camps, transférés à Drancy. Le 26 août, la zone non occupée est le théâtre de rafles qui permettent l'arrestation de près de 6 000 Juifs. Ce sont au total une dizaine de milliers de personnes qui sont conduites à Drancy, puis de là vers Auschwitz-Birkenau.

Il n'y aura plus désormais d'arrestations aussi massives. L'année 1942, avec ses 42 655 déportations, sur un total de 75 721 Juifs déportés de France, selon les données établies par Serge Klarsfeld, est bien pour les Juifs de France, comme pour ceux de la majorité des pays occupés par l'Allemagne, l'année terrible. Pourtant, arrestations et déportations continuent, jusqu'au dernier jour de l'occupation du territoire, frappant parfois des individus ou revêtant d'autres fois un caractère massif, comme la rafle qui vit à Marseille, du 22 au 27 janvier 1943, l'arrestation de quelque 800 Juifs.

Si le chiffre des arrestations diminue, c'est parce que les Juifs de France savent désormais, sans bien se figurer ce qu'est la destination des trains qui roulent vers l'Est, qu'il faut tout faire pour se soustraire aux arrestations. Mais c'est aussi parce qu'une fraction de l'opinion publique est alors sensible au malheur qui frappe les Juifs. Jusqu'en juin 1942, la plus grande partie des Français ne perçoit pas la persécution qui s'est abattue dès l'automne 1940. Comme l'écrit Pierre Laborie, spécialiste de l'opinion publique sous Vichy, « c'est avec une indifférence quasi générale, dans cet immense et lourd silence [...] que, globalement, l'opinion française accepte la codification et la mise en pratique des mesures antisémites de Vichy». La persécution est alors peu visible pour la plus grande partie du public. Les choses changent le 6 juin 1942 quand les Juifs de la zone occupée sortent, l'étoile jaune cousue sur le côté gauche de la poitrine. La date d'imposition d'un insigne qui marque et sépare n'est pas fortuite. Elle est, pour les Allemands, une étape préparatoire aux déportations. Dès décembre 1941, ils en avaient proposé le port à Vichy. Darlan, chef du gouvernement de Vichy de l'époque, avait alors refusé : les mesures déjà prises étaient suffisantes pour écarter les Juifs des emplois publics et des postes de commande de l'activité industrielle et commerciale du pays ; mais surtout, le port d'un tel symbole pourrait «choquer profondément l'opinion publique française qui ne verrait dans ces mesures que des vexations sans efficacité réelle, tant pour l'avenir du pays que pour la sécurité des troupes d'occupation», et risquait de «provoquer un mouvement en faveur des israélites considérés comme des martyrs». Vichy voyait juste. Le port de l'étoile suscite les premières mesures de sympathie. Certains arborent des étoiles indiquant «Goy» ou «Auvergnat». Une trentaine de manifestants parisiens, stigmatisés comme «amis des Juifs», sont internés à Drancy jusqu'en septembre. Mais surtout les rafles de juillet en zone occupée et d'août en zone libre suscitent pitié et indignation dans une partie de l'opinion. Röthke, dans la note du 18 juillet déjà évoquée, observe que la «population française a exprimé, dans des cas répétés, sa pitié à l'égard des Juifs arrêtés et ses regrets, en particulier à l'égard des enfants. Souvent, le transport des Juifs n'a pas été effectué d'une manière discrète, de sorte qu'une partie de la population non juive a eu l'occasion de former de petits rassemblements et de discuter au sujet de l'arrestation des groupes de Juifs.» Une partie de la hiérarchie catholique proteste. Monseigneur Saliège rédige une lettre pastorale lue dans toutes les paroisses de son diocèse de Toulouse : « Que des enfants, des femmes, des hommes, des pères et des mères soient traités comme un vil troupeau, que des membres d'une même famille soient séparés les uns des autres et embarqués pour une destination inconnue, il était réservé à notre temps de voir ce triste spectacle. Pourquoi le droit d'asile de nos églises n'existe plus? Pourquoi sommes-nous des vaincus? [...] Les Juifs sont des hommes, les Juives sont des femmes. Tout n'est pas permis contre eux... Ils font partie du genre humain. Ils sont nos frères comme tant d'autres ».

L'été 1942 constitue un tournant. Pierre Laborie parle d'un « choc » : « Les protestations des pasteurs et du Comité national de l'Église réformée, les réactions des évêques ou la force des paroles de l'archevêque de Toulouse et de l'évêque de Montauban tranchent avec le souci de mesure et de loyalisme de beaucoup d'autres, brisent la complicité du silence. Elles s'ajoutent à l'émotion provoquée par le spectacle des rafles, des transports, des séparations entre enfants et parents ou par les images et les récits qui en sont répandus. La population est choquée, souvent bouleversée[...]. Les facteurs émotionnels ont joué sur le retournement de l'opinion à l'égard des Juifs et sur le développement de toute une chaîne de solidarités silencieuses qui permettront de sauver des milliers de vies. » Dès lors, les initiatives individuelles ou collectives, qu'a notamment collationnées Asher Cohen, se multiplient.

Survivre

Après un temps bref où les Juifs de France, dans leur diversité sociale, politique, culturelle, perçoivent mal l'ampleur de la persécution et jouent globalement la carte du légalisme et de la confiance dans la patrie des droits de l'homme, des stratégies sont élaborées, d'une extrême diversité, qui assurent la survie à une partie d'entre eux. C'est d'abord, comme nous l'avons vu, le fait de se soustraire aux lois, en ne se présentant plus ni aux convocations ni au recensement. C'est ensuite la migration vers la zone libre, en passant clandestinement la ligne de démarcation, ou, après novembre 1942, quand cette zone disparaît, dans le quart sud-est de la France occupé par les Italiens; c'est la dispersion dans les campagnes, sous fausse identité.

Certains historiens ont défini ces stratégies de survie comme des actes de résistance. La Résistance est un phénomène inédit lié à la nature de la Seconde Guerre mondiale. Mais pour définir le terme «résistance» appliqué aux Juifs, il est indispensable de faire retour au sens propre du mot: «Résistance: action par laquelle on essaie de rendre sans effet une action dirigée contre soi». Ainsi, comme le fait remarquer Annie Kriegel, «toute résistance est, par essence, une rétroaction dont l'objet qui la provoque commande la nature, les motivations et les fins». L'historienne induit de sa définition que la résistance des Juifs était tout à la fois liée à l'idée de ce à quoi ils devaient résister et à la façon dont ils se représentaient leur sort comme victimes. Les modes de résistance dépendent donc de divers paramètres qui se mêlent en dose variable chez chacun. L'identité du résistant en premier lieu: Français d'abord, il rejoint les autres Français dans la lutte contre l'occupant. Communiste, il mène, parfois depuis de longues années, un combat «antifasciste». Mais il peut se percevoir – et cette perception se fait à des dates diverses – d'abord menacé dans sa vie et dans celle de sa famille, tout simplement parce qu'il est juif. Dès lors, deux comportements sont possibles: élaborer sa propre survie et celle de sa famille ou sentir peser sur soi des responsabilités communautaires et vouloir œuvrer à la survie des Juifs en général.

Tous les mouvements de Résistance comptent des Juifs dans une proportion bien supérieure à celle qui est la leur dans la population du pays. Certains ont d'éminentes responsabilités et sont à l'origine de la création de divers mouvements. Parmi les tout premiers compagnons du général de Gaulle, René Cassin, Pierre Mendès France ou encore Raymond Aron ; à Combat, Léo Hamon ; chez les communistes, Kriegel-Valrimont ou Pierre Villon, fils du rabbin Ginsburger, tous deux responsables du COMAC, le Comité d'action militaire du Conseil national de la Résistance ; le mouvement Franc-tireur est fondé par Jean-Pierre Lévy, secondé par Georges Altman et rejoint par le grand historien Marc Bloch.

René Cassin (1887-1975)

Né le 5 octobre 1887 à Bayonne, René Cassin a des origines juives alsaciennes et judéo-comtadines. Il grandit à Nice et étudie le droit à Aix-en-Provence. Docteur en droit à Paris, il se passionne pour la question des rapports entre la force et la justice.
Mobilisé, il est blessé en 1914, blessure dont il gardera toujours les traces. Démobilisé, il enseigne le droit à l'université de Paris. Actif au sein de l'Union fédérale des anciens combattants, il défend le droit des victimes de la guerre. Il suit de près l'élaboration du traité de Versailles et la création de la Société des nations. En 1924, il est nommé par le Cartel des gauches, membre de la délégation française à la SDN, où il élabore ses idées sur le droit des personnes face aux États.
La montée des totalitarismes vient anéantir son action, et il souffre de voir les nations plier devant Hitler. Cassin quitte la SDN en 1938 après la signature des accords de Munich qui symbolisent le recul des démocraties.
Favorable au renforcement des liens franco-anglais en 1939, il décide, après la défaite, de rejoindre le général de Gaulle à Londres où il parvient le 28 juin 1940. Le défenseur de la France libre l'accueille d'un « Vous tombez à pic ! » et fait de Cassin, pour-

tant Juif et de gauche, son principal collaborateur, profitant de sa précieuse connaissance du droit international. En 1941, avant la publication du deuxième statut des Juifs par Vichy, Cassin s'adresse aux israélites de France par la radio de Londres pour les appeler à reconnaître que la France des droits de l'homme est désormais incarnée par de Gaulle. C'est de Gaulle qui lui confie la mission de prendre en charge les établissements de l'Alliance israélite universelle menacés au Moyen-Orient. En 1943, il participe activement au rétablissement du décret Crémieux conférant la citoyenneté française aux Juifs d'Algérie. Président du Comité juridique à Alger, il dirige également le conseil provisoire de l'AIU, association qu'il présidera jusqu'à sa mort.

A la Libération, Cassin est vice-président du Conseil d'État. Il participe à la rédaction de la charte de l'Organisation des Nations unies et à l'installation de l'UNESCO à Paris. En 1946, il aide à la création du Conseil consultatif des organisations juives, regroupant l'AIU, l'Anglo-Jewish Association et l'American Jewish Committee. Principal rédacteur de la Déclaration universelle des droits de l'homme, adoptée en 1948, il met toutes ses forces au service du droit des individus face aux États. Son judaïsme l'y aide, car il y trouve les sources du respect de la dignité humaine.

Défenseur de l'État d'Israël, il s'oppose aux décisions des Nations unies et à la politique moyen-orientale du général de Gaulle en 1967. Récompensé de son action internationale en faveur des droits de l'homme par le prix Nobel de la paix en 1968, il en profite pour fonder l'Institut international des droits de l'homme à Strasbourg en 1969.

Il meurt le 20 février 1976. Entièrement voué à la défense de la France et au respect du droit des individus, René Cassin est aussi un grand Juif par sa fidélité et son engagement, à travers son action à la tête de l'Alliance israélite universelle.

J.-C. K.

Il serait contraire à la vérité de qualifier ces hommes de résistants juifs. Résistants ils le sont, combattant l'occupation de la France par les nazis, en France même ou à Londres. Pour eux, comme pour les Alliés, le sort des Juifs dépend de l'issue de la guerre. Qu'arrive la victoire et les Juifs sont sauvés. Ils ne mettent pas en avant, ni pendant la guerre elle-même, ni après, leur qualité de Juif. Beaucoup garderont d'ailleurs après la Libération le nom qui fut le leur pendant la Résistance. Ils auraient pu dans leur majorité rédiger un testament analogue à celui de Marc Bloch : «J'affirme donc, s'il le faut, face à la mort, que je suis né juif; que je n'ai jamais songé à m'en défendre ni trouvé aucun motif d'être tenté de le faire. [...] Étranger à tout formalisme confessionnel comme à toute solidarité prétendument raciale, je me suis senti, durant ma vie entière, avant tout et très simplement français. Attaché à ma patrie par une tradition familiale déjà longue, nourri de son héritage spirituel et de son histoire, incapable, en vérité, d'en concevoir une autre où je puisse respirer à l'aise, je l'ai beaucoup aimée et servie de toutes mes forces. Je n'ai jamais éprouvé que ma qualité de Juif mît à ces sentiments le moindre obstacle. Au cours des deux dernières guerres, il ne m'a pas été donné de mourir pour la France. Du moins puis-je, en toute sincérité, me rendre ce témoignage : je meurs, comme j'ai vécu, en bon Français.»

Marc Bloch (1886-1944)

Père fondateur des *Annales d'histoire économique et sociale* avec Lucien Febvre, Marc Bloch figure au panthéon de l'historiographie française pour la transformation profonde de l'écriture de l'histoire qu'il illustra et suscita. Au-delà des *Annales*, ses travaux personnels depuis sa thèse (*Rois et serfs*, 1920), son travail sur les dons de guérisseur des rois de France et d'Angleterre (*Les Rois thaumaturges*, 1924), sa somme sur *La Société féodale* (1939-1940) ou son ouvrage sur *Les Caractères originaux de l'histoire rurale française* (1931) illustrent une œuvre originale par son recours au comparatisme, à une démarche régressive et sa capacité à dégager des structures mentales aussi bien que celles des régimes agraires. En dépit des aléas des élections universitaires, sa carrière, de l'université de Strasbourg à la Sorbonne, témoigne de la reconnaissance de ces travaux par ses pairs. Mais cette œuvre essentielle ne comporte aucun intérêt spécifique pour la condition juive. Son éducation, conforme aux modèles de l'excellence républicaine, à l'instar de Gustave Bloch, son père, professeur d'histoire romaine à l'ENS puis à la Sorbonne, et l'influence de la sociologie durkheimienne semblent l'avoir détaché d'une quelconque tradition juive. Cependant, Marc Bloch figure déjà dans *l'Encyclopédia judaïca.* Plus que la mort héroïque de ce professeur de cinquante-huit ans, père de six enfants, qui a choisi de s'engager corps et âme dans la Résistance (mouvement Franc-tireur), alors qu'il avait été en partie exempté des conséquences du statut des Juifs en compagnie d'autres célébrités universitaires, sans doute est-ce la nature de son rapport au judaïsme qui justifie sa présence dans cet ouvrage. En effet son « testament » de 1941 (cf. p. 227), tout en affirmant son indifférence religieuse, en proclamant sa qualité de Français, se reconnaît dans des origines juives et ne reflète pas seulement le sentiment d'un historien exceptionnel, mais ce qui fut au cours du XXe siècle le mode d'appartenance patriotique et républicain à l'héritage des ancêtres juifs de nombreuses familles d'Alsace et de Lorraine. Avec pour fin dernière de mourir « comme j'ai vécu, en bon Français », l'homme qui se refuse à voir réciter sur sa tombe « les prières hébraïques, dont les cadences... accompagnèrent... tant de mes ancêtres et mon père lui-même » affirme pourtant sa qualité de Juif par dégoût du reniement.

Olivier Dumoulin

Rien n'indique chez ces résistants une prise de conscience que, derrière la guerre en général, se déroule une guerre autre, qui s'exerce spécifiquement contre les Juifs. En aucun cas ils n'infléchissent la politique de leurs mouvements dans le sens d'une action visant à sauver les Juifs. Leur vision de l'avenir des Juifs en France est globalement celle d'un retour à la légalité républicaine de l'avant-guerre, avec l'abolition des législations antisémites vichyste et allemande.

D'autres ont rejoint la sous-section juive du parti communiste, un groupe bien étudié qui suscite des polémiques multiformes. On peut distinguer parmi ces résistants trois générations. La première, née en Pologne dans des milieux attachés à la tradition, a reçu le communisme comme une révélation. Cette première génération, qui parlera toujours français avec un fort accent yiddish, est celle de la rupture. Le communisme est, pour elle, une conversion. Ces communistes, immigrés entre les deux guerres, militent dans les groupes de langue yiddish de la MOE, la Main-d'Œuvre étrangère, devenue en 1934 la MOI, la Main-d'Œuvre immigrée. Car les Juifs sont reconnus comme formant un groupe de langue, non comme nationalité. La génération de leurs enfants, arrivés en France tout petits, nés sur les routes de la migration ou en France même, est celle de la continuité dans l'engagement. Mais déjà, les liens avec la *Yiddishkeit* se sont distendus. Si les enfants parlent encore le yiddish, ils ne le lisent plus guère. Une grande part de leur culture est celle de la république, acquise à l'école laïque. Ces deux générations forment les cadres de la résistance juive communiste qui prend son véritable essor après l'entrée de la Wehrmacht en Union soviétique. La troisième génération, nous l'avons appelée celle de la rafle. Constituée de jeunes désespérés par ce qu'ils ont vu, subi, ils rejoignent le plus souvent la Résistance après la grande rafle du Vel'd'hiv'. Par leur milieu d'origine, par leurs camarades d'école, par une branche de leur famille, par un de leurs enseignants, c'est avec l'organisation communiste qu'ils trouvent le contact. Immédiatement, ils sont de plain-pied avec leurs nouveaux camarades qui ont la même histoire, sont victimes de la même persécution, courent les mêmes dangers. Ils ont trouvé une nouvelle famille qui leur apporte ce dont ils ont un besoin vital : une grille d'explication du cours du monde, la promesse d'une vengeance et la certitude de vaincre. La plupart, comme Annie Kriegel, deviennent communistes dans et par la Résistance. Les résistants communistes, toutes générations confondues, se voient confier des tâches diverses : certaines politiques, d'organisation, de recrutement, de propagande ; d'autres d'action directe : sabotage, exécution d'Allemands et de collaborateurs. Pourtant, il y a là un paradoxe. Alors que quelques militants parmi les aînés, jamais bien nombreux, sont chargés d'organiser le sauvetage des enfants, la génération de la rafle, la seule dont la motivation juive détermine principalement l'engagement, ne se voit jamais fixer de tâches spécifiques juives. La persécution, le désir de sauver ses parents déportés, sont utilisés comme un levier pour faire combattre les très jeunes gens dans une résistance dont les objectifs sont fixés par le parti communiste, essentiellement la lutte armée après août 1941. Une lecture attentive de la presse de la MOI, tant en yiddish qu'en français, montre, d'autre part, que la lutte des Juifs est toujours inscrite dans celle des communistes et que l'analyse faite de l'antisémitisme est calquée sur celle que donnent les communistes. Quel avenir pour les Juifs de France, selon les communistes ? Le projet peut se lire dans la peinture qu'ils font de l'Union soviétique, seul pays à leurs yeux qui a éradiqué à jamais l'antisémitisme et le racisme. Après la Libération, les organisations de la jeunesse juive communiste sont dissoutes, leurs militants versés dans les organisations communistes.

Les sous-section juive de la MOI

En 1882 est créée à Paris la première société d'ouvriers immigrés, à l'initiative d'ouvriers juifs, en majorité des réfugiés politiques de l'Empire tsariste. Le syndicat parisien des ouvriers casquettiers et chapeliers, composé d'ouvriers juifs, est dirigé par Salomon Dridzo,

dit Alexandre Lossovski, fondateur en 1918 de l'Internationale syndicale rouge, membre pendant la Seconde Guerre mondiale du Comité juif antifasciste et fusillé par Staline en 1952.
Après la Première Guerre mondiale, le Parti communiste français se préoccupe de créer des organisations chez les immigrés (environ trois millions). En 1926, le PCF crée une section centrale du travail parmi les étrangers. Dès lors, les communistes étrangers peuvent s'organiser en sous-section par nationalité (définie par la langue). En 1927 est créée la sous-section de langue yiddish. Ses membres ne sont jamais bien nombreux : moins de 300, mais son influence, par le biais notamment de son journal, *La Naye Presse (Presse nouvelle)* quotidien à partir de 1934, et des organisations qu'elle anime en fait, dans les années du Front populaire, l'organisation dominante des milieux populaires yiddishophones.
Pendant l'Occupation, la sous-section juive s'aligne sur la politique du parti communiste. Avec l'invasion par l'Allemagne de l'URSS, elle élargit son recrutement aux jeunes Juifs qui ne savent pas le yiddish, développe la propagande, en yiddish comme en français. En 1985, le film de Mosco, *Les Terroristes à la retraite,* et les polémiques qu'il suscita faisaient connaître à un large public la part prise par les Juifs dans la résistance armée. A la Libération, certains des cadres de la sous-section-juive partent dans les démocraties populaires « construire le socialisme ». La sous-section est dissoute. Reste l'organisation « de masse » créée en 1943, l'UJRE, l'Union des Juifs pour la résistance et l'entraide qui perdure, à l'état résiduel, jusqu'à aujourd'hui.

A. W.

L'étude de la résistance sioniste a été tardive. Les résistants sionistes ont fait preuve d'une grande discrétion, d'autant qu'une partie d'entre eux a continué la lutte clandestine, pour la création d'un État juif en Palestine, certains quittant la France dans le cadre de l'*aliah* clandestine. De plus, les années de l'après-guerre sont celles de la prégnance de l'idéologie communiste qui a imposé le silence aux sionistes, en niant jusqu'à l'existence même de leur résistance. Les études plus récentes montrent qu'il y eut bien un courant sioniste, développé autour d'une réaction de type politique, définie par un double objectif : la survie du peuple juif et son retour à Sion dans le cadre d'un État juif. Les résistants de la nébuleuse sioniste mènent des actions multiformes, utilisant autant que faire se peut les possibilités légales laissées par Vichy, notamment en zone sud. Les Éclaireurs israélites, qui appartiennent à la mouvance sioniste, profitent même de l'extraordinaire vogue du scoutisme pour ouvrir des centres ruraux et obtenir des subventions du gouvernement. Les structures mises en place dans la première période de l'Occupation, où les vies ne sont pas en danger, servent après 1942, quand la primauté est donnée au sauvetage. Car les objectifs des mouvements sionistes, unifiés en décembre 1942 grâce à l'action de Marc Jarblum et de Joseph Fischer, sont définis essentiellement par la nécessité du travail social et surtout éducatif. Le travail social débouche sur des réseaux permettant de soustraire les Juifs aux arrestations et de les cacher. Petit à petit, une fraction de la jeunesse juive sioniste, surtout des Éclaireurs israélites, se rallie à l'idée de la lutte armée et rejoint une organisation apparue précocement : l'Armée juive. En effet, les sionistes peuvent se targuer d'avoir mis sur pied une des toutes premières organisations de résistance. A Toulouse avait été créée dès l'été 1940 une véritable société secrète, la Main forte, dont les initiateurs sont Régine et David Knout, rejoints par Abraham Polonski, tous trois sionistes « révisionnistes » originaires de Russie. A la fin de 1941 ou au début de 1942, ce groupe fusionne avec les sionistes socialistes regroupés autour de Lucien Lublin pour former les Forces armées juives (AJ). Les objectifs de l'Armée juive sont multiples, et prévoient le passage, aussi vite que possible, des activités sociales et culturelles à des objectifs politiques et militaires : le combat contre les nazis par les armes, précédant le ralliement des militants à la Hagannah. L'AJ fait d'abord cavalier seul. A partir de décembre 1943, elle accepte l'autorité du Comité directeur de l'Organisation sioniste de France. Les résistants sionistes ont à la fois contribué à la survie des Juifs de France et à l'acclimatation du sionisme dans le nouveau paysage communautaire des Juifs de France, tout en contribuant à la création de l'État juif en Palestine.

Dès 1943, les militants des organisations juives songent à l'après-guerre. A l'image des mouvements de la Résistance en voie d'unification dans le cadre du Conseil national de la Résistance, ils songent à créer un organisme unique représentant l'ensemble des Juifs, au-delà des clivages politiques, au-delà de la séparation entre étrangers et Français. En janvier 1944 est constitué le CRIF, le Conseil représentatif des israélites de France.

L'aspect le plus original de la résistance juive est probablement le sauvetage des enfants qui ne se pose de façon capitale qu'après les 16 et 17 juillet 1942, et auquel ont contribué toutes les organisations juives de résistance, – à très petite échelle pour les organisations communistes, à une beaucoup plus grande échelle pour les organisations sionistes. Mais il fut aussi l'œuvre d'une organisation spécifique, l'OSE, l'Œuvre de secours aux enfants. Certains enfants furent envoyés à l'étranger, légalement jusqu'à la fin de 1942. Ainsi, 311 enfants purent émigrer outre-Atlantique. D'autres sont passés clandestinement en Suisse (entre 1 500 et 2 000) ou en Espagne (probablement une centaine dont la destination finale devait être la Palestine). Mais les enfants furent surtout cachés en France même. De 5 500 à 7 500 enfants furent placés en milieu non-juif, principalement en zone sud. Pour s'occuper de cacher ces enfants, œuvrent principalement des femmes. Mais surtout, les réseaux mis en place s'appuient très largement sur l'aide de non-juifs, protestants et catholiques.

L'OSE : une œuvre dans le siècle

Soigner les corps et ouvrir les esprits par l'éducation tout en restant fidèle à la tradition, telle est la devise constante qui régit l'Œuvre de secours aux enfants, l'OSE. De la Russie tsariste à la France contemporaine, l'OSE a toujours su réagir aux situations d'urgence en même temps qu'elle opérait un travail de fond envers les populations jeunes et adultes en situation difficile.

En 1909, de jeunes médecins, s'inspirant de l'hygiénisme, créent des antennes médicales, des centres où les enfants apprennent l'hygiène, des « gouttes de lait », des colonies, des sanatoriums. Le 28 octobre 1912, à Saint-Pétersbourg, l'*Obstchestvo Zdrasvookhranenya Yevreyev*, l'OSE, devient un organisme officiel. La Première Guerre mondiale provoque des déplacements de la population juive à laquelle l'OSE porte secours, soignant et assistant plus de 50 000 personnes dont 3 000 enfants, d'octobre 1914 au printemps 1915. La Révolution russe, qui semble d'abord associée à l'esprit des réformes de l'OSE, rejette en 1921 le principe d'une action sociale privée. S'établissant à Berlin en 1922, l'OSE poursuit son travail grâce au Joint qui lui permet d'entretenir un réseau international. En 1923, l'Union-OSE devient une fédération autonome présidée par Albert Einstein. En 1933 la situation l'oblige à déménager à Paris où elle devient un centre actif d'aide aux émigrés.

Pendant l'Occupation, l'OSE se mobilise pour le sauvetage des enfants. Jusqu'à l'été 1942, elle agit dans plusieurs directions, accueillant les enfants réfugiés, intervenant dans les camps d'internement de la zone sud en coordination avec les œuvres chrétiennes. En 1941, Joseph Weill met en place avec Andrée Salomon une organisation pour faire sortir des camps les enfants de moins de quinze ans, obtenant pour certains de pouvoir émigrer vers les États-Unis. Après l'été 1942, l'OSE établit un réseau clandestin dirigé par Georges Garel opérant de la région de Toulouse avec la complicité de Monseigneur Saliège. Georges Loinger, à la tête du réseau Bourgogne fait passer des enfants en Suisse de septembre 1943 à juillet 1944. Élizabeth Hirsch est chargée du passage en Espagne vers le Portugal pour la Palestine. Une structure officielle d'accueil des enfants est maintenue jusqu'en mai 1943. Puis les maisons sont fermées en avril 1944.

Après la guerre, l'OSE se donne pour tâche principale le retour des enfants dispersés. Le fichier créé en 1943 à Genève sert de support aux recherches. La «charte de Lyon» du 25 septembre 1944 pose les bases de la nouvelle OSE-France, Robert Job dirige le service de l'enfance, Germaine Masour prend en charge le service médico-social et le regroupement familial. En 1949, les quatre cinquièmes des pensionnaires ont quitté les maisons d'enfants, les cas sociaux se substituant aux victimes de guerre.

L'OSE entreprend alors un autre grand chantier : l'assistance aux populations séfarades dont le sort est lié à l'histoire de la décolonisation. La précarité des conditions de vie, relatée dans un rapport d'inspection de 1946, l'incite à intervenir. Dès 1947, des centres ouvrent au Maroc et en Tunisie. En 1956 puis en 1962, l'OSE gère l'accueil des déracinés. La plupart réussissent leur intégration, même si les rapports d'activité évoquent pour certains «des phénomènes inquiétants d'inadaptation» (1964).

Ces dernières années, l'OSE a continué une action plurielle intégrant aussi les victimes de la crise. La première page de ses statuts d'association régie par la loi de 1901 – depuis juin 1945 – reconnue d'utilité publique en 1951, précise que «les indigents non juifs peuvent bénéficier également de l'activité des institutions». En 1991, le conseil d'administration décide l'ouverture de ses services à «une population de toute origine confessionnelle, culturelle, ou ethnique».

Dans le fond, l'originalité de l'OSE, c'est sa modernité. A travers ses écrits, de la période russe à aujourd'hui, elle n'a cessé de réfléchir à l'adaptation de son action en fonction de l'actualité.

Une partie des archives de l'OSE a été rassemblée sous l'impulsion de Vivette Samuel et déposée à la bibliothèque de l'Alliance israélite. Le fonds photographique est au CDJC. L'OSE conserve les dossiers individuels des enfants. Une commission Archives et Histoire, créée par l'actuel président Jean-François Guthmann et dirigée par Georges Weill continue de réfléchir à la mémoire oséenne.

Martine Lemalet

D'après les données dont nous disposons actuellement et les calculs de Lucien Lazare, 11 600 enfants juifs furent déportés de France et assassinés par les nazis ; 72 400 enfants échappèrent à la mort. Si 27 % des Juifs de France de plus de dix-huit ans trouvèrent la mort principalement à Auschwitz, le pourcentage descend pour les enfants à 13,8 %. Ce qui n'en atténue aucunement l'horreur. Il suffit de feuilleter les pages du *Mémorial des enfants,* de Serge Klarsfeld, pour saisir ce qu'a d'insupportable le meurtre de chaque enfant. Les organisations participèrent à ce sauvetage, assurant la survie de 8 000 à 10 000 enfants. Mais les chiffres le montrent à l'évidence, la survie, celle de plus de 60 000 enfants, s'est faite à l'extérieur des organisations, ce qui éclaire l'originalité du cas français.

Trois Juifs sur quatre survécurent, proportion inégalée ailleurs en Europe. L'histoire de la survie hors de l'action des organisations juives reste très largement à écrire, malgré les éclairages pénétrants donnés par Asher Cohen ou Renée Poznanski. Écriture particulièrement difficile, car elle est de fait la juxtaposition de multiples histoires individuelles ou familiales. Mais ce qui rend possibles ces stratégies individuelles, c'est la prégnance du modèle républicain dans la société française, modèle dont les Juifs sont aussi partie prenante. L'Occupation et l'installation du régime de Vichy n'ont pas été en mesure d'effacer trois quarts de siècle de culture républicaine. Le modèle d'assimilation à la française supposait qu'être juif ressortissait à un choix individuel. Confrontés à un péril dont ils ignoraient la nature exacte, les chefs de famille prirent néanmoins conscience qu'il fallait à tout prix éviter d'être raflés et déportés par les Allemands. Ils se pensent d'abord comme individus, et c'est individuellement qu'ils élaborent la stratégie de leur propre survie : recherche d'un passeur, passage de la ligne de démarcation, quête de faux papiers. Quelle incidence le fait d'être traqué en tant que Juif eut-il sur l'identité juive? Il est bien difficile de le dire. Ce qui se passa dans l'après-guerre (multiplication des conversions, des changements de noms, des engagements dans le parti communiste) laisse à penser que cette identité connut une éclipse. Il faut attendre les années 70 pour que s'élabore une nouvelle identité, largement fondée sur le souvenir du génocide.

Libération et reconstruction

Si l'histoire des Juifs de France pendant la Seconde Guerre mondiale a fait l'objet ces dernières années de multiples travaux, et est dans l'ensemble bien connue, celle de l'après-Libération et de la reconstruction est encore à l'état embryonnaire. La communauté qui sort de la guerre n'est ni tout à fait la même ni tout à fait une autre que celle de 1939. Pas plus qu'avant la guerre les Juifs de France ne sont un ensemble facile à cerner. La période de l'Occupation avait présenté l'avantage pervers d'en donner une définition juridique, englobant à la fois les Juifs se considérant comme tels et les Juifs de généalogie, ayant renoncé, provisoirement ou définitivement, à toute judéité. La législation de Vichy et celle des nazis abolies, le retour à la république effectif, la question de savoir qui sont les Juifs de France se pose à nouveau. L'historien des Juifs à l'époque contemporaine se trouve confronté au problème même de la constitution de son objet.

A l'été 1944, les Juifs de France restés sur le territoire métropolitain communient dans la liesse générale de la Libération. Certes, ils sont inquiets pour leurs «absents», selon le terme générique dont Henri Frenay, ministre des Prisonniers, Déportés et Réfugiés, désigne ceux qui se trouvent hors du territoire français : de 10 000 à 15 000 prisonniers de guerre juifs sont détenus dans les stalags et les oflags depuis la débâcle de 1940 ; 75 000 Juifs environ ont été déportés dont on est sans nouvelles ; une trentaine de milliers de Juifs ont d'autre part trouvé refuge en Suisse ; d'autres, dont le nombre n'est pas évalué, ont rejoint Londres ou, après novembre 1942, Alger. Il resterait donc en cet été 1944, un peu moins de 200 000 Juifs dont la répartition sur le territoire national a été bouleversée par l'Occupation. Certes, Paris reste le lieu principal de résidence : 20 000 des 50 000 à 60 000 Juifs légalement enregistrés en France y habitent encore en août 1944, portant l'étoile jaune, ainsi qu'un bon nombre de clandestins auxquels il faut ajouter 1 386 internés de Drancy, dont 64 enfants qui ont échappé aux déportations et sont libres depuis le départ d'Aloïs Brunner, le 17 août 1944, par un dernier convoi qui emmène avec lui 51 déportés.

Le poids de Paris, resté important, a donc diminué. C'est en province que vit la majorité des Juifs de France, dans des localités où ils ont été assignés à résidence, dans de grandes villes, comme Lyon, Grenoble, Montpellier ou Toulouse, mais aussi dans une myriade de petites communes rurales. Cette dispersion met en contact avec des Juifs réels une France profonde qui ne les avait connus que par les représentations, souvent antisémites, qui pouvaient en être données, par la tradition catholique notamment.

Dès la Libération, et dès que les moyens de transport le permettent, une grande partie d'entre eux regagnent Paris. D'autres demeurent volontairement plus longtemps dans les provinces où la guerre les a conduits. D'autres encore ne reviennent pas à Paris, et la répartition de la population juive de France s'en trouve profondément et durablement modifiée. En 1946, le Consistoire central mène auprès des communautés de province qui lui sont affiliées une enquête qui apporte des données précises, limitées bien sûr aux Juifs pratiquants et inscrits dans les associations cultuelles consistoriales. Il n'est pourtant pas absurde d'extrapoler et d'envisager que le mouvement des adhésions aux associations cultuelles est un indicateur de celui de la population juive globale. Ainsi peut-on discerner trois cas de figures. Certaines communautés voient leur chiffre d'adhérents diminuer. C'est le cas de Troyes, du Havre, d'Elbœuf, d'Amiens, mais surtout des communautés de l'Est de la France : Épinal ou Nancy. Toutes ces communautés sont situées au nord de la ligne de démarcation, dans la zone occupée par les Allemands. Les effets de l'occupation allemande ont donc été profonds et durables : aux déportations s'est ajouté l'exode, un exode qui explique qu'en revanche certaines communautés se retrouvent plus nombreuses en 1946 qu'en 1939. C'est le cas de celle de Saint-Fons, dans le Rhône, qui double pratiquement le nombre de ses adhérents, de Nîmes, de Clermont-Ferrand, de Marseille. Ainsi, une partie des 156 983 Juifs vivant en zone sud en avril 1942 y seraient restés. Mieux, certaines communautés sont nées pendant la guerre. C'est le cas de celle d'Agen, fondée en 1940, année où est aussi installée la synagogue, ou de Montauban. L'arrivée des rapatriés d'Afrique du Nord accentuera une tendance dont on ignore trop souvent qu'elle trouve son origine dans l'immédiat après-guerre. Pourtant, les chiffres d'adhésion aux associations cultuelles et d'assistance aux offices ne sont nulle part très élevés. Dans l'immédiat après-guerre, la pratique religieuse juive périclite. Il s'agit là d'un déclin spécifique au judaïsme. Cette religion semble disparaître, alors que le catholicisme connaît au contraire un regain. Déclin qu'explique, en termes pathétiques, Edmond Dreyfuss, pour Paris : « [...] comment la communauté israélite décimée, ballotée, étourdie de tant de chocs et de blessures, au sortir de l'abîme où même le silence était un murmure de sanglots refoulés, comment ne serait-elle pas tragiquement amenuisée, recroquevillée, atrophiée ? »

Les Juifs d'Alsace et la Seconde Guerre mondiale : la déchirure

Le Juif s'inscrit pleinement dans le paysage d'Alsace, plus profondément que celui qui s'est contenté d'y naître et se veut enraciné de plein droit : l'enfant, le marchand de bestiaux et le colporteur connaissent chaque sentier, chaque détour, chaque habitant. Et pourtant, dans les années qui précèdent la Seconde Guerre mondiale, alors que la propagande nazie ne demeure pas sans effets sur certains Alsaciens, le Juif prend conscience d'une distance, d'une déchirure : à tout moment, on peut lui rappeler que sa personne n'est que tolérée, et lui marchander ou même lui refuser ce droit d'appartenir à la communauté humaine que constitue le village. La Seconde Guerre mondiale fera de lui un paria voué à l'errance du Juif éternel qu'il avait essayé d'oublier. Cet exil est précipité dans une histoire qui le dépasse et qui lui fait prendre conscience, brutalement, de la communauté de destin qui le lie aux Juifs « étrangers » jetés avec lui sur les routes de l'exil. Malgré lui, le Juif d'Alsace est happé par le destin juif. Il découvre la fondamentale ambiguïté du monde qui l'entoure, de l'entourage chrétien dans lequel il avait désespérément tenté de se fondre : il y a ceux qui sacrifient leur vie pour sauver la sienne, qui s'exposent aux pires tortures pour aider un enfant juif qu'ils ne connaissent même pas ; il y a tous les autres qui s'empressent de piller sa maison, de le dénoncer à l'occupant, de le traquer et de l'arrêter avec plus de zèle encore que la Gestapo ; il y a enfin tous les indifférents qui s'abandonnent au lâche soulagement d'une défaite, au fond supportable, et découvrent que les nazis sont si corrects, si polis… Dans son *Journal* des années 1940-1944, le docteur Camille Dreyfus note son expérience traumatisante de la condition d'étranger qui longe les murs. Il découvre avec effroi qu'il est banni de cette terre d'Alsace qu'il avait considérée – insolemment lui dit-on – comme la sienne. « Je ne puis plus prononcer le mot "nous" sans regarder avec angoisse autour de moi si personne ne me le conteste, si personne ne me fait d'objection. Et chaque fois que je dis mon nom, j'ai la terrifiante impression de présenter un casier judiciaire chargé… Il y a tant de souvenirs : il y a des tombes dans la terre d'Alsace. Le ciel devient infini et sans tendresse dans sa grandeur. Le matin au réveil et le soir, quand timidement la nuit s'infiltre entre les maisons et les arbres, je sens le goût métallique du mépris qui m'entoure. »

Les survivants qui rentrent en Alsace en 1945 se résignent, non sans de longues hésitations, à reconstruire sur les ruines : ils décident cependant de ne plus édifier une construction sur l'emplacement de l'ancienne synagogue du quai Kléber dynamitée en 1940, afin que ce vide témoigne d'une rupture et d'un manque jamais comblés. Mis au ban de la nation et traqués, les Juifs d'Alsace se sont sentis « lâchés » par certains de leurs concitoyens alsaciens ; parmi ceux-ci, il en est qui se sont précipités pour vider les demeures juives abandonnées. Leur confiance a été profondément ébranlée ; ils ne partagent plus l'illusion d'une immuable sécurité.

La présente génération est encore profondément marquée par ce désenchantement, par la perte de la confiance totale et naïve en l'entourage. Cependant, le judaïsme d'Alsace s'est ressaisi : en 1962, il a accueilli fraternellement, en surmontant le désarroi que provoquent des mœurs et des coutumes profondément différentes, plus de deux mille Juifs venus d'Afrique du Nord, et particulièrement d'Algérie. D'autre part, la découverte que le massacre de millions d'individus était possible et que la mise au ban de tant d'autres d'un monde qui se voulait civilisé était lâchement acceptée lui a fait comprendre que Jérusalem n'était pas seulement le lieu mythique de la nostalgie jamais assouvie, exprimée par ses prières, le point d'ancrage de l'espérance messianique, mais aussi la Terre sans laquelle tout se dérobe sous ses pas ; plus qu'un « asile de nuit », Israël lui est apparu comme le havre de la dignité recouvrée qui permet aux exilés de vivre debout, en construisant eux-mêmes leur destin d'homme. Le Juif de la diaspora alsacienne continuera à marquer de ses traces ce pays de sapins, de fougères et de myrtilles, à participer à la fois à l'aventure juive et à l'aventure alsacienne.

Être Juif d'Alsace, c'est assumer un double destin, un destin juif et un destin alsacien vécus par le même homme mais se déployant chacun selon son rythme propre. C'est se réclamer d'une tradition et d'une mémoire plurielle et prendre conscience, avec Claude Vigée, que l'on n'est qu'un rôdeur des frontières, un nœud de contradictions que d'aucuns qualifient de mortelles, alors qu'elles font vivre. Les Juifs d'Alsace ont fait preuve d'une obstination tenace à survivre, ils ont témoigné de « la vitalité » inattendue de ceux qu'on a voulu condamner à l'inexistence.

Fr. R.

La paix retrouvée, l'aspiration majeure semble bien être de reprendre le cours de la vie normale, là où il avait été laissé en 1940. Ce qui est vrai des individus l'est aussi des organisations qui, pas plus après 1945 qu'avant, ne représentent l'ensemble des Juifs. Le nombre des organisations reste d'ailleurs impressionnant et exprime à lui seul l'extrême atomisation de la communauté organisée, la seule que l'historien puisse saisir avec une rigueur suffisante. En mai 1946, le consistoire de Paris publie une brochure recensant les seules organisations juives de la capitale. Elles sont au nombre de cent quatre-vingts. La communauté organisée reste donc définie comme un conglomérat d'organisations de tous les types : cultuelles, bien sûr, mais aussi culturelles, caritatives, politiques, malgré l'existence, pour la première fois, d'un organisme regroupant les organisations juives rassemblant les immigrés et les Juifs français, le CRIF, qui est censé les représenter mais dont le rôle dans l'après-guerre est pourtant ténu.

Bien vite, les organisations qui avaient migré en zone sud reviennent dans la capitale, et, progressivement, se remettent à fonctionner comme avant la guerre. Le consistoire de Paris, par exemple, tient sa première séance officielle depuis la débâcle de juin 1940. Après l'hommage aux collègues décédés pendant la guerre et le vœu exprimé de voir bientôt revenir le président du Consistoire central, Jacques Helbronner, « déporté en Allemagne », l'essentiel de la séance est dévolu à l'examen des affaires courantes : problème des retraites, changement du secrétaire général, situation financière. Ce sont les questions matérielles qui occupent l'essentiel des réunions du consistoire de Paris pendant l'année 1945, si l'on en croit les procès-verbaux des réunions.

Mais le retour à la normale, c'est essentiellement la réintégration du judaïsme dans la république. L'exclusion avait été marquée symboliquement, dès la défaite, avant même que la moindre mesure antijuive fût à l'ordre du jour. Elle avait consisté en la mise à l'écart du grand rabbin de France, Isaïe Schwartz qui, tout comme le pasteur Boegner, avait suivi le gouvernement à Bordeaux, là où il s'était d'abord replié devant l'avance allemande, puis à Vichy. Il avait demandé à parler à la radio, comme le pasteur Boegner l'avait fait au nom des protestants. Sa demande avait été éludée. Aucune personnalité n'avait représenté l'armée ou le gouvernement à la cérémonie du 14 juillet 1940 à la synagogue de Vichy. Ces temps sont révolus. Le grand rabbin Julien Weill est reçu en particulier le 1er janvier 1945 par le général de Gaulle. Dans la république, où le judaïsme n'est reconnu que comme une confession – aux côtés du catholicisme et du protestantisme – que représente le rabbinat, le retour à la normale se manifeste tout à la fois par la présence de représentants officiels aux cérémonies qui ont lieu dans les synagogues, celle de la rue de la Victoire notamment, et par celle de représentants du judaïsme aux cérémonies républicaines. La liste des cérémonies qui se déroulent entre novembre 1944 et novembre 1945 est impressionnante. C'est pourtant, comme pour tout le pays, celle du 11 novembre 1945 qui est la plus importante, la plus lourde de symboles, emblématique du retour des Juifs dans la nation et dans la république. De Gaulle et son ministre Henri Frenay souhaitaient célébrer les morts de la Seconde Guerre mondiale comme l'avaient été ceux de la Première, avec l'inhumation du soldat inconnu et le culte qu'il suscita. La complexité du second conflit mondial, la diversité des formes de lutte – combats de 1940 et de 1944-1945, Résistance, multiplicité des champs de bataille de par le monde… – interdisait que fût choisie une seule figure pour représenter l'ensemble de ceux qui se sacrifièrent pour la France. Il fut donc décidé d'inhumer au mont Valérien des corps représentant l'ensemble des morts au combat, lors d'une grande cérémonie prévue le 11 novembre 1945. Parmi les quinze dépouilles, celle de Renée Lévy, petite-fille du grand rabbin Albert Lévy, résistante, « déportée politique », guillotinée à Cologne en août 1943. La réintégration symbolique des Juifs dans la nation, à laquelle eux-mêmes aspirent, se fait pourtant au prix d'une vaste mise entre parenthèses : celle de leur sort spécifique pendant la Seconde Guerre mondiale et des responsabilités propres à Vichy. En ce sens, l'inhumation de Renée Lévy est emblématique : elle est inhumée au nom de la France combattante. De la même façon, Robert Badinter souligne, dans son ouvrage sur Vichy et les avocats juifs, comment, en 1946, lors du dévoilement du monument à la mémoire des avocats à la cour d'appel de Paris, le 11 juillet 1946, « par la grâce d'un talent éprouvé, le bâtonnier Poignard réussit, au fil d'un discours qui dura près de deux heures, à évoquer le sort des avocats juifs disparus sans jamais prononcer le mot "Juif" ni même celui d'"israélite" ». Cette réintégration ne doit pas non plus masquer les graves séquelles, certaines insurmontables et insurmontées. Dans bien des familles, on ne fit jamais le deuil des morts, et ce deuil impossible entraîna son cortège de pathologies auxquelles psychiatres, psychanalystes et psychologues sont encore confrontés aujourd'hui.

Dans l'immédiat après-guerre, les Juifs de France doivent faire face à trois grands problèmes. Celui des déportés, d'abord : après l'angoisse sur leur sort c'est, en avril 1945, le choc de l'ouverture des camps de concentration, le maigre retour et les difficultés de la réinsertion des quelque 2500 survivants; le sort des enfants orphelins et leur prise en charge par différentes institutions de la communauté; enfin, les difficultés à récupérer les biens, notamment les logements.

Pour tous, le retour est difficile, comme en témoignent les nombreux récits désormais rassemblés. Les rares qui rentrent très vite ont le sentiment d'une totale ignorance et d'une immense stupéfaction. Tous racontent la foule massée devant l'hôtel Lutétia, le violent désir de parler et l'absence d'écoute, les problèmes de santé avec les séjours en sanatorium. Mais surtout, la spécificité du sort des Juifs n'est pas alors perçue par l'opinion publique. Les détenus des camps ont, dans la représentation qui en est donnée, été déportés pour antifascisme et/ou patriotisme. Malgré la brutalité des SS et des kapos, ils ont continué dans les camps la même lutte, hors du cadre national cette fois.

Séquelle majeure du génocide: les milliers d'orphelins juifs se trouvant en France à la Libération. Certains de ces enfants, dont les parents ont disparu, ont été placés dans des institutions ou des familles non juives. Il faut les retrouver, au prix parfois de drames dont rendent compte les archives de la «commission de dépistage» conservées aux archives du Consistoire central. Il faut aussi les prendre en charge. C'est, dans la continuité d'une action commencée dès l'avant-guerre et poursuivie pendant l'Occupation, l'ouverture de maisons d'enfants. Dans ce domaine, la communauté juive montre une vitalité et une créativité étonnantes. Elle est capable de prendre en charge les enfants des victimes et de les élever en refusant de se défausser de cette charge sur l'État. Dans ce domaine, il n'y a pas oubli, mais au contraire mémoire vivante dans cette volonté de fidélité à ceux qui sont morts parce qu'ils étaient juifs; cette fidélité consiste à faire en sorte que les enfants soient élevés dans un milieu juif:

« Nous nous considérons en effet comme les dépositaires d'un héritage sacré que les parents disparus nous ont légué, celui de conserver à la communauté juive son élément d'avenir », écrit Lucien Lublin, un des responsables de l'OPEJ (Organisation de protection de l'enfance juive), une organisation sioniste qui ouvre des maisons d'enfants, comme le font aussi l'OSE, la CCE (Commission centrale de l'enfance), d'obédience communiste, et d'autres.

Dernière question : celle de la restitution des biens. L'urgence absolue à laquelle sont confrontées les familles juives, dans un contexte de pénurie et de crise du logement, est de s'assurer un toit et un gagne-pain. Leur misère, après quatre années d'exclusion et de persécutions, est grande. A Paris, le nombre d'assistés passe de 9 630 personnes à la veille de la Libération à 29 786 en septembre 1944. En province, « la plupart des Juifs cachés dans les campagnes et les petits villages, et qui, pour des raisons de sécurité personnelle, n'osaient se faire connaître, affluent actuellement dans les grandes villes et assiègent nos comités de demandes de secours », note un des responsables de l'assistance. Parmi les problèmes matériels, celui du logement. Certes, le Comité français de la Libération nationale a envisagé très tôt le problème de la restitution des biens, et son ordonnance du 12 novembre 1943 a déclaré la « nullité des actes de spoliation accomplis par l'ennemi ou sous son contrôle ». Dès la restauration de la légalité républicaine, cette ordonnance est relayée par un ensemble de lois dont l'application pose toutefois maints problèmes, sensibles immédiatement dans la question du logement. Les incidents, lors de la récupération des logements notamment, sont-ils le signe de la persistance de l'antisémitisme ? Sont-ils l'expression d'une difficulté passagère, conjoncturelle, liée au fait que certains ont profité sans vergogne de l'absence des Juifs pour occuper l'espace social et l'espace urbain qui étaient les leurs avant-guerre? Les avis divergent tant il est difficile d'apprécier l'ampleur de l'antisémitisme. Alors que certains parlent de «poussée», d'autres constatent au contraire son faible niveau. C'est le cas notamment de Max Gottschalk, directeur du département Europe de l'American Jewish Committee, qui se fonde sur le fait que bien peu de Juifs souhaitent émigrer de France. Pour lui, «il est devenu clair qu'il n'y a presque pas d'antisémitisme patent en France, il est néanmoins un fait que la hantise du Juif est beaucoup plus grande qu'avant la guerre [...]. Dans les queues formées devant les magasins d'alimentation et ailleurs, on peut entendre les gens accuser les Juifs d'être responsables du marché noir et d'autres maux. Cependant, ces accusations, aussi répandues soient-elles, n'ont pas aujourd'hui un caractère général ou sérieux; elles ne sont, en tout cas, nullement partagées par le gouvernement de Gaulle qui s'est montré très généreux en vue d'apporter son concours à une guérison de blessures profondes dont les Juifs ont souffert.»

Après la tourmente

Anne Grynberg

Au lendemain de la guerre, les institutions communautaires sont véritablement sinistrées : de nombreux cadres ayant exercé des fonctions de responsabilités sont morts, dix-neuf rabbins sur soixante ont été déportés ou exécutés, les mouvements de jeunesse ont été décimés... Il faut pourtant les reconstruire très vite, afin de faire face à l'ampleur des problèmes qui se posent : difficultés économiques, sociales et psychologiques des rescapés, interrogations sur le sort des enfants restés seuls après la déportation de leurs parents, désarroi du groupe juif qui doit procéder à un réexamen souvent douloureux de son rapport à la France et de la définition de sa propre identité...

Pour l'essentiel, les organisations de l'avant-guerre restent en place, mais leur manière d'appréhender leurs fonctions et leur représentativité évoluent, ainsi que les rapports qu'elles entretiennent entre elles.

La reconstruction des institutions

Les clivages de l'entre-deux-guerres, souvent âpres, ont fait place peu à peu à une dynamique unitaire – au-delà des différences entre « autochtones » et « immigrés » et des divergences idéologiques. C'est dans ce souci qu'a été fondé, à la fin de 1943, le CRIF (Conseil représentatif des israélites de France, devenu après la guerre Conseil représentatif des institutions juives de France). Cette création marque symboliquement une date clé dans l'histoire des Juifs de France : pour la première fois, les représentants du judaïsme religieux admettent implicitement que l'on puisse avoir une approche différente et se définir juif en fonction de critères qui ne soient pas strictement confessionnels; et, pour la première fois, ils acceptent le principe d'une représentation politique des Juifs.

Néanmoins, les pesanteurs du passé sont lourdes et certaines tensions réapparaissent dans les années d'après-guerre. Le Consistoire central aspire à retrouver un rôle dirigeant au sein de la communauté organisée et voit dans la présidence du CRIF – qui lui revient statutairement – un moyen d'asseoir son autorité quelque peu ébranlée pendant les années de tourmente : il garde un droit de veto implicite sur toutes les initiatives, et les hommes qui accèdent aux fonctions de secrétaire général (Roger Berg, Albert Harrouche) lui sont tout dévoués. Dans les milieux immigrés, l'opposition entre communistes et sionistes (ou sionisants) reste vive : ainsi la candidature de Claude Kelman au poste de vice-président du CRIF, au printemps 1950, suscite-t-elle quelques débats, dans la mesure où il est depuis des années l'une des figures de proue de la Fédération des sociétés juives de France ; la rivalité entre cette association sionisante, très influente dans les milicux des Juifs immigrés, et l'UJRE (Union des Juifs pour la résistance et l'entraide, communiste) est loin d'être éteinte. Entre 1949 et 1953, les démissions se succèdent – la première étant celle du président Léon Meiss, grande figure du judaïsme français, successeur de Jacques Helbronner à la tête du Consistoire (après la déportation de celui-ci à l'automne 1943) et premier président du CRIF – et les assemblées plénières ne sont même plus convoquées régulièrement. Le CRIF semble en voie de déliquescence.

En 1953, le docteur Vidal Modiano, devenu président du CRIF après la démission de Léon Meiss, se montre désireux d'impulser discipline et dynamisme au sein de l'organisation. Il met à l'ordre du jour une modification des statuts, demeurés inchangés depuis le texte fondateur de 1944. Il souhaite que soit bien mise en évidence la spécificité indispensable pour être admis comme organisation-membre : d'abord et avant tout, « œuvrer pour le peuple juif ». Or, dans la droite ligne de l'idéologie communiste, l'UJRE tend à multiplier les prises de position strictement politiques – contre le réarmement allemand, contre la politique raciste de l'Afrique du Sud... – tout en refusant a priori toute remise en question de l'Union soviétique, même lorsque celle-ci commet à l'évidence des actes antisémites – comme le procès de Prague de novembre 1952 qui fait comparaître onze prévenus juifs (sur quatorze), accusés de trahison et d'intelligence avec l'ennemi, et présentés commes des « agents sionistes » – ou lance des anathèmes haineux contre le sionisme et Israël. Toutefois, les exclusions n'ont pas été prévues dans les statuts du CRIF, et il y a eu d'autres cas de divergence par le passé : ainsi le Bund n'a pas été exclu, alors qu'il a exprimé son opposition à la création du nouvel État juif. A partir de 1954, l'UJRE se voit mise en quarantaine, et le nouveau bureau du CRIF est dirigé par des membres du Consistoire et de l'Alliance israélite universelle – même s'il est précisé qu'ils sont élus à titre personnel.

Histoire du MRAP

Le MRAP (Mouvement contre le racisme, l'antisémitisme et pour la paix) est l'héritier du MNCR (Mouvement national contre le racisme), organisation clandestine créée pendant la guerre par la section juive de la MOI (Main-d'Œuvre immigrée). Il s'assume donc comme une organisation proche des communistes et comptant de nombreux Juifs.

Le MNCR avait développé un antiracisme clandestin, fondé sur une dénonciation du nazisme et des mesures antijuives, sur la solidarité concrète avec les victimes et sur un élargissement du combat à de nouvelles couches de la population (intellectuels, médecins, hommes d'église...). Après la guerre, le MNCR essaie sans succès de fusionner avec la LICA (Ligue internationale contre l'antisémitisme) à travers l'Alliance antiraciste. Mais cette alliance échoue devant les trop grandes divergences stratégiques, politiques et sociologiques.

Le MRAP naît en 1949 de l'échec de cette alliance et de la volonté des communistes de lutter différemment contre le racisme et de se lancer dans la bataille pour la dénazification et pour la paix, bataille essentielle qui montre ainsi sa proximité avec la stratégie communiste.

Présidé par l'avocat André Blumel, le MRAP est alors une fédération de plus de cent organisations, regroupant des organisations centrales proches des communistes, des organisations professionnelles et des sociétés d'originaires. Pour diffuser ses idées et relayer ses campagnes, il reprend le journal de l'UJRE (Union des Juifs pour la résistance et l'entraide), *Droit et Liberté*.

La question juive est source de rupture au sein même du MRAP. De nombreux militants communistes ne peuvent se résoudre à dénoncer l'antisémitisme dans les pays du bloc soviétique : pour eux, l'antisémitisme ne peut sévir dans un pays où il est officiellement illégal. Le MRAP reprend donc à son compte, dans les années 50, les versions soviétiques des grands procès dans les démocraties populaires et à Moscou et approuve la lutte contre le sionisme. Des dirigeants du MRAP, dont André Blumel, partent, se refusant à cautionner l'antisémitisme au nom d'impératifs politiques. Léon Lyon-Caen devient président du MRAP.

Le MRAP lutte également contre le colonialisme et dénonce les nouvelles formes de racisme dans le monde (anti-noir aux États-Unis notamment, anti-arabe et anti-immigré en France).

En 1977, le MRAP, considérant que l'antisémitisme est une des formes de racisme, devient le Mouvement contre le racisme et pour l'amitié entre les peuples. Il est actuellement dirigé par Mouloud Aounit.

C. A.

Il y a d'autres points de divergence. Lors de la discussion sur la nouvelle rédaction des statuts, la formule à adopter concernant le lien à Israël suscite un débat parfois animé ; finalement, la « sympathie du CRIF à l'égard d'Israël » est réaffirmée, mais de manière plus lapidaire que précédemment, sans préciser qu'il doit s'agir d'une « sympathie agissante » ; les implications pratiques de cet engagement restent à préciser...

Dix ans après sa fondation, le CRIF entre dans une période d'apaisement, garante d'une plus grande efficacité. C'est en tant que représentant d'un judaïsme unifié qu'il effectue les démarches nécessaires auprès des pouvoirs publics et devant les instances internationales. Aide aux réfugiés, mises en garde contre le réarmement de l'Allemagne, vigilance par rapport aux résurgences éventuelles du nazisme et vis-à-vis des manifestations d'antisémitisme en France... : les sujets de préoccupation ne manquent pas. En septembre 1952, d'autre part, le CRIF a signé – par l'intermédiaire de la Conference of Jewish Material Claims Against Germany – les accords de Luxembourg sur les réparations allemandes. Il suit de près les négociations qui aboutissent en octobre 1954, puis en juillet 1960, aux accords prévoyant les conditions d'indemnisation des ressortissants français par le gouvernement de la République fédérale allemande.

Les problèmes financiers sont en effet très lourds à gérer et, dans les années d'après-guerre, de nombreuses familles juives dépendent largement des œuvres d'assistance. En 1949, le Fonds social juif unifié (FSJU) est fondé dans le but de coordonner la collecte et la répartition des sommes nécessaires au travail social et aux activités culturelles – dont une grande partie provient du Joint (l'American Jewish Joint Distribution Committee, principale organisation philanthropique juive américaine et grand pourvoyeur de fonds pour la reconstruction des judaïcités européennes). Élie de Rothschild en assume la responsabilité.

Le Fonds social juif unifié

Le projet de créer un fonds social germe chez les responsables de l'American Joint Distribution Committee, la grande organisation philanthropique juive américaine qui aide à la reconstruction de la communauté juive dès la Libération. Ce projet remonte au début de l'année 1946. Il s'agit alors pour le Joint de cesser de financer complètement une communauté qui en a désormais moins besoin, et, tout en continuant à lui fournir aide technique et financière, de favoriser l'émergence d'une organisation capable de subvenir rapidement aux besoins des Juifs de France. Une organisation nouvelle doit donc être créée, sur le modèle des organisations communautaires américaines, notamment l'United Jewish Appeal.

Le FSJU est créé en 1949 et la presque totalité des organisations juives – si l'on excepte les organisations de la mouvance communiste en ces temps de guerre froide – y adhèrent. Dès lors, le FSJU coordonne et supervise toutes les initiatives qui ressortissent de l'activité sociale, culturelle et éducative, le politique étant dévolu au CRIF et le religieux au Consistoire. Le FSJU publie dès 1950 un périodique, qui devient *L'Arche.* Il aide à l'intégration des nouveaux immigrants ou des rapatriés d'Afrique du Nord. Il est aussi à l'initiative de la construction de centres communautaires, c'est-à-dire de lieux qui, comme aux États-Unis, rassemblent sous le même toit des activités cultuelles, culturelles et sociales. Dans les années 80, c'est encore lui qui soutient la création de très nombreuses écoles juives.

Depuis sa création, le FSJU finance ses activités au moyen d'une collecte. C'est seulement avec la guerre des Six-Jours qu'il parvient à créer un Appel juif unifié, c'est-à-dire une collecte unique pour les besoins communautaires et pour le soutien à l'État d'Israël.

A.W.

Au mois de mars 1957, Émile Touati (militant et dirigeant de plusieurs institutions juives d'après-guerre) dresse un bilan des premières années d'activité : « La création du FSJU [...] constitue une étape importante dans la renaissance de la communauté juive de France et dans la reconnaissance d'une identité juive qui aurait droit de cité à l'extérieur des synagogues. La communauté juive de France dispose maintenant, au point de vue social et culturel, d'un ensemble cohérent et organiquement articulé d'institutions répondant en gros aux nécessités d'une véritable présence dans la vie moderne : écoles à plein temps, patronages et cours complémentaires, services sociaux, colonies de vacances, journaux d'enfants et d'adultes, services d'édition et d'attribution de bourses d'études et de recherche. »

La presse juive connaît en effet un nouvel élan au cours de cette décennie. Le FSJU se dote d'un mensuel, *L'Arche.* Le Consistoire publie *Vendredi soir; Le Journal des communautés* et *Information juive* paraissent régulièrement. *La Terre retrouvée* présente le point de vue sioniste et informe ses lecteurs des premières réalisations du nouvel État juif. *Unzer Wort* soutient les opinions du Po'alei Tsion. Les communistes juifs font paraître la *Naye Presse.* De nombreux auditeurs écoutent l'émission radiophonique intitulée *Écoute Israël.* Sous l'impulsion de Georges Vajda, *La Revue des études juives* publie des articles d'érudition rédigés par des membres de la Société des études juives. Différentes bibliothèques se développent : celle de l'Alliance israélite universelle, partiellement récupérée après son transfert en Allemagne pendant la guerre, celle du centre Medem et celle du CDJC...

Le Centre de documentation juive contemporaine et le Mémorial du martyr juif inconnu

En avril 1943, à Grenoble, alors occupé par les Italiens, est créé le Centre de documentation juif, à l'initiative d'Isaac Schneersohn. Le travail du Centre pendant l'Occupation reste obscur. C'est à la Libération que sont véritablement constitués les fonds, largement grâce à Léon Poliakov qui se voit confier par le commissaire Berger, de la Sûreté nationale, les archives de l'administration SS en France. Une «manne de documents inédits», selon Edgar Faure, qui nourrira l'accusation française au procès de Nuremberg et qui vaudra en retour au CDJC d'être un des dépositaires des archives du procès. A ces premiers fonds d'archives, qui servent aux procès des collaborateurs, s'en ajoutent d'autres, des microfilms notamment, comme ceux des archives de l'UGIF (Union générale des israélites de France) dont les originaux se trouvent à New York.
Dès la libération du territoire, et parallèlement à la collecte d'archives, le CDJC se donne pour objectif d'écrire tout à la fois l'histoire du génocide et celle de la persécution des Juifs de France. Les travaux paraissent dans sa revue, *Le Monde juif,* première revue au monde consacrée intégralement à la Shoah, ou sous forme d'ouvrages publiés aux éditions du Centre. Parmi les 46 ouvrages publiés de 1945 à 1975, citons : *De Drancy à Auschwitz* de Georges Wellers; *Le Bréviaire de la haine; Le Troisième Reich et les Juifs* (1951, constamment réédité depuis), de Léon Poliakov; et *Le Commissariat aux questions juives* (1955-1960), trois forts volumes de Joseph Billig.
Au début des années 50, Isaac Schneersohn, pensant que la mémoire est mieux transmise par le rite que par la chronique, décide d'ériger à Paris le «tombeau du martyr juif inconnu». En 1953, lors d'une cérémonie grandiose à laquelle assistent toutes les autorités de l'État, la première pierre en est posée, dans le Marais, rue Geoffroy-l'Asnier. Le bâtiment, qui rassemble les archives, la bibliothèque (40 000 volumes aujourd'hui) et la photothèque du CDJC, une salle d'exposition et le Mémorial est inauguré le 30 octobre 1956. Le 12 février 1957, une urne contenant des cendres des camps d'extermination y est transférée et placée sous la flamme du souvenir. C'est le premier mémorial de la Shoah construit dans le monde. Des cérémonies du souvenir s'y déroulent régulièrement. Le 5 décembre 1997, par décision du président de

la République, Jacques Chirac, des fichiers qui se trouvaient au ministère des Anciens Combattants et qui suscitèrent de très vives polémiques (voir *supra*, J.-P. Azema, p. 202), y ont été transférés dans une enclave des Archives nationales spécialement aménagée dans la crypte.

A. W.

Émile Touati précise que cette coordination d'ailleurs encore loin d'être parfaite, « s'est réalisée selon un processus d'intégration non autoritaire et elle laisse, en général, une large marge d'autonomie aux institutions et aux œuvres qu'elle englobe [...]. Cette forme de fédéralisme est en soi recommandable, mais elle n'élimine ni les lacunes ni les doubles emplois. Sur un plan plus général, et tout en reconnaissant les progrès accomplis, on peut faire un double reproche à l'organisation actuelle de la communauté juive de France : insuffisance de centralisation au sommet, manque de vitalité à la base. Et il est évident que ces défauts sont solidaires. »

L'aide aux enfants et l'encadrement de la jeunesse sont définis par la direction du FSJU comme des objectifs prioritaires – condition *sine qua non* d'une véritable reconstruction.

La jeunesse juive : fidélité et promesse d'avenir

Les organisations juives sont déterminées, tout d'abord, à prendre en charge les enfants restés orphelins après la déportation de leurs parents. Il s'agit non seulement de les élever, mais de les élever « en Juifs », même si cette définition est plurielle. « Même les maisons d'enfants les plus petites veulent rester fidèles à ceux qui sont morts sans sépulture, en créant pour leurs enfants un lieu de vie spécifiquement juif, souligne l'historienne Katy Hazan. Chacun a son projet, en fonction des grandes orientations qui ont toujours uni et divisé le peuple juif : traditionaliste ou laïc, sioniste avec l'OPEJ (Œuvre de protection de l'enfance juive) et la Colonie scolaire, communiste avec la CCE (Commission centrale à l'enfance de l'UJRE), socialisante et yiddishiste avec le Bund, empreinte de scoutisme avec les EIF (Éclaireurs israélites de France) ou pluraliste avec l'OSE (Œuvre de secours aux enfants) ». Les chiffres sont difficiles à établir précisément, fluctuants, mais on peut estimer à près de 3 000 le nombre d'orphelins accueillis dans ces maisons d'enfants de l'après-guerre dont le nombre s'élève à soixante environ en 1947. A ce chiffre, s'ajoute plus d'un millier de jeunes rescapés des camps, originaires pour la plupart de l'Est européen – au nombre desquels les « Buchenwaldiens » (jeunes Juifs hongrois et polonais transférés de camp en camp pendant des années parfois, jusqu'à leur libération à Buchenwald) accueillis par l'OSE au printemps 1945. Par ailleurs, les instances communautaires aident de nombreux jeunes à retrouver des membres de leur famille, en France ou à l'étranger, puis leur accordent les subsides nécessaires pour s'installer – dans des logements privés ou dans les foyers ouverts pour les adolescents. Séquelles physiques, troubles nerveux : ces jeunes tentent de se reconstruire, difficilement. « Je nous revois, écrit Élie Wiesel dans la préface du livre de Judith Hemmendinger consacré aux *Enfants de Buchenwald.* Les moniteurs ahuris, les enfants désorientés. Sais-tu que pour nous, vous apparteniez à un autre univers ? Tout nous séparait : la langue, les conditions matérielles et, surtout, les souvenirs. » Des figures d'éducateurs restent cependant dans toutes les mémoires des orphelins de la Shoah : Isaac Pougatch, Shatta et Bouli Simon, les Pludermacher, les Hirsch…

Au-delà de ces cas tragiques, l'avenir de l'ensemble de la jeunesse juive de France – garant de la perpétuation du groupe –

est l'une des préoccupations majeures des dirigeants communautaires de l'après-guerre.

De nouveaux établissements scolaires sont créés, d'autres recommencent à fonctionner : les écoles Yabné, Maïmonide, Lucien de Hirsch à Paris, l'école Aquiba à Strasbourg…. Le philosophe Emmanuel Levinas, directeur de l'École normale israélite orientale fondée par l'Alliance et membre de la commission du plan d'action culturelle du FSJU, explicite l'importance que l'école juive revêt à ses yeux, tout en soulignant les carences de l'« israélitisme » français, dont il n'est plus possible selon lui de se satisfaire : « [...] L'école juive doit répondre à l'insuffisance de l'instruction et de l'éducation religieuses que les enfants peuvent recevoir dans leurs familles, écrit-il en février 1960. [...] L'instruction religieuse d'un enfant juif ne peut pas se limiter à des connaissances de catéchisme auxquelles suffiraient des cours du jeudi. La connaissance de la religion juive ne devient vivante qu'au rythme du calendrier légal, calqué sur le calendrier chrétien, devenu le rythme de la vie quotidienne. L'école juive, seule, peut faire entendre ce battement d'éternité sous les bruits du monde moderne, mais l'instruction religieuse juive suppose surtout une familiarité avec l'hébreu, ne fût-ce que pour une lecture intelligente du rituel. Et à l'époque où les souvenirs des persécutions raciales sont encore si vivants, le besoin religieux des familles ne peut plus se satisfaire des relations conventionnelles avec un culte auquel, passivement, on participe. On cherche l'intimité, l'authenticité (comme on dit aujourd'hui) et, par-dessus tout, un *sens*. Les parents, élevés à des époques moins dramatiques, n'ont souvent pas reçu eux-mêmes la formation qu'ils souhaitent pour leurs enfants. Même s'ils ne préjugent pas de leur avenir religieux au sens courant du terme, ils voudraient que les enfants « connaissent cela », pour qu'ils puissent comprendre éventuellement leur destinée juive autrement que comme un absurde malheur. »

Le Colloque des intellectuels juifs de langue française

Le 24 mai 1957 se réunissent à Versailles, dans une maison de l'OSE, quelques intellectuels juifs. L'idée initiale en revenait à Léon Algazi qui, pendant l'Occupation, avait souhaité permettre aux intellectuels juifs, exclus de l'Université, de se rencontrer. Edmond Fleg, qui présidait alors la section française du Congrès juif mondial, avait signé les invitations. André Neher, l'un des principaux animateurs du Colloque, explique ce projet par le constat que l'intellectuel juif donne le meilleur de lui-même à des combats louables et périlleux, s'exerce à la philosophie ou à l'histoire par exemple, mais reste ignorant du sens des valeurs religieuses, morales, culturelles et politiques du judaïsme. Le Colloque voulait répondre à cette carence. Le choix du Congrès juif mondial, comme cadre institutionnel, s'explique par le fait qu'il était assez large pour que l'intellectuel juif ne soit pas heurté dans ses convictions, tout en lui donnant la conscience d'être situé dans une communauté. Au lendemain de la Seconde Guerre mondiale, c'était, plus que jamais, fondamental. Parmi les premiers conférenciers du Colloque, on relève les noms d'Éliane Amado Lévy-Valensi, Edmond Fleg, Jean Halperin, Vladimir Jankélévitch, Emmanuel Levinas, Saül Lewin, Arnold Mandel, Albert Memmi, André Neher, Wladimir Rabi et Aron Steinberg. Au cours des années – on comptait 36 colloques en 1996 – ils furent rejoints par beaucoup d'autres dont on peut découvrir les contributions dans les actes du Colloque publiés chaque année. Ce Colloque, devenu un rendez-vous parisien régulier et attendu, a ses habitudes propres : ses visages connus et ses invités, venus parfois d'horizons non juifs, ses admirateurs et ses contestataires. Il attire et irrite, suscite la nostalgie et la polémique, mais incite surtout à la réflexion et au dialogue.

De nombreux thèmes y ont été abordés : ils concernent, par exemple, la morale et la politique, l'histoire et le pardon, le messianisme et les aspects religieux du judaïsme, Israël et les nations... L'un des titres – Jérusalem, l'unique et l'universel – peut retenir l'attention, car il montre bien l'enjeu majeur du Colloque : la réconciliation des intellectuels juifs, se voulant du côté de l'universel, avec l'unicité d'une tradition qui ne soit pas un particularisme confessionnel, mais bien une pensée digne de l'attention de tous, Juifs et non-Juifs. Loin de toute soumission à une autorité, mais sans toujours éviter le risque apologétique, le Colloque a permis à beaucoup de découvrir cette pensée.

Catherine Chalier

Les leçons talmudiques d'Emmanuel Levinas

Au lendemain de la Shoah, de nombreux Juifs français, formés à l'université mais restés ignorants de l'hébreu et de l'araméen, comme de l'esprit et des enjeux de la dialectique talmudique, désirent connaître leur tradition. Pendant de longues années (jusqu'en 1989), par ses leçons talmudiques, lors des colloques des intellectuels juifs, Emmanuel Levinas leur permet de découvrir quelques aspects du Talmud. Il a conscience que cet enseignement transmis, en français, à un public cultivé – mais rarement engagé dans une vie d'étude – risque de lui donner la hâtive et fausse conscience de posséder un savoir sur le judaïsme, dans l'oubli de la multiplicité des interprétations et en le dispensant de toute pratique. Surtout d'ailleurs parce que le philosophe privilégie les parties narratives – et non prescriptives – du Talmud, dont il est plus aisé, selon lui, de dégager des significations qui parlent à la raison. Mais ce danger doit être couru. Afin de ménager un accès au Talmud à des esprits pour lesquels, à cause de leur incompétence, il reste sans intérêt, Levinas se sert donc d'un langage moderne. Il veut, comme il le dit, traduire la signification, suggérée par les données singulières du texte araméen, en problèmes « qui préoccupent un homme instruit des sources spirituelles autres que celles du judaïsme et dont le confluent constitue notre civilisation ». La fidélité à la culture talmudique – reçue de son maître, Chouchani – doit s'allier, selon lui, à la liberté d'une recherche conduite en proximité des préoccupations de la modernité, elle ne doit pas inciter à s'enfermer dans le particularisme, mais être ouverte au dialogue.

Ce dialogue s'impose en effet car, pour Levinas, le judaïsme concerne l'humanité même de l'homme. Son exégèse des textes, constamment portée par ce souci, explique donc pourquoi les discussions talmudiques, même lorsqu'elles portent sur des questions apparemment désuètes, voire insignifiantes, mettent en cause des idées fondamentales. C'est pourquoi il n'accepte pas que la méthode historique soit le critère pertinent d'approche de ces textes : en rester là transforme en incidents des vérités qui font vivre le judaïsme. Selon lui, même si les discussions des sages proviennent de difficultés ou de conflits oubliés depuis longtemps, leur signification excède ces conditions historiques d'apparition. Elles visent toutes, ultimement, à donner conscience qu'appartenir à l'humanité constitue une « suprême responsabilité ».

C. Ch.

C'est dans le même souci que, dès 1946, se met en place une initiative nouvelle, sous l'impulsion de Robert Gamzon, commissaire national des Éclaireurs israélites de France : à l'école Gilbert-Bloch d'Orsay, de jeunes Juifs complètent leur formation universitaire par une étude approfondie des textes de la tradition juive, dans laquelle les guident des maîtres comme le philosophe Jacob Gordin et Léon Ashkénazi (« Manitou »), capables de commenter des heures durant les subtilités des textes fondateurs. Les futurs cadres communautaires devront allier la culture occidentale à une bonne connaissance du judaïsme.

Le déclin du religieux, au lendemain de la guerre, paraît en effet préoccupant.

Rester juif ?

Certes, le Consistoire central continue d'assurer la représentation du judaïsme français sur le plan religieux et, s'il a délégué son rôle politique au CRIF, il en assume statutairement la présidence. Mais l'infrastructure permettant l'exercice du culte et l'instruction religieuse n'existe plus guère. Des synagogues ont été détruites ou pillées et même celles qui restent debout n'ont pu être entretenues pendant les années de guerre. Les livres de prières font cruellement défaut. Le manque de rabbins est patent et, bien que l'École rabbinique ait recommencé à fonctionner dès octobre 1944, les candidats ne sont pas nombreux. Certains problèmes, très divers, demanderaient pourtant à être traités d'urgence.

Selon la *Halakhah*, les femmes dont le mari a été déporté ne sont pas reconnues comme veuves mais elles se trouvent dans la situation d'*agounah* – femme restée seule après la *disparition* de son mari – et ne peuvent se remarier religieusement; les enfants nés d'une nouvelle union auraient le statut de *mamzer*, « bâtard », particulièrement défavorable dans le cadre du judaïsme religieux. Dès 1946, les autorités religieuses de la communauté juive de France cherchent à trouver une solution humaine à cette difficile question.

Surtout, elles s'emploient à impulser un renouveau religieux parmi ceux qui, en grand nombre, se détachent de la pratique rituelle, perdant parfois même le désir de rester juif.

Sartre et la question juive

Dans ses *Réflexions sur la question juive*, écrites au lendemain de la Libération (l'ouvrage paraît en 1946 chez Morihien), Sartre analyse, plutôt qu'une figure positive, celle du Juif défini de l'extérieur, et notamment par l'antisémite. « Un Juif est celui que les autres considèrent comme juif. » Cette vision réductrice sera, au fil des décennies, souvent critiquée. La dialectique sartrienne renvoie dos à dos deux personnages que scelle une commune « mauvaise foi », celui de l'antisémite et celui du Juif inauthentique : l'un fonde l'autre. Le premier est dénoncé comme soumis à une « conception du monde prélogique », le second soumis au regard de l'autre, mais peint ici de façon positive : « [...] son rationalisme, son esprit critique, son rêve d'une société contractuelle, font de lui comme un indispensable levain de cette société. » Mais cet essai est également politique, l'antisémitisme est l'affaire de tous : « Pas un Français ne sera libre tant que les Juifs ne jouiront pas de la plénitude de leurs droits. Pas un Français ne sera en sécurité tant qu'un Juif, en France et *dans le monde entier*, pourra craindre pour sa vie. » A l'horizon du combat des Juifs et des autres : la révolution, seule capable de mettre un terme à l'antisémitisme. Nous sommes au lendemain de la guerre...

En mai 1967, à la veille de la guerre des Six-Jours, paraît le numéro spécial des *Temps modernes* consacré au conflit judéo-arabe. Sartre y réaffirme son attachement indéfectible à l'égard de l'État d'Israël.

Le troisième moment où Sartre explicite son rapport au peuple juif a lieu à l'occasion d'un entretien avec son « compagnon de route », le philosophe et ex-maoïste Benny Lévy. Dans cet entretien vivement controversé, l'on voit aussitôt une méchante manipulation de Benny Lévy. Les Juifs y sont alors définis en termes métaphysiques, dans une vision messianique pour le moins surprenante de la part de Sartre. Il reconnaît cependant là l'existence d'une histoire juive spécifique, faite d'un lien spécifique à Dieu et malgré la séculaire absence d'un État. Sartre a une constante fidélité concernant le peuple juif. Lui-même a considérablement évolué. Le Juif cesse d'être un pur produit de l'histoire, de la société, de l'économie, etc., il devient, redevient, le lieu d'une pensée du monde. Peut-être est-ce en ce point que révolution, espérance du premier Sartre, et messianisme juif, pensée ultime (si l'on accepte qu'en mars 1980, Sartre, malade, soit pleinement conscient de ses propos), se rejoignent comme souci éthique du monde.

H. R.

Il semble en effet que beaucoup de Juifs de France se posent plus ou moins implicitement la question : après tant de souffrances, subies jusque dans « le pays des droits de l'homme », faut-il rester juif ? On constate que les changements de nom augmentent de manière spectaculaire dans les années d'après-guerre : les recherches menées par Nicole Lapierre établissent que 85 % des demandes effectuées par des Juifs entre 1803 et 1957 sont postérieures à 1945. Le Consistoire central rédige à ce propos un rapport circonstancié et conclut qu'il y a là matière à inquiétude, même si « rien ne s'oppose à cette procédure au point de vue religieux » ; il redoute que ce soit le signe d'une volonté d'assimilation, comme le nombre accru des unions exogamiques, comme aussi l'adhésion de plus en plus faible aux instances communautaires.

Les changements de nom

En France, en dix ans, de 1947 à 1957, 2 150 changements de noms «de consonance israélite», selon l'expression du Conseil d'État, sont accordés par décret. Si ce chiffre ne paraît pas considérable, il traduit néanmoins une augmentation importante et significative dans un pays où la procédure est dissuasive et où très peu de Juifs y ont eu recours du début du XIXe siècle, à la veille de la Seconde Guerre mondiale. Dans la mesure où ces décrets s'appliquent également aux épouses et aux enfants mineurs, cela touche de 8 000 à 10 000 personnes sur une population juive alors estimée à 200 000, soit un pourcentage notable de près de 5 % qui double si l'on y ajoute les francisations de patronymes obtenues durant la même période par ceux qui ont acquis la nationalité française (une ordonnance du 2 novembre 1945 accorde la possibilité de franciser les noms étrangers à l'occasion de la naturalisation). Cette vague sans précédent va refluer dans les décennies suivantes, elle est évidemment liée au traumatisme des persécutions qui ont brutalement révélé la dangerosité d'une désignation aussi repérable et stigmatisante qu'une étoile jaune.

Les candidats au changement de nom sont socialement très divers : il y a parmi eux des médecins et des artisans, des commerçants prospères et des ouvriers à façon ; le phénomène n'est pas, en dépit du coût des démarches, cantonné aux milieux aisés. Cependant, les israélites français sont beaucoup moins nombreux que les immigrés récents à prendre cette décision. Les premiers, en effet, sont attachés à leur nom de famille, en raison d'une ancienneté d'usage et de notoriété, mais aussi parce qu'ils ont adopté la valorisation du système patronymique de la société française. Les seconds, au contraire, ont une expérience d'instabilité nominale et restent imprégnés par une tradition accordant plus d'importance aux prénoms dans la communauté qu'aux patronymes pour l'état civil et la cité. Originaires d'Europe orientale, naturalisés dans les années 20 et 30 ou peu après la Libération, certains ont connu, à leur arrivée, la situation illégale et précaire des «sans-papiers». Nombre d'entre eux se sont cachés sous de fausses identités pendant la guerre. En outre, leur itinéraire ou celui de leur famille est souvent déjà jalonné d'histoires compliquées de noms imposés ou modifiés, au gré des enregistrements et des passages de frontières. Bref, le patronyme qu'ils portent n'a ni grande profondeur généalogique ni réelle valeur culturelle et symbolique du point de vue du judaïsme. En l'abandonnant, ils veulent avant tout protéger leur descendance d'un éventuel regain d'antisémitisme. Ce faisant, ils ne renient pas pour autant une judéité qui imprègne leur existence. Partagés entre fidélité et rupture, ils refusent l'héritage du nom pour enrayer l'hérédité du malheur, mais ils donnent volontiers à leurs enfants, selon la tradition, comme premier ou second prénom, celui d'un de leurs parents décédés que, par ailleurs, ils n'évoquent presque jamais. Les repères de la filiation et de la transmission du passé prennent ainsi, dans ces familles, des chemins détournés sur lesquels les enfants, bien souvent, s'égarent. Aujourd'hui, sur fond d'une identité d'autant plus revendiquée qu'elle est fragilisée, certains cherchent à reprendre ces noms que leurs parents, pour eux, avaient quittés. En vain, car l'État français ne revient pas sur la politique d'intégration justifiant les changements de noms.

Nicole Lapierre

Plus encore : les conversions au christianisme ne sont pas chose rare, peut-être moins par conviction religieuse que pour fuir une identité porteuse de souffrances.

Afin de revivifier la vie religieuse, Léon Meiss souhaite lancer une réforme des institutions. En janvier 1946, il expose son programme à ses collègues. « Il s'agissait tout d'abord, explique Simon Schwarzfuchs, de réunir sous l'autorité du Consistoire central tous les groupements, quels qu'ils fussent, qui se réclamaient du judaïsme religieux, de créer un climat propre à un retour à la religion, notamment grâce à des publications appropriées, d'intensifier les relations avec les communautés juives de l'étranger et d'œuvrer en faveur de l'établissement d'une autorité suprême, d'un Sanhédrin qui donnerait, sous une direction unique, une unité de doctrine et d'action au judaïsme mondial [...]. Meiss souhaitait également le renforcement de l'autorité du grand rabbinat et le développement de l'école rabbinique. Pour cela, il réclamait une organisation centralisée qui n'était pas sans rappeler celle du temps de guerre, et les moyens financiers nécessaires [...]. »

Afin de prendre des décisions concrètes, Léon Meiss réunit en juin 1946 les premières assises du judaïsme – appelées à se réunir une fois par an. Mais les points retenus à l'ordre du jour sont moins ambitieux que les projets du président et se limitent aux questions urgentes sans envisager un plan plus global : reprise de l'observance religieuse ; réorganisation de l'instruction religieuse ; lutte contre le prosélytisme chrétien ; encouragement des mariages entre Juifs.

Il faudra attendre la seconde moitié des années 50 et la recomposition du judaïsme français pour assister à un réel renouveau religieux – largement impulsé par les nouveaux arrivants des pays du Maghreb.

Globalement, cette période se caractérise par une nette augmentation de la population juive et l'on considère qu'en 1960, celle-ci a retrouvé et même dépassé les effectifs de l'avant-guerre, approchant les 300 000 personnes – environ 1 % de l'ensemble de la population française.

Cette poussée démographique (entre 80 000 et 100 000 personnes en une quinzaine d'années à peine) s'explique par plusieurs facteurs.

Tout d'abord, il apparaît que les jeunes couples de l'après-guerre ont un taux de fécondité important. Celui-ci s'inscrit certes dans le *baby-boom* national, mais de manière particulièrement nette par rapport à la moyenne nationale, sans doute par réaction après les lourdes pertes humaines subies pendant la Shoah : les familles juives de trois, voire quatre enfants, ne sont pas rares – alors que le modèle parental était plutôt celui de l'enfant unique, ou de deux enfants.

Un flux migratoire constant (même s'il est irrégulier) alimente par ailleurs le groupe juif de France au cours des années d'après-guerre. Il s'agit d'abord de personnes déplacées (D.P.) dont les camps sont peu à peu fermés, puis de réfugiés de provenances diverses.

L'accueil des réfugiés

Entre 1946 et 1950 arrivent des Juifs d'Europe centrale et orientale appartenant désormais au bloc soviétique : Hongrie, Roumanie, Bulgarie, Pologne... Si certains ressortissants de ces pays, arrivés en France dans les années 20 ou 30, sont repartis « construire le socialisme », d'autres – appartenant surtout à la petite et moyenne bourgeoisie, ainsi qu'aux milieux intellectuels et artistiques – s'enfuient « à l'Ouest », pour des raisons politiques ou économiques.

Même si ces réfugiés juifs ne figurent pas comme tels dans les statistiques officielles – qui ne mentionnent pas l'identité confessionnelle de chacun –, il apparaît nettement que le réseau de solidarité communautaire joue pleinement son rôle pour les aider à s'intégrer dans la société française, au moins sur le plan économique : la Caisse israélite de prêt, dépendant du Consistoire, leur accorde des subventions conséquentes pour créer des entreprises artisanales ou commerciales; grâce à son réseau scolaire d'enseignement technique, l'ORT contribue avec efficacité au reclassement professionnel de 22 000 d'entre eux entre 1945 et 1948; l'Entraide universitaire octroie des bourses à ceux qui veulent poursuivre des études plus longues, en fonction de critères très sélectifs, largement liés aux contraintes budgétaires et aux débouchés professionnels possibles.

Au milieu des années 50, il s'agit d'immigrants quelque peu différents, même s'ils sont de même origine géographique. Certains n'avaient jamais quitté leur pays, d'autres font partie de ces militants repartis au lendemain de la guerre, « de ceux qui avaient la foi, écrit Edgar Reichmann dans un article, publié dans *L'Arche*, d'avril 1959 : jeunes Juifs pour lesquels la société socialiste semblait être la seule capable de les défendre contre les discriminations, en leur assurant, en même temps, un avenir à la mesure de leur enthousiasme ; hommes âgés ayant passé leur vie à rêver d'un ordre social fait de justice et de liberté ; intellectuels qui avaient refusé de s'assumer comme Juifs et qui avaient voulu confondre leur sort avec celui des communautés environnantes dont ils estimaient les aspirations. [...] Ce n'est ni la pauvreté ni les soucis d'ordre matériel qui les ont poussés à abandonner ce qu'ils avaient tant aimé. [...] Aujourd'hui, ils sont à Paris et ils promènent un désenchantement plus vieux qu'eux, à travers les boyaux du métro, les cafés ou le long des quais de la Seine, en attendant un éclaircissement, un signe qui puisse les rendre à eux-mêmes, les situer quelque part. »

En 1956-1957, deux nouvelles vagues d'immigration se produisent, de manière quasi simultanée.

Après l'intervention militaire soviétique à Budapest, le 3 novembre 1956, 17 000 Juifs quittent la Hongrie et franchissent la frontière autrichienne. Parmi eux, la grande majorité rêve des États-Unis et un millier à peine décide de s'établir en France : il s'agit alors d'un choix délibéré, dans la plupart des cas pour retrouver des membres de la famille installés précédemment. Les nouveaux venus sont surtout de jeunes célibataires, et les familles chargées d'enfants sont peu nombreuses. Ceux qui arrivent parmi les premiers trouvent assez facilement du travail, d'autant plus qu'ils ont souvent une formation professionnelle dans le domaine technique qui pallie leur ignorance de la langue française : ils sont ingénieurs, techniciens, ouvriers qualifiés. Cependant, le nombre croissant d'immigrés conduit peu à peu les autorités à organiser de manière directive leur éparpillement sur le territoire national : ceux qui sont envoyés à Metz ou à Strasbourg parviennent à s'intégrer assez rapidement, mais il n'en va pas de même pour ceux qui se retrouvent dans de petites localités de la Vienne, de l'Allier ou du Doubs où ils éprouvent un lourd sentiment d'isolement. D'autres croupissent pendant des mois dans des camps aménagés dans la région lyonnaise ou aux abords de Rouen, subissant des conditions de vie plutôt sommaires et une promiscuité qui aiguise les tensions, notamment entre Juifs et non-Juifs. Il est intéressant de noter par ailleurs que deux intellectuels juifs, aux itinéraires contrastés, prennent fait et cause pour les insurgés hongrois : Manès Sperber et Raymond Aron.

La deuxième vague migratoire des années 1956-1957 concerne les Juifs d'Égypte. A la suite de la crise de Suez, le gouvernement prononce une mesure d'expulsion des ressortissants britanniques et français – parmi lesquels nombre de Juifs. Dans les semaines suivantes, Nasser exprime clairement le souhait de voir les Juifs quitter massivement le pays, quelle que soit leur nationalité. Sept mille environ arrivent en France et, après quelques semaines passées dans des camps de transit ouverts près de Marseille, essaient de trouver un lieu d'implantation et des moyens de subsistance.

En effet, la plupart d'entre eux, pourtant bourgeois aisés en Égypte – commerçants, banquiers, membres de professions libérales – arrivent dans un état de grand dénuement : leurs biens immobiliers ont été saisis, leurs entreprises liquidées à des prix dérisoires, leurs comptes en banque gelés… Il ne leur est guère possible, dans la majorité des cas, de trouver un appartement à Paris – où sévit alors une sévère « crise du logement ». Une dizaine de familles est même logée dans une institution de l'abbé Pierre, au Plessis-Trévise. Afin d'opérer une décentralisation nécessaire, les pouvoirs publics réquisitionnent un certain nombre d'hôtels… à Vichy, pour y accueillir les réfugiés. Certains s'établissent ensuite dans les alentours; d'autres choisissent plutôt la Provence, où commencent à revivre des communautés qui avaient presque disparu, comme celles de Carpentras ou d'Aix-en-Provence; d'autres encore décident de vivre près de Grenoble, devenus familiers de la région après avoir été hébergés quelques mois au centre de Notre-Dame-de-l'Osier. Avec le soutien financier du Joint, le FSJU leur fournit des allocations journalières qui complètent celles que versent les services du ministère français des Affaires étrangères. Le COJASOR (Comité juif d'action sociale et de reconstruction) gère l'aide directe au quotidien. De son côté, l'OSE accueille des enfants de santé déficiente dans ses *homes* suisses.

Dans le numéro de *L'Arche* de juin 1957, Béatrix Beck – prix Goncourt 1952 – publie une enquête intitulée «Quelques images d'un grand drame»: «Ce qui frappe d'abord chez tous, décrit-elle, c'est leur présentation impeccable : on dirait qu'ils sortent d'un foyer modèle et mènent une vie calme et sûre. La perfection de leur français est émouvante : il s'agit vraiment pour eux d'une langue maternelle, même lorsqu'ils ne possèdent pas la nationalité française.» Après avoir décrit le sort particulièrement difficile des familles nombreuses, qui s'entassent dans des chambres d'hôtel (lorsque les enfants y sont acceptés) ou dans des foyers, l'écrivain consacre quelques lignes aux problèmes spécifiques rencontrés par les femmes : «Pour elles, l'effort d'adaptation doit être beaucoup plus grand encore que pour les hommes : non seulement elles n'exerçaient aucune profession, les apports du mari suffisant à faire vivre toute la famille, mais encore elles s'occupaient peu de la maison, ayant généralement plusieurs domestiques. […] Démunies au suprême degré, ne possédant souvent pour tout vêtement que ceux qu'elles portent sur elles, la plupart des malheureuses n'en continuent pas moins à mener une vie en quelque sorte mondaine, allant se visiter les unes les autres dans leurs chambres plus ou moins borgnes, mettant en commun leurs soucis bien justifiés et leurs espérances parfois chimériques. Même pour la chasse au logement, elles sont peu aptes : là-bas, chez elles, c'est l'homme qui se chargeait de tout. » Mentionnons aussi un sous-groupe au sein de cette immigration : celui de militants ou de sympathisants communistes, largement déstabilisés par leur départ forcé d'Égypte.

Au bout de quelques mois, un pourcentage relativement important de réfugiés d'Égypte parvient à s'installer dans de nouvelles localités implantées dans la grande banlieue parisienne : Villiers-le-Bel, Épinay, Sarcelles, Orly, Créteil... Là, ils ont souvent pour voisins des Juifs du Maghreb de récente immigration : 1956 est aussi l'année de l'indépendance du Maroc et de la Tunisie.

Les premiers arrivants d'Afrique du Nord

A partir de 1952, des Juifs de Tunisie débarquent sur les quais de la Joliette ou atterrissent à l'aéroport d'Orly – au rythme des crises politiques, des tensions entre l'État français et le mouvement nationaliste tunisien, des étapes de la décolonisation, en liaison aussi avec l'évolution du conflit israélo-arabe. Ils se regroupent surtout dans le 9e arrondissement de Paris, autour de la rue du Faubourg-Montmartre ou à Belleville, quartier traditionnel d'installation des immigrants au moment de leur arrivée; d'autres s'installent dans la banlieue de la capitale, à Garges-lès-Gonesse et, surtout, à Sarcelles; d'autres, désireux de vivre sous des cieux ensoleillés, décident d'habiter plutôt dans la région de Marseille, à Montpellier, à Toulouse, à Nice...

Lyon et Strasbourg voient également leur population juive s'accroître. Ainsi se confirme une nouvelle carte de la judaïcité française, toujours plus dispersée à travers le pays.

Les premiers Juifs du Maroc arrivent quant à eux à partir de 1954, puis ce flux migratoire connaît un étiage de quelques années après 1956, car les autorités du pays refusent de laisser se développer des départs massifs. Leur «choix» se porte plutôt sur le Canada. Ceux qui partent pour Israël sont souvent les plus défavorisés, qui n'ont pas vraiment le «choix». Le CRIF continue à être très attentif au sort de ces communautés, intervenant à plusieurs reprises auprès des autorités françaises pour demander leur protection (à la suite du pogrom de Petitjean en août 1954) ou protestant officiellement contre le sort qui leur est infligé (ainsi, à la fin de 1960, après la catastrophe du *Pisces* qui cause la mort par noyade d'une cinquantaine de Juifs marocains essayant de partir clandestinement en Israël).

Entre 1954 – année de la «Toussaint rouge» – et 1962, l'inquiétude des Juifs d'Algérie grandit face à la situation chaotique et au manque de sécurité qui règne dans le pays, notamment en ce qui concerne les minorités non musulmanes visées par les actes terroristes : d'abord presque impalpable, elle fait peu à peu place à l'angoisse et, souvent, à un véritable désespoir. Les premiers départs s'organisent, encore peu nombreux : en 1957, on estime à deux cents le nombre de Juifs d'Algérie arrivant chaque mois en métropole. Marseille attire une grande partie d'entre eux et devient à la fin des années 50 la deuxième ville juive de France. Dans la mesure où les Juifs d'Algérie sont de nationalité française, les autorités ne peuvent s'opposer à leur libre installation, même si elles considèrent dès 1961 que la ville atteint son «point de saturation, tant au point de vue économique qu'humain».

Le 5 décembre 1958, l'assemblée générale de l'ONU vote une résolution décidant de faire de 1959 «l'Année mondiale du réfugié ». Les instances communautaires juives de France mettent leur point d'honneur à contribuer activement à la campagne de collecte lancée en France, avec l'objectif de recueillir entre cinq cents millions et un milliard de francs. Outre l'aspect strictement financier, elles soulignent les impératifs humanitaires, prépondérants à leurs yeux.

Il apparaît nettement que les dirigeants des institutions juives ont tiré les leçons de l'entre-deux-guerres et ne veulent surtout pas reproduire les maladresses commises alors vis-à-vis des « étrangers ». Ils soulignent les « promesses » que comprennent ces vagues migratoires, ainsi que la nécessité de laisser aux nouveaux venus, dès que possible, la plus grande autonomie : « Rien n'a été épargné pour réduire au minimum le stade de la dépendance de tous ces réfugiés, note dans un rapport de décembre 1959 un représentant des services sociaux du Consistoire. L'aide immédiate a dépassé, et de beaucoup, les normes habituelles de l'assistance ; la recherche d'emploi fut poussée par tous les moyens, dans une conjoncture – il est juste de le souligner – heureusement favorable. Et l'établissement définitif des familles a été accéléré grâce à une politique délibérée d'investissement, de prêts et d'allocations. C'est par centaines de millions qu'à travers le Comité de bienfaisance israélite de Paris, le COJASOR, la Caisse israélite de démarrage économique, l'Action sociale par l'habitat et d'autres œuvres du FSJU, a été complétée l'aide généreuse du gouvernement français, du Haut Commissariat aux réfugiés et du Service social d'aide aux émigrants. Que nous voilà loin du cruel abandon et de l'inorganisation d'antan, aussi bien que de l'indignité des secours de charité d'autrefois ! »

Au mois de mars 1960, lors de la dixième assemblée générale du FSJU, le président, Guy de Rothschild, tient à affirmer que « les réfugiés sont le renouvellement du judaïsme » et que les institutions françaises sont prêtes à assumer toutes leurs responsabilités. Et Wladimir Rabi – connu pour son franc-parler – de confirmer : « L'ancien conflit entre autochtones et immigrés s'est résorbé avec le temps et l'épreuve commune. Instruits par l'expérience, nous ne pouvons nous permettre de le voir resurgir. »

Les chantiers du Consistoire

En 1959, le président de l'ACIP, l'Association consistoriale de Paris, Alain de Rothschild (1954-1967) lançait un appel aux dons pour ce qu'il nommait « les chantiers du Consistoire », reprenant ainsi le nom du mouvement de construction d'églises dans les quartiers périphériques de Paris lancé à Noël 1931, à l'initiative du cardinal Verdier : les « chantiers du cardinal ».

« Un bouleversement démographique se produit, expliquait alors Alain de Rothschild, auquel les ressources ordinaires de notre communauté ne peuvent faire face. L'éclatement de Paris, la construction de cités satellites, la poussée des jeunes, l'afflux considérable de nos coreligionnaires venus d'Afrique du Nord et d'Égypte ont provoqué la création de nombreuses agglomérations juives dans les nouvelles habitations collectives de la grande banlieue. Dès à présent, on trouve 300 familles à Villiers-le-Bel, 200 à Épinay, 180 à Sarcelles, 160 à Orly, 150 à Créteil et 120 à Gennevilliers. Dans ces cités, et ailleurs encore, s'intalle une population pour laquelle le judaïsme est un lien moral précieux pendant que s'opère son entrée dans la vie sociale de la France métropolitaine [...]. Des institutions doivent être créées. Les pouvoirs publics nous invitent à le faire. »

La première synagogue-centre communautaire fruit de ce programme est inaugurée le 17 juin 1962, à Villiers-le-Bel ; celle de Sarcelles, le 11 juillet 1965. Leur conception même est nouvelle, puisque le centre n'est pas seulement le lieu du culte, mais aussi celui où se déroulent toutes les activités communautaires : conférences, concerts, réunions, débats, activités d'enseignement...

En 1982, le bilan est considérable : trente-six synagogues et centres communautaires, neuf bains rituels, deux foyers pour personnes âgées, un centre et un foyer pour étudiants.

A. W.

Il faut bien sûr se garder de tout angélisme naïf. L'arrivée massive des Juifs d'Algérie, à partir de 1961-1962 surtout, ne fut pas accueillie par tous avec un égal enthousiasme et, au sein même du groupe juif, certains a priori peu favorables s'exprimèrent parfois.

Les responsables communautaires s'affirment prêts à gérer la situation nouvelle, ce qui n'est pas toujours chose aisée. Car sur bien des points, l'image du groupe juif s'est transformée.

La structure socio-professionnelle

Jusqu'au milieu des années 50, la base ouvrière de sa structure socio-économique – encore importante à l'aube de la guerre, même s'il s'agissait plus souvent d'un prolétariat d'atelier que d'un prolétariat d'usine – s'amenuise progressivement. Certes, le phénomène très minoritaire des ouvriers juifs d'origine marocaine, arrivés dès 1915 dans la région lyonnaise et qui travaillent comme manœuvres dans les usines Rhône-Poulenc et Saint-Gobain, à Saint-Fons ou à Vénissieux, perdure encore, mais le vieillissement de la population juive de Belleville, « berceau du judaïsme prolétarien » selon la formule de Charlotte Rolland, témoigne de la mobilité sociale ascendante qui demeure la règle générale : les enfants des immigrants de l'entre-deux-guerres quittent le quartier en changeant de statut social.

Les « métiers juifs » traditionnels – dans la confection, le tricot, la bonneterie, le cuir – sont progressivement abandonnés par des jeunes gens qui s'orientent vers des métiers plus « modernes ». Les écoles de l'ORT, en particulier, incitent leurs élèves à poursuivre leur formation dans les domaines de l'électronique, de l'électrotechnique, de la mécanique… Les plus doués, ou les plus chanceux, poursuivent des études supérieures et le nombre des étudiants juifs dans les universités est relativement élevé : 3 % de l'ensemble de la population juive, alors que la moyenne nationale est seulement de 0,55 %. La médecine et le droit sont considérés par les familles comme des voies royales.

On voit ainsi se développer des classes moyennes juives, plus ou moins aisées financièrement, composées d'ouvriers spécialisés, de cadres moyens, de fonctionnaires. Les réussites spectaculaires restent le fait d'un petit nombre de personnes; on cite souvent le nom de Marcel Bleustein-Blanchet, le « père » de la publicité moderne.

Dans la seconde moitié des années 50, l'arrivée de nouveaux immigrants – et en particulier des Juifs originaires du Maghreb – fait apparaître une nouvelle couche populaire juive en France : les ouvriers non qualifiés sont nombreux, comme les employés subalternes, les petits artisans et les commerçants modestes.

Cette structure socioprofessionnelle ainsi qu'une histoire et une culture largement différentes désarçonnent parfois les Juifs établis en France de plus longue date – y compris les immigrés de l'entre-deux-guerres –, qui éprouvent alors quelques difficultés à retrouver leur place au sein de la société française.

A la recherche d'une nouvelle identité

Les Juifs de France sont sortis de la guerre non seulement blessés, déchirés par les souffrances endurées, mais également profondément ébranlés dans leurs convictions. La formule si souvent répétée : « Heureux comme Dieu en France... » paraît tragiquement dérisoire, la confiance dans la « patrie des droits de l'homme » vacille, le modèle même de l'émancipation est parfois remis en cause, dans le tréfonds des consciences.

Ces questions qui taraudent bon nombre de Juifs de France sont souvent étouffées. « La préoccupation fondamentale des Juifs est alors de rentrer de plain-pied dans la nation française », écrit André Kaspi, qui note cependant qu'il faut se garder de voir dans « cette attitude délibérément et exagérément patriotique », le signe d'un aveuglement total : on sait bien qu'on a été arrêté par la police française, même si on répète à l'envi que les lois de Vichy ont été imposées par l'occupant – processus d'autosuggestion peut-être nécessaire pour maintenir intact l'attachement à la France, toujours considérée comme l'héritière fidèle de la Révolution française ? Seules quelques voix – comme celle de l'écrivain et militant sioniste Henri Hertz – s'élèvent pour que « soit levé le secret où, depuis la Libération, a été mis le problème juif, rouvert en 1940, développé pendant cinq ans dans le crime et l'injure, puis renfermé dans le silence ».

Quant aux Juifs d'origine étrangère, ils sont nombreux – du moins jusqu'aux années 50 – à trouver dans le Parti communiste français un motif d'espérance et un creuset assimilationniste ; les combattants de la MOI « aux noms imprononçables » se fondent dans le résistancialisme ambiant.

Il arrive pourtant que les esprits s'enflamment et que resurgissent les anciennes passions, sur fond de revendication identitaire plus ou moins consciemment exprimée. En témoigne le retentissement de l'affaire Finaly.

Fils de Juifs autrichiens réfugiés en France après l'Anschluss, Ruben/Robert et Guedalia/Gérald Finaly sont nés en France, en Isère, respectivement en 1941 et en 1942. Après l'arrestation de leurs parents, déportés en avril 1944 et assassinés à Auschwitz, les deux enfants sont confiés par une voisine à une crèche municipale de Grenoble, dirigée par

Antoinette Brun. Au printemps 1945, celle-ci est contactée par une tante des garçons qui, installée en Nouvelle-Zélande, souhaite les faire venir auprès d'elle. Ayant adressé une réponse dilatoire, elle dissimule l'existence de cette parente au juge chargé de la constitution d'un conseil de famille et se fait nommer tutrice des enfants. A la fin de 1948, une autre tante vivant en Israël intervient à son tour pour récupérer ses neveux dont elle apprend avec stupeur le récent baptême et la toute prochaine naturalisation française, à l'initiative d'Antoinette Brun, laquelle refuse de céder aux injonctions de la justice et cache les enfants, avec la complicité d'un véritable réseau d'ecclésiastiques; on ne retrouve leur trace qu'en février 1953, au collège Saint-Louis de Gonzague à Bayonne. Quelques jours plus tard, ils disparaissent à nouveau et passent en Espagne, malgré une enquête de police pour rapt d'enfants qui aboutit à l'inculpation d'une vingtaine de personnes.

L'affaire est suivie avec passion. Les milieux juifs s'indignent de ce prosélytisme offensif qui évoque le scandale Mortara du XIXe siècle : un enfant juif de Bologne, Edgardo Mortara, avait été baptisé clandestinement par une servante, puis enlevé à ses parents et enfermé dans un couvent. Finalement, Jacob Kaplan – alors grand rabbin de Paris – négocie avec les dirigeants de l'Église catholique, par l'entremise du révérend père Pierre Chaillet, fondateur de *Témoignage chrétien* pendant les années de guerre. Les discussions aboutissent à l'accord suivant : les enfants Finaly rentreront en France et seront remis à leur famille d'origine, et l'Église catholique n'interviendra plus dans leur existence; en échange, toutes les plaintes déposées contre ceux qui ont participé à leur enlèvement et à leur dissimulation devront être retirées.

L'affaire des enfants Finaly dépasse très largement le simple fait divers, et elle est emblématique des difficultés que rencontrent alors les relations judéo-chrétiennes.

Jacob Kaplan (1895-1994)

Figure marquante du judaïsme français, Jacob Kaplan naît en 1895 dans le *Pletzl* à Paris. Son père, fils d'un rabbin de Minsk et fraîchement immigré, y tient un commerce.

Jacob Kaplan se destine très tôt à la carrière rabbinique. Mobilisé en 1914, il termine ses études de rabbin après la guerre et obtient en même temps une licence de philosophie à la Sorbonne. Il est d'abord en poste à Mulhouse, puis à Paris où il est successivement chargé des communautés de Notre-Dame de Nazareth et de la Victoire. Il épouse en 1925 Fanny Dichter qui le soutient tout au long de sa carrière. Ils ont cinq enfants.

Dans les années 30, il est le « rabbin sioniste » – il participe aux réunions du Mizrahi et prononce un sermon fameux lors de la Pâque 1937 – et, en tant qu'ancien du 411e régiment d'infanterie, le « rabbin des anciens combattants ». A ce titre, il participe à de nombreuses commémorations. Celles des Croix-de-Feu lui valent de nombreuses critiques.

En 1939, il devient auxiliaire du grand rabbin de France Isaïe Schwartz. Il interpelle courageusement Xavier Vallat dans une lettre lue publiquement dans la synagogue de Vichy en 1941. Il devient grand rabbin de France par intérim début 1944.

Dès la fin de la guerre, il participe activement à la reconstruction du judaïsme français et à l'élaboration d'un dialogue judéo-chrétien. Il assiste, en 1947, à la conférence de Seelisberg et joue aussi un rôle majeur dans le dénouement de « l'affaire Finaly ».

Élu grand rabbin de Paris en 1950, puis grand rabbin de France en 1955, homme de dialogue et diplomate, Jacob Kaplan entretient de bons rapports avec les différents chefs du gouvernement français. Fidèle à la France et à son engagement en faveur d'Israël, il met fin lors de son entrevue avec de Gaulle le 1er janvier 1968, à l'accusation de « double allégeance » qui pèse sur la communauté juive de France. Le chef de l'État convient que l'on peut être « un bon sioniste et un bon Français ».

Jacob Kaplan, grand-croix de la Légion d'honneur et de l'ordre du Mérite, est aussi un intellectuel respecté qui a publié de nombreux ouvrages (*Les Temps d'épreuve, Judaïsme français et sionisme, Justice pour la foi juive, N'oublie pas...*). En 1967, il entre à l'Institut des sciences morales et politiques où il occupe le siège laissé vacant par Georges Duhamel. Parti en retraite en 1980, il prend le titre de grand rabbin du Consistoire central. Il meurt en 1994.

Muriel Honet-Kintzinger

Le difficile dialogue judéo-chrétien

Dès la fin de la guerre, et surtout après la découverte de la réalité de la Shoah, une réflexion s'amorce sur la responsabilité du monde chrétien vis-à-vis des persécutions subies par les Juifs : de quel poids a pesé la tradition historique de l'antijudaïsme à fondement religieux dans le développement de l'antisémitisme moderne? De quelle manière cet « enseignement du mépris » a-t-il façonné les opinions publiques européennes? Quelle a été l'attitude des dignitaires des Églises face au nazisme? Comment se sont-ils comportés en France, alors que les Juifs étaient persécutés? Quels sentiments ont-ils exprimés par la suite?

Le 7 janvier 1946, Jules Isaac – qui achève alors son grand ouvrage, *Jésus et Israël*, publié en 1948 – écrit sa déception et son amertume à Hubert Beuve-Méry : « Quelques mois à peine après Auschwitz, on pouvait espérer que le monde civilisé serait secoué jusqu'au tréfonds de l'âme par cet excès de monstruosité sanguinaire, qu'il s'unirait dans un devoir de commémoration et de réparation, que tous ces lieux de torture deviendraient des lieux sacrés pour l'humanité entière. [...] Hélas, nous sommes loin du compte. Tant que les Églises et leurs fidèles n'auront pas pris conscience de ces responsabilités initiales chrétiennes, l'antijudaïsme gardera sa virulence. » Rares sont alors les chrétiens qui, tel Stanislas Fumet, osent déclarer qu'« après Auschwitz, l'Église aurait dû se déchirer les vêtements ». Et seuls quelques théologiens approfondissent la question de la filiation entre judaïsme et christianisme. Qui prend connaissance des deux numéros de la revue *Esprit* consacrés aux Juifs (1945 et 1947), de l'étude intitulée «Judaïsme et christianisme» publiée dans *Témoignages* par des moines de la Pierre-qui-Vire en mars 1946, ou encore des réflexions doctrinales sur «les racines hébraïques du christianisme» présentées par le père Paul Démann dans *Les Cahiers sioniens* entre 1947 et 1955? L'antijudaïsme chrétien est encore profondément ancré dans les mentalités, comme le montre par exemple ce passage du best-seller de Daniel-Rops, *Jésus en son temps*: «Le visage d'Israël persécuté emplit l'histoire, mais il ne peut faire oublier cet autre visage, sali de sang et de crachats, et dont la foule juive, elle, n'a pas eu pitié. [...] Il n'appartient peut-être pas à la charité chrétienne de faire que l'horreur du pogrom ne compense, dans l'équilibre secret des volontés divines, l'insoutenable horreur de la crucifixion.»

Jules Isaac rédige une réponse cinglante qui paraît dans *Europe*. Il souhaite cependant faire évoluer le débat vers un véritable dialogue et tente de convaincre Juifs et chrétiens de la nécessité de ce rapprochement. Il rencontre des appuis dans les deux groupes: Jacques Maritain, Jacques Madaule, Henri-Irénée Marrou, Edmond Fleg, Sammy Lattès, Jacob Kaplan... Après de nombreuses conversations avec les uns et les autres, il accepte de rédiger le rapport introductif de la Conférence internationale du Council of Christians and Jews qui doit s'ouvrir le 30 juillet 1947 à Seelisberg, en Suisse.

La charte finale en dix points, adoptée le 5 août, s'inspire largement du texte de Jules Isaac même si elle l'édulcore quelque peu. «C'est un document d'une importance énorme, souligne Pierre Pierrard, puisque, pour la première fois dans l'histoire, des chrétiens élaboraient un code de bonne conduite à l'égard de leurs frères juifs bafoués par eux depuis des siècles. C'est bien sous cet angle que Jules Isaac considéra toujours l'œuvre des congressistes de Seelisberg car, s'il ne put faire admettre la nécessité d'un *mea culpa* collectif des chrétiens, il eut la satisfaction d'obtenir de la troisième commission un codicille où elle recommandait d'"introduire et de développer, dans l'enseignement scolaire et parascolaire, une étude plus objective et plus approfondie de l'histoire biblique et postbiblique du peuple juif". »

La charte de Seelisberg a des retombées positives : au printemps 1948, c'est la naissance de l'Amitié judéo-chrétienne. Parmi les membres du premier bureau de l'association, on trouve les noms d'Henri-Irénée Marrou, de Jacques Maritain, de Sammy Lattès, d'Henri Bédarida, de Paul Démann, de Maurice Vanikoff, de Léon Algazi, de Jacob Kaplan, de Jacques Madaule… « L'Amitié judéo-chrétienne considère comme sa tâche essentielle de faire en sorte qu'aux malentendus séculaires, aux traditions d'hostilité entre juifs et chrétiens, se substituent le respect, l'amitié et la compréhension mutuels. Elle veut en particulier, par une coopération active et cordiale, travailler à réparer les iniquités dont Israël, depuis tant de siècles, a été victime et à en éviter le retour. […] Une telle association exclut de son activité toute préoccupation missionnaire, toute tendance au prosélytisme quelle qu'elle soit. Elle ne vise aucunement à une fusion des religions et des Églises ; elle ne réclame d'aucune confession aucune abdication, aucun renoncement à ses croyances ; mais elle attend de chacune d'elles – sur le plan de la fraternité où elle se tient – une entière bonne volonté, le plus loyal esprit de conciliation, en même temps qu'un rigoureux effort de purification. » Des sections de l'AJC se constituent dans plusieurs villes de province. L'une des plus actives est celle de Lille : ainsi parvient-elle, en 1955, à faire annuler une visite de Xavier Vallat, ancien commissaire général aux questions juives du gouvernement de Vichy ; et surtout, elle persuade le cardinal Liénard, évêque de Lille, de signer la *Lettre pastorale sur la question juive et la conscience chrétienne pour le carême de l'an de grâce 1960,* qui en appelle à l'amour et à la fraternité entre les hommes et condamne toute forme de racisme et d'antisémitisme.

Cela étant, la voie tracée par Jules Isaac se révèle pleine d'embûches. En 1949, Henri-Irénée Marrou lui-même renoue brutalement avec la thèse du «peuple déicide» dans un article d'*Esprit*... Au cours des années suivantes, Jules Isaac sollicite – et obtient – plusieurs audiences du pape Jean XXIII pour l'entretenir de la nécessité de revoir les fondements mêmes des relations judéo-chrétiennes.

Il faut cependant attendre le milieu des années 60, le concile Vatican II et la rédaction du texte *Nostra Aetate* pour que l'Église catholique révise officiellement son enseignement relatif aux Juifs.

Jules Isaac (1877-1963)

Fils et petit-fils de militaire, le jeune agrégé d'histoire de 1902 semblait promis à illustrer les vertus de l'assimilation républicaine et le détachement de ses origines. Mais, au retour des tranchées, ce dreyfusard, ami et admirateur fervent de Péguy, se tourne avant tout vers la dénonciation des abus du nationalisme dans la prose des historiens (*Paradoxes sur la science homicide et autres hérésies,* 1935) qu'il tente d'affronter dans la célèbre collection de manuels à l'intention des classes de lycées (1923-1930 et 1936), reprise d'Albert Malet, tué pendant la guerre, puis en participant activement aux rencontres des professeurs d'histoire, de français et d'allemands, inaugurées à Paris en 1935. A son plus grand regret, il y renonce en 1938 lorsque la mauvaise foi nazie rend caduc le projet de manuels compatibles de part et d'autre du Rhin.

Ce combat cède la place à un autre lorsque le statut des Juifs d'octobre 1940 met à la retraite d'office le doyen de l'inspection générale qu'était Jules Isaac depuis 1936. Son amertume n'est rien

comparée à son désarroi face à la déportation de quatre des siens. Jules Isaac entreprend alors de combattre l'antisémitisme dans ses racines chrétiennes, les seules sur lesquelles il pense qu'on puisse raisonnablement avoir prise. L'intuition initiale de 1942, qu'il approfondira inlassablement dans *Jésus et Israël* (1948), *La Genèse de l'antisémitisme* (1953) et *L'Enseignement du mépris* (1962), part du constat que les catéchismes de l'Église catholique véhiculent un antijudaïsme permanent dont l'accusation de déicide, ainsi que l'idée de la diaspora comme son châtiment, constitue la pierre angulaire. Jules Isaac établit l'inanité de cette idée de la diaspora et s'attache surtout à démontrer que l'enseignement initial du Christ est exempt de ces caractéristiques que les pères de l'Église du IVe siècle construisent dans le contexte de concurrence entre l'Église et la Synagogue.
Son action inlassable l'amène à jouer un rôle central lors du congrès judéo-chrétien de Seelisberg (1947), à rencontrer Pie XII (1949) et surtout Jean XXIII (1960). Ses thèses, souvent exposées au cardinal Béa, se retrouveront pour partie reprises dans les conclusions et les recommandations de Vatican II sur les relations de l'Église et du judaïsme (1965).

O. D.

La crainte récurrente de l'antisémitisme

Dans les années qui suivent la fin de la guerre, les Juifs de France sont particulièrement attentifs à la reconstitution de l'extrême droite sur la scène politique et se préoccupent de toute manifestation d'antisémitisme, même larvé. On analyse les articles publiés dans *Rivarol,* qui paraît en janvier 1951. Au printemps 1954, Pierre Boutang multiplie dans les colonnes d'*Aspects de la France* les attaques contre Pierre Mendès France, président du Conseil, et dénonce « le Disraeli d'une France neutralisée, non fondateur mais liquidateur d'Empire ». « Le juif Mendès a réussi son premier coup : il a gagné son pari contre la France », peut-on lire en première page du numéro du 23 juillet 1954. Entre 1951 et 1958, les accents populistes, xénophobes et antisémites de l'Union de défense des commerçants et artisans, animée par Pierre Poujade, suscitent également l'inquiétude. Poujade n'hésite pas à affirmer que «les vrais racistes, ce sont les Juifs [qui], des années durant, ont refusé les mariages chrétiens». Et d'ajouter : «La famille Mendès ne s'est jamais alliée à une Poujade ou à une Durand. C'est ça le racisme, c'est constituer un État dans l'État ! »

La crainte éprouvée par les Juifs de France face à de tels propos est manifeste dans les colonnes des périodiques qui consacrent des rubriques régulières aux menaces de l'antisémitisme. Sans doute joue-t-elle un certain rôle dans le soutien qu'apporte la majorité des Juifs de France à l'État d'Israël. Même si l'*aliah* des Juifs de France reste de fait très faible, elle apparaît désormais comme une alternative (au moins dans l'imaginaire) à la vie en France. Il y a là, sans aucun doute, un signe supplémentaire de la fragilité de ces Juifs de l'après-guerre dont la confiance, naguère éperdue dans la patrie française, a été déçue et bouleversée, qui oscillent entre diverses tendances parfois contradictoires et cherchent leur identité.

La Cinquième République
et l'accueil des Juifs d'Afrique du Nord

Michel Abitbol

Au lendemain de la Seconde Guerre mondiale, l'Afrique du Nord française compte environ 500 000 Juifs. Dispersés dans des dizaines de localités, ils ne représentent pas plus de 3 % de la population totale du Maghreb, avec ses quinze millions d'habitants dont un peu plus d'un million et demi de « pieds-noirs » européens. Les Juifs sont les plus nombreux au Maroc où l'on en recense près de 250 000, puis en Algérie avec ses 140 000 Juifs environ et en Tunisie où résident quelque 90 000 Juifs. Partageant depuis des siècles la même expérience historique que celle de leurs voisins musulmans, ils ont été néanmoins irrésistiblement attirés par l'Europe et par la France, plus particulièrement depuis que celle-ci a étendu sa domination sur cette partie du monde musulman.

Citadins dans leur écrasante majorité, ils habitent pour la plupart des villes et des quartiers à forte population européenne : ainsi, Alger, Oran, Bône, Sidi Bel Abbès, Tanger, Casablanca et Tunis abritent à elles seules un tiers environ de la population juive des trois pays du Maghreb. Un nombre non négligeable réside encore dans les villes plus traditionnelles de Fès, Meknès, Marrakech, Tlemcen, Constantine, Sousse, Gabès, etc. ; le reste est disséminé dans des dizaines de petites agglomérations ou dans les villages de l'Atlas et des confins sahariens, à l'exemple des Juifs du Mzab qui ont attendu jusqu'à la veille du départ de la France d'Algérie pour bénéficier de la citoyenneté française au même titre que l'ensemble des Juifs du pays.

La configuration socioculturelle des communautés nord-africaines a fortement changé depuis la conquête de l'Algérie par la France, en 1830, suivie par la prise de la Tunisie en 1881, et par celle du Maroc en 1912 : vivant pour la plupart de commerce et d'artisanat, le rôle des Juifs en tant qu'intermédiaires entre producteurs locaux et monde extérieur a été sérieusement battu en brèche à la suite de l'instauration du régime colonial et l'arrivée sur place de négociants, de banquiers et de colons métropolitains et européens. A part quelques rares gros patrimoines, l'écrasante majorité de la population juive d'Afrique du Nord est composée de travailleurs de condition modeste ; l'émergence d'une classe moyenne – aux effectifs plus nombreux en Algérie et en Tunisie qu'au Maroc – provenant des premières générations de diplômés de l'enseignement secondaire et supérieur français, outre qu'elle a profondément modifié la physionomie des communautés, traduit surtout l'apparition de nouveaux facteurs de mobilité sociale, l'éducation moderne et plus particulièrement l'éducation française étant considérées par tous comme un moyen absolu de réussite sociale.

Pourtant, on est frappé par l'aspect toujours très traditionnel du judaïsme algérien, plus de cent ans après la conquête française : autant que la communauté marocaine et beaucoup moins que la communauté tunisienne, les Juifs d'Algérie comptent encore 49 % d'artisans et 31 % de commerçants (contre 49 % en Tunisie et 43 % au Maroc, artisans et commerçants confondus) en 1941... Dans ce domaine comme dans d'autres, les écarts de développement entre les trois communautés maghrébines sont fonction, d'une part, de l'ancienneté de la présence coloniale et, d'autre part, de la nature de la politique coloniale appliquée par la France aux populations juives. Assimilationniste à l'extrême en Algérie, la France a accordé, en 1870, sa nationalité à l'ensemble des Juifs de la colonie, aux termes du décret Crémieux, parachevant ainsi la transformation du statut légal de la communauté algérienne : quelques années auparavant, celle-ci s'était vue dépouillée, en effet, de ses tribunaux religieux et de ses autres institutions traditionnelles avant d'être contrainte d'adopter, à partir de 1845, le système consistorial, fidèlement copié sur le modèle napoléonien, et dont l'application dans la colonie fut confiée à des rabbins venus exprès de métropole. Un rôle de premier plan a donc été joué par les Juifs de France qui, à peine émancipés par la Révolution, ont vu s'offrir l'occasion de façonner et de « régénérer » à leur propre image une communauté que les premiers voyageurs venus d'Europe décrivaient pourtant comme très différente de la communauté française.

Les Juifs de France firent preuve de la même sollicitude à l'égard des Juifs de Tunisie et du Maroc : faute de pouvoir les aider à obtenir la nationalité française, ils veillèrent à leur francisation par le truchement de l'Alliance israélite universelle qui, à partir de 1860, s'attela à l'émancipation culturelle de la population juive des deux protectorats en créant un réseau très serré d'établissements scolaires à l'intention des enfants juifs des deux pays. Les résultats de cet effort, amplifié en Tunisie par l'ouverture d'esprit des autorités locales, ont été remarquables : à la veille de la décolonisation, 90 % de la population juive de ce pays et 60 % de celle du Maroc savent lire et écrire en français, contre 13 % de la population musulmane. En Algérie, l'analphabétisme a disparu complètement chez les Juifs, bien avant la Seconde Guerre mondiale, alors que 13 % seulement d'enfants musulmans fréquentent des établissements français à la veille de la guerre d'indépendance.

Tout en invoquant le statut de protectorat qui lui interdisait en principe d'étendre sa nationalité aux Juifs de Tunisie et du Maroc, la France a accepté néanmoins de naturaliser, à titre sélectif, des milliers de Juifs tunisiens, à la faveur d'un décret adopté, en toute hâte, en 1910, et destiné à contrecarrer l'influence italienne dans les milieux aisés et cultivés de la régence. Au Maroc, où la prépondérance française était sans partage, la naturalisation, même individuelle, des Juifs de l'Empire chérifien n'a jamais été d'actualité, en dépit de toutes les pressions exercées sur la Résidence par les milieux « évolués » de la communauté ainsi que par certains responsables de l'Alliance israélite universelle. Par conséquent, le départ pour la France resta la seule voie ouverte aux jeunes Juifs de ce pays désireux de troquer l'allégeance perpétuelle au sultan contre la nationalité française : itinéraire initiatique ou presque pour plusieurs générations de Juifs d'Afrique du Nord qui vouèrent à la France « émancipatrice » un véritable culte, que n'entamèrent ni l'antisémitisme débridé des colons et des pieds-noirs algériens de la fin du XIXe siècle, ni les exactions des hommes de Vichy pendant la Seconde Guerre mondiale.

Terrain de chasse d'Édouard Drumont, l'auteur de *La France juive*, élu député d'Alger en 1898, l'Algérie fut, à la suite de la proclamation du décret Crémieux, le théâtre d'un antisémitisme d'une rare violence. Fondé sur la négation absolue de la francité des Juifs algériens, sur le refus de leur participation à la vie politique de la colonie ainsi que sur le rejet de leurs comportements et de leurs manières de « Juifs arabes », il constituait une remise en question permanente de leur intégration politique au sein de la « caste » coloniale dominante, qui voyait dans l'accentuation de ses propres traits culturels – origine latine et religion catholique – le fondement et la garantie essentielle de l'ordre social établi depuis 1830. On comprendra ainsi aisément pourquoi ce mouvement a si peu affecté les populations musulmanes dont les relations avec les Juifs se détériorèrent cependant dangereusement, au lendemain de la Première Guerre mondiale, du fait des événements de Palestine et des conséquences de la crise économique mondiale. Les violentes émeutes qui éclatèrent à Constantine en août 1934 ont jeté une lumière tragique sur cet état de fait : déclenchées par l'attitude injurieuse d'un soldat israélite à l'égard de musulmans en prières, elles se sont terminées par le pillage de magasins et le massacre de plusieurs dizaines de Juifs, en présence d'un service d'ordre médusé et peu enclin à remplir son devoir.

Subissant des hauts et des bas en rapport avec l'évolution politique de la métropole, l'antisémitisme « européen » d'Algérie attendra patiemment son heure jusqu'à l'avènement du régime de Vichy qui, à peine installé, décide d'abroger le décret Crémieux, donnant ainsi satisfaction à l'une des revendications essentielles de la droite pied-noire.

Province coloniale de l'État français, l'Afrique du Nord a vécu, en effet, jusqu'au débarquement allié du 8 novembre 1942, à l'heure de Vichy, puis à celle de l'Allemagne nazie, en Tunisie seulement, jusqu'en avril 1943. Abrogation du décret Crémieux exceptée, la législation antijuive appliquée aux Juifs du Maghreb a été de même nature que celle mise en œuvre dans la zone non occupée : recensement général, aryanisation des biens, exclusion de toutes les fonctions publiques, constitution d'une Union générale des israélites d'Algérie, renvoi des écoles primaires et des lycées, *numerus clausus* dans les professions libérales, incarcération des réfractaires dans des camps de travail, etc. Mais loin des interventions et des regards des autorités allemandes, la politique antisémite qui a été exercée à l'encontre des Juifs d'Algérie, du Maroc et de Tunisie, a été totalement et exclusivement française : orchestrée par le Commissariat général aux questions juives, elle a été exécutée par l'administration régulière des trois pays, une administration peuplée d'excellents serviteurs de l'État, parmi lesquels le nombre des républicains de raison et des antiallemands de cœur dépassait largement celui des collaborateurs attitrés et des arrivistes sans scrupules.

Se refusant à croire que cette législation ait pu être l'œuvre de la France, quelle n'a pas été la surprise des Juifs d'Algérie d'apprendre que le général de Gaulle se fit longtemps prier avant de les rétablir dans leurs droits de citoyens français, en septembre 1943; personne n'imaginait, à l'époque, que le chef de la France libre eût pu avoir de sérieuses réserves quant au bien-fondé du décret Crémieux.

Mais, bientôt happés par des événements qui vont remettre en question jusqu'à leur présence même et celle de la France sur le sol maghrébin, les Juifs d'Afrique du Nord ont choisi délibérément de rayer cette brève mais pénible période de leur mémoire.

Juifs et nationalistes maghrébins

En règle générale, très peu de Juifs ont adopté les thèses nationalistes mettant en avant l'identité arabo-musulmane de leurs pays respectifs; les partis nationalistes maghrébins ont attendu, en fait, la phase ultime de leur combat pour l'indépendance avant d'essayer de recruter des sympathisants juifs. En Algérie, les dirigeants de la communauté, réunis autour de Paul Bénichou et d'Élie Gozlan, ont certes essayé, avant-guerre, d'améliorer leurs relations avec les dirigeants du mouvement des « Oulémas » réformistes en prenant part à la création d'une Union des croyants monothéistes aux côtés de dirigeants musulmans, tel le cheikh Ben Badis. Plaçant ainsi délibérément le débat sur un plan exclusivement spirituel, ils ont gardé, en revanche, leurs distances vis-à-vis des autres composantes du mouvement nationaliste algérien représentées par Messali Hadj, le docteur Bendjelloul et même Ferhat Abbas qui, au lendemain du débarquement allié à Sidi-Ferruch, en novembre 1942, a tenu à exprimer sa solidarité avec les Juifs d'Algérie, frappés par les mesures discriminatoires de Vichy : « Je puis vous assurer que les Musulmans, d'une façon générale, ont compris qu'ils seraient mal venus de se réjouir des mesures spéciales dont sont victimes les Juifs d'Algérie », écrivit le dirigeant du Parti du manifeste algérien à plusieurs personnalités juives. « Ils ne peuvent raisonnablement se ranger aux côtés de ceux qui tentent de pratiquer une politique raciale alors qu'eux-mêmes sont quotidiennement frappés au nom du racisme. Nos adversaires ne se doutaient pas qu'en infériorisant les Juifs, ils ne pouvaient que les rapprocher davantage des Musulmans… La plupart d'entre eux ont cru que les Musulmans se réjouiraient de l'abrogation du décret Crémieux, alors que ceux-ci ont pu simplement se rendre compte qu'une citoyenneté qu'on retirait après soixante-dix ans d'exercice était discutable par la faute de ceux-là mêmes qui l'avaient octroyée. »

Au Maroc, le parti nationaliste Istiqlal, qui a placé en exergue de son action « l'attachement à l'islam et à la langue arabe », a attendu jusqu'à la veille de l'indépendance, en 1955, pour ne plus obliger les Juifs voulant y adhérer à prêter serment sur le Coran ; les Juifs de Tunisie, tout en ayant affaire à un mouvement d'indépendance dont les accents islamiques ont été mis en sourdine par Bourguiba, ont été eux aussi peu nombreux à adopter les thèses nationalistes, beaucoup moins nombreux que ceux qui ont choisi de militer dans les rangs des partis politiques français, à la SFIO notamment, dont le journal *Tunis socialiste* comptait de nombreux journalistes juifs, à l'exemple d'Albert Cattan, de Serge Moati et d'Élie Cohen-Hadria. En Algérie, où le « maintien dans la famille française » a constitué de toujours la pierre de touche de la vision politique des Juifs, ceux-ci ont rejeté sans hésiter les appels successifs du Front de libération nationale (FLN) les invitant à prendre part à la « Révolution algérienne ». Quatre ans plus tôt, en août 1956, les Juifs algériens étaient restés sourds à l'appel du Congrès de la vallée de la Soummam les invitant à opter pour la nationalité algérienne et à abandonner une citoyenneté française qui leur a été octroyée par « leurs oppresseurs », suivant une déclaration publiée ultérieurement en décembre 1959, par la Fédération française du FLN :« Vous êtes partie intégrante du peuple algérien », peut-on lire dans ce texte, dont il n'y a pas lieu de sous-estimer l'importance historique : « il ne s'agit pas pour vous de choisir entre la France et l'Algérie, mais de devenir des citoyens effectifs de votre véritable pays. Ou bien vous voulez exercer pleinement dans ce pays, dont l'avenir sera ce que librement et démocratiquement tous ses enfants ensemble en feront, des droits que personne jamais ne saurait remettre en question ; ou bien vous acceptez de vivre sous le règne du mépris et de vous contenter d'une citoyenneté octroyée par vos oppresseurs dans un contexte qui est la négation même des droits les plus élémentaires de la personne humaine. » L'expérience d'une militante juive comme Georgette Aziza est pour le moins exceptionnelle : renvoyée des écoles sous Pétain, elle avait conscience, expliquera-t-elle plus tard, de ne pas être une Française comme les autres. Étudiante communiste à la faculté d'Alger, elle aida, en 1954, à la formation politique des cadres du FLN, puis travailla à l'hôpital de Blida avec Frantz Fanon. Expulsée en métropole en 1957, elle offrit son concours à la Fédération de France du FLN avant de rejoindre, en 1958, le Gouvernement provisoire de la république algérienne (GPRA), en Tunisie.

De plus, le nombre de sympathisants juifs du mouvement national algérien s'amenuise, au cours des dernières années de la guerre d'Algérie, en raison des fréquentes attaques lancées par l'organe du FLN, *El Moudjahid*, contre les dirigeants de la communauté juive, accusés d'être des complices des «bourreaux» français; faisant suite aux nombreux attentats perpétrés entre 1956 et 1960 contre les synagogues et les quartiers juifs, surtout en Oranie, un nombre non négligeable d'activistes juifs s'est tourné plutôt du côté des «ultras» européens et de l'Organisation armée secrète (OAS) qui défendaient le maintien, coûte que coûte, de l'Algérie française, en se référant, entre autres exemples de résistance réussie, à la guerre menée par l'État d'Israël contre ses voisins arabes, les mêmes qui armaient le FLN algérien.

Cette participation active des Juifs aux côtés de l'OAS leur vaudra un dernier rappel à l'ordre de la part du FLN qui, en janvier 1962, les invitera à prendre la main que leurs «frères musulmans» leur tendent «franchement et loyalement»: «L'indépendance de l'Algérie est proche, l'Algérie indépendante aura besoin de vous et demain vous aurez besoin d'elle, car c'est votre pays.» De façon spectaculaire, certes, mais néanmoins significative, cette désaffection des Juifs d'Algérie traduit, sans nul doute, l'impossible replâtrage des rapports entre Juifs et Musulmans, brisés par plus de cent ans d'aliénation mutuelle. Aliénation aussi bien culturelle que politique, découlant de l'essence même de la situation coloniale et qui, en Algérie comme au Maroc et en Tunisie, avait dressé des barrières infranchissables entre les diverses composantes ethnoreligieuses des trois pays, pour peu qu'elles aient adopté des stratégies différentes vis-à-vis de l'État colonial et développé des formes particulières d'identification culturelle, religieuse et nationale. Parallèlement à la rupture des équilibres socioéconomiques traditionnels qui assuraient un certain degré de complémentarité dans les relations entre Juifs et Musulmans, c'est en somme la disparition d'un ordre ancien qui supportait tant bien que mal certains modes de vie communautaire juive et certains types de convivialité judéo-musulmane, et son remplacement par une réalité aux contours politiques plus tranchés.

Les Juifs de Tunisie et du Maroc et le mouvement national d'indépendance

Peu de Juifs tunisiens et marocains ont pris part à la lutte de leurs pays pour l'indépendance : certes, quelques Juifs tunisiens ont participé aux activités du Destour dès sa fondation, puisque en 1919, l'avocat Élie Zérah figure dans les rangs de la première délégation venue à Paris. De même, l'écrivain Albert Memmi, proche du Néo-Destour, fait partie de l'équipe qui fonde, à Tunis, en 1956, l'hebdomadaire *Jeune Afrique*, quelques mois avant l'indépendance. Entre ces deux dates, aucune trace d'engouement des Juifs de Tunisie pour le mouvement nationaliste de leur pays, qui n'essaya pas non plus de les attirer dans ses rangs. C'est d'autant plus surprenant qu'étant probablement la communauté la plus politisée du Maghreb, le judaïsme tunisien a fortement marqué les formations politiques françaises du pays – SFIO, PC, Radicaux – sans parler bien entendu des partis sionistes, de gauche comme de droite, Hashomer Hatsaïr, Dror-Habonim, Betar, dont la place est considérable en Tunisie, à la veille et au lendemain de la Seconde Guerre mondiale.

Du fait de la compartimentation ethnique encouragée par le système colonial, la période française a été globalement une période de « détunisification » et de « démarocanisation » pour les Juifs des deux protectorats qui ont été généralement peu au fait des débats de conscience secouant les populations musulmanes du Maghreb à la suite de la rencontre avec l'Occident. Ne lisant guère la presse en langue arabe, ils n'ont pu suivre l'intense activité intellectuelle des milieux réformistes musulmans et ses implications politiques donnant naissance aux premières moutures des mouvements nationalistes tunisien et marocain fortement imprégnés d'images et de symboles islamiques.

Né au lendemain de la promulgation du Dahir berbère de 1930, le nationalisme marocain apparaît d'ailleurs comme un véritable mouvement de défense de l'islam plutôt que comme un mouvement d'émancipation nationale. Dans cette période, au Maroc comme en Tunisie, seuls les partis communistes et quelques rares loges maçonniques sont en mesure de réunir sous un même toit des membres de différentes confessions.

Après la Seconde Guerre mondiale, le sultan Mohammed ben Youssef ne manque aucune occasion d'assurer les Juifs marocains de sa bienveillance et, à son retour d'exil en 1955, il promet à leurs notables qu'il les associera « dans l'égalité la plus absolue » à la vie nationale du Royaume chérifien, alors que la principale composante du mouvement national marocain, l'Istiqlal, attend jusqu'aux derniers mois précédant l'indépendance pour dispenser les Juifs désireux d'adhérer à ce parti de prêter serment... sur le Coran. L'Istiqlal, dont la presse adopte, pour un temps, un ton conciliant, encourage même la création d'une association, al-Wifaq (l'Entente) pour promouvoir la coexistence entre Juifs et Musulmans.

Au Maroc et en Tunisie, l'indépendance est suivie par un effort d'intégration des deux communautés très réel, de la part des autorités comme des responsables juifs eux-mêmes. Une représentation juive est assurée dans la plupart des ministères ainsi que dans les parlements où siègent régulièrement des députés juifs. Des magistrats juifs sont nommés, et les nouvelles administrations s'ouvrent largement aux techniciens et aux fonctionnaires juifs.

Une partie de l'opinion musulmane en prend ombrage. Au Maroc, la presse de l'Istiqlal exige, à partir de 1958, la « marocanisation » des institutions scolaires juives et leur ouverture aux Musulmans. En octobre 1960, les établissements de l'Alliance israélite universelle sont « marocanisés » et obligés de faire plus de place à l'enseignement de la langue arabe. Cela n'a, en soi, rien de condamnable, mais, jointe à l'entrée du Maroc dans la Ligue arabe, cette mesure est perçue par beaucoup de Juifs marocains comme le signe annonciateur d'une nouvelle ère.

Même état d'esprit chez les Juifs tunisiens dont le pays s'est doté, le 1er juin 1959, d'une constitution affirmant que la Tunisie est un « État musulman » voulant « demeurer fidèle à son appartenance à la famille arabe. »

La période de « lune de miel » ayant suivi la proclamation de l'indépendance cède rapidement le pas à une période de suspicion et de désenchantement toujours plus profond, alors que s'amplifie la migration vers Israël et la France et que se renforce l'orientation arabe des deux anciens protectorats. Lisons, à ce propos, ce témoignage d'Albert Memmi :

« Nous étions des citoyens tunisiens, et nous avions décidé sincèrement de jouer le jeu. Mais qu'ont fait les Tunisiens ? Tout comme les Marocains et les Algériens, ils ont liquidé – avec intelligence et souplesse – leurs communautés juives. Ils ne se sont pas livrés à des brutalités ouvertes comme dans d'autres pays arabes... mais ils ont étranglé économiquement la population juive. Pour les commerçants, c'était facile : il suffisait de ne pas renouveler les patentes, de refuser les licences d'importation... Dans l'administration, ce n'était pas plus compliqué ; on n'engageait pas les Juifs ; ou on mettait les anciens agents dans des difficultés linguistiques insurmontables que l'on n'imposait guère aux Musulmans... Sans compter, évidemment, le rôle joué par la proximité relative du conflit israélo-arabe : à chaque crise, à chaque événement un peu important, la populace déferlait, brûlait les magasins juifs... Bourguiba n'a probablement jamais été hostile aux Juifs ; mais il y avait toujours ce fameux « retard » qui faisait que la police n'arrivait que lorsque les magasins avaient été pillés et brûlés. Comment s'étonner après cela que l'exode, vers la France et vers Israël, ait continué et se soit même accéléré ?

J'ai moi-même quitté la Tunisie, pour des raisons professionnelles, certes, parce que je voulais rejoindre les milieux littéraires, mais aussi parce que je n'aurais pas pu vivre longtemps dans cette atmosphère de ségrégation sournoise et parfois ouverte » (Albert Memmi, *Juifs et Arabes*, 1974, pp. 53-54).

M. A.

A tous ces facteurs, il faudrait ajouter, bien sûr, la création de l'État d'Israël dont l'irruption au cœur du monde arabo-musulman a ravivé les tensions entre les communautés du Maghreb, alors que la situation coloniale touchait à sa fin. C'est à l'aune de cette nouvelle double donne historique – décolonisation et naissance de l'État d'Israël –, et non plus seulement à celle de l'expérience du passé, que les Juifs vont mesurer désormais leurs pas. Ce qui explique maints aspects pour le moins déroutants de leur présent postcolonial, comme par exemple leur promptitude à plier bagage, au moindre incident, à la moindre menace, alors que pendant des siècles ils avaient fait preuve d'une patience à toute épreuve.

C'est ainsi que 90 000 émigrants ont quitté le Maroc entre 1948 et 1956 à destination d'Israël, soit plus d'un tiers de la population juive du pays. Le mouvement prend des allures d'exode à la veille et au lendemain de l'indépendance du royaume : 25 000 départs en 1955 et plus de 36 000 l'année suivante. Les autorités chérifiennes prennent diverses mesures de rétorsion qui ne peuvent enrayer le mouvement : l'émigration n'en continue pas moins sous forme clandestine. Craignant les conséquences de l'insertion graduelle du Maroc indépendant au sein de la Ligue arabe, des centaines de volontaires s'embarquent, à leurs risques et périls, sur des bateaux en partance pour Gibraltar ou Marseille. Survenant quelques jours seulement après la visite à Casablanca du colonel Nasser, le naufrage, en janvier 1961, de l'une de ces embarcations de fortune, *Le Pisces*, avec à son bord quelques dizaines de Juifs en partance pour Israël, rend plus aigu que jamais le problème juif au Maroc. Étrange paradoxe : les Juifs ont décidé de quitter en masse ce pays, alors que leur condition matérielle n'y a jamais été aussi satisfaisante que depuis l'accession du Royaume chérifien à l'indépendance.

Même phénomène en Tunisie et en Algérie où le rythme de l'émigration juive a été accéléré par les grands événements qui ont jalonné la marche de ces deux pays vers l'indépendance, autant, sinon plus, que par les différentes phases du conflit israélo-arabe : l'accession de la Tunisie à l'autonomie interne (1954), l'affaire de Bizerte (juillet 1961), la signature des accords d'Évian (mars 1962), l'indépendance de l'Algérie (juillet 1962) ou encore la campagne de Suez et la guerre du Sinaï (1956), la guerre des Six-Jours (juin 1967) et celle du Kippur (octobre 1973).

Migrations nord-africaines vers Israël

	Immigration marocaine[1]	Immigration tunisienne[2]	Immigration algérienne[3]
1948-1949	18 000	6 000	
1950	4 980	3 725	
1951	7 770	3 414	272
1952	5 031	2 348	92
1953	2 996	600	81
1954	8 171	2 651	238
1955	24 994	6 104	567
1956	36 301	6 545	1 051
1957	8 758	2 618	915
1958	1 803	1 286	187
1959	3 325	399	35
1960	4 108	464	}
1961	11 478	1 530	} 7 700
1962	35 758	464	}
1963	36 874	800	}
Total	**210 347**	**60 018**	**12 594**

1. D'après Shmuel Seguev, *Opération Yakhin* (1984), p. 311.
2. D'après les renseignements fournis par Robert Attal.
3. D'après les renseignements fournis par Robert Attal.

L'arrivée des rapatriés d'Algérie en France

Amorcée au lendemain de la Seconde Guerre mondiale, l'immigration des Juifs maghrébins en France a pris une grande ampleur au milieu des années 50, d'abord à la suite de la campagne de Suez et au lendemain de l'indépendance du Maroc et de la Tunisie, ensuite au fur et à mesure du resserrement des liens des deux anciens protectorats avec le monde arabe ainsi qu'avec le FLN algérien. L'affaire de Bizerte a donné le signal des départs massifs des Juifs de Tunisie pour la France et par voie de conséquence a marqué la fin du rêve de « tunisification » des Juifs du pays : à la suite des graves incidents militaires qui ont opposé la France à la Tunisie, en juillet 1961, plus de 27 000 ressortissants français, résidant dans l'ancien protectorat, ont été rapatriés et pris en charge par les pouvoirs publics à leur arrivée à Marseille, à Paris ou à Nice. Parmi eux, quelque 5 000 Juifs arrivés sans autre ressource qu'un dinar en poche et... pour les détenteurs de la nationalité tunisienne, un visa touristique.

Expulsés ou ayant décidé de partir à la dernière minute, ils se retrouvent donc sans ressources en France, à la différence des vagues précédentes de rapatriés du Maghreb qui avaient eu le temps de préparer un tant soit peu leur départ. Accueillis par les services spécialisés du Fonds social juif unifié, leur venue donne lieu à une sorte de « répétition générale », quelques mois seulement avant l'exode de l'été 1962 qui voit l'arrivée, en quelques semaines, de 800 000 pieds-noirs d'Algérie. Parmi eux, de 100 000 à 120 000 Juifs qui s'ajoutent aux 250 000 Juifs que compte la population métropolitaine au début des années 60. Tandis que de 7 000 à 8 000 Juifs algériens seulement ont préféré s'établir en Israël, on estime à environ 4 000 ceux qui ont choisi de rester en Algérie après l'indépendance. Ce nombre ira d'ailleurs en s'amenuisant jusqu'à l'extinction complète de la communauté, au lendemain de la guerre des Six-Jours et au début des années 70.

Sans nul doute, ce raz-de-marée, provoqué en partie par l'opération dite de la « terre brûlée » lancée par l'OAS au lendemain des accords d'Évian, puis par les massacres d'Européens survenus à Oran à la veille de l'indépendance de l'Algérie, prend au dépourvu les pouvoirs publics français qui, à la fin de 1961, envisageaient un rapatriement de 400 000 personnes au maximum en… quatre ans. Le gouvernement a néanmoins pris les devants en faisant adopter, en décembre 1961, une loi-cadre définissant le statut juridique des rapatriés et préconisant un certain nombre de mesures en vue de leur insertion et de leur reclassement dans la vie économique et sociale du pays. Un ministère des Rapatriés est même créé, au début de 1962, mais, vite débordées par l'ampleur de la tâche, les autorités acceptèrent de bon gré de faire appel aux initiatives privées et à l'action d'organisations philanthropiques bénévoles, cependant que selon un sondage IFOP, 62 % des Français pensent, à l'époque, que la France n'a aucun sacrifice à faire en faveur des rapatriés.

Appelée à bouleverser la physionomie du judaïsme français, l'immigration judéo-maghrébine en France est, à coup sûr, un cas à part dans l'histoire des migrations juives à l'époque contemporaine. Elle ne ressemble ni à celles qui l'ont précédée, en France même, ni aux migrations de Juifs de même origine qui se sont installés, à la même époque, en Israël, et encore moins aux migrations de Juifs originaires d'Europe de l'Est qui, par le passé, ont trouvé refuge en Amérique ou ailleurs.

Ce qui la distingue le plus des autres migrations, c'est d'abord la proximité géographique et la continuité culturelle entre les pays d'origine et le pays d'accueil. Venant de pays qui ont été pendant longtemps sous domination française, les émigrés nord-africains connaissent parfaitement la langue, l'histoire et le climat de leur nouveau pays avant de s'y installer. Aussi, contrairement à d'autres réfugiés dans d'autres parties du monde, Israël inclus, ils n'ont pas l'impression, en arrivant en France, d'entrer dans un pays étranger, d'autant que bon nombre d'entre eux y ont séjourné auparavant, plus ou moins longtemps, à l'occasion d'études supérieures, de vacances touristiques ou du service militaire. Pour les Juifs d'Algérie et pour un bon nombre de Juifs tunisiens et même marocains, c'est, dans le vrai sens du terme, un rapatriement, identique à celui des 700 000 pieds-noirs d'origine européenne qui ont choisi le chemin de l'exode en juillet 1962. Fait unique dans les annales des migrations juives : ces « réfugiés » sont des citoyens du pays qui leur a accordé son hospitalité, porteurs de sa carte d'identité et détenteurs, depuis plusieurs générations, de sa nationalité. En tant que tels, ils vont pouvoir bénéficier de tous les avantages et de toutes les facilités prévues par les pouvoirs publics pour l'ensemble des rapatriés d'Afrique du Nord. A ce titre, ils ne seront guère acculés, comme leurs devanciers est-européens des années 20 et 30, à être dépendants exclusivement ou presque d'organismes philanthropiques communautaires dont les ressources sont rarement à la hauteur des tâches qu'elles s'adjugent.

A l'instar de la quasi-totalité des pieds-noirs, les Juifs d'Algérie n'ont pas, à leur arrivée, une très haute opinion de la mère patrie qui, à leur grand dépit, a accepté de faire table rase du passé colonial et d'abandonner l'Algérie. Qu'ils soient chrétiens ou juifs, ils ont été envahis par la colère, à mesure que les négociateurs d'Évian avançaient vers l'issue inéluctable de l'indépendance.

Ayant appris, entre-temps, que le général de Gaulle était prêt à céder au FLN sur la question de la nationalité « algérienne» des Juifs de la colonie, ces derniers en ont conçu une grande hostilité à l'égard du fondateur de la Cinquième République et du régime gaulliste dans son ensemble. La nouvelle a été divulguée par Guy Mollet qui, dans un article publié dans *Démocratie 60*, a reproduit, en février 1960, une conversation avec le général de Gaulle. Le président de la République y préconisait la possibilité d'un régime «fédératif» en Algérie «où seraient assurés et garantis pour l'avenir les droits des communautés kabyle, arabe, chaouia, mozabite, juive et française». Certes, l'idée d'une fédération multiethnique de la colonie est vite tombée à l'eau, mais l'évocation d'un statut «séparé» des Juifs d'Algérie a conduit le Comité juif algérien d'études sociales (CJAES), qui faisait fonction de porte-parole officieux de la communauté, à publier un communiqué rappelant que «la collectivité juive d'Algérie… est composée de citoyens français qui, le moment venu, useront comme les autres citoyens français des droits attachés à cette qualité. Rien ni personne ne saurait remettre en question l'évidence d'une telle situation.» Essayant en vain d'être reçus par le général de Gaulle, les Juifs d'Algérie furent solidement épaulés dans cette affaire par les instances dirigeantes du judaïsme de France mais, de démarches en entretiens, leurs représentants, venus à Paris, ont pu constater l'immense fossé les séparant de leurs coreligionnaires de métropole qui, à l'instar de la majorité des Français à ce moment, étaient favorables à l'indépendance, alors qu'eux-mêmes, à l'exemple de l'ensemble des pieds-noirs, s'opposaient fermement au départ de la France d'Algérie. Non sans amertume, ils ont pu remarquer que, de Raymond Aron à Pierre Vidal-Naquet en passant par l'«Algérien» Jean Daniel et l'Égyptien Henri Curiel, un nombre impressionnant d'intellectuels et de journalistes d'origine juive œuvraient depuis longtemps en faveur de l'Algérie algérienne.

Assurément, la vision que les Juifs d'Algérie ont ainsi de la métropole, ce « lieu obscur perdu dans une nuit indécise », décrit par Camus dans *Le Premier Homme*, est pour le moins critique. De mémoire juive française, on n'a jamais vu, en effet, « réfugiés » juifs fraîchement débarqués si peu respectueux du pouvoir en place et aussi prompts à lui rappeler, à la moindre occasion électorale, ses faiblesses et ses « manquements ». Ils en donnent encore la preuve, trois ans après leur arrivée, lorsque, à l'exemple de tous les pieds-noirs, ils votent en masse contre de Gaulle à l'occasion des élections présidentielles de 1965. Se distinguant ainsi nettement des Juifs de France, les Juifs d'Algérie vont s'accrocher pendant longtemps à leur particularisme pied-noir, tout en s'adaptant très vite cependant aux conditions de vie de la métropole : « Les Juifs algériens, écrit l'un de leurs meilleurs chroniqueurs, Henri Chemouilli, avaient été français pour le meilleur et pour le pire. Le meilleur, ils en étaient sûrs, avait été leur libération, leur promotion à la vie moderne, leur accession à la civilisation occidentale. Le pire, c'était cette défaite commune des Français d'Algérie, dans l'indifférence, parfois sous les injures. Qui se souvenait que ces hommes-là avaient fait d'Alger la capitale de la France libre, s'étaient battus pour des victoires bien françaises ? Celles de Tunisie ; de la campagne d'Italie, de Cassino jusqu'à Rome ; du débarquement de Provence jusqu'au Rhin et jusqu'au Danube. »

Constituée par la transplantation, d'une rive à l'autre de la Méditerranée, d'une communauté dans son intégralité – ce qui ne s'était encore jamais vu dans l'histoire des pays d'immigration, à l'exception d'Israël – l'immigration judéo-algérienne englobe toutes les catégories sociales et tous les secteurs de la vie économique, religieuse et culturelle ; elle est constituée d'hommes et de femmes appartenant à toutes les classes d'âge, de riches et de pauvres, de commerçants et d'exploitants agricoles comme d'artisans et d'ouvriers, de fonctionnaires et d'instituteurs comme de médecins, d'avocats et d'ingénieurs, de lycéens, d'étudiants comme de rabbins et d'autres employés du culte. C'est, en somme, une immigration « totale », suivant la formule du sociologue Claude Tapia, et non plus sectorielle, comme toutes celles qui l'avaient précédées et qui, d'origine est-européenne, égyptienne, marocaine ou tunisienne, étaient socialement et culturellement plus homogènes que l'immigration algérienne.

D'après les renseignements recueillis par le FSJU, les 100 000 rapatriés ayant débarqué en France au cours de l'été 1962 présentent le profil socio-économique suivant :

– moins de 5 % ont une profession libérale ;

– 20 % sont des fonctionnaires subalternes appartenant notamment aux services du ministère des Finances, de l'Éducation nationale, des Postes et Télécommunications, etc. ;

– 35 % sont des boutiquiers : petits commerçants et artisans tenant échoppe ;

– 25 % sont des salariés sans qualifications précises : employés de bureau non spécialisés, vendeurs, manutentionnaires, etc. ;

– de 15 à 20 % ne peuvent justifier d'aucune activité économique ou occupent des emplois occasionnels.

Pratiquant toutes sortes de métiers – policiers, douaniers, gardiens de prison, etc. – qui ne sont pas des « métiers juifs » traditionnels, la configuration socio-économique des rapatriés est très différente de celle de la communauté juive de métropole qui, elle, est essentiellement bourgeoise, concentrée à Paris et dans une douzaine d'autres villes.

L'immigration algérienne – à laquelle s'ajoutent au cours des années suivantes plusieurs milliers de Tunisiens et de Marocains qui présentent la difficulté supplémentaire d'être étrangers – est bien plus «visible» non seulement en raison de son poids numérique évident, mais en raison aussi de son extrême dispersion à travers l'Hexagone, et de son implantation dans des localités où les Juifs ne s'étaient jamais aventurés par le passé, comme par exemple Annecy, Valence, Évreux, Meaux ou La Rochelle.

Comme prévu, une bonne proportion des rapatriés juifs s'installe à Paris et dans sa région : de 25 à 30 % (40 000 personnes environ) contre 15 % pour l'ensemble des rapatriés. Presque autant choisissent le Sud-Est (30 000 à Marseille et dans ses environs), de 10 à 15 % le Sud-Ouest, 10 % environ la région lyonnaise (15 000 à Lyon seulement) et entre 10 et 15 % se disséminent dans des dizaines de localités à travers le territoire, dans de petites villes ou même dans des villages.

Partout, cette arrivée révolutionne la physionomie des communautés juives, en suscitant l'élargissement de l'équipement culturel existant et l'ouverture de nouvelles synagogues, boucheries, pâtisseries et épiceries casher, écoles religieuses et *Talmudei Torah.* Ainsi, à Paris et dans ses proches banlieues, la population juive passe du jour au lendemain de 50 000 à 80 000 familles; à Nice, le nombre de familles juives est multiplié par sept, à Marseille par cinq, à Toulouse par quatre, à Grenoble, à Lunéville, à Cannes et à Rouen il triple et dans de nombreuses autres villes il double «seulement» comme à Avignon, à Lyon, à Montpellier, à Toulon et à Clermont-Ferrand.

Répartition géographique des Juifs en France en 1963

(Nombre de familles avant et après l'arrivée des rapatriés)

VILLES	APRÈS L'ARRIVÉE DES RAPATRIÉS *(juillet 1963)*	AVANT L'ARRIVÉE DES RAPATRIÉS *(juillet 1963)*
Agen	120	50
Aix-en-Provence	250	75
Aix-les-Bains	50	22
Albi	40	10
Amiens	110	40
Annecy	65	20
Angers	60	15
Antibes	110	25
Avignon	300	100
Auxerre	20	5
Bar-le-Duc	15	10
Bayonne	150	120
Belfort	325	250
Bernay	15	0
Besançon	175	120
Beauvais	100	10
Béziers	70	45
Bordeaux	1 600	1 000
Bourges	15	0
Brest	20	10
Caen	125	35
Cannes	220	130
Carpentras	35	10
Castres	40	20
Chalon-sur-Saône	35	10
Châlons-sur-Marne	30	20
Châteauroux	30	10
Clermont-Ferrand	200	75
Colmar	420	375
Compiègne	20	5
Creil	80	5
Dijon	180	120
Douai	60	20
Épernay	50	50
Épinal	60	50
Évreux	70	15
Grenoble	700	340

Laon-Saint-Quentin	100	75
La Rochelle..........................	65	15
Le Mans	110	25
Le Havre	200	75
Lens	100	100
Lille	800	650
Limoges	140	100
Lunéville	100	50
Lyon..................................	5 000	1 800
Mâcon	6	10
Marseille	20 000	4 000
Meaux	75	0
Metz	850	800
Montargis	15	5
Montauban	100	30
Montpellier..........................	500	150
Mulhouse	500	450
Nancy	825	750
Nice	3 500	600
Nîmes	250	100
Orléans	100	25
Pamiers	15	0
Paris et sa région	80 000	50 000
Pau	150	80
Périgueux	100	50
Perpignan	250	100
Poitiers..............................	50	10
Reims	160	100
Rennes...............................	65	20
Roanne	150	100
Rouen	275	150
Saint-Étienne	175	100
Sedan-Charleville	100	45
Strasbourg	3 500	3 000
Tarbes	60	10
Toulon...............................	420	150
Toulouse	4 500	1 000
Tours	175	100
Troyes	120	70
Valence	130	30
Valenciennes	60	50
Vichy	150	100

Source : *L'Arche* n° 183, mai-juin 1972.

Toutes les enquêtes sont formelles : passées les épreuves nées de l'exode et du déracinement, la promotion sociale des Juifs d'Afrique du Nord en France est rapide – bien plus rapide en tout cas que celle des Juifs maghrébins immigrés en Israël ou au Canada et que celle de tous les émigrés juifs arrivés antérieurement en France. Comme on le verra par la suite, ce résultat sans pareil est la conséquence tant de l'environnement économique et social dans lequel s'est effectué l'accueil des rapatriés (les fameuses « trente glorieuses ») que des caractéristiques propres à cette immigration.

Une intégration en tous points remarquable

C'est ainsi que, du fait de la continuité politique, administrative et culturelle entre la France et ses anciennes colonies maghrébines, un assez grand nombre de rapatriés peuvent exercer les fonctions qu'ils détenaient en Afrique du Nord, avant leur départ pour la France. Le déclassement social – qui est le lot de la plupart de ceux qui ont choisi des destinations autres que la France – leur est ainsi évité, ce qui réduit au minimum les difficultés d'insertion et d'adaptation dans la société française. Déjà en 1970, par exemple, une enquête ponctuelle effectuée dans la région parisienne montre que 50 % des chefs de famille occupent le même emploi que celui qu'ils avaient dans leur pays d'origine et que seuls 8 % ont subi un certain déclassement professionnel. Dans le cas des fonctionnaires (instituteurs, postiers, agents de police, douaniers, etc.), cette continuité a eu toutes les apparences d'une simple mutation professionnelle, la réinsertion sociale des rapatriés étant du ressort direct des administrations auxquelles ils avaient appartenu en Afrique du Nord.

En outre, comme ils sont pour la plupart détenteurs de la nationalité française, les immigrés nord-africains ont pu bénéficier de toutes les mesures, en matière de logement et d'emploi, prévues par les pouvoirs publics en faveur du reclassement de l'ensemble des rapatriés : formation professionnelle accélérée, prêts et subventions de réinstallation professionnelle, aide aux entreprises pour l'embauche de rapatriés insuffisamment qualifiés, prêts hypothécaires, etc. La conjoncture économique étant en ce début des années 60 très favorable, l'insertion des nouveaux venus ne peut se dérouler sous de meilleurs auspices.

Vivement critiquées au lendemain de la Seconde Guerre mondiale pour leur conduite dans les années 30, les instances « israélites » adoptent une tout autre attitude à l'égard des réfugiés et des rapatriés maghrébins en faisant montre vis-à-vis d'eux d'une solidarité sans faille. Une solidarité d'autant plus « naturelle » qu'il s'agit, cette fois, non pas de réfugiés étrangers mais de coreligionnaires qui sont d'emblée des compatriotes pour lesquels la Cinquième République s'est mobilisée sans compter, même si, à leur arrivée, ils ont le sentiment d'avoir été trahis par la métropole : « La différence fondamentale avec l'immigration d'Europe centrale et orientale de la première moitié de ce siècle, explique à ce sujet le président du FSJU, Guy de Rothschild à *L'Arche*, c'est qu'il s'agit de Français. Le rapatrié, c'est un Français de langue et de culture, Français de nationalité et d'allégeance. La fusion de cette communauté avec la nôtre sera quelque chose de très différent de l'influence que subissait notre communauté par l'irrigation à la base d'éléments venus d'Europe orientale et centrale. Voilà pourquoi, me semble-t-il, le caractère très intégré de notre communauté ne sera pas modifié par l'afflux de nos frères venus d'Algérie. Je pense qu'avec un petit peu d'aide de notre part, et grâce à leur situation particulière, ils s'adapteront sans difficulté aux mœurs de la métropole et qu'ils se trouveront bientôt dans les mêmes conditions d'esprit, de culture, d'habitudes, de réflexes que la communauté qui les a précédés. C'est pourquoi je ne pense pas qu'un nouveau type de Juif français sortira de l'amalgame des deux communautés» (*L'Arche*, n° 74, mars 1963).

On le verra : l'histoire va donner amplement raison au dirigeant du judaïsme français qui, en revanche, s'était lourdement trompé lorsqu'il avait prédit, quelques mois auparavant, que l'afflux massif des Juifs pieds-noirs donnerait lieu à une résurgence de l'antisémitisme en France : «Ces réfugiés seront un facteur d'antisémitisme... Déjà les Français d'une province n'aiment pas ceux d'une autre. Souvenez-vous de la façon dont les Alsaciens-Lorrains ont été accueillis en 1870 et en 1940. Les pieds-noirs ne le seront pas mieux et les Juifs pieds-noirs, par-dessus le marché, vous vous rendez compte !» (*L'Arche*, avril 1962).

Les organismes communautaires n'épargnent toutefois aucun effort pour venir en aide aux nouveaux arrivés. Aux premiers jours de l'exode d'Algérie, des équipes de volontaires se relaient jour et nuit dans chaque aérodrome et dans chaque port du pays, tandis que dans une quarantaine de villes, des centres de transit, des foyers d'enfants et des cantines pour nécessiteux sont ouverts par les soins du Fonds social juif unifié (FSJU), seul ou de concert avec les pouvoirs publics, ainsi qu'avec des organisations philanthropiques non juives telles que la Croix-Rouge, le Secours catholique, la Cimade protestante, etc. Le FSJU se distingue tout particulièrement dans le domaine de l'emploi grâce à la mise en place d'un service spécialisé qui oriente, vers des employeurs potentiels, rapatriés algériens et réfugiés marocains et tunisiens, non détenteurs de la nationalité française. Le Fonds social déploie un zèle comparable à l'intention des jeunes, encadrés et guidés dans leurs premiers pas en métropole par des instructeurs qui, eux-mêmes originaires d'Afrique du Nord, ont reçu leur formation au DEJJ – Département d'éducation de la jeunesse juive – transféré à cette fin du Maroc en France en 1961.

Remarquable à plus d'un titre est l'intégration dans l'Est du pays des Juifs du Mzab, à la lisière du Sahara algérien : tard venus dans la communauté française et ayant gardé toutes les apparences d'une société traditionnelle, ils ont droit à un accueil exemplaire à Strasbourg et à Lunéville où l'on rouvre à l'intention des rapatriés sans foyer une ancienne maison de retraite, fermée depuis 1944 à la suite de la déportation de ses pensionnaires. A Châteauroux, où il n'y a pas de synagogue, les offices religieux sont organisés à... la base américaine et, à Nancy comme dans de nombreuses autres communautés, des offices spéciaux de rite séfarade se déroulent dans l'enceinte même de la grande synagogue de la ville.

Comme Jacques Lazarus le constate à l'issue d'une longue tournée d'inspection à travers la France, en dépit de toutes les difficultés, peu de rapatriés ont envisagé d'émigrer en Israël. Ce qui est considéré comme un véritable affront pour ne pas dire une trahison par les instances dirigeantes de ce pays. Une certaine presse israélienne va même jusqu'à intenter un procès public à l'encontre du judaïsme algérien : celui-ci, explique-t-on le plus sérieusement du monde, aurait préféré s'installer en France du fait de l'appât des subventions de rapatriement et des allocations familiales. Victime des stéréotypes ambiants sur les Juifs originaires des pays musulmans, même un dirigeant «éclairé» comme Moshé Sharet ne peut admettre que les Juifs algériens, qualifiés par lui de «nouveaux Français» (*sic*), puissent suivre un itinéraire différent de celui de leurs «frères» du Maroc, de Tunisie ou... d'Irak. Sans doute eût-il été mieux inspiré s'il avait tenté d'expliquer cette prétendue «défection» par les mêmes catégories d'analyse que celles appliquées aux

Juifs américains, anglais ou français métropolitains qui, eux non plus, ne sont pas venus s'établir, en masse, en Israël : « Il n'appartient à personne en dehors de France », rétorque avec véhémence Émile Touati, de juger qui est français et qui ne l'est pas. « Et l'expression de "nouveaux Français" devrait être laissée à la panoplie des racistes et des antisémites. En ce qui nous concerne, le fait que nous soyons français depuis un siècle importe moins que le fait que, *hic et nunc*, nous sommes français par la culture et aussi par les sacrifices consentis pour le rester... Le fond du problème, ajoute-t-il, c'est que, à la différence des communautés juives des autres pays arabes, le judaïsme algérien était dans sa très grande majorité... un judaïsme d'esprit délibérément occidental et structuré sur le modèle occidental. Cette réalité fondamentale, les fonctionnaires du sionisme n'ont jamais voulu l'admettre, aveuglés qu'ils étaient par leurs stéréotypes et par leurs idées toutes faites. »

Quoi qu'il en soit, tandis que le Consistoire central multiplie la construction de nouvelles synagogues et l'ouverture de nombreux cours d'instruction religieuse, l'Alliance israélite universelle ouvre, pour sa part, aux Pavillons-sous-Bois sa première école secondaire juive en métropole, en dehors de la très ancienne École normale israélite orientale (ENIO) d'Auteuil. « A défaut de flèches sur les routes et dans les rues de nos cités, écrit à ce propos le philosophe André Neher, c'est à nous-mêmes de guider nos frères vers nos synagogues, nos institutions, nos écoles, nos cercles d'études, nos mouvements de jeunesse, nos bibliothèques, nos services sociaux et culturels ; à défaut de l'existence de tout cela, en nombre suffisant et en intensité suffisante, dans notre capitale et dans notre province, c'est à nous de le créer, car c'est en se retrouvant eux-mêmes dans la pulsation puissante d'une vie juive que les rapatriés d'Algérie retrouveront, avec nous, le sens de leur vie en France » (*L'Arche*, n° 74, mars 1963).

Dans le même temps, on assiste à la naissance d'une myriade d'« associations d'originaires » dont l'activité rappelle certes, à maints égards, celle des *landsmanshaftn* créées, avant-guerre, par les émigrés d'Europe centrale et orientale, mais qui traduit en réalité le même culte du souvenir, la même volonté de rester entre soi qui caractérise l'ensemble des pieds-noirs désireux de préserver, par tous les moyens, la mémoire d'un passé regretté. Parente lointaine de l'Association nationale des Français d'Afrique du Nord (ANFANOMA), c'est, en 1963, la création de l'Association générale des Juifs d'Algérie dont le but déclaré est de faciliter « la fusion » des rapatriés « au sein du judaïsme français », tout en veillant « au strict respect de leurs personnalités et de leurs traditions propres ». En décembre 1964, l'Association organise sa première grande conférence des délégués, en banlieue, avec la participation de représentants d'une quarantaine de communautés. Cette initiative a été précédée, quelques mois plus tôt, par la reprise de parution à Paris d'*Information juive* : premier mensuel juif d'Algérie, créé à la fin de la Seconde Guerre mondiale par Jacques Lazarus, il est devenu l'organe de la section française du Congrès juif mondial :

« C'est pour aider au maintien d'une forme de vie qui fut la nôtre, chez nous, écrit son directeur, Jacques Lazarus, dans son premier éditorial, et à laquelle nous restons attachés, c'est pour œuvrer ici à la construction de la grande communauté juive de France dont le visage et les structures se trouvent si profondément modifiés par notre arrivée même, qu'*Information juive* reparaît. » (septembre 1963).

Comme pour l'ensemble des pieds-noirs, toutes ces initiatives expriment un besoin évident de « communautarisation », condition indispensable et indissociable de toute reconstruction « identitaire » fondée principalement sur la mémoire ainsi que sur la résurgence de traditions populaires que l'on croyait perdues à tout jamais, dans le passé traditionnel de l'Afrique du Nord : « Détachés de la terre où ils étaient enracinés, écrit, dans ce même numéro, Haïm Cherqui, les Juifs d'Afrique risquent de se perdre : le danger est ici bien plus pressant que dans toute autre partie du monde, car seule la France possède à ce point une telle faculté d'absorption des corps étrangers, tant est belle cette terre et attirante sa culture. » Et pourtant, comme le note si bien Henri Chemouilli, les Juifs algériens s'efforcent par tous les moyens de préserver leur folklore, recréant chaque fois qu'ils le peuvent l'ambiance « des jours heureux » d'Algérie : « Les grands jours, les jours de fête, sont des jours de regroupement, de retrouvailles. On monte de Marseille, de Nice, de Toulouse pour le mariage d'un enfant de Constantine. Tout un quartier, tout un village se retrouve. Les musiciens « arabes » sont là, et les chanteurs. La coupe de henné circule, les jeunes ne sont pas les derniers à tendre la main pour recevoir la marque du bonheur. L'anisette coule à flots; aux bestels, au saucisson kasher, aux olives farcies, succèdent les douceurs orientales amoureusement préparées : makrods, biscuits, cigares au miel. Les femmes dansent comme dansent les Mauresques, poussant le youyou des jours d'allégresse... » D'autres témoins relèvent de leur côté que le *Journal officiel* est rempli, dans le même temps, de demandes de changement de nom, émanant de Juifs originaires d'Afrique du Nord. Ce qui fait écrire à Émile Touati dans *Information Juive* : « Il y a une bonne et une mauvaise assimilation. Ne peut être que mauvaise celle qui se fait dans l'équivoque, dans le camouflage, dans le reniement, bref dans des conditions qui ne peuvent être définies que comme un déshonorant suicide moral » (octobre 1963).

Pour cet observateur, comme pour nombre de dirigeants du judaïsme algérien, cet état de fait serait précipité, depuis 1962, par la dissolution des structures communautaires, le relâchement des traditions et la désagrégation de la cellule familiale. D'où l'urgence d'une reconstruction communautaire : « Créer en France une véritable communauté juive, respectée par les non-Juifs et respectant elle-même les caractères originaux de ses *kehiloth*, c'est une œuvre à laquelle nous devrions convier tous les Juifs, quelles que soient leurs origines, y compris ceux qui recherchent des raisons de fierté et de continuité... Ainsi, nous pourrons démentir la formule de Sartre : "Est Juif celui que les autres considèrent comme Juif" en démontrant qu'il y a en nous autre chose que le reflet du regard d'autrui, et qu'en changeant de sol, nous ne changeons pas d'âme. » Assurément, une telle perspective de « communautarisation » n'est guère souhaitée par tous les dirigeants du judaïsme français qui craignent l'enfermement sur eux-mêmes des rapatriés; mais, comme on ne va pas tarder à s'en rendre compte, ces initiatives, éminemment particularistes, ont néanmoins pour résultat immédiat d'aider à la stabilisation progressive de la population d'origine nord-africaine qui, en un temps relativement bref, va améliorer de façon spectaculaire sa situation économique et culturelle en réussissant son insertion sociale au sein de la communauté de vieille souche française.

Les conclusions de l'enquête démographique effectuée au cours des années 70 par Doris Bensimon et Sergio Della Pergola sont très éloquentes là-dessus : constituant la majorité de la population juive de France et s'alignant progressivement sur les comportements démographiques ambiants, les originaires du Maroc, de Tunisie et d'Algérie ont plus ou moins adopté les normes des Juifs métropolitains en matière de taille des ménages, de taux de natalité, de mortalité et de fréquence de mariages exogames ou mixtes. Sur le plan du niveau d'éducation, près de 18 % de Juifs nord-africains nés au Maroc et en Tunisie et vivant dans la région parisienne ont une instruction secondaire achevée, et plus de 23 % d'entre eux ont une instruction supérieure ou universitaire – deux taux légèrement inférieurs à ceux de la moyenne juive nationale (respectivement 18,3 % et 25,4 %) mais, en revanche, nettement supérieurs à ceux des Juifs nés en Algérie (15,6 % et 14,2 %) et à ceux des Juifs originaires d'Europe orientale et centrale (11,8 % et 19,8 %). On rappellera, à cet égard, que l'« avance » des originaires des deux anciens protectorats est due au caractère éminemment sélectif de l'émigration en provenance de ces deux pays à destination de la France. En outre, ce niveau culturel élevé se reflète, comme il se doit, dans la configuration socioprofessionnelle des Juifs d'Afrique du Nord en France : ainsi plus de 26 % des Juifs d'origine marocaine et tunisienne, venus en France jusqu'à la fin des années 50 et habitant la région parisienne, appartiennent aux professions libérales et aux cadres supérieurs (contre 25,3 % pour l'ensemble de la population juive et 12,2 % pour l'ensemble de la population de la région parisienne) ; 15,4 % exercent des professions artisanales ou commerciales (contre 21,4 % et 5,8 %) ; près de 39 % sont des cadres moyens et des employés (contre 24,5 % et 25 %), tandis que les ouvriers y constituent 19,6 % (contre 8,9 % et 29,4 %). Pour ce qui est des Juifs d'Algérie rapatriés en 1962, près de 14 % exercent des professions libérales, 20 % environ sont artisans ou commerçants, près de 50 % sont des cadres moyens et entre 11 % et 15,6 % des ouvriers.

Le tableau suivant, publié par Bensimon et Della Pergola, résume parfaitement les mutations socioprofessionnelles vécues par les rapatriés d'Algérie, installés dans la région parisienne, en l'espace d'une génération.

Catégories socioprofessionnelles

	Professions libérales, cadres supérieurs	Artisans, commerçants	Employés, cadres moyens	Ouvriers, services	Agriculteurs
Algérie					
Père	4,2 %	57,7 %	28,9 %	8,1 %	1,1 %
Enquêté	17,7 %	20,7 %	50 %	11,6 %	–
France					
Père	13,2 %	37,6 %	47,6 %	1,6 %	
Enquêté	37 %	12 %	43 %	8 %	
Toute la population juive de la région parisienne					
Père	8,7 %	64,7 %	18,8 %	6,6 %	1,2 %
Enquêté	24,4 %	25,1 %	8,4 %	12,1 %	–

On mesurera à sa juste valeur le trajet social parcouru par le judaïsme algérien depuis 1962 si l'on se souvient que le dernier recensement français le concernant, celui mené par les autorités de Vichy, en 1941, établissait que la catégorie des professions libérales ne dépassait pas 4,5 % de l'ensemble des Juifs algériens, celle des artisans et commerçants étant de l'ordre de 33 %, et qu'un peu moins de 11 % seulement étaient cadres moyens ou fonctionnaires, tandis que les ouvriers formaient jusqu'à 28 % environ de la population active.

A titre d'illustration, retenons cette description par Hervé Vieillard-Baron de l'itinéraire suivi par les Juifs nord-africains installés à Sarcelles, dans la région parisienne : « Nombreux sont les Juifs qui ont commencé comme vendeurs sur les marchés de Sarcelles et qui sont devenus, à force de travail et d'obstination, comptables, chefs de petites entreprises ou prestataires de services. Ils grossissent les classes moyennes françaises. Leurs enfants, après avoir fréquenté les sections “nobles” du lycée..., passent aujourd'hui les concours des grandes écoles ou s'inscrivent à l'université en médecine, en droit, en économie ou en gestion... »

Quant à l'évolution religieuse des Juifs nord-africains arrivés en France, on constate que si l'observance des prescriptions religieuses a nettement baissé par rapport à ce qu'elle avait été dans leurs pays d'origine, elle reste néanmoins importante en comparaison de celle du reste de la communauté juive française ; mais, comme le notent tous les observateurs, cette fidélité à la pratique religieuse ou encore le niveau de connaissance de l'hébreu, du judéo-arabe et du judéo-espagnol régressent à mesure qu'augmente le niveau d'instruction générale de la population judéo-maghrébine et que s'améliore sa situation économique. Suivant les données recueillies par Bensimon et Della Pergola, les originaires du Maroc et de Tunisie sont ceux qui envoient le moins leurs enfants dans les écoles juives à plein-temps : 7,8 % contre 10,4 % pour l'ensemble des Juifs de France et 13,8 % pour les rapatriés d'Algérie. Tout en étant remarquable, cette baisse de la pratique religieuse n'en a pas moins laissé le champ libre à l'accroissement d'initiatives allant dans le sens contraire comme par exemple l'ouverture d'écoles religieuses Yabné à Paris ou à Marseille, celle, un peu partout en France, de centres d'études, de jardins d'enfants, de crèches loubavitch (HaBaD), à proximité d'anciennes *yeshivot* « lituaniennes » qui, comme celle établie de longue date à Aix-les-Bains, ont toujours compté un grand nombre de Nord-Africains parmi leurs élèves.

Un nouveau judaïsme français ?

Si la rapide assimilation des Juifs d'Afrique du Nord en France n'a en soi rien d'inédit – après tout, toutes les vagues antérieures d'immigrants juifs avaient, tôt ou tard, connu une évolution similaire –, ce qui frappe le plus, néanmoins, c'est que parallèlement à leur abandon des normes traditionnelles de vie juive, ils ont « inventé » de nouvelles expressions d'identité juive qui sont aussi éloignées du franco-judaïsme « classique » que des formes courantes d'attachement au judaïsme qu'ils avaient pratiquées dans leur pays d'origine. C'est ainsi que pour un grand nombre d'entre eux, la solidarité avec l'État d'Israël ou encore la mémoire de la Shoah semblent se substituer aux critères classiques de définition de l'identité juive que sont, par exemple, le respect des commandements religieux, l'obligation de l'étude de textes sacrés et autres valeurs spirituelles autour desquelles s'est articulée, de tout temps, la tradition juive : « Notre génération, qui a vécu la rapide ascension du nazisme avec ses tragiques conséquences ne peut rester impassible », écrit Haïm Cherqui dans *Information juive* de juin-juillet 1964 : « Israël représente trop, pour nous Juifs de la diaspora, de dignité retrouvée, d'espoir messianique et de raison essentielle de survie... Notre journal s'est, depuis le retour d'Algérie, préoccupé avant tout de "sauver les meubles", d'assurer une liaison entre les isolés disséminés aux quatre coins de France, de susciter le développement de communautés vivantes, de maintenir partout la foi et la conscience des rapatriés, de rappeler à chacun son devoir de lucide adhésion au judaïsme. La place réservée à l'État d'Israël, au pays d'Israël, a pu sembler restreinte : c'est qu'en vérité, on éprouve rarement le besoin d'affirmer hautement une adhésion qui va de soi. » Ce qu'il y a de non moins remarquable dans cette transformation des Juifs nord-africains, c'est qu'elle a entraîné dans son sillage celle du judaïsme français dans son ensemble. Sans doute serait-il exagéré de croire que l'attachement «spontané» des Juifs d'Afrique du Nord aux derniers vestiges de leurs traditions rapportées du Maghreb est à l'origine du changement d'orientation du judaïsme français, auquel la venue des Juifs maghrébins – comme on l'entend dire si souvent – aurait insufflé un nouvel élan religieux accompagné de nouvelles couleurs ethniques. C'est ignorer, en effet, que colonisés et «consistorialisés» depuis le milieu du XIXe siècle, la plupart des Juifs pieds-noirs avaient accompli un bon bout de chemin sur la voie de la modernisation et de l'assimilation, longtemps avant leur venue en France. C'est oublier aussi que le bagage religieux dont ils pouvaient se prévaloir, lors de leur rapatriement, était en règle générale bien moins lourd que celui des Juifs d'Europe orientale qui les avaient précédés en France et qui étaient porteurs d'une vision du monde non moins «ethnique» et non moins particulariste que celle véhiculée par les Juifs maghrébins. Il n'en demeure pas moins cependant que, du fait de la structure «castée» de la société coloniale, l'identité juive était vécue comme une donnée immédiate et immuable: religieux ou pas, elle s'imposait aux Juifs dès leur naissance, autant qu'à leurs compatriotes musulmans et chrétiens.

Par conséquent, sans vouloir éluder son impact, on peut dire que le rapatriement ou le repli des Juifs d'Afrique du Nord en France n'est pas seul responsable de la «rejudaïsation» de la communauté française dont on a tant parlé au cours des années 70 et 80. Plus décisifs, nous semble-t-il, ont été l'affaiblissement, au crépuscule des «années de Gaulle», du discours jacobin de l'État-nation et la montée concomitante de revendications de type ethno-culturalistes, mettant en avant la reconnaissance du fameux «droit à la différence» pour toutes les minorités. S'ajoutant au déclin de certaines idéologies de gauche, on comprendra aisément comment et pourquoi, au même titre que divers groupes «régionalistes», les Juifs français semblent avoir opté, du moins pendant un certain temps, pour un discours identitaire, plus ethnique et moins universaliste que celui des générations précédentes, un discours plus «juif» et moins «israélite», pour reprendre la distinction proposée par Dominique Schnapper.

Assurément, l'immense inquiétude suscitée par les événements qui ont précédé la victoire éclair israélienne lors de la guerre des Six-Jours a eu pour conséquence immédiate de raviver dans les esprits la mémoire de la Shoah, à un moment où l'on commençait à apprendre combien distinct du «calvaire français» pendant l'Occupation avait été le sort des Juifs de France sous Vichy. Cette prise de conscience, tardive certes, de l'«unicité» de la Shoah et de ses horreurs, jointe aux menaces d'extermination qui avaient été proférées à l'encontre de l'État d'Israël, ont conduit l'écrasante majorité des Juifs de France à adopter des positions fermement pro-israéliennes, quitte à susciter le courroux des dirigeants gaullistes dont les relations avec Israël n'ont cessé de se dégrader depuis mai 1967.

Rappelons cette phrase célèbre de Raymond Aron dans un article du *Figaro*, très révélatrice de l'état d'esprit qui régnait, à l'époque, dans la plupart des milieux juifs: «Je n'ai jamais été sioniste, d'abord et avant tout parce que je ne m'éprouve pas juif (...). Mais je sais aussi plus clairement qu'hier que l'éventualité même de la destruction de l'État d'Israël... me blesse jusqu'au fond de l'âme».

Cela dit, la contribution des Juifs d'origine nord-africaine à cette «rejudaïsation» des Juifs de France n'est pas à négliger; dispersés dans les quatre coins de l'Hexagone et ayant des attaches dans tous les milieux sociaux et professionnels, ils sont aux avant-postes des courants de pensée «minoritaristes» et des «nouvelles philosophies» qui germent dans le paysage intellectuel français. Portés par leur antipathie foncière à l'égard du régime gaulliste, ils sont moins obnubilés par le «culte de l'État» que l'ensemble des Juifs français «de souche»; aussi, rejoignant les critiques à la mode contre l'État-nation, il leur est loisible de lutter avec la même fougue pour la reconnaissance de leur particularisme «pied-noir» que pour la perpétuation de leur patrimoine juif – une double appartenance culturelle et ethnique nourrie par plus d'un siècle de cloisonnement colonial automatique des ethnies et des religions qui, avons-nous vu, a amené Juifs, Arabes et «Européens» à considérer leur identité ethno-religieuse comme une donnée «naturelle» que rien au monde ne peut effacer ni altérer.

En outre, tout en n'étant, au départ, ni plus ni moins sionistes que les Juifs d'origine française, l'«abandon» d'Israël par de Gaulle réveille chez les Juifs nord-africains le souvenir cuisant de l'«abandon» de l'Algérie aux Arabes, ces mêmes Arabes qui, par les voix de l'Égyptien Nasser et du Palestinien Ahmed Shukayri, menacent de jeter les Israéliens à la mer. Inquiets pour l'avenir de l'État juif et plus concrètement encore pour le sort des nombreux membres de leurs familles vivant en Israël, ils n'hésitent pas à manifester publiquement et bruyamment leur courroux contre la politique française à l'égard du conflit israélo-arabe – comportement inédit dans les annales du judaïsme français qui a habitué les décideurs politiques de leur pays à plus de retenue et de discrétion dans ses protestations et ses colères en matières… juives. Sans aller jusqu'à évoquer les débats de conscience suscités naguère par la visite à Paris du Tsar «pogromiste» Alexandre III, ce n'est ni la première ni la dernière fois, en effet, que le Quai d'Orsay et l'Élysée mettent à rude épreuve la sensibilité des Juifs de France, en adoptant des options diplomatiques qui ne vont pas du tout dans le sens souhaité par la communauté juive.

Ce qui a toutes les apparences d'une «sionisation» à outrance des rapatriés nord-africains traduit, à l'évidence, le long chemin qu'ils ont parcouru depuis 1962 dans leurs relations avec Israël: «normalisés» et libérés des contingences coloniales qui pesaient lourdement sur leurs choix politiques, c'est en France – où ils sont, en général, très à l'aise dans leur peau de Juifs et de Français – qu'ils ont découvert, en majorité, l'idéologie sioniste pour laquelle ils n'avaient éprouvé par le passé que très peu d'attrait. Cela est vrai en particulier des Juifs d'Algérie qui, en comparaison avec leurs coreligionnaires du Maroc et de Tunisie, avaient été les plus réfractaires au message sioniste et à l'*aliah* en Israël.

S'estimant mal représentés par le Comité de coordination des associations juives de France, constitué en mai 1967 en soutien à Israël, les Juifs nord-africains créent, au lendemain de la guerre des Six-Jours, leur propre organisme d'assistance à Israël, appelé Comité de liaison des associations des Juifs originaires d'Afrique du Nord. Dépassant assez vite son objectif premier, le comité commence à s'intéresser au sort des Juifs d'Afrique du Nord vivant en Israël, avant de se transformer rapidement en une véritable association sioniste, intitulée SIONA (Sionistes d'origine nord-africaine), vouée à l'«action politique en faveur d'Israël». Ses dirigeants caressent l'espoir d'entrer en force dans le Mouvement sioniste de France qui doit rénover ses structures, à l'issue d'élections prévues pour 1971. Celles-ci sont ajournées à la dernière minute, au grand dam des militants d'origine nord-africaine qui doivent ravaler leur colère et chercher de nouveaux champs d'action dans d'autres secteurs de la vie communautaire juive.

Abandonnant progressivement leurs structures séparées, allant par exemple jusqu'à dissoudre, en 1983, l'Association générale des Juifs d'Algérie (appelée ultérieurement

Organisation des Juifs d'Algérie) créée au lendemain de leur rapatriement, ils ne tardent pas à entrer en très grand nombre dans la plupart des instances dirigeantes du judaïsme français telles que le Consistoire central et le Fonds social juif unifié : la nomination, en 1980, du rabbin René-Samuel Sirat, né à Bône, puis celle, quelques années plus tard, de son successeur, le rabbin Joseph Sitruk, anciennement grand rabbin de Marseille, aux fonctions de grand rabbin de France sont les meilleurs exemples et la preuve éclatante de cette intégration absolument sans pareille des Juifs nord-africains en France.

Conclusion

Facilitée par une série de facteurs dont les plus importants ont été la continuité géographique, culturelle et politique entre la France et les pays d'origine des immigrés, les Juifs d'Afrique du Nord ont connu une promotion remarquable au sein de la judaïcité française et de la société française dans son ensemble. Présents dans tous les secteurs de la vie française, leur ascension a coïncidé avec la transformation de la communauté juive française en une communauté plus soucieuse de ses particularismes et plus orthodoxe qu'elle ne l'a été depuis la Révolution. Sans doute les Juifs d'Afrique du Nord ont-ils été pour beaucoup dans cette mutation des Juifs de France. Mais, « israélisation » ambiante de la communauté et « radicalisation intégriste » de ses marges mises à part, on ne saurait dire que la tempête culturelle et identitaire des années 60 a préparé le terrain à une véritable créativité juive, autre que religieuse. C'est pourquoi, alors qu'on l'avait cru définitivement jeté aux oubliettes de l'histoire, le franco-israélisme « vieille France » a refait surface, à l'occasion des célébrations du bicentenaire de la Révolution et de l'« affaire du foulard » qui ont permis à certains intellectuels juifs de dénoncer les discours sectaires émanant du rabbinat et de rappeler les charmes oubliés de l'universalisme et de la laïcité. Voilà qui remet en question l'irréversibilité des changements d'orientation survenus au cours des deux décennies précédentes, et ce d'autant plus facilement que certains éléments constitutifs de la « nouvelle identité » juive tels que, par exemple, l'attachement à Israël, semblent avoir perdu de leur puissance et de leur pouvoir d'attraction depuis que l'État juif s'est enferré dans la guerre du Liban, en 1982.

Mémoire, écriture, identité minoritaire

Anny Dayan-Rosenman

Lorsqu'il paraît en 1963, l'essai d'Albert Memmi, *Portrait d'un Juif*, suscite bien des polémiques, essentiellement auprès de ses lecteurs juifs. Les reproches les plus virulents se cristallisent sur son titre ressenti comme provocateur (par un accord tacite le mot «juif» reste depuis la guerre un vocable presque tabou), mais ils se centrent aussi sur la démarche, à l'époque malvenue, qui consistait à étaler sur la place publique les traces, les blessures, les aliénations d'une condition ressentie par l'auteur comme une condition malheureuse.

Quelques années plus tard, à la fin des années 60, le rapport des Juifs de France à leur image publique a déjà bien changé. Le mur qui sépare l'espace privé de l'espace public s'est fissuré. Une évolution s'est amorcée dans les représentations de l'identité française et d'une société où une tradition universaliste et centralisatrice laissait peu de place à l'éclosion d'images de la différence, ou à l'affirmation d'une mémoire spécifique. Le choix fait par des minoritaires d'entrer en scène en tant que tels, avec armes et bagages, en n'acceptant de renoncer ni à leur appartenance nationale ni à une identité spécifique, constitue donc un phénomène nouveau dont les développements sont, aujourd'hui encore, à l'œuvre.

Le contexte

Cette démarche d'affirmation identitaire s'inscrit dans un contexte national et même planétaire où la déroute des utopies politiques et des aspirations universalistes, la mise en échec des idéologies, la crise que traversent les valeurs fondatrices de la République, expliquent un retour massif vers des valeurs individuelles, communautaires et religieuses pour bien des groupes et bien des nations. Face à un monde déshumanisé, composé de millions « d'individus sans appartenance », la recherche de racines, la passion généalogique et la collecte de traces d'un passé qui s'estompe apparaissent comme des réactions de sauvegarde. Réponse à une « déterritorialisation » du monde, superbement décrite par Michel Serres. Au terme d'un cheminement longtemps souterrain, l'émergence, dans les années 60, d'une exigence de parole et d'écoute qui se voit reconnue et légitimée dans la décennie suivante sous le nom de droit à la différence, la revendication d'un patrimoine culturel et d'une mémoire spécifiques s'affirmeront ainsi, peu à peu, comme les dimensions essentielles d'un nouveau rapport à l'histoire et à l'identité.

Cependant, dans un contexte qui reflète la crise généralisée des valeurs d'une civilisation, les Juifs de France s'engagent dans ce processus d'affirmation identitaire avec une force qui résulte d'une triple expérience historique : la mémoire non cicatrisée de la Shoah et des lois de Vichy, la décolonisation, la création de l'État d'Israël.

Ce qui fait lien entre ces trois événements, dans l'imaginaire, c'est la remise en question du modèle idéalisé, révéré, sacralisé que constituait le modèle français, et du pacte implicite qui depuis l'émancipation accordait tout aux Juifs en tant qu'individus et rien en tant que nation (le terme étant à comprendre dans le sens de communauté).

La France, patrie des droits de l'homme, voit son image atteinte par les années de collaboration, tandis que se développe ce que l'historien Henry Rousso appelle *le syndrome de Vichy*. Si la Shoah laisse un peuple entier face à un impossible deuil, ce deuil n'est pas seulement celui de millions de morts, c'est aussi celui de conceptions, de valeurs, d'idéaux, auxquels les Juifs d'Europe et de France avaient adhéré en un irrésistible mouvement, en une véritable vague de fond, qui les avait souvent entraînés à abandonner, dans leur marche en avant, leur héritage culturel.

Après le désastre, c'est la culture occidentale et son universalisme trompeur qui sont remis en question. L'amertume d'Albert Cohen, qui dans *Belle du Seigneur* reprend le cycle de *Solal* après un silence de trente ans, se traduit par une description hallucinée du culte de la force et de ce qu'il appelle la danse des babouins dans la civilisation occidentale. L'ironie féroce de Romain Gary et la violence de ses charges contre l'Europe, contre l'humanisme et la culture occidentale ne sont que les traces douloureuses d'un grand rêve déçu. La dérision ravageuse d'un Modiano dans *La Place de l'étoile* témoigne de ce désenchantement, tandis que s'amorce un mouvement de retour vers d'autres valeurs réelles ou mythiques. Lorsque la croyance dans le progrès et dans le sens de l'histoire est atteinte, vient le temps du regard en arrière et de la nostalgie des temps passés.

Sur un autre plan, avec la décolonisation disparaît l'empire d'outre-mer, mais surtout s'effondrent une imagerie coloniale sublimée, mythique, tyrannique et un modèle si contraignant que, chez les Juifs « indigènes », il faisait barrage à la mémoire des origines. Modèle dont la poursuite provoquait le mépris pour tout ce qui s'en distinguait, et une amnésie volontaire de tout ce qui l'avait précédé. Ce qu'Albert Memmi écrit dans *Portrait du colonisé* est valable pour les Juifs d'Afrique du Nord comme pour leurs homologues musulmans. Mais ce qui frappe à la relecture de ces pages dont l'acuité et la pertinence restent inchangées, c'est que tout ce que Memmi écrit sur la manière dont l'ancien colonisé reprend en charge son identité et son passé pourrait en grande partie servir à décrire la démarche d'affirmation des Juifs de France. « La même passion qui lui faisait admirer et absorber l'Europe lui fera affirmer ses différences ; puisque ces différences, enfin, le constituent, constituent proprement son essence. »

En une expérience paradoxale, le contact avec une France réelle correspond à l'effondrement de la France mythique en tant que modèle absolu et intériorisé. Là encore le regard se tourne vers un passé révolu dont l'idéalisation est exacerbée par l'exil. La recherche identitaire se traduit alors dans un rapport au judaïsme, mais aussi dans un rapport à la culture du pays d'origine – Maroc, Tunisie, Algérie, Égypte – le plus souvent rejetée ou occultée en période coloniale.

Dans le même temps encore, apparaît sur la scène internationale l'État d'Israël, nouveau modèle et nouvelle focalisation de représentations identitaires. Mais c'est moins la création de l'État que la guerre des Six-Jours qui sert de catalyseur, suscitant une prise de parole publique et concentrant sur Israël bien des démarches identificatoires.

Cette mémoire de groupe qui, face à la mémoire nationale, doit affirmer sa légitimité, se révèle composée d'une mosaïque d'expériences historiques. Celles-ci aspirent toutes à une expression publique, d'où une multiplication d'images partielles et parfois contradictoires ou antagonistes : Juifs laïques et Juifs religieux, séfarades et ashkénazes, sionistes et non-sionistes, Juifs célébrant l'émancipation ou la déplorant. Complexité, désorganisation et exubérance des signes, luttes pour un héritage intellectuel, spirituel, historique où se succèdent, à Beaubourg, les Journées de la culture yiddish et les Journées des cultures juives, méditerranéennes et orientales. Où se répondent les Douze heures pour Israël et le Judéoscope, où s'opposent les Journées de la Torah au Bourget et les Assises du judaïsme laïque au Sénat. Manifestations qui se caractérisent souvent par une démarche d'inscription dans des lieux symboliques de la culture nationale, et par le désir d'une légitimation qui ne soit pas communautaire. Inscriptions diasporiques qui chacune à sa manière témoignent de ce que Richard Marienstras qualifie de «vocation minoritaire». Stéréophonie, cacophonie parfois, qui, dans leur diversité même, s'opposent aux traits monolithiques, figés, fantasmatiques et récurrents, qui d'un Nuncingen à un Silberman instauraient, par le biais d'un regard extérieur et malveillant, une factice et dangereuse unité. Si pendant longtemps, les thèses littéraires à visée identitaire ne pouvaient se consacrer qu'à l'image du Juif chez Hugo, chez Walter Scott ou chez Balzac, désormais, c'est l'écrivain juif qui propose un «portrait avec groupe» en une remarquable éclosion d'œuvres. Dès la fin des années 60, celles-ci se multiplient à un rythme accéléré, et font de ce recours à l'écriture un phénomène sociologique autant que littéraire, participant de façon importante à ce processus d'affirmation, de différenciation, à ce long et lent travail de la mémoire.

Des revues juives

En 1979, Luc Rosenzweig, jeune homme plein d'enthousiasme, et quelque peu iconoclaste, réunit par voie d'annonce dans *Libération*, d'autres jeunes gens également enthousiastes pour écrire, ensemble, un *Catalogue pour des Juifs de maintenant*. Ce volume est dédié à Woody Allen, Albert Cohen, Franz Kafka, Ossip Mandelstam, Marx (version Groucho), Moshé Zalcman, l'auteur d'*Histoire véridique de Moshé, ouvrier juif et communiste au temps de Staline*. Ces noms mêmes disent bien la filiation et l'inscription délibérément diasporiques, dans tous les sens du mot, idéologique, esthétique..., de ces jeunes Juifs en général nés après la guerre et souvent revenus du gauchisme. La figure emblématique, trouble, ambiguë, de Pierre Goldman plane au-dessus d'eux. A lire son destin à la Joseph K., ils ont soudain la révélation (au sens d'une photo révélée) de certains de leurs tourments secrets : la Shoah, la résistance juive, une vague culpabilité. Le numéro s'ouvre par un texte incendiaire du seul d'entre eux qui ne fait pas, lui, que découvrir ou redécouvrir sa judéité : Wladimir Rabi, appelant à détruire l'*establishment* juif à ses yeux dégradé et corrompu... De cette aventure va en naître une autre, celle de la revue *Traces*, lieu ouvert de dialogues les plus anarchiquement stimulants entre Séfarades et Ashkénazes, thème qui fait florès ces années-là, et où se lisent des sensibilités antagonistes, sioniste, « néo-bundiste », voire antisioniste. La grande question, c'est la mémoire. Mémoire retrouvée, judéité assumée, sentiment de retrouvailles. On ne sait pas bien où l'on va, mais on y va. Entendez, comme le disait Georges Perec : « On ne sait pas bien ce que veut dire être juif. » Et l'on se méfie grandement des bien-pensants qui prétendent le définir. Parmi les rédacteurs : Charles Assouline, Jean Baumgarten, Lazare Bitoun, Ilan Flammer, Laurence Podselver, Henri Raczymow, Gérard Rabinovitch, Annette Wieviorka.

1979 est aussi l'année de création d'une autre revue d'inspiration plus nettement idéologique, antireligieuse et antisioniste, *Combat pour la diaspora*, dont on peut lire dans le premier éditorial le programme suivant : « Les inconditionnels de l'État d'Israël et les institutions religieuses monopolisent la parole juive. Il est important qu'un autre discours s'élabore. » Et encore : « La diaspora doit trouver sa propre voix. » Enfin, pour mettre les points sur les *i*, avec cette référence datée à des slogans d'époque dont on a mesuré aujourd'hui tout le danger : « Il n'est de socialisme que dans la différence. » Parmi les rédacteurs : Bernard et Françoise Chaouat, Annie Goldmann, Jacques Hassoun, Fanny Merguy, Henri Minczeles, Antoine Spire, Sabine Zeitoun.

Ces deux revues *Traces* et *Combat pour la diaspora* naissent et prennent fin dans les années 80.

Une tout autre ambition préside à la création en 1985 par Annie Kriegel et Shmuel Trigano de la revue *Pardès*, d'abord aux éditions Jean-Claude Lattès puis aux Éditions du Cerf : « ouvrir un nouvel espace intellectuel » pour accompagner « la multiplication en

France des recherches universitaires et intellectuelles dans les matières juives». Revue à la fois plus austère et plus rigoureuse que les précédentes, elle se voue davantage à la recherche savante qu'aux états d'âme identitaires. *Pardès* publie quelques études fondamentales de sociologie, d'histoire, de philosophie, de littérature, de textes de la tradition juive qui font autorité dans la recherche juive tant en France qu'à l'étranger. Parmi les rédacteurs (outre les codirecteurs) : Jean-Christophe Attias, Joëlle Balhoul, Jean Baumgarten, Esther Benbassa, Jean-Marc Chouraqui, Jean-Louis Tiar, Annette Wieviorka.

H. R.

Textes

Il ne s'agit pas ici de nous confronter à une question longuement débattue, en nous demandant ce qu'est un écrivain juif, s'il existe ou non une littérature juive et qui il conviendrait d'y classer. Problème de définition qui s'est souvent révélé stérile tant il contenait de paramètres incertains ou arbitraires. Il s'agit plutôt, à partir d'un corpus constitué par les œuvres de ceux qui, dès la fin des années 60, s'affirment ouvertement et répétitivement comme tels, de nous demander quelles sont les modalités de cette affirmation, quels sont les vecteurs qui la portent, quel est l'imaginaire qui la soustend, ce qui est en débat dans cette écriture, et quel est alors le statut de l'écrivain confronté à des enjeux inédits, au confluent de la démarche individuelle et de la démarche de groupe, lui qui tente d'articuler ce que l'écriture a d'irréductiblement individuel au statut de porte-mémoire qu'il assume et que parfois il revendique.

Cette écriture, à quelques exceptions près (mais elles sont de taille, telle l'œuvre de Perec par exemple) a une dimension emblématique et témoigne d'un désir d'affirmation, d'inscription, de filiation. Une rapide étude des titres, des exergues, des préfaces d'un certain nombre d'œuvres suffirait à le prouver. Ils annoncent et déclinent une identité revendiquée, tentent de réaliser un raccord avec une tradition culturelle, un imaginaire juif dont l'écrivain juif français est souvent séparé par un immense hiatus. Ils ne cessent de balayer le champ d'une mémoire historique ou mythique.

Parfois, le titre a pour fonction d'opérer la rupture d'un tabou, celui qui a longtemps entouré le mot «juif» et ses référents. Moins d'une décennie après l'ouvrage d'Albert Memmi *Portrait d'un Juif*, le vocable a perdu sa charge explosive : *Le Juif imaginaire,* d'Alain Finkielkraut, le *Juif apatride d'origine polonaise,* film de Robert Bober, le *Juif polonais né en France,* de Pierre Goldman et le stéréophonique *Juif et Juif,* d'Alexandre Adler et Érik Cohen, circulent dans le champ de la culture dans une relative sérénité, tandis que se multiplient les titres chargés du même référent, parfaitement décryptable. Ainsi, un grand nombre de romans affichent dans leur titre un prénom qui, à lui seul, assume cette fonction d'emblème.

Le Regard de Myriam, Baisse les yeux Sarah!, Comment va Rachel?, Le Rêve d'Esther, Les Filles de Mardochée, La Mémoire d'Abraham, Adieu Moïse, Déborah et les anges dissipés, Jacob, Menahem et Mimoun, ces prénoms-étendards d'une démarche d'affirmation et de séparation se présentent parés de leurs seuls référents bibliques et annoncent dès le titre un destin exemplaire, un point de vue ou une mémoire singulière. Dans la plupart des cas cités, les prénoms bibliques introduisent des héros contemporains dont l'identité juive ainsi annoncée est souvent problématique et constitue le sujet même de l'œuvre. Ailleurs, on trouvera dès le titre une référence à une dimension religieuse, tel le nom d'une fête liturgique : *Le Grand Pardon,* film d'Alexandre Arcady, *Partir en Kappara,* d'André Nahum. Ou encore une référence à une arabité ou à une *yiddishkeyt* clairement connotées : *Le Problème goy,* de Guy Konopnicki, *Mektoub,* de Gilles Zenou. Ou encore l'alliance d'un nom et d'un prénom qui conjuguant arabité et judéité, résonnent de façon antithétique et résument une difficile condition : *Mohamed Cohen,* de Claude Kayat.

La démarche à l'œuvre dans les titres, on la retrouve un peu plus loin, dans les exergues, préfaces, têtes de chapitre, dans tout ce qui constitue ce que Gérard Genette appelle le paratexte.

Le choix de l'exergue témoigne souvent d'un désir de filiation. C'est moins une connaissance intime qui s'y révèle qu'une nostalgie de savoir et d'appartenance, ou un désir d'inscription dans la tradition que représentent la Bible ou le Talmud. Dans *Le Sel et le Soufre,* d'Anna Langfus, une phrase du Deutéronome ; dans *Shoah,* le film, de Claude Lanzmann, une citation d'Isaïe ; dans *Les Jours innocents,* de Jean-Luc Allouche, une citation du Talmud.

A coté de ces références à un substrat religieux, apparaît en exergue un autre réseau de références culturelles et littéraires : Pierre Goldman cite Richard Marienstras, Henri Raczymow cite Pierre Goldman, Michèle Kahn cite Primo Levi, Alain Finkielkraut cite en tête de chapitre Isaac Babel, Élias Canetti, Franz Kafka, André Spire, Philip Roth.

Ces citations d'écrivains et de penseurs des siècles passés ou de l'époque contemporaine inaugurent une démarche qui affirme l'existence d'une culture juive de la modernité et démontre aussi, à sa manière, la survivance d'un peuple et d'une culture, à travers le temps et l'espace.

Un phénomène notable dans la vie culturelle des dernières années tient au fait que loin d'être gommée ou niée, l'implication affective des chercheurs et des universitaires à leur domaine de recherche tend à être énoncée et reconnue. Elle est désormais ressentie comme légitime sur le plan de l'éthique et de l'efficacité. Dans des préfaces et des textes liminaires où sont explicitées l'histoire, les motivations, les implications des choix de travail, se disent souvent des choses essentielles, de l'ordre de l'autobiographie, dans une langue travaillée par l'émotion et la pudeur, une langue très éloignée des «parlers» théoriques usuels. Très tôt, la préface de l'ouvrage de Dominique Schnapper, *Juifs et Israélites,* posait le problème de la bonne distance du chercheur à son sujet d'étude. Le premier chapitre du livre de Nicole Lapierre, *Le Silence de la mémoire. A la recherche des Juifs de Plock,* s'ouvre sur un récit de rêve qui révèle tout de suite le lien du chercheur à son sujet, l'amène à évoquer sa trajectoire personnelle, l'ombre portée de la Shoah sur son enfance, l'élaboration de son questionnement identitaire, elle qui appartient à la deuxième génération et qui, pour conduire ses interviews, a dû interroger sa propre identité et prendre conscience de la manière dont se mêlaient «la recherche des origines et l'origine de la recherche». Dans l'ouvrage de Lucette Valensi et de Nathan Wachtel, recueil d'interviews intitulé *Mémoires juives,* paru en 1986, l'émotion des enquêteurs, leur empathie avec les itinéraires et les destins qu'on leur raconte, leur connaissance des événements historiques et des traditions culturelles qui structurent les récits constituent la matière même de l'œuvre, au même titre que les autres éléments qu'ils y recueillent. De ce choix découle en partie la qualité remarquable de l'écriture. Et si l'approche théorique reste ferme, elle est comme portée par le frémissement qui traverse l'ouvrage et va se clore sur l'évocation d'un impératif absolu, toujours actuel dans la conscience juive: «Souviens-toi, *Zakhor*», que les auteurs répètent, prennent en charge, rappellent à une communauté de lecteurs avec laquelle ils veulent partager mémoire, tradition, transmission, en une très claire et très simple déclaration d'appartenance. Dans la bataille que mène Pierre Vidal-Naquet contre les négationnistes, son histoire familiale reste présente, et c'est au cours de ce long travail que se tissent pour lui de nouveaux liens d'appartenance. Dans son avant-propos au recueil *Les Juifs, la mémoire, le présent,* il le dit clairement : « Assez paradoxalement, je dirai que c'est moins parce que je suis juif que j'ai écrit ces pages que l'inverse : c'est en écrivant ce livre et quelques autres travaux que je suis devenu juif, Juif de volonté si l'on veut ou Juif de réflexion. »

Une seconde caractéristique des œuvres évoquées est qu'elles se présentent le plus souvent sous forme d'autobiographies plus ou moins romancées. Mais il s'agit d'autobiographies particulières où le narrateur, loin de mettre l'accent sur la singularité de son expérience, met au contraire en évidence le caractère d'exemplarité de sa trajectoire. Dans ces autobiographies de minoritaires, entre les pages desquelles un groupe orphelin retrouve un passé à peine révolu, le statut de l'œuvre change. Elle est témoignage d'un destin dont lecteur et écrivain partagent la mémoire, la douleur. Elle devient trace ou relique d'un passé ou d'un monde dont ils partagent la nostalgie. Ce qui crée entre l'écrivain et une partie de son public des liens aussi chaleureux et aussi contraignants que des liens familiaux.

Ces récits et ces témoignages se trouvent souvent à l'intersection de trajectoires individuelles et de trajectoires collectives soumises à la violence de l'événement. Quand « l'Histoire avec sa grande hache » sépare, sur un quai de gare, l'enfant Perec de sa mère qu'il ne reverra plus, sépare un autre enfant, Saül Friedlander, de ses parents déportés à Auschwitz, sépare de leurs parents qu'on assassine des milliers d'enfants anonymes, certains textes témoignent pour tous ceux qui n'ont pas su ou pas pu dire leur histoire ou qui mettront des décennies à balbutier leur douleur.

Quand la guerre d'Algérie, la crise de Bizerte, la révolution égyptienne jettent sur les routes de l'exil des communautés entières, des familles chargées de quelques valises et de quelques photos, ceux des enfants qui, plus tard, les regarderont, les commenteront, les intégreront entre les pages d'un album ou d'un texte qu'ils auront écrit, auront tissé un lien entre l'ailleurs et l'ici pour toute une génération. Et ce n'est pas un hasard si *Lumière de l'œil,* le premier roman de Paula Jacques, s'ouvre sur la promenade d'une famille juive égyptienne qui, à la veille de la tourmente qui va l'emporter, se rend en habits de cérémonie chez le photographe, et si l'écriture se donne pour mission de redoubler et de préserver ce moment et cette image arrachés au temps.

La nostalgie apparaît ainsi comme une dimension essentielle de l'identité juive et comme moteur de l'écriture : «J'appelle juive en somme cette part de moi-même qui ne se résigne pas à vivre avec son temps, qui cultive la formidable suprématie de ce qui a été sur ce qui est», écrit Alain Finkielkraut dans *Le Juif imaginaire.*

Nostalgie d'une terre natale et de sa dimension charnelle où se conjuguent le regret du pays et du temps révolu de l'enfance dont le récit déroule les merveilles et tente de retrouver le regard. Le premier livre de Nine Moati, *Mon enfant, ma mère,* conjugue la mort de la mère, l'arrachement du pays natal et la fin de l'enfance. Le regard rétrospectif de Jean-Luc Allouche sur son enfance en Algérie est intitulé *Les Jours innocents,* celui de Monique Zerdoun, *Rue de la Mémoire fêlée,* s'interrompt avec les événements qui mettent fin à l'enfance. *Frimaldjezar* et *La Brehaigne* d'Albert Bensoussan annoncent, dès leur titre, la tentative de faire correspondre, en d'improbables mots-valises, des temps et des lieux dissociés, l'Algérie et la Bretagne, lieu de l'enfance et lieu de l'écriture.

Monde clos et chaleureux, *shtetls* avec leurs mendiants, leurs prophètes, leurs fous mystiques, auxquels inlassablement, d'œuvre en œuvre, Élie Wiesel redonne vie par l'écriture. Paisible bourgade de Wolyna, ignorante du désastre qui la guette, décrite par Manès Sperber. Ville de Konsk à propos de laquelle Mathieu Schriftlich, le personnage d'Henri Raczymow, interroge inlassablement son oncle Noïoch Oksenberg. Univers à jamais perdus et à jamais sauvés par la plume d'un Bashevis Singer dont les ouvrages traduits en français participent à la constitution de cet imaginaire.

Investis par la nostalgie du temps d'avant, le *shtetl* et le *mellah,* reconstitués, idéalisés, magnifiés apparaissent comme les réceptacles d'un être juif authentique, d'un temps magiquement suspendu et en accord avec la sagesse immémoriale du conte.

Une dernière caractéristique commune à ces textes : à quelques exceptions près, ils restent étrangement silencieux sur le lieu et le temps de l'écriture. La réalité française ou la réalité de la vie juive en France n'y apparaissent pas ou peu. La force, l'impact, la violence des affects se situent ailleurs. N'y sont évoqués que des lieux de transition qui permettent de dériver vers d'autres lieux ou d'autres temps. Cimetière de Saint-Germain-en-Laye devant les grilles duquel s'ouvre le roman de Rolland Doukhan, *Berechit,* cimetière de Bagneux où Robert Bober décrit les membres de la Société des amis de Radom autour de la pierre tombale des originaires de la ville. Symétriquement, petit cimetière d'Asila où dans *Parcours immobile,* d'Edmond El Maleh, le narrateur comprend qu'une communauté est morte. Maisons de retraite, hôpitaux où après avoir visité une mère mourante ou amnésique, les protagonistes de Roger Ascot ou de Colette Fellous revivent un passé longtemps refoulé, cabinets d'analyste... Si Patrick Modiano arpente indéfiniment les rues de Paris, celles-ci ne s'animent que si elles sont éclairées par un reflet du passé, une enseigne lumineuse, une chanson ou un épisode remémorés qui font signe depuis la réalité obsédante de la ville occupée et colorent le présent.

Écriture et mémoire

L'écriture prend ainsi sa source dans un passé très proche, un passé à peine révolu, dont la trace œuvre encore au présent et cristallise la démarche identitaire autour de l'acte de mémoire. Mémoire inapaisée de la Shoah, portée par un flux sans cesse renouvelé de textes et de témoignages. Mémoire liée à l'exil, à la décolonisation et au déracinement de communautés entières originaires d'Afrique du Nord, d'Égypte, d'Irak. Mémoire peu à peu en éveil de Juifs inscrits depuis des siècles dans le paysage français et en particulier en Alsace. Enfin, imaginaire qui prend sa source à un passé plus lointain et apparaît étroitement lié à ce que l'on pourrait qualifier de renaissance des études juives en France.

Littérature et Shoah

A la fin des années 50 ont paru les œuvres de témoins rescapés auxquels il avait fallu plus de dix ans pour tenter de rendre compte de leur expérience, et dont le témoignage provoque une sorte de stupeur et de sidération. *La Nuit*, d'Élie Wiesel, rapidement suivie de deux œuvres *L'Aube*, *Le Jour*, qui constitueront les volets d'une trilogie. *Le Sang du ciel*, roman unique de

Piotr Rawicz. *Le Sel et le Soufre* puis *Les Bagages de sable,* d'Anna Langfus. Dans les mêmes années paraît *Le Dernier des Justes,* œuvre maîtresse d'André Schwarz-Bart, fils de parents déportés.

A part le livre d'André Schwarz-Bart, qui consacre un long chapitre au camp de Drancy et évoque la participation française au génocide, l'essentiel des représentations du désastre reste longtemps situé en Europe de l'Est, même dans les œuvres d'écrivains juifs français Ainsi *Varsovie,* pièce en trois actes de Wladimir Rabi, *Éducation européenne* et *La Danse de Gengis Cohn,* de Romain Gary, sont situés en Pologne, de même que quelques années plus tard, *Monsieur Fugue,* pièce de Liliane Atlan, qui sera jouée au Festival d'Avignon.

Dès la fin des années 60 et le début des années 70 pourtant, avec *La Place de l'étoile,* de Patrick Modiano, et *Le Chagrin et la Pitié,* de Marcel Ophuls, André Harris et Alain de Sedouy, film sorti en 1971, dont l'impact sur les représentations de l'histoire de la période est immense, on assiste à un recentrage sur ce que fut le destin juif en France sous l'Occupation. Ainsi Patrick Modiano, qui a trouvé le ton mineur et voilé qui restera le sien, poursuit une exploration fascinée de ce que fut le monde des collabos et des gestapistes avec *La Ronde de nuit* et *Les Boulevards de ceinture,* avant de se pencher sur le destin des victimes avec *Rue des boutiques obscures, Voyage de noces* et *Dora Bruder.* Serge Doubrovsky, avec *Fils,* et *Le Livre brisé,* évoque en séquences inattendues les caches où avec ses parents il a attendu la fin de la guerre. Vercors revient une dernière fois à une thématique abandonnée dès l'immédiat après-guerre pour évoquer, dans *Le Piège à loup,* des destins brisés par la délation. Enfin, tous les derniers romans de Romain Gary sont désormais situés en France et évoquent répétitivement la rafle du Vel' d'hiv'. Pour les romans signés Gary, *Clair de femme, La Bonne Moitié, Les Cerfs-Volants,* dont les premières et les dernières lignes sont dédiées aux habitants de Chambon-sur-Lignon. Pour les romans signés Ajar, essentiellement *La Vie devant soi, l'Angoisse du roi Salomon,* romans de la vieillesse qui tous deux mettent en scène deux vieillards rescapés de la Shoah, dont l'un, monsieur Salomon, roi du prêt-à-porter, a passé la guerre caché dans une cave et dont l'autre, madame Rosa, arrêtée, internée au Vel' d'hiv', déportée, survivante, a fait de sa cave un « trou juif » où de temps en temps elle va se réfugier.

Peu à peu va s'imposer la conscience de ce que la douleur et les destructions engendrées par le désastre ne se sont pas arrêtées avec la Libération, de même qu'elles ne se sont pas limitées aux périmètres des ghettos et des camps. La génération des témoins-rescapés était confrontée à une double impossibilité : celle de rendre compte d'une expérience qui excède les limites du langage et celle de garder le silence. Les générations suivantes se voient confrontées à l'impossibilité de recevoir un récit de mort comme héritage, de même qu'à l'incapacité de vivre sans une parole et un savoir dont dépendent leur identité et leur inscription dans la chaîne de la transmission. Les textes qui continuent à être publiés témoignent de la présence obsédante de cette mémoire, de la persistance du deuil, de la transmission de la douleur et de la culpabilité de vivre sur plusieurs générations.

La force et l'impact d'une œuvre comme *W ou le Souvenir d'enfance,* de Georges Perec, tient aussi à ce qu'elle est, dans sa pudeur même, l'une des premières expressions écrites d'une douleur longtemps restée silencieuse, celle des enfants dont les parents ont été déportés. Ce livre, qui apparaît comme un pivot dans l'œuvre de Perec, éclaire a posteriori le sens d'un livre comme *La Disparition,* où la suppression d'une lettre de l'alphabet, le *e,* semblerait mimer sur un mode burlesque l'entreprise qui consistait à vouloir faire disparaître un peuple. Elle annonce en même temps certaines des œuvres suivantes, inscrites dans la quête des origines, comme *Récits d'Ellis Island. W,* qui témoigne à la fois de l'impossibilité à dire l'histoire et de la croyance en la littérature pour tenter de surmonter cette impossibilité, se présente, on le sait, comme le tressage de deux textes, l'autobiographie hésitante d'un orphelin de la Shoah et un texte fictionnel qui apparaît comme une saisissante métaphore d'Auschwitz. Alternance où peut se lire «ce qui n'est jamais tout à fait dit dans l'un, jamais tout à fait dit dans l'autre, mais seulement dans leur fragile intersection». Ce dont *W* témoigne, c'est d'une douleur vivante dans le présent de l'écriture et de la nécessité du recours à la fiction pour dire à travers la mort de Caecilia Winckler, personnage imaginaire, la mort de Cyrla Perec, mort restée irreprésentable et dont son enfant n'a pas pu faire le deuil.

C'est dans cette situation d'énonciation que s'inscrivent des œuvres fortes comme celles de Saül Friedlander, *Quand vient le souvenir,* de Berthe Burko-Falcman, *Chroniques de la source rouge* et *L'Enfant caché,* de Sarah Kofman, *Paroles suffoquées,* de même que la série d'interviews réalisées par Claudine Vegh, *Je ne lui ai pas dit au revoir. Des enfants de déportés parlent.* Bien qu'à un autre niveau, ce sont ces voix que fait entendre le texte plus récent de Robert Bober, *Quoi de neuf sur la guerre?*.

Nés pendant ou après la guerre, les écrivains qui appartiennent à ce que l'on appelle désormais «la génération d'après» doivent se confronter par l'écriture à un passé qu'ils n'ont pas vécu mais qui les hante, à un héritage fait de mort et de néant. Il leur faut faire face à la culpabilité de vivre et parfois au sentiment de vivre à la place d'un frère, d'une sœur, d'un oncle morts. Il leur faut porter le poids d'une histoire qui souvent ne leur a pas été clairement transmise et celui d'une «mémoire absente», pour reprendre l'expression d'Ellen Fine.

Comme le dit Henri Raczymow, «qu'on n'oublie pas qu'ils sont nés, eux, dans cette mer de cendres». Et c'est bien de cet héritage et de cette histoire que meurt Esther, la protagoniste de *Un cri sans voix*. Esther, que l'on dit pudiquement « malade de la guerre », et qui se suicide dans un four à gaz, tandis que Mathieu, son frère, tente de se libérer par l'écriture, quelle que soit la culpabilité attachée à cette écriture. Un rapport obsédant au passé dessine ainsi dans ces œuvres un motif majeur, celui de l'enquête. Quête de bribes de récits toujours interrompus ou fragmentaires, retours sur les lieux du désastre où les protagonistes découvrent que souvent, il ne reste pas de traces des cultures détruites, pas plus que de traces du crime. Retour en Pologne de Pierre Goldman, de Robert Bober, de Nicole Lapierre, retour en Roumanie de Pierre Pachet, retour en Hongrie des personnages de fils dans les dernières œuvres de Wiesel, *Le Cinquième Fils* et *L'Oublié*. C'est dans ce contexte que s'inscrit l'œuvre monumentale de Claude Lanzmann, *Shoah*, retour sur les lieux du crime, film et méditation sur le témoignage, quête de parole qui a aussi permis aux enfants de rescapés d'entendre ce que leurs parents n'avaient jamais pu leur dire et qui a ouvert un espace de parole et d'écriture à propos du désastre. Il est d'ailleurs caractéristique que l'accent soit désormais mis par Wiesel sur la problématique des fils plus que sur celle des pères-rescapés, car c'est à eux que se pose désormais le problème de la transmission.

Cette quête et cette recherche des origines se traduisent par un rapport très fort à la langue yiddish. Si cette langue orpheline est en danger de devenir « la langue de personne », selon l'expression de Rachel Ertel, si Régine Robin intitule l'un de ses essais portant sur la nostalgie de la langue *Le Deuil de l'origine*, si pour Myriam Anissimov, et Gérard Wajcman, cette langue est à la fois « *la langue du secret* » et « *la langue des morts* », elle n'en apparaît pas moins comme une matrice de judéité et comme la trace vivante d'un monde anéanti.

Littérature et exil

Bien que comme toute œuvre poétique, l'œuvre d'Edmond Jabès apparaisse comme une trace solitaire, son questionnement sans cesse renaissant sur l'exil, le temps, le désert, l'écriture (*Le Livre des questions, Le Livre des ressemblances, Du désert au livre*) trace les contours d'un imaginaire, tandis qu'à l'ombre tutélaire de trois grandes œuvres, celle d'Albert Camus, d'Albert Cohen et d'Albert Memmi, se développe en France ce que l'on pourrait appeler la littérature de l'exil.

De l'héritage de Camus, on retrouve la dimension physique du lien à la terre natale, le vertige des odeurs, des senteurs, des couleurs, la présence de la mer où se meuvent des corps adolescents, le parfum des absinthes et des jasmins qui, de Tipasa à Tunis ou à Casablanca tressent une mémoire charnelle déclinée d'œuvre en œuvre. Ce regret d'un paysage est doublé de celui d'une culture qui dessinait un rapport harmonieux au monde et au temps. Un temps long et rythmé par le retour des fêtes religieuses et par celui du shabbat. Nostalgie de ce que furent des siècles de cœxistence judéo-arabe, souvent magnifiée par le souvenir. Tentative plus timide pour dessiner la force et l'ambivalence du rapport à l'Autre, le plus proche et le plus séparé, le voisin arabe, la première petite fille aimée et interdite par les barrières qui séparaient les communautés. Sur un registre plus voilé mais souvent présent, ce regret est aussi l'expression d'une sensualité violente, interdite, refoulée qui reste liée à la terre perdue.

De l'héritage d'Albert Memmi, on reconnaît les héros déchirés entre les cultures et les langues, écartelés entre l'Orient et l'Occident, confrontés aux derniers soubresauts de mondes coloniaux condamnés. Et c'est au moment où ils luttent, pour se libérer d'une culture qui les enferme comme dans une matrice désormais trop étroite, qu'autour d'eux s'effondre le monde qu'ils ont connu et que s'organise le départ. C'est bien ce processus, lié à l'accession à l'indépendance de pays colonisés qu'analysent *Le Scorpion, Le Désert* et *Le Pharaon* d'Albert Memmi, *Au nadir* d'Albert Bensoussan, *Adieu Babylone* de Naïm Kattan.

Ce que l'on reconnaît aussi, c'est la lucidité corrosive des protagonistes, leur capacité d'ironie et d'autodérision qui tempèrent ce que Guy Dugas qualifie d'« écriture mémorieuse ». Ironie d'un Koskas qui décrit aussi bien les délires verbaux, les tics de langage, les défauts de prononciation propres aux interlocuteurs de langue arabe qui mélangent le *p* et le *b*, dans *Balace Bounel*, que la lente évolution qui fait d'un père de famille, désormais dépourvu de l'autorité patriarcale, *L'Homme de paille*, l'étranger qui meurt dans le silence des siens. Refus de l'idéalisation nostalgique que l'on retrouve chez Chochana Boukhobza qui décrit dans *Un été à Jérusalem* la violence physique du conflit opposant à son père une jeune fille qui veut conquérir sa liberté. Et le fait que le père soit lui-même le protagoniste déçu d'un rêve messianique qui l'a conduit dans une misérable banlieue de Jérusalem ne vient pas nuancer le constat. De même pour Paule Darmon qui, dès son premier titre, *Baisse les yeux Sarah !*, annonce son refus du modèle féminin proposé, ou pour Paula Jacques qui décrit, avec un mélange de tendresse et de férocité, un petit monde qui vit les derniers moments d'une existence juive en Égypte, un monde condamné par l'Histoire, sans pour autant renoncer à ses préjugés, perdre son aveuglement et sans que se relâche la dévorante sollicitude des mères. Sur un ton plus apaisé, Annie Goldmann décrit sur trois générations de femmes l'histoire d'une émancipation. En ce sens, l'écriture est bien un instrument de libération pour ces femmes-écrivains engagées dans la double démarche de dénoncer une société patriarcale qui les étouffe et de témoigner en même temps de la nostalgie d'un monde disparu.

D'Albert Cohen, les textes ont hérité l'ampleur et la démesure d'épopées bouffonnes où, en dignes descendants des *Valeureux,* les protagonistes multiplient à travers le monde les chemins d'exil, en des circuits répétitivement voués à l'échec et à la désillusion. Une première étape en France, souvent résumée à quelques images : un bureau de préfecture où les arrivants apprendront la patience qui sied à des émigrés ; quelques banlieues grises et glaciales, Sarcelles où les nouveaux venus installent une synagogue de rite algérien dans un garage ; Viroflay où les sœurs Sancino entassent dans un petit appartement d'encombrants meubles de style, traces de leur splendeur passée au Caire quelques épisodes de retrouvailles souvent assez fraîches avec les cousins ashkénazes. Une seconde étape en Israël où la violence de la déception est à la mesure de l'ampleur du rêve. Il est intéressant de noter qu'Israël, qui dans les mêmes décennies occupe une place si centrale et si positive dans les préoccupations des Juifs de France, apparaît rarement dans leurs écrits, sauf justement dans les œuvres autobiographiques d'écrivains juifs d'Afrique du Nord. Jean-Luc Allouche, Paula Jacques, Marco Koskas, Chochana Boukhobza, Claude Kayat, Ami Bouganim, autant d'écrivains qui, de retour en France (sauf Bouganim), décrivent cette trajectoire et témoignent de leur amertume et de leur déception face à une société israélienne qui n'a pas reconnu leur patrimoine culturel et les a blessés dans leurs rêves. Œuvres marquées par la désillusion, mais où persistent une verve endiablée et un regard malicieux qui s'entêtent à rire autant qu'à soupirer.

Ce qui inscrit aussi ces écrivains dans la lignée d'Albert Cohen, c'est une tradition de conteurs, un rapport à la langue qu'ils travaillent, cassent, font chanter et proliférer jusqu'à y faire entendre les échos d'une autre langue, l'arabe, jusqu'à mimer les cadences d'un récit oral, comme Katia Rubinstein, ou jusqu'à reproduire dans leur intonation, leur rythme, leur accent, leurs particularités syntaxiques et leurs inventions lexicales, «les langues françaises» que l'on parlait en Algérie, en Tunisie ou au Caire.

Cultures juives au Centre Georges-Pompidou

Du 15 au 30 novembre 1978, se tiennent au Centre Georges-Pompidou les Journées de la culture yiddish. Manifestation importante qui ouvre un nouvel espace d'expression à une identité minoritaire et dont les organisateurs (Nicole Eizner, Rachel Ertel, Richard Marienstras, Olivier Revault d'Allones) avouent qu'ils ne s'attendaient pas à ce qu'elle suscite une telle adhésion et l'afflux d'un public si nombreux et si motivé qu'il est prêt à faire la queue pendant des heures pour avoir accès aux salles de conférences. Pendant deux semaines vont se succéder des exposés sur la littérature et la langue yiddish, des tables rondes sur des problématiques identitaires, des représentations théâtrales, des chants et des contes en yiddish avec Ben Zimet et ses musiciens, des projection de films, qui permettent à certains de découvrir des chefs-d'œuvre classiques comme *Le Dibbouk,* de Michael Waszinski, d'après la pièce d'An-Ski ou des œuvres plus récentes comme *Juif apatride d'origine polonaise,* film réalisé pour la télévision en 1975 par Robert Bober.
Cet ensemble de manifestations veut rendre compte de la manière la plus large possible de la richesse, de la diversité de cette culture assassinée et de son inscription dans le présent.
En septembre 1980, toujours au Centre Georges-Pompidou, et suivant des modalités très proches, se déroulent les Journées des cultures juives, méditerranéennes et orientales. Journées placées sous le signe de l'unité mais aussi de la diversité du monde juif des pays islamiques. A nouveau, les organisateurs (Liliane Abensour, Esther Benbassa, Eglal Errera, Jacques Hassoun, Émile Gabay, Annie Goldmann) sont frappés par l'enthousiasme et le désir de participation du public. Eux aussi ont fait le choix d'une approche aussi large que possible, évitant les questions de définition restrictive (à propos du mot séfarade par exemple), donnant la parole à des intervenants universitaires (Alfred Morabia, Haïm Vidal Sephiha, Albert Memmi, Naïm Kattan, Haïm Zafrani), multipliant les angles

d'approche de cette culture plurielle : expressions orales, musicales, chorégraphiques, lectures de poésie, débats sur les femmes, la langue et l'écriture.
On peut remarquer qu'au-delà des différences inhérentes à chaque culture et à chaque histoire, ces manifestations culturelles témoignent de nouvelles modalités d'affirmation et de nouvelles stratégies de visibilité qui consistent à conférer aux cultures évoquées un statut de reconnaissance au sein de la communauté juive organisée et de ses instances officielles, en choisissant de passer par la communauté nationale comme instance légitimante, et en s'inscrivant dans un des lieux symboliques de cette culture : le Centre Pompidou. Dans les deux cas, « les Journées de Beaubourg » sont organisées par des intellectuels, juifs ou non, peu engagés dans les débats communautaires et qui, ce faisant, affirment leur position et leurs choix face aux *intellectuels organiques* qui semblaient détenir le monopole de la représentativité de la culture juive.
Dans le même temps, ces manifestations ont une influence importante et un retentissement durable sur les activités du Centre Georges-Pompidou qui inaugure ainsi une approche culturelle plus ouverte. On pourrait même dire que ces Journées marquent un tournant dans le rapport entre identité culturelle minoritaire et culture nationale. C'est dans ce choix d'expression publique et dans cette possibilité d'inscription dans le paysage culturel français qu'il faudrait aussi situer le Festival du film juif, organisé par Émile Weiss à partir de 1982.

Anny Dayan-Rosenman et Annie Goldmann

Mémoires juives de France et imaginaire diasporique

Les écrivains qui évoquent dans les mêmes décennies une mémoire juive française sont moins nombreux, et l'on pourrait s'interroger sur les raisons de ce relatif silence. Leurs œuvres sont, elles aussi, le plus souvent inspirées par l'Histoire. Ainsi François Debré, dans *Le Livre des égarés,* évoque l'émancipation des Juifs d'Alsace en des pages pleines d'humour et d'émotion. En particulier, certain jour de septembre 1792 à Strasbourg : « En hébreu, nasillée par les trente chantres de la *yeshivah,* s'élève une curieuse Marseillaise ; le drapeau tricolore est planté au dessus de la porte d'entrée du temple. » Dans *Adieu Moïse,* Colette Piat, retraçant le destin de la famille Bernheim qu'elle suit de la veille de l'affaire Dreyfus au lendemain de la Libération, dessine en une fresque désenchantée l'histoire des Juifs de France. Dans *Ce soir après la guerre,* Viviane Forrester relate avec une ironie décapante la guerre, l'Occupation, la fuite, telles qu'elles ont été vécues par une famille de la grande bourgeoisie juive française. Enfin l'itinéraire de Claude Vigée, héritier d'une tradition juive alsacienne, reste sans doute le plus riche, le plus complexe, le plus reconnu. De *Moisson de Canaan* à *L'Extase et l'Errance* ou encore à *La Faille du regard,* il construit une œuvre où il se refuse à dissocier prose et poème, singularité juive et universalité, deuil historique et devoir de joie. La mémoire immédiate y est transcendée dans le cadre d'une quête philosophique et poétique de judéité, d'une errance qui unit le temps présent à un temps immémorial, la réalité physique d'Israël à l'antique Canaan, la pratique de l'écriture au *Silence de l'Aleph.*

Une troisième source d'inspiration réside dans le rapport à une mémoire plus ancienne, qui cherche son origine dans un passé lointain, diasporique, talmudique, et qui plus que la nostalgie met en œuvre une démarche de connaissance.

Les œuvres ainsi suscitées apparaissent liées à la réappropriation d'un patrimoine, d'un imaginaire juif, et à ce que l'on pourrait appeler la renaissance des études juives en France. Si la Renaissance en Europe a pu se lire comme le passage d'un espace mental structuré par la religion vers un autre espace qui pourrait se définir comme celui de la culture, si, sous l'influence conjuguée des études philologiques, de la pratique des langues anciennes et de la multiplication des traductions, s'est dessinée la possibilité d'un rapport individuel aux textes qui ne soit pas obligatoirement médiatisé par la tradition, on peut considérer que, toutes proportions gardées, on a assisté en France, dans les dernières décennies et concernant la culture juive, à un phénomène du même ordre. La multiplication des traductions de textes appartenant à la tradition, les ouvrages de vulgarisation (tels que *Célébrations talmudiques, Célébrations bibliques, Célébrations hassidiques* d'Élie Wiesel, ou *A Bible ouverte* de Josy Eisenberg), le nouveau statut de la langue hébraïque, l'intérêt porté par les historiens à l'histoire juive en diaspora, participent à ce phénomène et font revivre de hautes figures identificatoires de l'imaginaire juif.

En 1974, Herbert Le Porrier semblait amorcer ce processus avec *Le Médecin de Cordoue,* qui évoquait la vie et les pérégrinations de Maïmonide. Depuis, des personnages rattachés à l'histoire de l'Espagne et à l'Inquisition sont devenus des personnages de roman. L'ouvrage de l'historien Cecil Roth sur Doña Gracia Nasi inspire à Catherine Clément *La Señora.* Dans *Le Duc de Naxos,* Georges Nizan évoque le destin de Joseph Nasi, neveu de Doña Gracia. Dans *La Folle Rumeur de Smyrne,* Claude Gutman fait revivre le fascinant personnage de Shabbetai Tsevi, charismatique faux messie, mais il évoque aussi d'inoubliables personnages de marranes échappant à l'Inquisition espagnole pour se heurter, à Amsterdam, aux rigueurs de l'orthodoxie juive et à la menace du *herem.*

La Kahena, reine berbère combattante, apparaît répétitivement dans les œuvres d'Albert Memmi, mais aussi dans celles de Roger Ikor ou de Paul Serge Kakon.

Enfin, l'un des personnages du Talmud, Elicha ben Abouya, dit Aher, c'est-à-dire l'Autre, personnage de transgression qui a fasciné bien des générations d'érudits, fait son apparition dans le domaine juif français, dans l'œuvre de Rabi qui l'évoque brièvement, dans celle d'Élie Wiesel qui répétitivement s'interroge sur l'énigme que représente pour lui son parcours. Dans *L'Enfant illégitime*, œuvre du psychanalyste Gérard Haddad, un chapitre lui est consacré, et enfin il fait l'objet d'une étude brillante dans *L'Hérétique ou l'autre absolu*, d'Albert Assaraf, qui a fait le choix de resituer ce maître du Talmud dans le contexte historique où il a vécu.

Juifs au cinéma ou cinéma juif ?

En 1986, la revue *Cinémaction*, dans un numéro spécial consacré à la judéité à l'écran, posait d'emblée la question : comment définir un film juif? Un film réalisé par un Juif, même s'il ne met pas des Juifs en scène? Un film qui met en scène des Juifs, même réalisé par un non-juif? Un film qui réunit les deux conditions à la fois? Question sans réponse, toujours sujette à débats. Si, comme le déclare Richard Dembo, « il faut cesser de penser qu'il y a cinéma juif quand on voit un Juif à l'écran », un rapide parcours des vingt dernières années révèle que la plupart des films qui montrent des Juifs à l'écran sont réalisés par des cinéastes juifs. Avec une évolution cependant. Si dans les années 30, soumises à la violente propagande antisémite de l'extrême droite, les personnages juifs sont ambigus – en particulier le Rosenthal de *La Grande Illusion* – l'après-guerre met peu les Juifs en scène. Il faut attendre les années 70 pour voir fleurir des films réalisés par des Juifs qui montrent des personnages et des situations propres aux Juifs. Tout d'abord, une première vague (Michel Mitrani, Claude Berri, Moshe Mizrahi, Michel Drach) prend pour thème la souffrance de l'enfance durant l'Occupation. Sans jamais montrer l'horreur de la « Solution finale », ils racontent la traque, l'angoisse, la séparation familiale, l'incertitude de l'avenir pour des enfants perdus, déracinés, cachés, aux prises avec les mensonges et l'indifférence. Avec, parfois, la rencontre de braves gens – certains antisémites, comme dans *Le Vieil Homme et l'Enfant*, de Claude Berri – qui ont apporté leur soutien et le salut à cette enfance menacée. Bâties souvent sur des récits autobiographiques, ces comédies dramatiques remportent un vif succès, car elles révèlent au grand public un pan de la vie française sous l'Occupation, sans mettre en question les responsables de la persécution. Rares sont alors les films qui rendent compte des ravages de cette période sur la vie enfantine, comme *La Vie devant soi,* de Mizrahi et *Les Années sandwich,* de Pierre Boutron (dialogues de Jean-Claude Grumberg)

Par la suite, des cinéastes chevronnés s'enhardissent à faire de véritables comédies sur le monde juif français, versant ashkénaze : *Mazel Tov,* de Claude Berri, *Les Aventures de Rabbi Jacob,* de Gérard Oury ou versant séfarade : *Le Coup de sirocco* et *Le Grand Pardon,* d'Alexandre Arcady et *La Vérité si je mens,* de Thomas Gilou, fondant leur comique sur les mœurs de la communauté juive : mariage, *bar-mitsvah,* vie de famille, et initient le grand public à des rites et comportements jusque-là inconnus. Grâce à des acteurs très populaires, comme Louis de Funès ou Roger Hanin, ces films font pénétrer le spectateur dans le monde – parfois stéréotypé – de la communauté juive française, avec une tonalité sympathique – contrairement à ce qui se passait dans les années 30 –, en mettant l'accent sur la débrouillardise, le sens de la solidarité familiale et l'énergie des personnages.

A la fin des années 70 apparaît une autre tendance. De jeunes cinéastes traitent la question de l'identité ou des valeurs juives. Il s'agit presque toujours d'un premier film et la judéité y est claire et affirmée, non plus de manière folklorique mais existentielle. En ce sens, la problématique dépasse la judéité proprement dite et atteint parfois à l'universel. *Louise l'insoumise,* de Charlotte Silvera, met en scène la rébellion d'une adolescente face au traditionalisme rigoureux de sa famille séfarade émigrée en France. Ce problème-là s'applique à d'autres jeunes filles vivant en milieu musulman et rencontrant les mêmes obstacles à leur épanouissement dans une société laïque. Le fait d'être juif est affirmé sans complexe et n'est pas toujours déterminant dans le déroulement de l'action ; à la différence de films qui font référence à des pays de l'Est comme la Pologne, où la judéité est vécue comme une malédiction, par exemple dans *Moi Ivan toi Abraham,* de Yolande Zauberman, la judéité est une composante assumée par des cinéastes comme Martine Dugowson (*Mina Tannenbaum*). Pourtant, rien ne permet de prévoir si ces cinéastes – souvent des femmes – continueront à placer la problématique juive au centre de leurs films.

Des cinéastes non-juifs ont évoqué, et parfois plus qu'évoqué, la condition juive sous l'Occupation; Louis Malle, par exemple, par deux fois, dans *Lacombe Lucien* – ambigu – et *Au revoir les enfants* – véritable examen de conscience – semble exprimer l'ambivalence d'une partie de la population de France face à l'Occupation.
Il faut signaler enfin le nombre croissant de films documentaires qui, à partir d'archives, d'interviews, de recherches personnelles, font revivre soit la vie passée d'une communauté spécifique ashkénaze ou séfarade, soit remettent sur le métier la terrible question du génocide. Sur ce point, le film *Shoah*, de Claude Lanzman, demeure insurpassé.

Annie Goldmann

Nous avons tenté de décrire un processus complexe, parfois difficile à cerner dans ses transformations, ses recentrages et son absolue contemporanéité. Pourtant, en quelques décennies, une ligne directrice semble se dessiner. La démarche de *retour à soi*, l'affirmation de plus en plus marquée d'une identité spécifique, le réveil affirmé d'une mémoire de groupe qui se construit parfois en opposition avec la mémoire nationale, en des terrains encore douloureux, la recherche, sur le plan des valeurs comme sur le plan des formes, de nouveaux modèles, qui se révèle, en fait, être un retour à un *modèle juif* réel ou mythique, auraient pu amorcer une démarche de repli et de séparation, opérer une coupure entre la nation et le groupe, entre une mémoire minoritaire et une mémoire majoritaire.

Or, et c'est ce qui constitue la spécificité d'un travail d'écriture et la force de l'œuvre d'art en général, il semble que nous assistions à la prise en compte de cette mémoire, à son intégration dans la mémoire nationale et à l'intégration des problématiques qui en découlent dans le champ de la culture française qu'elles contribuent à redéployer.

Bibliographie

Littérature et Shoah

Myriam Anissimov
Rue de nuit, Julliard, 1977. – *La Soie et les Cendres,* Payot, 1989.

Liliane Atlan
Monsieur Fugue ou le Mal de terre, Seuil, 1967.

Robert Bober
Quoi de neuf sur la guerre ?, POL, 1993.

Berthe Burko-Falcman
Chronique de la source rouge, Calmann-Lévy, 1984. – *L'Enfant caché,* Seuil, 1997.

Viviane Forrester
Ce soir après la guerre, Lattès, 1992.

Saül Friedlander
Quand vient le souvenir, Seuil, 1978.

Romain Gary
La Danse de Gengis Cohn, Gallimard, 1967. – *Clair de femme,* Gallimard, 1977. – *La Bonne Moitié,* Gallimard, 1979. – *Les Cerfs-Volants,* Gallimard, 1980.

Romain Gary (Émile Ajar)
Gros-Câlin, Mercure de France, 1974. – *La Vie devant soi,* Mercure de France, 1975. – *L'Angoisse du roi Salomon,* Mercure de France, 1979.

Pierre Goldman
Souvenirs obscurs d'un Juif polonais né en France, Seuil, 1975. – *L'Ordinaire Mésaventure d'Archibald Rapoport,* Julliard, 1977.

Roger Ikor
Les Eaux mêlées, Albin Michel, réédition en 1982.

Sarah Kofman
Paroles suffoquées, Galilée, 1987.

Anna Langfus
Le Sel et le Soufre, Gallimard, 1960. – *Les Bagages de sable*, Gallimard, 1962.

Patrick Modiano
La Place de l'étoile, Gallimard, 1968. – *La Ronde de nuit*, Gallimard 1969. –*Les Boulevards de ceinture*, Gallimard, 1972. – *Livret de famille*, Gallimard, 1977. – *Rue des boutiques obscures*, Gallimard, 1978. – *Voyage de noces*, Gallimard, 1990. – *Dora Bruder*, Gallimard, 1997.

Clarisse Nicoïdski
Guerres civiles, Payot, 1991.

Colette Piat
Adieu Moïse, Belfond, 1991.

Georges Perec
Un homme qui dort, Denoël, 1967. – *La Disparition*, Denoël, 1969. – *La Boutique obscure (124 rêves)*, Denoël, 1973. – *W ou le Souvenir d'enfance*, Denoël, 1975.

Georges Perec et Robert Bober
Récits d'Ellis Island : histoires d'errance et d'espoir, éditions du Sorbier/INA, 1980.

Wladimir Rabi
Varsovie, Ophrys, 1965.

Henri Raczymow
Contes d'exil et d'oubli, Gallimard, 1979. – *Rivières d'exil*, Gallimard, 1982. – *Un Cri sans voix*, Gallimard, 1985. – *Le Cygne de Proust*, Gallimard, 1989. – *Quartier libre*, Gallimard, 1995.

Piotr Rawicz
Le Sang du ciel, Gallimard, 1961.

André Schwarz-Bart
Le Dernier des Justes, Seuil, 1959.

Manès Sperber
Et le buisson devint cendre, Calmann-Lévy, 1948. – *Plus profond que l'abîme*, Calmann-Lévy, 1950. – *Qu'une larme dans l'océan*, Calmann-Lévy, 1952.

Jean-François Steiner
Treblinka, Fayard, 1966.

Vercors
Le Silence de la mer, Minuit, 1942, puis LGF, *Le Silence de la mer et autres récits.* – *Les Armes de la nuit,* Albin Michel, 1946. – *La Bataille du silence : souvenirs de minuit,* Presses de la Cité, 1967. – *Le Piège à loup,* Galilée, 1978.

Gérard Wajcman
L'Interdit, Denoël, 1986.

Élie Wiesel
La Nuit, Minuit, 1958. – *L'Aube,* Seuil, 1960. – *Le Jour,* Seuil, 1961. – *La Ville de la chance ?,* Seuil, 1962. – *Les Portes de la forêt,* Seuil, 1964. – *Le Mendiant de Jérusalem,* Seuil, 1968. – *Le Serment du Kolvillag,* Seuil, 1973. – *Un Juif, aujourd'hui,* Seuil, 1977. – *Le Testament d'un poète juif assassiné,* Seuil, 1980. – *Paroles d'étranger,* Seuil, 1982. – *Signes d'exode,* Grasset, 1985. – *Le Crépuscule au loin,* Grasset, 1987. – *Le Cinquième fils,* Grasset, 1983. – *L'Oublié,* Seuil, 1989.

Littérature et exil

Jean-Luc Allouche
Les Jours innocents, Lieu Commun, 1983.

Marlène Amar
La Femme sans tête, Gallimard, 1993.

Marcel Bénabou
Jacob, Menahem et Mimoun, une épopée familiale, Seuil, 1995.

Gil Ben Aych
L'Essuie-mains des pieds, Presses d'aujourd'hui, 1981. – *Le Livre d'étoile,* Seuil, 1986.

Albert Bensoussan
La Brehaigne, Denoël, 1973. – *Frimaldjezar,* Calmann-Lévy, 1976. – *Au nadir,* Flammarion, 1978.

Ami Bougamin
Le Cri de l'arbre, Stavit, 1982.

Chochana Boukhobza
Un Été à Jérusalem, Balland, 1986. – *Le Cri,* Balland, 1987. – *Les Herbes amères,* Balland, 1989.

Claude Brami
Parfums des étés perdus, Gallimard, 1990.

Albert Cohen
Solal, Gallimard, 1930. – *Mangeclous*, Gallimard, 1938. – *Belle du Seigneur*, Gallimard, 1968. – *Les Valeureux*, Gallimard, 1969.

Jean Daniel
Le Refuge et la Source, Grasset et Fasquelle, 1977.

Paule Darmon
Baisse les yeux Sarah !, Grasset et Fasquelle, 1980.

Rolland Doukhan
Berechit, Denoël, 1991.

Edmond El Maleh
Parcours immobile, Maspéro, 1980.

Colette Fellous
Rosa Gallica, Gallimard, 1989.

Annie Fitoussi
La Mémoire folle de Mouchi Rabbinou, Mazarine, 1985.

Annie Goldmann
Les Filles de Mardochée, Denoël, 1979.

Gisèle Halimi
Le Lait de l'oranger, Gallimard, 1988.

Edmond Jabès
Le Livre des questions, Gallimard, 1963. – *Le Livre des ressemblances*, Gallimard, 1976. – *Du désert au livre : entretiens avec Marcel Cohen*, Belfond, 1981.

Paula Jacques
Lumière de l'œil, Mercure de France, 1980. – *Un Baiser froid comme la lune*, Mercure de France, 1983. – *L'Héritage de la tante Carlotta*, Mercure de France, 1987.

Naïm Kattan
Adieu Babylone, Julliard, 1976. – *Le Rivage*, Gallimard, 1979. – *Le Sable de l'île*, Gallimard, 1981.

Claude Kayat
Mohammed Cohen, Seuil, 1981. – *Les Cyprès de Tibériade*, Table Ronde, 1987.

Marco Koskas
Balace Bounel, Ramsay, 1979. – *Destino*, Grasset et Fasquelle, 1981. – *L'Homme de paille*, Calmann-Lévy, 1988.

Albert Memmi
La Statue de sel, Correa/Buchet-Chastel, 1953(réédition Gallimard, 1990). – *Agar*, Corréa/Buchet-Chastel, 1955 (réédition Gallimard, 1984). – *Portrait du colonisé*, Buchet-Chastel, 1957. – *Portrait d'un Juif*, Gallimard,1962. – *La Libération du Juif*, Gallimard, 1966. – *L'Homme dominé*, Gallimard, 1968. – *Le Scorpion*, Gallimard, 1969. – *Le Désert*, Gallimard, 1977. – *Le Pharaon*, Julliard, 1988.

Nine Moati
Mon enfant, ma mère, Stock, 1974.

Edgar Morin
Vidal et les siens, Seuil, 1989.

Katia Rubinstein
Mémoire illettrée d'une fillette d'Afrique du Nord à l'époque coloniale, Stock, 1979.

Gilles Zenou
Mektoub, L'Harmattan, 1987. – *Le Livre des dupes : Contes d'Orient et d'ailleurs*, L'Harmattan, 1989.

Mémoires juives de France et imaginaire diasporique

Roger Ascot
Les Juifs meurent aussi, Fayard, 1974.

Albert Assaraf
L'Hérétique : Elicha ben Abouya ou l'autre absolu, Balland, 1991.

Liliane Atlan
Les Messies ou le Mal de terre, Seuil, 1969. – *Lapsus*, Seuil, 1971.

Jacques Attali
Le Premier Jour après moi, Fayard, 1990.

Catherine Clément
La Señora, Calmann-Lévy, 1992.

François Debré
Le Livre des égarés, Flammarion, 1979.

Serge Doubrovsky
Le Livre brisé, Grasset, 1989.

Françoise Giroud
Leçons particulières, Fayard, 1990.

Claude Gutman
La Folle Rumeur de Smyrne, Payot, 1988.

Hubert Haddad
Oholiba des songes, Table Ronde, 1989.

Marek Halter
La Mémoire d'Abraham, Laffont, 1983.

Michèle Kahn
Rue du roi doré, Ramsay, 1989.

Guy Konopnicki
Au chic ouvrier, Hallier, 1980.

Serge Koster
Trou de mémoire, Critérion, 1991.

Herbert Le Porrier
Le Médecin de Cordoue, Seuil, 1974.

Serge Lentz
Les Années sandwiches, Laffont, 1981.

Pierre Pachet
Autobiographie de mon père, Autrement, 1987.

Anne Rabinovitch
L'Hiver au cœur, Barrault, 1983.

Claude Vigée
La Lune d'hiver, Flammarion, 1970. – *L'Extase et l'Errance*, Grasset et Fasquelle, 1982. – *La Faille du regard : essais et entretiens*, Flammarion, 1987. – *Dans le silence de l'Aleph : écriture et révélation*, Albin Michel, 1992.

Vers une communauté ?
Les Juifs en France depuis la guerre des Six-Jours

Annette Wieviorka

Le 5 juin 1967 au matin, après que les Israéliens ont vécu des jours de formidable angoisse, Israël frappe. C'est le début d'une guerre de six jours, qui voit la victoire de l'État hébreu. La guerre des Six-Jours constitue pour les Juifs de France un révélateur qui dévoile une configuration nouvelle où se mêlent divers éléments : le retour de ce qui avait été écarté de la Seconde Guerre mondiale, dans un moment où une large fraction des Juifs de France se trouvent en phase avec la société, mais en opposition avec leur gouvernement; une nouvelle définition de qui sont les Juifs de France par le pouvoir en place; la constitution, enfin, de la communauté en force politique.

La guerre des Six-Jours : une nouvelle conscience de soi

Dans ses *Mémoires* publiés en 1983, Raymond Aron rappelle l'atmosphère des journées de juin 1967 et explique rétrospectivement son émotion : « Le 4 juin, à la veille des hostilités, dans ma vieille ferme de Brannay, j'écrivis pour le *Figaro littéraire* un article qui rompait avec le style ordinaire de mes textes. Un passage, en particulier, fut depuis lors répété d'innombrables fois : Que le président Nasser veuille ouvertement détruire un État membre des Nations unies ne trouble pas la conscience délicate de madame Nehru. Étatcide, bien sûr, n'est pas génocide. Et les Juifs français qui ont donné leur âme à tous les révolutionnaires, noirs, bruns ou jaunes, hurlent maintenant de douleur pendant que leurs amis hurlent à la mort. Je souffre comme eux, avec eux, quoi qu'ils aient dit ou fait, non parce que nous sommes devenus sionistes ou israéliens, mais parce que monte en nous un mouvement irréversible de solidarité. Peu importe d'où il vient. Si les grandes puissances, selon le calcul froid de leurs intérêts, laissent détruire le petit État qui n'est pas le mien, ce crime, modeste à l'échelle du nombre, m'enlèverait la force de vivre et je crois que des millions et des millions d'hommes auraient honte de l'Humanité. » Dans ses *Mémoires*, tout en notant que Pierre Hassner, un de ses meilleurs élèves, dont la réflexion sur le totalitarisme fait autorité, n'aima pas le pathos de l'article, Aron ne se fait pourtant qu'un seul reproche, qu'il ne développe guère : l'oubli ou la méconnaissance du rapport de force. Israël était à l'évidence le plus fort. La peur de « l'étatcide », néologisme forgé pour la circonstance par le sociologue à partir du terme de génocide, et qui ne sera plus utilisé, n'était pas justifiée, pense-t-il près de vingt ans après les événements. De 1947 à 1967, à l'image de beaucoup de Juifs de France, Aron a largement mis sa judéité entre parenthèses, écarté de sa réflexion la période de 1940 à 1944 quand le gouvernement de Vichy, dans une France occupée, excluait les Juifs de la citoyenneté. La crise de 67 fait surgir avec violence un sentiment d'appartenance et l'incite à en faire part publiquement.

Raymond Aron n'est pas seul à ressentir l'angoisse d'une nouvelle destruction, comme il est loin d'être le seul à prendre conscience de la force du sentiment d'appartenance qui l'habite. L'ensemble des Juifs de France, quelle que soit leur implication dans les institutions communautaires, ressent les choses de façon identique. « [...] la solidarité qui s'est manifestée – se révélant parfois à elle-même – ne tendait pas à défendre une forme de gouvernement ni une politique particulière, déclare Richard Marienstras lors d'une table ronde organisée par la revue *Esprit* en 1968. Elle s'est manifestée de façon si vive parce que tous ont eu le sentiment qu'à travers un corps politique et un gouvernement, ce qui était menacé, c'était l'existence même d'une communauté originale qui s'était constituée en État pour se maintenir en vie et perpétuer ou approfondir sa culture. Nous avons tous senti que la menace pesant sur Israël n'était pas une menace politique [...] mais une menace ontologique, qui visait l'être physique et culturel d'Israël, qui visait la destruction des habitants, de l'État, de la collectivité. Bref, ce que l'on craignait, c'était un génocide culturel et un génocide tout court. »

Pourtant, et c'est le deuxième aspect, cette crainte du génocide de la part des Juifs de France apparaît dans un moment de grâce, de quasi-fusion avec la société française. Pour des raisons que l'on peut juger bonnes ou mauvaises (sympathie pour le jeune État et ses réalisations; nostalgie de l'expédition de Suez de 1956 ou de l'Algérie française qui fait souhaiter à certains de poursuivre la guerre contre les Arabes par Israël interposé; culpabilité diffuse née de l'indifférence, voire des complicités dans la destruction des Juifs d'Europe...), de très larges couches de la société française sont, au moment de la guerre des Six-Jours, pro-israéliennes. Pour Raymond Aron, c'est ce « fait majeur qui seul explique la quasi-unanimité des Juifs de France : parce que les sympathies de la majorité des Français allaient à Israël, les Juifs vivaient avec une joie émerveillée la réconciliation de leur citoyenneté française et de leur "judéité" en manifestant leur attachement à Israël. Ils ne se séparaient pas des Français, ils se mêlaient à eux. » Et il poursuit : « C'était trop beau pour durer. Eux aussi croyaient au Père Noël. »

Il y a aussi dans ces noces entre la francité et la judéité un rappel inconscient des temps de l'Occupation. Le danger venait alors principalement de l'État, et les secours ou le recours de la société civile. Cette fusion avec la société, visible notamment lors des manifestations de soutien à Israël, la communauté organisée, ou certaines de ses composantes, n'auront de cesse de la rechercher dans de grandes manifestations de masse comme celles qui suivent l'attentat de la rue Copernic ou la profanation du cimetière de Carpentras. Lors de la cérémonie à la synagogue de la Victoire, qui suivit la grande manifestation de quelque 200 000 personnes protestant le 14 mai 1990 contre la profanation, le grand rabbin Sitruk déclarait : « Mercredi soir, nous nous sommes endormis dans les bras de la république. Jeudi matin, nous nous sommes réveillés dans une France en sang, non pas du sang d'un vivant, mais du sang d'un mort [...]. Ce soir, sur la France républicaine, le soleil se couche, un soleil d'espoir [...]. Merci au peuple de France, merci à la France, la vraie France, celle qui ne cesse de lutter pour son propre idéal. »

La guerre des Six-Jours induit aussi une nouvelle perception de qui sont les Juifs de France. Lors de sa fameuse conférence de presse de novembre 1967, de Gaulle prononce des mots restés célèbres, et qui, comme ceux de Aron, sont fréquemment cités : « Certains même redoutaient que les Juifs jusqu'alors dispersés, qui étaient restés ce qu'ils avaient été de tout temps, un peuple d'élite, sûr de soi-même et dominateur, n'en viennent, une fois qu'ils seraient rassemblés, à changer en ambition ardente et conquérante les souhaits très émouvants qu'ils formaient depuis dix-neuf siècles : "L'an prochain à Jérusalem". » L'essentiel des commentaires indignés portent alors sur la « petite phrase vipérine » (Wladimir Rabi) : « le peuple sûr de lui-même et dominateur » ouvre, selon Aron, le « temps du soupçon ». Pour certains, elle a des relents maurassiens, pour d'autres, comme Pierre Vidal-Naquet, elle fait écho aux *Protocoles des sages de Sion*, « dans la mesure où le mot "dominateur" [...] évoquait un thème classique de l'antisémitisme, à savoir l'idée d'une conspiration juive ».

Pourtant, avec le recul, nous savons que la France n'a pas été la proie d'une vague antisémite. Le discours du chef de l'État n'en ouvre pas moins une ère nouvelle. En effet, il y peut sembler donner une définition des Juifs de France en rupture avec celle admise depuis l'émancipation. Les Juifs ne sont plus des « Français de confession israélite », mais « un peuple », revêtu de caractéristiques nationales, existant depuis la nuit des temps. Définition en symbiose avec ce que les Juifs de France manifestent spontanément : « [...] les Juifs de France ont donné pour la première fois l'impression de former une sorte de communauté », écrit encore Raymond Aron dans ses *Mémoires*. Les termes qu'utilise le sociologue sont vagues, d'une imprécision tranchant avec sa pratique habituelle du mot juste. Il ne sera jamais plus précis. Pour lui, les Juifs constituent une « sorte de... ». A diverses reprises, et sans y parvenir réellement, il tente de les définir : « Le choc hitlérien ranima ma conscience juive, la conscience que j'appartenais à un groupe (ou à un peuple, ou à une internationale) qu'on appelle les Juifs. D'où la question abstraite et pourtant essentielle : que signifie le "peuple juif"? Existe-t-il? Peut-on parler du peuple juif comme on parle du peuple français? Ou comme on parle du peuple basque? La seule réponse valable me paraît celle-ci : si l'on parle du "peuple juif", on emploie la notion de peuple en un sens qui ne vaut que dans ce seul cas. » Et encore : « Tout ce que je n'hésite pas à soutenir, au risque de soulever des protestations passionnelles, c'est que si peuple juif il y a, il n'existe pas d'autres peuples du même type que lui. »

La double difficulté de définition : qui est juif? Qui sont les Juifs de France depuis 1967? est aussi visible dans les écrits d'Annie Kriegel qui, au fil de l'écriture de divers ouvrages, opte pour le terme de « communauté » dont elle peaufine la définition. Pour elle, la communauté est « un type de regroupement où le degré d'appartenance présente des intensités variables, du degré pratiquement zéro au degré cent; où les modalités d'appartenance sont également fort disparates dans leurs manifestations concrètes [...] ce qui signifie en pratique que, d'une part, entrer et sortir d'une telle structure collective est (relativement) à la portée de tout un chacun et que, d'autre part, le lieu où chacun choisit de se situer sur le rayon très étendu qui va du centre à la périphérie n'a pas la fixité d'un point fixe ». Définition large, ouverte, qui n'implique aucun « communautarisme ».

La guerre des Six-Jours, enfin, ouvre une époque nouvelle pour les Juifs de France. Un « âge d'or » pour reprendre l'expression d'Annie Kriegel, des temps « où les Juifs croyaient au Père Noël », selon Aron. Si, à certains moments de l'histoire, l'antisémitisme avait pu jouer un rôle important dans la vie politique (au moment de l'affaire Dreyfus, pendant les années 30 ou sous l'Occupation), si des organisations avaient pu être créées précisément pour lutter contre cet antisémitisme, comme la LICA ou le MRAP, les Juifs en tant que tels n'avaient jamais constitué une force politique, si l'on excepte, pour leur frange yiddishophone, ceux qui avaient rejoint, dans les années 20 et 30, la sous-section juive du parti communiste. Or, dans le domaine des institutions communautaires, la guerre des Six-Jours marque une mutation. Désormais, une partie de la communauté qui, jusqu'à la guerre, se définissait principalement par le cultuel (les consistoires), auquel s'étaient ajoutés après-guerre le social et le culturel, avec la création du Fonds social juif unifié (FSJU), acquiert une dimension politique. Certes, il existait depuis le début de l'année 1944 un CRIF, un Conseil représentatif des israélites de France, représentant l'ensemble des organisations juives, celles des immigrés comme celles des Français. Pour la première fois, à la veille de la libération du territoire, les Juifs de France s'étaient dotés d'une organisation unique, débordant le champ du religieux, mais sa présidence revenait de droit au président du Consistoire central, même s'il pouvait désigner un délégué pour le représenter. Ainsi, le politique restait-il en quelque sorte sous la surveillance du cultuel auquel il était associé. Pourtant, le CRIF, de sa création à la guerre des Six-Jours, avait joué un rôle discret, s'occupant pour l'essentiel dans les années d'après-guerre d'affaires matérielles, de la restitution des biens juifs notamment.

Certes, au moment de la guerre des Six-Jours, le CRIF affirme sa solidarité avec Israël. Mais, de façon très curieuse, il est alors doublé d'un Comité de coordination des organisations juives, regroupant la plupart des organisations adhérant au CRIF, qui relaie et déborde son action « habituelle ». Car la « communauté » se voit fixer des tâches nouvelles. Il lui faut organiser les manifestations de soutien à Israël, informer l'opinion publique. Il lui faut aussi collecter des fonds. Cette affaire de collecte éclaire bien la modification apparue dans la communauté. Simon Schwarzfuchs, qui a étudié les procès-verbaux des réunions préparant la création du FSJU, a analysé l'échec, en 1950, de la première tentative de collecte unifiée, c'est-à-dire de collecte à double finalité : l'aide à Israël et la couverture des besoins des Juifs de France. Le premier Appel unifié juif, lancé dans l'enthousiasme, fut un désastre. Certains pensaient que 500 millions de francs (de l'époque) seraient collectés. Ce furent 109 millions sur lesquels, une fois les frais et la part de l'Agence juive déduite, il restait 27 millions pour le FSJU. Comme le faisait remarquer Guy de Rothschild, président du FSJU : « Le résultat n'a pas été mauvais, il a été très mauvais ! » Il mettait en question la survie même du FSJU. Il fallut renoncer à la collecte unique. C'est seulement après la guerre des Six-Jours que se mit en place l'Appel unifié juif de France. Ainsi, en 1968, une seule collecte doit subvenir aux besoins du FSJU et à l'aide à Israël. Dans le même temps, le Comité des organisations juives perd sa raison d'être. Après une longue négociation entre Alain de Rothschild, alors président du Consistoire et du CRIF, et son cousin Guy, président du Comité de coordination et de différentes organisations, la décision d'unification entre le comité de coordination et le CRIF – qui doit « se rénover » – est prise en novembre 1970. Alain de Rothschild délègue ses pouvoirs de président du CRIF à Ady Steg. C'est sous la présidence de celui-ci que le CRIF s'affirme comme un acteur de la vie politique juive. Le 25 janvier 1977, le CRIF rend public un document : « La communauté juive dans la cité » que publie le journal *Le Monde.* Deux organisations seulement s'en sont désolidarisées : l'UJRE, Union des Juifs pour la résistance et l'entraide, l'organisation résiduelle des communistes yiddishistes, dont les deux délégués s'abstiennent, et les « diasporistes nationalitaires » du Cercle Gaston Crémieux qu'anime Richard Marienstras.

Le préambule de ce texte, connu comme « la charte du CRIF », affirme que cette « communauté originale croit avoir un devoir à remplir, contribue par sa voix associée aux autres voix françaises, à nourrir la diversité du libre débat politique en exposant les options qui découlent de la composante juive de son identité ». Langage nouveau, même s'il reste modéré. Chacune des grandes parties d'un texte qui traite de la justice et de la liberté, de la présence du judaïsme et de sa contribution spécifique à la civilisation française, des liens insécables avec Israël, de la solidarité contre la violence et contre la persécution met l'accent sur la spécificité juive dans ses aspirations à l'universel et sur la défense des droits de l'homme.

Dans son commentaire, Annie Kriegel, qui participa à la dizaine de réunions qui se tinrent en 1976 chez Claude Kelman pour préparer « la charte », explique les principes qui ont mené à son adoption : la France est un État national unitaire, alors que la société, elle, est pluraliste mais à forte exigence consensuelle. « La communauté française, écrit-elle, manifeste son existence et sa vitalité non par l'enregistrement obligatoire des individus dont elle recevrait la charge par délégation de l'État (n'est-ce pas d'ailleurs là le type de situation de fâcheuse mémoire qui fut, finalement, la situation des temps nazis?), mais par sa capacité à se rassembler dans un réseau très ramifié et souple d'organisations volontaires faiblement coordonnées au sommet. » Réseau tout à la fois vertical, c'est-à-dire d'organisations privilégiant une dimension de la condition juive : religieuse, politique, culturelle, sociale ; réseau horizontal, celui des communautés établies sur une base géographique et que symbolise le centre communautaire.

Qui sont les Juifs de France ?

L'adoption de cette charte en 1977 marque une sorte d'apogée dans le monde juif français qui semble animé d'un nouveau dynamisme, ouvert à de nouveaux espoirs. Cette situation résulte aussi de mutations démographiques et sociologiques qui affectent les Juifs de France. Qui sont-ils? Combien sont-ils? Pour la première fois, les responsables communautaires, alors même qu'ils réorientent le CRIF, souhaitent connaître ces données avec précision pour pouvoir planifier l'avenir. Le 11 février 1977, le *Bulletin quotidien d'information* de l'Agence télégraphique juive publie les résultats d'une enquête-sondage de la SOFRES intitulée : « Qui sont les Juifs de France ? ». C'est en soi un événement. Pour la première fois, un institut de sondage tente de cerner « scientifiquement » la population juive de France. Commandée par trois grandes institutions de la communauté organisée : le Consistoire central, l'Appel unifié juif de France et le Fonds social juif unifié, l'enquête, effectuée sur le plan national entre mai et octobre 1976, a pour objectif de préciser le pourcentage de Juifs dans l'ensemble de la population, leur répartition par tranches d'âge, catégories socioprofessionnelles, ainsi que leur répartition géographique. Elle veut aussi cerner avec précision l'attachement et la définition du judaïsme de chaque Juif de France.

La première difficulté de toute enquête sociodémographique réside dans la définition de qui est juif. Selon la loi juive, est juif celui qui naît de mère juive. Cette définition ne peut satisfaire le sociologue : elle exclut celui qui, de père juif, se sent juif et le manifeste activement; elle inclut celui qui, de mère juive, a renoncé à toute judéité. Aussi, l'ensemble des sociologues ou des démographes se rallie-t-il à une autodéfinition : est juif celui qui se définit comme tel. Reste à les identifier, pour pouvoir déterminer un échantillon représentatif. Le sociologue joue alors de plusieurs techniques : l'onomastique, l'origine géographique, l'appartenance à une organisation juive…

Car, en vérité, une fraction seulement des Juifs de France, un tiers peut-être, maintient un lien, fût-il ténu, avec les organisations communautaires par le biais de l'adhésion à l'une de ses multiples organisations, par l'abonnement à une publication, par la célébration d'une des fêtes juives, Yom Kippur essentiellement. Pour les autres, la judéité ne se saisit pas dans des manifestations concrètes, ce qui ne signifie pas qu'elle n'existe pas. Elle peut resurgir lors d'une manifestation d'antisémitisme ou si Israël est en danger.

Les résultats du sondage de la SOFRES dérangent. Responsables communautaires et sociologues estimaient les effectifs entre 450 000 et 550 000 personnes; le sondage affirme qu'il y a en France environ 700 000 Juifs. Comme l'écrit Doris Bensimon, ce chiffre « rassure et traduit la confiance en soi retrouvée par la judaïcité française ainsi que les aspirations aux rôles qu'elle pourrait jouer sur le plan national comme sur l'échiquier international des diasporas juives ». C'est ce qui explique qu'il soit promptement adopté. Il n'en est pas moins, pour la sociologue, erroné : « Il masque dangereusement, ajoute-t-elle, les courants d'érosion démographique qui menacent la judaïcité française. Nous sommes plus modestes en maintenant le chiffre de 535 000 à la fin des années 70. » La question que pose ici Doris Bensimon est d'importance. La population juive pourrait, par le jeu des mariages mixtes, se réduire comme une peau de chagrin.

La vaste enquête sociodémographique que Doris Bensimon et Sergio Della Pergola mènent dans les années 70, publiée en 1986 aux Éditions du CNRS, donne de précieuses indications. Prenant pour base le chiffre de 180 000 Juifs en 1944, ils estiment leur nombre à 225 000 en 1950, à 360 000 en 1960, à 535 000 en 1970. Dès lors, la population se stabilise : la natalité chute tandis que les mariages exogames augmentent. En 1980, il y aurait encore 535 000 Juifs, soit 1,1 % de la population totale du pays. Pour moitié, cette population réside dans la région parisienne : 135 000 dans Paris *intra muros,* 132 000 en banlieue, certaines communautés, comme celles de Garges, de Villiers-le-Bel, de Massy, d'Antony ou surtout de Sarcelles, comptant plus de 4 000 personnes. Avec la dissémination due aux persécutions de la Seconde Guerre mondiale et le rapatriement d'Afrique du Nord, cinq villes de province (Marseille, Lyon, Toulouse, Nice, Strasbourg) comptent plus de 10 000 Juifs. Cette population est différente de celle de l'avant-guerre. «Dans le passé, écrivent Doris Bensimon et Sergio Della Pergola, les originaires du continent européen prédominaient; aujourd'hui, les Juifs d'origine méditerranéenne et maghrébine sont majoritaires.»

L'enquête montre aussi la forte diminution de la natalité à partir du milieu des années 60, entraînant la réduction rapide des classes d'âge les plus jeunes. Les enfants de moins de 14 ans sont ainsi moins nombreux que dans la population globale (20,5% contre 24,3%). En revanche, la classe d'âge 45-64 ans, liée au rythme de l'immigration, est, elle, plus nombreuse (25,4% contre 13,3% dans la population totale) tandis que les plus de 65 ans, du fait des assassinats de la Seconde Guerre mondiale, sont moins nombreux (11,4% contre 13,3%). Ce déficit se répercute sur la génération de leurs enfants, celle des 30-44 ans, moins nombreuse que dans la population globale. Cette population se caractérise encore par un fort excédent masculin, et ce, à tous les âges.

En moins d'un siècle, note Doris Bensimon, «l'évolution de la société française et l'immigration nord-africaine ont fait éclater les structures socioprofessionnelles de la judaïcité française. Du policier et du gardien de prison, de l'ouvrier et du petit employé au médecin, à l'avocat, à l'universitaire, les Juifs exercent toutes les professions et tous les métiers». Les métiers de la confection ont largement disparu, même s'il en demeure quelques vestiges dans le Marais et surtout dans le Sentier. D'une façon générale, artisans et commerçants (22% des actifs juifs) forment un groupe en constante régression. Les Juifs sont surtout, dans les années 70 et au début des années 80, cadres moyens et employés (43% des actifs en région parisienne; 53% en province). La spécificité par rapport à la population globale urbaine (car les Juifs sont dans leur quasi-totalité des urbains) réside, selon Doris Bensimon, dans «l'importance d'une bourgeoisie plutôt intellectuelle que financière et par la faiblesse de la strate ouvrière ».

Dix ans plus tard, à l'initiative du FSJU qui se préoccupe alors de planifier les besoins en écoles juives, une grande enquête est confiée au sociologue Érik Cohen. La population juive s'est modifiée. Géographiquement d'abord. Ils sont 29,9 % selon Érik Cohen à vivre dans Paris *intra muros*, 26,2 % en banlieue parisienne, avec une forte augmentation dans la grande couronne au détriment de la petite couronne. Le nombre de Juifs vivant en province a donc diminué. Pour Érik Cohen, ces mutations résultent principalement de la crise : les migrations de personnes juives de moins de quarante ans se feraient en direction d'une région plus prometteuse d'emplois. D'un point de vue sociologique, si les inactifs (étudiants, femmes au foyer, retraités...) constituent un peu plus du quart de la population, les artisans, commerçants, industriels 30,5 %, les cadres supérieurs, professions intellectuelles 38,9 %, les professions intermédiaires, cadres moyens, employés 29 %, les ouvriers et les agriculteurs sont moins de 2 %. Il n'y a donc plus de « prolétariat » juif. La mobilité sociale, caractéristique des populations juives depuis l'émancipation, a joué, pour ceux venus du Maghreb comme pour les Juifs de l'Europe centrale et orientale.

Aucune de ces deux enquêtes n'évoquent les « exclus » juifs, dont le nombre, selon les journalistes Frank Eskenazi et Édouard Waintrop, ne cesse de croître depuis les années 80 : en 1990, un quart des Juifs de France auraient besoin d'aide, une aide dispensée par le FSJU, relayé par des comités sociaux, le CASIP (Centre d'action sociale israélite de Paris) à Paris, le CASIM (Centre d'action sociale israélite de Marseille) à Marseille qui s'occupe notamment de la population des quartiers nord et des nombreux jeunes Juifs emprisonnés aux Beaumettes.

Mais surtout, les modalités de l'affirmation juive dans le paysage public français se sont profondément transformées entre le début des années 70 et les années 90. On peut discerner, de façon schématique, trois phases qui se chevauchent, s'enchevêtrent, et dessinent le paysage actuel : un paysage complexe et conflictuel. La décennie 70 est celle de l'affirmation de la fierté d'être juif et du lien avec l'État hébreu. C'est la première phase ; elle est bientôt relayée par l'affirmation religieuse et identitaire. C'est la seconde phase. Ces affirmations sont nourries par la mémoire du génocide qui émerge au milieu des années 70 pour devenir omniprésente dans les années 80 et 90, mémoire qui nourrit la lutte contre la renaissance, réelle ou fantasmée, de l'antisémitisme.

Israël : le dénominateur commun

En 1971, Alain Guichard, journaliste au *Monde*, publie une grande enquête, « Les Juifs ». Il constate qu'Israël est désormais devenu « le plus grand dénominateur commun » pour les Juifs de France – et que la victoire dans la guerre des Six-Jours a profondément modifié les manifestations de leur judéité. En effet, la majorité des Juifs s'affirme proche d'Israël. Comme le dit le baron Guy de Rothschild : « La venue au monde d'Israël a décolonisé cette partie de nous-mêmes variable selon chacun, qui souffrait de la disgrâce des opprimés. » Pour Wladimir Rabi : « A chacun de nous, Israël a apporté consolation, dignité et fierté. » Cela demeure vrai pour les Juifs sans attaches communautaires, comme Anne Sinclair, qui déclare au début des années 90 : « J'avais dix-neuf ans et me suis affirmée juive à cet instant précis, parce que la solitude d'Israël m'était insupportable. » Pour Ady Steg, qui a toujours été actif dans les organisations juives : « Au moment de cette guerre, les Juifs d'Afrique du Nord nous ont désinhibés. Ils nous ont poussés à crier, à pleurer, à chanter, à envahir les rues. Ils n'avaient aucun complexe. Et la France observait avec curiosité le judaïsme extraverti. » Ady Steg note encore : « De Gaulle nous a contraints à une triple interrogation : sur notre identité, sur la façon d'être juif en France, sur notre rapport à la politique. Que de retombées pour une seule petite phrase. »

Certes, un pourcentage non négligeable de Juifs reste très critique ou hostile à l'État d'Israël (de 15 à 20 % selon les enquêtes). A l'opposé, les organisations purement sionistes recrutent avec difficulté : la FOSF, la Fédération des organisations sionistes de France, a inscrit en 1987 33 000 électeurs pour la désignation des délégués au 32e Congrès des organisations sionistes; 8 600 d'entre eux seulement ont participé au vote; la collecte de l'Appel unifié ne touche qu'un faible nombre de donateurs. Il n'en reste pas moins que le lien avec Israël est désormais inscrit au cœur de l'identité d'une forte majorité des Juifs de France.

La découverte physique d'Israël vient après la guerre des Six-Jours. Pour Annie Kriegel, par exemple, elle date de 1969. « L'exposition massive et la confrontation directe de ses membres à la réalité israélienne sont certainement la traduction comportementale d'une conscience identitaire centrée sur Israël », note Érik Cohen. De 40 à 45 % des Juifs de France ont effectué au moins un séjour en Israël; cette tendance s'est accentuée depuis 1976. En 1979, ils étaient 63 000 à visiter Israël, soit plus de 10 % de la population juive de France. « Le développement communautaire juif, écrit Érik Cohen, n'est-il pas en dernière analyse limité par la logique de la culture politique française où le fait juif total fait l'objet d'une réduction à un comportement confessionnel? Le séjour en Israël serait ainsi la concrétisation d'une communauté "impossible" et pourtant ressentie comme nécessaire. »

Pourtant, ceux qui choisissent d'aller vivre en Israël, de « faire leur *aliah* », restent peu nombreux : 50 000 depuis la création de l'État, avec un rythme annuel d'environ mille départs et une pointe dans les années suivant la guerre des Six-Jours et les événements de Mai 1968 : 6 852. Le lien à Israël se manifeste aussi par l'apprentissage de la langue. Au début des années 90, 2 000 personnes environ suivent les cours d'hébreu dans les *oulpanim* de Paris. Ce chiffre marque une forte diminution par rapport aux quelque 3 000 élèves de 1978. Érik Cohen trace le portrait-type de celle qui fréquente l'*oulpan* : « Une femme juive entre trente et cinquante ans, séfarade, de niveau social moyen, traditionaliste, pro-israélienne et plutôt proche de la communauté. »

La politique française, largement favorable aux pays arabes, conforte les Juifs dans leur sentiment qu'ils doivent lutter pour la défense de l'État hébreu. Ils applaudissent quand Israël récupère à Cherbourg, dans la nuit de Noël 1969, les vedettes sur lesquelles le président Pompidou avait mis l'embargo ; s'indignent d'une politique trop arabe dans le contexte de la guerre du Kippur et de la crise du pétrole. Le point culminant de l'amour pour l'État hébreu semble atteint dans les années qui vont de la guerre des Six-Jours à celle du Liban, en 1982, qui voit apparaître les premières graves fissures. Dès lors, et surtout après le déclenchement de l'Intifada, la guerre des pierres, en 1987, et sa répression, les critiques s'élèvent, toujours plus nombreuses, à l'égard d'Israël. La quasi-unanimité des Juifs de France se fissure, certains prennent leurs distances. Mais le lien avec Israël reste une composante de l'identité et un facteur épisodique de rassemblement. En 1990, lors de la crise du Golfe, l'unité dans le soutien à Israël, victime des SCUD, semble un temps retrouvée. La campagne de collecte d'urgence organisée en quelques semaines, en 1991, permet de rassembler 95 millions de francs venant de 32 000 donateurs. Mais Israël est désormais aussi source de divisions, tout en demeurant, comme l'écrit Érik Cohen, le « socle identitaire de la vie juive en France, mais aussi le modèle substitution/procuration d'une communauté introuvable ».

Wladimir Rabinovitch, dit Rabi (1906-1981)

Juge de profession, spécialisé dans le droit de la neige, Rabi était l'un des intellectuels juifs les plus anticonformistes de ce siècle. Né à Vilna, la Jérusalem de Lituanie, en 1906, Rabi arrive jeune en France où il milite très tôt au sein de la jeunesse juive, en particulier à l'Union universelle de la jeunesse juive. Dans les années 30, on trouve sa signature dans les journaux juifs comme *Le Journal juif* et *Samedi*, où il fustige déjà l'attitude des bourgeois israélites face aux immigrés, en particulier dans une série d'articles intitulés « Le scandale des comités ». Son exigence de logique et de vérité l'amène à s'enflammer souvent contre les pouvoirs établis, en particulier au sein de la communauté juive. Écrivain, dramaturge, il s'engage pour la vérité dans l'affaire Finaly (*L'Affaire Finaly*, 1953) et publie des pièces de théâtre (*Judas*, 1951, *Varsovie*, 1955). Son analyse de la communauté juive de l'après-guerre demeure l'une des plus pertinentes (*Anatomie du judaïsme français*, 1962).
Profondément juif, profondément laïc, il dénonce l'*establishment* juif de la diaspora et le gouvernement d'Israël dans sa gestion du problème palestinien. Ses prises de position tranchées lui vaudront l'exclusion du monde intellectuel juif, où seules les portes des *Nouveaux Cahiers* lui resteront ouvertes. La rupture est consommée avec la publication de son essai *Un peuple de trop sur la Terre* (1979). Rebelle, minoritaire, il invoque le droit à la critique de l'État juif au nom des principes mêmes du judaïsme. Militant proche des mouvements pacifistes israéliens (La Paix maintenant), animateur du cercle Bernard-Lazare, défenseur de Pierre Goldman, son ancrage à gauche en faveur de la dignité et de la liberté reste un modèle dont divers groupes d'intellectuels ne cessent de se réclamer. Il meurt dans un accident de la route en montagne le 6 avril 1981.

J. C. K.

La quête d'une identité

La décennie 70 semble donc une décennie d'extraordinaire vitalité, de formidable certitude de soi des Juifs de France à peine ébranlés par la guerre du Kippur. Adossée sur Israël vainqueur, donc invincible pensent certains, oubliant peut-être, comme le faisait Valéry Giscard d'Estaing selon Aron, que l'histoire est tragique, certaines composantes des Juifs de France pensent alors qu'il est temps de jouer un véritable rôle dans la vie politique. Un jeune avocat, Henry Hajdenberg, crée un nouveau mouvement, le Renouveau juif, capable de rassembler plus de 100 000 visiteurs à la porte de Pantin en 1980 pour une manifestation intitulée les Douze heures pour Israël. Le Renouveau juif, qui aspire à constituer un véritable «lobby» à l'américaine, lance aussi l'idée d'un «vote juif», idée qui culmine lors de l'élection présidentielle de 1981 et qui dès lors s'installe durablement dans l'opinion publique, malgré toutes les mises en garde des sociologues – d'Annie Kriegel à Doris Bensimon, de Chantal Allouche-Benayoun à Sylvie Strudel : le vote juif est un leurre. Les Juifs ne votent pas en fonction d'intérêts juifs, mais comme les Français appartenant aux mêmes couches sociales, un peu plus à gauche seulement, et plus rarement aux extrêmes, de droite ou de gauche.

Les Juifs de France, qui se sont affirmés comme une force politique par l'intermédiaire d'un CRIF rénové, peuvent peser dans la vie politique. Et ce poids, largement fantasmé, en fait un véritable enjeu politique pour les différents partis. Ce sont les événements de Copernic et l'élection présidentielle de 1981 qui le montrèrent.

La guerre des Six-Jours avait révélé chez les Juifs de France un puissant sens d'appartenance. C'est dans les années 70 et 80 que, chez une fraction d'entre eux, ce sentiment s'approfondit. Juifs imaginaires, pour reprendre le titre d'un ouvrage publié par Alain Finkielkraut en 1980, et dans lequel beaucoup de sa génération se reconnaissent, ils souhaitent donner un contenu à leur judéité. Les années qui suivent Mai 68 sont en France des années d'affirmation identitaire : éloge des cultures régionales, auxquelles *Les Temps modernes* consacrent un numéro spécial en 1973, montée des mouvements régionalistes (basque, breton...) qui mettent en cause l'État jacobin, quête de racines... Pour certains Juifs, ce sont des années de découverte de l'appartenance culturelle juive qui, pour une population à fort niveau d'éducation, prend la forme, d'ailleurs traditionnelle, de l'étude.

Certes, les études juives, héritières directes de la science du judaïsme du XIXe siècle existaient avant 1968 : histoire ancienne et médiévale; étude philologique ou linguistique des langues sémitiques; hébreu biblique. Les lieux de l'excellence étaient alors le Collège de France, la IVe et V^e^ section de l'École pratique des hautes études, les facultés ou instituts catholiques et protestants. Il existait aussi de très nombreuses publications dont certaines perdurent, comme la *Revue des études juives* dirigée par Georges Vajda, ou des collections comme « Études philosophiques médiévales », chez Vrin. Un autre pôle s'était construit, autour de l'hébreu moderne et de l'Israël contemporain, à l'INALCO où des cours d'hébreu moderne furent donnés dès 1936-1939, puis à nouveau à partir de 1958. Une année auparavant, à Strasbourg, André Neher avait obtenu une chaire d'hébreu et choisi d'inscrire son enseignement dans le département de langues et littératures, et non dans celui d'histoire des religions, soulignant ainsi l'actualité de cette langue en pleine renaissance dans le cadre national d'Israël. Une nouvelle chaire d'hébreu était créée à Lille en 1961. L'édition marquait aussi le renouveau de la pensée juive, avec la création en 1958 de la collection «Présence du judaïsme», chez Albin Michel. Pourtant, le vrai essor date, selon Martine Cohen, des années 1968-1974, quand les deux projets jusque-là séparés, celui de la science du judaïsme et celui des études universitaires autour de l'hébreu moderne, se développent, alors que s'amorcent les recherches sociologiques sur les Juifs. Dans ce domaine, le pionnier fut Albert Memmi, qui lança la première grande enquête au début des années 60, et dont les résultats firent l'objet de trois importants articles dans la *Revue française de sociologie*: «Recherches sur la judéité des Juifs en France» (avec Nicole et Samy Zoberman, 1965), «Spécificité et sens de la différence chez les Juifs» (avec W. Ackermann et N. et S. Zoberman, 1969), «Pratique religieuse et identité juive», (avec les mêmes, 1973). En 1980, Dominique Schnapper publiait *Juifs et israélites*. Désormais, le champ était ouvert à de multiples études. De nouveaux cursus d'hébreu sont alors créés, à Paris VIII-Vincennes, Paris III-Sorbonne nouvelle, Lyon III. Des équipes de chercheurs au CNRS se préoccupent désormais de l'étude des Juifs, comme celle de Haïm Zafrani, créée en 1970 à Paris VIII («Littératures écrites et orales des Juifs en terre d'Islam») ou l'équipe «Judaïsme» de Doris Bensimon au sein du groupe de sociologie des religions (CNRS, fin des années 60), ou le laboratoire Nouvelle Gallia judaica de Bernhard Blumenkranz (CNRS, 1972). Les collections à thème juif se multiplient: «Diaspora» (1971, chez Calmann-Lévy), dirigée par Roger Errera; «Études maharaliennes» et «Initiations et méthodes» (Klincksieck, 1969), dirigée par André Neher; «Franco-judaïca» (1972, chez Privat) dirigée par Bernhard Blumenkranz, «Judaïsme-Israël» (chez Stock, 1980); «Judaïques» (Lattès, 1979). L'intérêt pour l'histoire s'accentue vers la fin des années 70, et perdure, «comme si les Juifs de France – ou tout au moins les intellectuels qui animent ces collections et ces recherches – voulaient établir clairement, à leurs propres yeux et pour le public non-juif, les signes de leur présence et de leur enracinement en France, note Martine Cohen. A l'époque précédente, c'est sur le mode de l'essai philosophique ou littéraire qu'un tel travail idéologique avait été opéré. Mais c'est désormais à travers un processus croissant de « différenciation identitaire » que va s'exprimer leur volonté identitaire. L'histoire sert alors de levier à cette recherche-affirmation identitaire – à l'image du public français qui se passionne, lui aussi, pour sa propre histoire. »

De cet intérêt nouveau pour les matières juives témoigne la croissance des effectifs étudiants à la fin des années 70. Ils seraient environ 1 300 inscrits dans les sections hébraïques des universités. A côté de l'hébreu, les « langues juives » se voient reconnaître une légitimité nouvelle. Les effectifs des étudiants en yiddish augmentent, les lieux d'enseignement se diversifient.

Les langues juives

Le plurilinguisme traditionnellement lié à la vie juive diasporique n'a pas eu en France la même ampleur que dans d'autres pays. Les langues vernaculaires liées à la résidence régionale ou à l'immigration ont très tôt cédé le pas au français à la suite des migrations géographiques et des transformations sociales qui ont modifié l'aspect de la population juive. Elles gardent ou retrouvent cependant un rôle culturel.

Le judéo-provençal (essentiellement sous sa variante comtadine) a commencé de décliner dès la Révolution. L'émancipation qui a rendu possible l'émigration dans d'autres régions de France lui aura été fatale. Quelques mots survécurent, que le chantre alsacien R. Hirshler, établi dans le sud de la France, rassembla en 1894 dans un glossaire. Quelques traces littéraires écrites suscitèrent au XXe siècle l'intérêt d'intellectuels comme Armand Lunel.

Le judéo-alsacien décline lui-aussi à partir du XVIIIe siècle, comme l'ensemble du yiddish occidental dont il est une branche. Lié à un mode de vie rural traditionnel, il a fait naître une littérature essentiellement orale que les efforts des folkloristes au XIXe et de chercheurs contemporains veillent à préserver.
Le judéo-espagnol doit sa présence en France moins aux descendants des Juifs d'Espagne ou du Portugal qui vinrent se réfugier dans le Sud Ouest après l'expulsion qu'aux émigrations bien postérieures des Juifs des Balkans, voire du Maroc.
Les judéo-arabes des communautés d'Afrique du Nord, déjà massivement francophones avant la décolonisation, ne résistèrent guère au déracinement.
Le yiddish était parlé par la majeure partie des immigrants d'Europe de l'Est à la fin du XIXe et au XXe siècles. Malgré son caractère de lien avec «le vieux pays» ou avec les membres des familles dispersées, en dépit des nombreuses institutions (politiques, culturelles, éditoriales) où il vivait, le yiddish, très vivant jusqu'à la guerre, a d'autant moins pu résister à l'assimilation linguistique que la Shoah a anéanti la majorité de ses locuteurs en Europe. Comme langue quotidienne, il n'est plus guère transmis que dans les milieux ultra-orthodoxes.
Cependant, ces langues juives (ou, au moins, le judéo-espagnol et le yiddish) conservent ou acquièrent parallèlement à leur effacement en tant que lien vernaculaire une valeur culturelle; de même l'hébreu, langue vernaculaire d'une très petite communauté d'Israéliens établis en France, est étudié lui-aussi moins comme une préparation à l'*aliah* que comme une pratique identitaire qui se traduit à partir des années 70 par le développement parallèle de l'enseignement universitaire et associatif.

Nadia Déhan-Rotschild

Cette quête des racines entraîne une atomisation dans les recherches et les lieux d'expression. Les cours d'histoire se diversifient, par époque et par aire géographique, l'intérêt pour le passé proche s'approfondit. De nouvelles associations (Vidas Largas, de Haïm Vidal Sephiha, en 1979, Association pour l'étude et la diffusion de la culture yiddish, 1980) ou de nouvelles revues : *Combat pour la Diaspora* (1980) et *Traces* (1981) voient le jour. Martine Cohen note que l'intérêt oscille « entre la recherche de type scientifique d'un côté, et une approche plus affective et plus sensible de l'autre, par la littérature notamment ».

Pourtant, très vite, les effectifs universitaires stagnent, puis diminuent. En revanche, les cercles d'étude se multiplient. Ceux qui existaient avant le milieu des années 70 restaient confinés aux milieux orthodoxes, c'est-à-dire à ceux qui respectent à la lettre les prescriptions de la Loi juive. Au milieu des années 70, en même temps qu'ils se multiplient, que leurs effectifs s'accroissent, ils s'installent dans des lieux diversifiés et touchent désormais tous les milieux, des orthodoxes aux laïcs. Martine Cohen évalue leurs effectifs à environ 5 000 « étudiants » en 1986-1987. Que signifie cet essor ? Probablement un déplacement du cœur de l'identité. Ces cercles ne s'intéressent ni à l'hébreu moderne ni à l'État d'Israël. Ils marquent un double mouvement d'une fraction, difficile à évaluer, des Juifs de France vers le religieux et l'identitaire, mouvement qui affecte d'autres religions ou d'autres cultures en France. Le formidable essor de l'enseignement privé juif en constitue probablement une manifestion majeure. Il constitue une nouveauté marquante de notre période.

Certes, les écoles juives ont toujours existé, à l'initiative du Consistoire notamment. Mais elles s'adressaient à la population juive démunie et, dans l'entre-deux-guerres, avaient pour but la double assimilation de la population juive immigrée qui les fréquentait : assimilation à la France, assimilation à l'israélitisme. Avant la Seconde Guerre mondiale, il existait en tout et pour tout à Paris deux écoles juives. A la fin des années 50, cinq écoles scolarisent un millier d'enfants juifs, alors que les quatre écoles professionnelles de l'ORT sont fréquentées par 3 000 jeunes. La quasi-totalité de la population juive fréquente sans état d'âme et tout naturellement l'école de Jules Ferry, et le FSJU ne soutient que quelques écoles juives destinées à former une élite de dirigeants communautaires. Dans ce domaine comme dans bien d'autres, l'arrivée des Juifs d'Afrique du Nord modifie la donne. Aidée par le FSJU, l'Alliance israélite universelle (AIU), qui n'était présente à Paris que par l'ENIO, École normale israélite orientale, dirigée depuis 1947 par Emmanuel Levinas et destinée à former les instituteurs pour ses écoles d'Afrique du Nord et de l'ancien empire ottoman, ouvre une école secondaire en banlieue parisienne en 1963 et crée un service pédagogique qui exerce un certain contrôle sur les écoles qu'il subventionne. En 1976, les principales organisations juives, FSJU, Consistoire, AIU concluent un accord avec l'Agence juive pour développer un réseau scolaire juif à plein temps. A ces écoles créées et gérées par les grandes organisations communautaires s'ajoutent bien vite celles des associations religieuses. C'est d'abord Ohr Joseph, fondé par un rabbin, le rav Guershom Libman, rescapé des camps, qui, soucieux d'assurer la pérennité du judaïsme orthodoxe, crée une première *yeshivah* à Fublaines, dans la Brie. Mais c'est sa rencontre avec un ingénieur, Élie Rotnemer, ancien des Éclaireurs israélites, qui permet l'essor de l'enseignement. En 1966, Élie Rotnemer fonde Le Refuge dont le premier objectif est de recueillir des fonds pour la *yeshivah* de Fublaines et pour une école de filles installée près de Meaux, à Trilport. Le Refuge recueille le 1 % patronal qu'il investit dans l'immobilier. C'est, à la fin des années 80, le dixième groupe immobilier de France. Ces fonds, ainsi que l'aide des collectivités locales, permettent la construction d'un véritable réseau scolaire : le premier institut universitaire de technologie situé à Paris, quai de la Marne, un lycée *yeshivah* au Pin, et surtout une quarantaine de crèches, d'écoles, de lycées. Le groupe Otzar Hatora, un mouvement qui cherche à répandre la Torah, gère désormais une dizaine d'écoles en France, dont l'école Gan Ami, en plein centre de Marseille. S'y ajoutent les écoles du mouvement Loubavitch, le mouvement le plus visible, qu'a étudié Laurence Podselver.

Le mouvement Loubavitch (ou HaBaD), issu du hassidisme, fondé à la fin du XIIIe siècle à Lyady par Shneur Zalman, s'était ensuite installé à Loubavitch, une ville de Biélorussie. Le dernier rabbi, Schneersohn, réussit à s'installer, avant la Seconde Guerre mondiale, dans le quartier de Crown Heights, à Brooklyn. Dès 1951, il ouvre en Afrique du Nord des écoles qui accueillent des enfants d'origine populaire et favorisent leur insertion sociale et leur éducation religieuse. C'est, comme le note Laurence Podselver, le « premier lien institutionnel » entre « le judaïsme nord africain et le judaïsme ashkénaze et hassidique par les États-Unis interposés ». Les jeunes filles scolarisées dans ces écoles poursuivent d'ailleurs leurs études au séminaire de jeunes filles de New York, et ce sont elles qui aujourd'hui enseignent à Paris.

En France, le mouvement Loubavitch prend son véritable essor après mai 1968. Les parents avaient choisi la France et son projet identitaire. L'accession à la citoyenneté avait été vécue par eux comme une émancipation. Leurs enfants, « éduqués dans la convergence des principes du judaïsme et de la république », font des études supérieures, participent au mouvement de contestation de mai 1968. « Leur intégration fut complète », note encore Laurence Podselver : ils « participent au mouvement général de critique de la "société de consommation", se mêlent aux mouvements politiques, mais, étant donné leur jeune âge encore, c'est plutôt après 1968 que commence la recherche de leur "véritable" identité ». En ce sens, ils sont représentatifs d'une fraction de leur génération dans la quête des racines, dans le désir de retour aux sources. Mais ils redécouvrent leur identité, ou plutôt « ils la trouvent un peu en creux, en tout cas incomplète. Rassemblés autour du Rav Pachter, ils sont les pionniers du retour ». Ils organisent des cercles d'études, des cours du soir qui accueillent des jeunes toujours plus nombreux, leur donnant accès à une culture non transmise par la famille. C'est l'amorce d'un essor qui semble alors sans limites. Car pour « ne pas rester imaginaire, le Juif qui veut vivre une autre vérité que celle de ses concitoyens doit alors se tourner vers les détenteurs de cette tradition dans ce qu'elle a de plus visible, de plus différent, de plus exotique enfin ». Car la gageure réside dans le fait de « devenir autre pour rester soi-même ». Les jeunes séfarades en effet empruntent aux Juifs ashkénazes de l'Europe centrale et orientale leurs coutumes, leur « look », et jusqu'à leur langue, le yiddish. Ils demeurent ou redeviennent juifs tout en changeant de tradition.

Ils ne s'intéressent pas à la vie politique française, marquent une grande indifférence à l'égard de l'État, ce qui ne les empêche pas d'avoir des « pratiques politiques ponctuelles "ciblées", servant les intérêts du groupe ». En vérité, note Laurence Podselver, « ils agissent comme l'aurait fait dans l'ancien régime une corporation pour laquelle l'horizon politique commun avec le reste de la nation s'arrête aux intérêts immédiats du groupe ». Ces pratiques sont facilitées par la décentralisation et l'importance donnée aujourd'hui en France au pouvoir local, mieux adapté aux revendications de groupes particuliers. Ainsi, quand les Loubavitch sont nombreux dans un arrondissement de Paris (19e ou 20e) ou dans une commune, entretiennent-ils d'excellents rapports avec le député ou le maire, ce qui leur permet d'obtenir des aides au développement de crèches, des terrains pour bâtir des écoles, mais aussi des autorisations pour des opérations de visibilité dans l'espace public, comme le fait d'allumer un immense chandelier sur la place de la République à Paris pour Hannukah. En échange, les hommes politiques peuvent espérer obtenir leurs voix. C'est l'illustration de « l'instrumentalisation du politique à des fins messianiques ». Désormais, le mouvement Loubavitch dispose en France, dans la région parisienne comme dans les villes à forte population juive, d'un véritable réseau scolaire, allant du jardin d'enfants au lycée, et assorti d'un grand nombre de centres de loisirs qui encadrent les enfants lors des vacances scolaires. Il semble que dans les années 90, le mouvement Loubavitch ait fait le plein de ses effectifs et qu'il soit entré dans une phase de stagnation.

C'est dans les années 70 que la population des écoles juives a commencé son ascension, augmentant annuellement de 5 à 10 %. Les parents qui choisissent ce type d'enseignement ne le font pas nécessairement pour des raisons religieuses. Ils estiment parfois que leurs enfants seront mieux protégés des maux qui frapperaient l'enseignement public et dont les médias se font largement l'écho : drogue, violence... Pour une population juive scolarisable évaluée à environ 100 000 enfants, 17 000 fréquentent des écoles juives à la fin des années 80. Ils sont plus de 20 000 en 1994. Dans leur grande majorité, les écoles juives sont sous contrat avec l'État. Elles sont, suivant le niveau d'enseignement et en conformité avec la législation en vigueur, subventionnées par les diverses collectivités locales.

Ces écoles sont un symptôme des tensions qui parcourent aujourd'hui tout à la fois la société française et le monde juif. Pierre Birnbaum remarque une évolution des élites religieuses face à la laïcité. En décembre 1993, certains aspects de la loi Falloux, qui organisait en partie depuis 1850 l'enseignement confessionnel, sont remis en cause. Il est alors proposé que les collectivités locales puissent contribuer au financement de locaux pour l'école privée. Alors que protestants et musulmans expriment leur inquiétude par rapport à la poussée du cléricalisme, les rabbins du Consistoire ne prennent pas position. « C'est que leur attitude à l'égard de la laïcité a évolué sensiblement, note le sociologue. Le grand rabbin Joseph Sitruk a lui-même souligné, pas plus tard que le 16 novembre 1993, son hostilité à l'égard d'une “laïcité agressive”. » Le CRIF, en revanche, exprime une position opposée, davantage dans la tradition républicaine : « L'enseignement privé doit se développer, mais il doit le faire dans la logique propre à la république. Il n'y a pas d'intégrisme de la laïcité [...]. Nul ne songerait à nier l'importance déterminante de l'enseignement du judaïsme, mais nul non plus, au sein de la communauté juive, ne peut accepter l'idée que la république laïque et unitaire serait aujourd'hui, contrairement à ce que prouve son histoire, un danger pour l'expression religieuse. Au contraire, elle en est la garantie. » Selon Pierre Birnbaum, l'élargissement du financement par des fonds publics de l'école libre, « en laminant davantage encore le domaine de l'école publique [...] aurait porté, de plus, atteinte à l'une des voies essentielles et traditionnelles de l'entrée des Juifs dans la modernité, ceux-ci parvenant, depuis le début du XIXe siècle à se hisser dans la hiérarchie sociale en sacrifiant aux exigences universalistes de la méritocratie scolaire, de l'école maternelle aux lycées et jusqu'à l'École normale supérieure ou l'École polytechnique, institutions prestigieuses auxquelles ils accèdent régulièrement, année après année, au terme d'une scolarité menée le plus souvent au sein du seul secteur public. C'est souligner la gravité de l'enjeu. Du coup, face à des conséquences aussi contradictoires, les milieux juifs sont demeurés particulièrement silencieux : ils ne se sont pas réjouis à l'idée de l'abrogation de la loi Falloux, mais ils n'ont pas non plus poussé les manifestants juifs à participer à la grande manifestation laïque du 15 janvier en faveur du maintien de l'école de la république.»

Mais surtout, le débat sur l'école met en évidence une situation inédite en France : de très nombreux rabbins ne se sentent plus partie prenante de l'israélitisme. Ils récusent ce qui avait constitué le fondement du Consistoire et de la vie religieuse juive depuis l'époque napoléonienne : la séparation de l'Église et de l'État, l'autonomie du politique avec pour corollaire la limitation du religieux à la sphère privée. Ils souhaitent être présents dans l'espace public, souder les Juifs en une communauté strictement religieuse. C'est notamment la fonction du grand rassemblement entièrement religieux, le Yom ha Torah, qui rassembla au Bourget, en 1989, quelque 30 000 personnes. Nous sommes loin, on le voit, des 100 000 participants aux Douze heures pour Israël. La religion intégrale n'est capable de fédérer qu'une faible partie des Juifs de France, et il semble bien qu'aujourd'hui les effectifs réunis par les divers courants de l'orthodoxie stagnent. Le Yom ha Torah de 1996 n'a réuni que 15 000 personnes. Au-delà de l'affirmation publique sans cesse réitérée d'allégeance à la république et de respect de la laïcité, se profile un discours qui, dans les faits, s'oppose à cette même laïcité. En ce sens, l'élection en 1987 de Joseph Sitruk comme grand rabbin et sa réélection en 1994 marquent bien une rupture. Selon Sitruk, les Juifs doivent respecter la totalité des *mitsvot*, c'est-à-dire des commandements de la religion juive, respect qui ne peut que les séparer de la société globale. Ils doivent notamment s'abstenir d'aller en classe le shabbat, porter la *kipa*, ne pas se déplacer pour voter si l'élection tombe un jour de fête juive. Il se pourrait, comme le suggère Pierre Birnbaum, que cette réélection «marque un tournant impliquant la volonté de recommunautariser bien au-delà du politique les Juifs de France».

Face à ces nouveaux courants, une myriade d'organisations prônent une laïcité militante. Parmi elles, des organisations qui puisent dans les mouvements révolutionnaires propres au monde juif de la fin du XIXe et du début du XXe siècle, et pour qui la lutte pour un judaïsme séculier s'inscrivait dans un programme global de société. C'est le cas du Cercle Bernard Lazare, fondé en 1954, à la jonction de deux courants, celui de la SFIO favorable à la cause sioniste, celui du sionisme marxiste de l'Hashomer Hatsaïr; ou encore des organisations regroupées autour de l'Arbeter Ring, le cercle ouvrier, d'inspiration bundiste, comme le Centre culturel Vladimir Medem ou le Club laïc de l'enfance juive (CLEJ). D'autres sont nées dans les années 60, comme le Cercle Gaston Crémieux. D'autres enfin sont plus récentes. C'est le cas de Liberté du judaïsme (1987), association affiliée à la Fédération internationale du judaïsme laïc et humaniste, réunissant une centaine de familles, qui prône la liberté d'être juif sans la tutelle des rabbins, la célébration laïque des fêtes et des rituels, et qui milite pour que les conjoints non-juifs, dans le cas des mariages mixtes soient intégrés. L'Association pour un judaïsme humaniste et laïc (1989) s'est créée autour d'Albert Memmi et se veut davantage un groupe de réflexion. Quant au Centre juif laïc (1989), présidé par Jean Ellenstein, il regroupe pour l'essentiel des anciens communistes en quête de leur identité juive.

Entre la partie du rabbinat gagnée à l'orthodoxie et les militants de la laïcité existe pourtant un éventail de positions. C'est ainsi que le judaïsme libéral par exemple, né en France en 1907 après la séparation de l'Église et de l'État, est bien vivant, et ses effectifs se sont accrus. Il compte désormais trois communautés. La première est celle de

Copernic, autour du rabbin Williams; en 1977, le Mouvement juif libéral de France, animé par le rabbin Fahri, s'en détache. C'est le tour, en 1995, de Pauline Bebe, première femme rabbin, de faire scission et de créer à son tour sa propre communauté.

Pourtant, les quelque 3 000 associations de tout type qui forment le noyau dur de la communauté ne regroupent qu'une fraction limitée de l'ensemble des Juifs de France : un tiers environ seulement nourrit des liens avec une association. Le fait juif déborde donc largement la vie associative. C'est, depuis les années 80, les enjeux de mémoire liés à l'Occupation et à Vichy et la lutte contre les résurgences de l'antisémitisme qui rassemblent les Juifs de France.

Mémoire du génocide et lutte contre l'antisémitisme

L'attentat de la rue Copernic, et l'intense émotion qu'il suscita, marqua dans ce domaine une inflexion. L'année 1979 avait commencé par des profanations de cimetières juifs et de synagogues. Le 27 mars 1979, une bombe explosait au foyer israélite de la rue Médicis, à proximité du jardin du Luxembourg, faisant une trentaine de blessés. Si le milieu juif, soutenu par la LICA (qui devient LICRA cette même année) et le MRAP réagit alors, le monde politique quant à lui reste silencieux.

Dans les mois qui suivent, des manifestations d'antisémitisme, dont il est comme toujours difficile d'apprécier la gravité, se multiplient. Le CRIF s'en inquiète et demande, en vain, au ministre de l'Intérieur, Christian Bonnet, que soient prises des mesures de protection des édifices communautaires. Dans la nuit du 26 septembre 1980, plusieurs édifices parisiens, dont l'école Lucien-de-Hirsch et le Mémorial du martyr juif inconnu, rue Geoffroy-l'Asnier, sont attaqués à la mitraillette. Sur RTL, le ministre de l'Intérieur déclare qu'il « ne faut pas donner trop d'importance à ces affaires », qui bouleversent pourtant bien des Juifs de France. Le vendredi 3 octobre 1980, une bombe éclate devant la synagogue de la rue Copernic, quelques minutes avant la fin de l'office. Elle fait quatre morts. « L'attentat, écrit Raymond Aron dans *L'Express* du 11 octobre 1980, frappe de stupeur des millions de Français, une vague d'indignation soulève la nation : trente-cinq ans après Auschwitz, des terroristes avaient voulu tuer des Français, le jour où il priaient en commun, à la sortie de la synagogue, pour la seule raison que les victimes désignées étaient juives. »

Le samedi matin, Simone Veil, alors présidente du Parlement européen, et François Mitterrand, alors premier secrétaire du parti socialiste, assistent à l'office. Le gouvernement, présidé par Raymond Barre, ne se manifeste pas. La veille, le Premier ministre, intervenant sur TFI, avait prononcé cette phrase pour le moins malheureuse : « cet attentat odieux qui voulait frapper les israélites qui se rendaient à la synagogue et qui a frappé des Français innocents qui traversaient la rue Copernic ». Le président de la République, Valéry Giscard d'Estaing, n'intervient à la télévision que quatre jours plus tard. Le gouvernement a sous-estimé l'impact de l'événement. L'opposition, le parti socialiste notamment, l'a bien compris. Le 7 octobre, les mouvements antiracistes organisent une grande manifestation aux cris de « le fascisme ne passera pas ». Trois cent mille personnes y participent, avec, pour la première fois de leur histoire, les francs-maçons en tenue. Cette présence indique bien le sens d'une manifestation qui se veut une lutte contre le retour des temps de Vichy, quand Juifs et francs-maçons étaient exclus.

L'attentat intervient alors que les années noires sont devenues un thème de l'actualité, et que la sensibilité à tout ce qui touche au sort des Juifs pendant la Seconde Guerre mondiale est exacerbée. *Le Monde* a publié le 29 décembre 1978 une tribune libre de Robert Faurisson, installant ainsi le négationnisme dans l'espace public. En 1971 déjà, la sortie dans les salles du film de Marcel Ophuls, *Le Chagrin et la Pitié,* interdit alors de télévision, avait suscité des polémiques; à partir de 1971, les remous provoqués par la grâce accordée à Paul Touvier par Georges Pompidou et, en 1973, la première plainte pour crime contre l'humanité déposée contre l'ancien milicien et enfin, le 20 octobre 1978, l'interview publiée par *l'Express* de l'ancien commissaire aux questions juives du gouvernement de Vichy affirmant qu'à «Auschwitz on n'a gazé que des poux», installent durablement le débat sur le rôle de Vichy dans le génocide.

Le négationnisme

Après la guerre, il ne parut pas indifférent à l'extrême droite, ou à ce qu'il en restait, de délégitimer le tribunal de Nuremberg, qui avait fixé devant l'humanité l'étendue des crimes nazis, et de banaliser ou de minimiser ces crimes mêmes. Après *Ubu, justicier à Nuremberg* de G. A. Amaudruz, dont le titre seul indiquait la pensée, Maurice Bardèche contesta ce qui était pour lui à la fois une injustice, puisque, rendu par les vainqueurs, le verdict n'était selon lui qu'une vengeance, et un sommet de la propagande : les camps, mis en lumière par les Alliés, n'auraient été qu'un habile moyen de détourner le regard de Dresde ou d'Hiroshima qui en horreur les valaient bien. Dans le même temps, *Rivarol* avançait l'hypothèse que le chiffre de six millions de victimes juives aurait été établi sous le coup d'une émotion bien compréhensible, et qu'il fallait sans doute le diviser par six.
Pour que des affirmations plus radicales encore deviennent le corps de doctrine d'une mouvance dite «révisionniste» ou «négation-

niste », reconnue comme telle trente ans plus tard, il aura fallu que ce discours fasse un improbable détour par Paul Rassinier, l'exact contraire en somme de ces fascistes nostalgiques au moment où, en 1950, il écrivit *Le Mensonge d'Ulysse*. Socialiste, pacifiste, résistant, déporté, Rassinier (1906-1967) avançait alors que si extermination par le gaz il y avait eu, du moins avait-on probablement eu recours à des installations industrielles, construites à proximité de la main-d'œuvre disponible – dans les camps donc. Cette hypothèse fragile se trouva au centre d'un scandale né, à la faveur d'un débat sensible sur l'amnistie, à la tribune de l'Assemblée nationale : on avait cru tout bonnement, ou voulu croire, que Rassinier niait l'existence des chambres à gaz. Cette distorsion se résorba peu à peu, puisque de fait, Rassinier en vint bientôt à douter de leur réalité, dans *Ulysse trahi par les siens*, ou dans *Le Drame des Juifs européens*, au début des années 60. Son évolution politique, commencée avec la fréquentation de Paraz, Bardèche et Coston, en était alors à son terme : ses éditeurs, ses lecteurs et ses idées étaient d'extrême droite et, comme eux, il était antisémite. Jamais il ne nia pourtant qu'il y ait eu des victimes juives : un million, estimait-il lui aussi.

Ce bilan était encore trop élevé pour ses successeurs : Robert Faurisson (né en 1929) le tenait en effet pour nul. « Jamais Hitler n'a ordonné ni admis que quiconque fut tué en raison de sa race ou de sa religion », telle est la philosophie de cet universitaire, spécialiste de critique littéraire et amoureux du scandale plus que de la vérité. Lancé dès les années 60 par ses iconoclastes analyses qui transformaient Rimbaud en érotomane et Lautréamont en plaisantin, il sut en 1978, avec une grande habileté médiatique, placer son énoncé aberrant au centre d'un vaste débat public qui connut jusqu'à aujourd'hui de nombreux soubresauts, comme l'affaire Roques en 1986 ou, en 1996, l'affaire Garaudy. Plus marqué politiquement qu'il ne voulait bien le dire, Faurisson réussit cependant à rallier à lui quelques groupuscules d'extrême gauche soucieux de se comporter en héraults des plus hautes valeurs, défense de la liberté d'expression ou révolution, et incidemment d'un antisionisme virulent que le soutien au révisionnisme fit virer sans recours à l'antisémitisme radical.

Sans doute la permanence, plus ou moins consciente, de cet antisémitisme, comme l'ont montré les interventions de l'abbé Pierre ou les soutiens discrets apportés par le Front national, explique-t-elle la persistance de cette idéologie qui remplace la réalité par des mensonges qui la satisfont et réduit la pratique historique à la tautologie ou à la manipulation. La vigueur des réactions qu'elle a suscitées constitue, à l'inverse, le signe indubitable que la mémoire de ces crimes vieux de cinquante ans est plus vivante que jamais, qu'il n'y aura pas eu d'oubli, à l'horizon de notre siècle.

Florent Brayard

La série d'attentats qui n'ont pas fait de morts – de celui du foyer Médicis à ceux des jours qui précèdent celui de la rue Copernic –, ont été attribués par l'opinion publique, avant la moindre enquête, à un groupuscule d'extrême droite, la FANE. Malgré les mises en garde, parmi lesquelles celle d'Annie Kriegel, Copernic est perçu comme étant le fait de l'extrême droite. A tort. Est-ce une simple erreur ? Annie Kriegel ne le croit pas, et voit en Copernic « un tournant parce que ce jour-là et dans les jours, les semaines et les mois qui suivirent, on assistait à un spectacle curieux. Ce furent des Juifs, ce furent les Juifs, leurs organisations et leurs institutions qui s'agitèrent avec furie pour contester que l'attentat était un attentat palestinien, pour faire obstacle à la pénétration de la vérité qui était que cet attentat était bel et bien un attentat palestinien. » La communauté était selon elle soumise pour la première fois de son histoire à une manipulation. Peut-on suivre Annie Kriegel sur ce point, et parler de manipulation ? Le poids du passé n'a-t-il pas plutôt resurgi alors avec une force telle que rien ne pouvait y résister, et surtout pas l'énoncé de la vérité ? Peut-être, plus simplement, le fantasme du retour à « l'antifascisme », récurrent dans le champ politique depuis les années 30, a-t-il obscurci les capacités d'analyse ? Que l'une ou l'autre interprétation soit la bonne, il n'en reste pas moins que Copernic place les affaires juives au cœur de la vie politique, et que ce phénomène se fait avec un large consensus des institutions communautaires. Ainsi les affaires juives prennent-elles une place considérable dans la campagne électorale présidentielle, comme l'illustre la livraison du 8 mai 1981 du journal *Le Monde* qui ne comprend pas moins de trois pages et demie consacrées à ce thème : un éditorial de politique étrangère, véritable « réquisitoire de Begin contre Giscard d'Estaing et Schmidt » comme l'écrit Annie Kriegel, un dossier de deux pleines pages, annoncé à la une, dans *Le Monde des livres* consacré à « Vichy, l'Europe, les camps. Les horreurs de la guerre » avec les comptes-rendus de sept ouvrages ayant trait à l'Occupation, Vichy et l'extermination des Juifs; dans le journal, sur deux colonnes, un article détaille les dix mesures proposées par le CRIF dont les leaders ont été reçus pendant une heure par chacun des candidats à l'élection présidentielle; un rappel de Copernic sous la forme de l'évocation d'une des familles, les Bouissou, endeuillée par la mort de leur fils lors de l'attentat; enfin, deux tiers de page sur Papon, alors ministre du Budget. « L'affaire », selon la terminologie désormais adoptée, c'est-à-dire son éventuelle responsabilité dans la déportation des Juifs de Bordeaux, vient d'être révélée le 5 mai dans le numéro du *Canard enchaîné* précédant l'élection présidentielle, et Serge Klarsfeld réclame sa démission. Lors du débat télévisé opposant les deux candidats, François Mitterrand reproche vivement à son adversaire l'« affaire des jumelles », révélée par un tract du Renouveau juif aux environs du 3 mai. Valéry Giscard d'Estaing aurait regardé Israël à la jumelle du haut d'un fortin situé en Jordanie; après l'élection, on dira que la photo a été prise à Longchamp, avant d'avancer qu'elle fut effectivement prise à Ryad, mais lors d'une course de chameaux.

A quoi servent ces nombreux thèmes concernant les diverses « affaires juives » ? Ils permettent d'abord d'illustrer une vaste thématique allant de la tolérance et des libertés, notamment culturelle et d'enseignement, et s'étendant jusqu'aux affaires internationales. Mais surtout chemine l'idée « que le monde juif en France ne devrait plus se suffire d'être une *communauté* mais qu'il se transformerait peu à peu et s'érigerait en une *minorité,* ce qui lui donnerait le droit et le devoir de prendre en charge les intérêts de toutes les minorités du même ordre en France » (Annie Kriegel). C'est ainsi qu'on lit dans le mémorandum du CRIF au gouvernement la formule : « insertion dans les programmes d'enseignement, à tous les niveaux, de cours portant sur les apports culturels des *minorités* ». Se ferait jour ainsi une conception d'une France « amenée à répudier la vision jacobine et unitaire qu'elle a d'elle-même, au profit d'une vision à la fois décentralisatrice et déconcentrée où elle ne serait plus que le produit installé et fluide d'un compromis entre collectivités et communautés sectorielles d'ordre territorial ou culturel » (Annie Kriegel). Conception qui est d'ailleurs fort loin de concerner les seuls Juifs, mais qui est l'amorce d'un plaidoyer pour une France multiculturelle.

La mémoire du génocide n'a plus quitté la scène publique depuis la seconde moitié des années 70, fortement stimulée par l'action de Serge Klarsfeld et de son association, Les Fils et filles des déportés juifs de France, créée en 1979. A cet égard, la grande enquête d'André Harris et d'Alain de Sédouy, *Juifs et Français,* publié en 1979, est significative. Ceux qu'avaient interviewés en 1971 Alain Guichard mettaient en avant leur lien à Israël et leur fierté d'être juif. Les interviews des deux journalistes qui mènent l'enquête huit ans plus tard sont pleines des souvenirs de l'exclusion de Vichy.

Le « syndrome de Vichy » : la justice, la mémoire et l'histoire

Au lendemain de la Seconde Guerre mondiale, malgré le profond traumatisme engendré par les persécutions raciales menées par les nazis et par Vichy, les Juifs de France, dans leur grande majorité, n'ont pas pu ou n'ont pas souhaité revendiquer un statut à part, parmi toutes les autres victimes de l'Occupation. Leur préoccupation d'alors était plutôt de réintégrer la communauté nationale dont ils avaient été exclus. Dans l'état d'esprit d'après-guerre, et sauf pour une minorité, le génocide n'a pas été perçu dans toute sa singularité, que ce soit dans le discours politique, les commémorations, les procès d'épuration ou encore dans l'historiographie.

Ce n'est que bien plus tard, à compter du début des années 70, que la mémoire de la Shoah – un terme dont l'usage s'est répandu dans les années 80 grâce au film de Claude Lanzmann (1985) – va resurgir brutalement, jusqu'à devenir un enjeu majeur non seulement dans la culture des Juifs de France, mais à l'échelle de la nation tout entière. Cette prise de conscience tardive, qui n'est pas propre à la France, a été portée moins par les survivants directs du drame que par les générations postérieures, les « fils et filles des déportés juifs de France », comme le rappelle le nom de l'association fondée par Serge et Beate Klarsfeld, qui ont été parmi les premiers en France à jeter les bases d'une histoire des persécutions juives et à mobiliser l'opinion autour de ce sujet longtemps tabou ou méconnu. Elle s'inscrit dans une réévaluation plus large de la spécificité du régime de Vichy et de la prégnance de l'antisémitisme français dans les années 30 et 40. Ce « retour du refoulé », consécutif au mouvement de Mai 68 et au départ du général de Gaulle de la scène politique (1969), a été marqué par des œuvres emblématiques, comme *Le Chagrin et la Pitié*, le film de Marcel Ophuls (1971) ou *La France de Vichy*, l'ouvrage de l'historien américain Robert O. Paxton (1973).

L'un des événements remarquables de cette anamnèse nationale a été l'entrée en scène de la justice qui, entre 1973 et 1997, va constituer un vecteur majeur de la mémoire. C'est en 1973, à la suite de la grâce accordée au milicien Paul Touvier par le président Georges Pompidou, que pour la première fois sont déposées des plaintes pour « crimes contre l'humanité ». Elles sont la conséquence directe d'une loi votée vingt ans après la Libération, en décembre 1964, qui déclarait « imprescriptibles » les crimes contre l'humanité, c'est-à-dire « l'assassinat, l'extermination, la réduction en esclavage, la déportation [...] commis contre toute population civile [...] ou bien les persécutions pour des motifs politiques, raciaux ou religieux ». A l'origine, l'imprescriptibilité, inédite dans le droit français, avait pour objectif d'empêcher que d'anciens criminels nazis n'échappent à la justice, notamment ceux recherchés depuis la fin de la guerre pour leur action contre la Résistance.

Dans les faits, et en vertu d'une jurisprudence complexe, elle a servi à juger des actes commis dans le cadre du génocide des Juifs, à l'exclusion de tout autre crime, contribuant ainsi à placer cet événement exceptionnel au centre des débats. C'est ainsi que l'ancien capitaine SS Klaus Barbie, extradé de Bolivie en 1983, a été jugé et condamné à la perpétuité en 1987, à Lyon, non pour le meurtre du résistant Jean Moulin, mais pour la déportation des enfants juifs d'Izieu. En fait, l'imprescriptibilité des crimes contre l'humanité – concept qui traduit au plan juridique la singularité du génocide – a permis surtout d'entreprendre des poursuites contre d'anciens hauts fonctionnaires de Vichy ayant joué un rôle dans l'application de la « solution finale » en France : Jean Legay, délégué en zone occupée de René Bousquet (l'ancien secrétaire général à la Police de Vichy), un des organisateurs de la rafle du Vel' d'hiv' des 16 et 17 juillet 1942, a été le premier inculpé pour crimes contre l'humanité, en mars 1979, mais il est mort en 1989 avant d'être jugé ; Paul Touvier, objet de plaintes en 1973, a été inculpé en 1981, arrêté en 1989, jugé et condamné à la perpétuité, à Versailles, en avril 1994 pour avoir exécuté sept otages juifs à Rillieux, en juin 1944 ; René Bousquet, inculpé en mars 1991, après de longues péripéties – et malgré l'« amitié » du président François Mitterrand (révélée en 1994) –, a été assassiné en juin 1993, avant d'avoir pu être jugé ; enfin le procès de Maurice Papon, ancien secrétaire général de la préfecture de la Gironde, dont le rôle dans les déportations des Juifs a été révélé en 1981, s'est ouvert à Bordeaux, en octobre 1997.

En dépit des problèmes juridiques, politiques ou historiques qu'ils ont soulevés, en dépit du fait que leur valeur « pédagogique » n'a pas toujours été probante, ces procès tardifs, centrés uniquement sur la politique antijuive de Vichy, ont non seulement apporté une forme de « réparation » aux victimes, mais ils ont joué un rôle non négligeable dans l'évaluation et la prise de conscience collective des responsabilités propres d'un gouvernement français dans l'un des plus grands crimes de l'histoire.

Henry Rousso

A la multiplication des commémorations, des poses de plaques, d'érections de monuments, de revendications symboliques ou matérielles, s'ajoute l'utilisation de la mémoire du génocide dans le débat politique, sous forme d'affaires : procès Barbie (1987) et Touvier (1994) ; assassinat de Bousquet (1993), inculpation de Papon dont le procès s'est ouvert en octobre 1997, après seize années de procédure, polémiques autour d'un fichier de Juifs découvert par Serge Klarsfeld au ministère des Anciens Combattants, et dont il affirme qu'il est celui établi par la préfecture de Police en 1940. La Commission d'enquête présidée par René Rémond a nuancé fortement cette affirmation.

Parmi les polémiques suscitées par la mémoire de l'Occupation et de Vichy, celles qui ont entouré la célébration du cinquantième anniversaire de la rafle des 16 et 17 juillet 1942 revêtent une importance particulière, car elles mettent en cause le chef de l'État. En effet, à la veille des commémorations de 1992 se crée un comité Vel' d'hiv' 1942, formé pour l'essentiel d'ex-communistes et d'ex-gauchistes. Ce comité lance une pétition, adressée au président de la République, demandant un geste symbolique reconnaissant les responsabilités propres de la France dans le génocide. La presse évoque alors Willy Brandt s'agenouillant devant le monument commémorant l'insurrection du ghetto de Varsovie ou Juan Carlos demandant pardon pour l'expulsion des Juifs d'Espagne au XVe siècle. Le 14 juillet, François Mitterrand déclare qu'il n'est pas question de demander des comptes à la république : « La république, à travers toute son histoire, a constamment adopté une attitude totalement ouverte pour considérer que les droits des citoyens devaient être appliqués à toute personne reconnue comme citoyen et en particulier les Juifs français. Alors, ne lui demandez pas de comptes à cette république ! Elle a fait ce qu'elle devait. C'est la république qui a pratiquement depuis deux siècles où les républiques se sont succédé, décidé de toutes les mesures d'égalité, de citoyenneté [...]. La république a toujours été celle qui a tendu la main pour éviter les ségrégations raciales. Alors, ne demandons pas de comptes à la république ! Mais en 1940, il y a eu un "État français", c'était le régime de Vichy, ce n'était pas la république. Et à cet "État français", on doit demander des comptes, je l'admets, naturellement, comment ne l'admettrais-je pas ? Je partage totalement le sentiment de ceux qui s'adressent à moi mais précisément, la Résistance, puis le gouvernement de Gaulle, ensuite la Quatrième République et les autres ont été fondées sur le refus de cet "État français", il faut être clair. » La réplique de Serge Klarsfeld relance la polémique en mettant en cause le chef de l'État lui-même : François Mitterrand est fidèle à lui-même dans la mesure où il est devenu fonctionnaire à Vichy en avril 1942, avant d'entrer dans la Résistance. Et de souligner que chaque année, le président de la République fait déposer une gerbe sur la tombe de Pétain, à l'île d'Yeu. Jusqu'à la mort de Mitterrand, la polémique fait rage sur ce que fut sa réelle implication à Vichy et sur les liens amicaux qu'il maintint avec Bousquet, polémique dont le point culminant fut la publication, en 1994, de l'ouvrage de Pierre Péan, *Une jeunesse française*. François Mitterrand se déclare malgré tout prêt à faire un geste. C'est le décret présidentiel du 3 février 1993 instituant la journée nationale de commémoration « des persécutions racistes et antisémites commises sous l'autorité de fait dite “gouvernement de l’État français” (1940-1944)». Mais la réponse réelle est le discours de Jacques Chirac, nouveau président de la République, lors de la célébration du 53e anniversaire de la rafle, alors qu’il vient d’être élu à la magistrature suprême. Une forte condamnation morale, d’abord: «Ces heures noires souillent à jamais notre histoire et sont une injure à notre passé et à nos traditions.» Et il continue: «Oui, la folie criminelle des Occupants fut secondée par des Français et par l’État français.» Le «Oui» qui ouvre la phrase montre que ce discours prend partie dans le débat et répond à une question, celle de la responsabilité de l’État, que Jacques Chirac ne pose pas lui-même, mais qui fut l’enjeu des polémiques. Il décrit ensuite ce que fut la rafle du Vel’ d’hiv’ : «La France, patrie des Lumières et des droits de l’homme, terre d’accueil et d’asile, la France, ce jour-là, accomplissait l’irréparable». A l’égard des 76 000 Juifs qui ne sont pas rentrés, «nous conservons [...] une dette imprescriptible» et Chirac préconise une regard lucide sur le passé : «Reconnaître les fautes du passé et les fautes commises par l’État, ne rien occulter des heures sombres de notre histoire, c’est tout simplement défendre une idée de l’homme, de sa liberté et de sa dignité.»

En vérité, et à regarder de près, Jacques Chirac n’a pas accepté ce que Mitterrand refusait: rendre la république comptable des crimes de Vichy. Un Mitterrand qui avait, peut-être consciemment, déplacé le débat, glissant de la «France» à la république. Le ton de Jacques Chirac reste tout à fait gaullien, dans l’évocation notamment de l’autre France, celle qui ne fut jamais à Vichy, celle de la Résistance.

Les leaders communautaires juifs, le grand rabbin de France, Sitruk, et le nouveau président du CRIF, Henry Hajdenberg, expriment leur profonde satisfaction. De fait, à l’exception de Jean-Marie Le Pen qui accuse Chirac de «salir la nation», peu de personnes remettent en cause un discours que 72 % des Français, selon un sondage réalisé par l'IFOP et *L'Événement du jeudi* approuvent. On aurait pu croire que ce discours mettrait fin aux « affaires » liées aux temps de la Seconde Guerre mondiale. Il n'en est rien. A l'occasion de l'ouverture du procès Maurice Papon, en octobre 1997, le débat rebondit, certains leaders du RPR prenant leurs distances à l'égard des paroles de Chirac. C'est désormais le sort des biens juifs pillés qui est à l'ordre du jour, en France comme dans d'autres pays.

Il est bien difficile de conclure quant à l'avenir des Juifs en France. Dans la lignée de ce qui s'est passé pendant la guerre des Six-Jours, sur fond d'évocation permanente des années noires et de la dette de l'État français à l'égard des Juifs, s'est amorcé un double processus de « communautarisation », tout à la fois par le haut et par le bas, comme le note Pierre Birnbaum, dont les discours autour de la profanation du cimetière de Carpentras ont offert un nouvel avatar. Pourtant, la communauté juive organisée n'a probablement jamais été aussi atomisée qu'aujourd'hui. Ni Israël, ni la mémoire du génocide, ni la religion ne sont des ciments suffisants pour créer une identité dans laquelle tous se reconnaîtraient.

Bibliographie

Notre bibliographie ne prétend à aucune exhaustivité. La plupart des ouvrages que nous indiquons ont été utilisés par les auteurs dans leurs contributions. Ils comportent bien souvent des bibliographies auxquelles le lecteur peut se reporter.

Ouvrages couvrant l'histoire des Juifs de France depuis 1789, en totalité ou en partie.

ABITBOL (M.), *Les Deux Terres promises : les Juifs, la France et le sionisme (1897-1945)*, Olivier Orban, 1989.

ANCHEL (R.), *Les Juifs d'Algérie. Du décret Crémieux à la Libération*, Paris, Éditions du Centre, 1950.

BENBASSA (E.), *Histoire des Juifs de France*, Seuil, 1997.

BERG (R.), *Histoire des Juifs à Paris de Chilpéric à Chirac*, Cerf, 1997.

BERG (R.) et URBAH-BORNSTEIN (M.), *Les Juifs devant le droit français. Législation et jurisprudence de la fin du XIXe à aujourd'hui*, Commission française des archives juives, 1984.

BIRNBAUM (P.), éd, *Histoire politique des Juifs de France*, FNSP, 1990. – *Destins juifs. De la Révolution française à Carpentras*, Calmann-Lévy, 1995.

BAUMGARTEN (J.), ERTEL (R.), NIBORSKI (I.) WIEVIORKA (A.), sous la direction de, *Mille Ans de cultures ashkhénazes*, Liana Levi, 1994.

BENSIMON-DONATH (D.), *Socio-démographie des Juifs de France et d'Algérie : 1867-1907*, Éditions de l'INALCO, 1976.

BLUMENKRANZ (B.), sous la direction de, *Histoire des Juifs de France*, Privat, 1972.

BOURDREL (P.), *Histoire des Juifs de France*, Albin Michel, 1974.

DELPECH (F.), *Sur les Juifs. Études d'histoire contemporaine*, Presses universitaires de Lyon, 1983.

DOUBNOV (S.), *Précis d'histoire juive*, préface d'A. SPIRE, 1936, réédition Cerf, 1992.

GIRARD (P.), *Les Juifs de France*, Éditions Bruno Huisman, 1983.

GOLDBERG (S. -A.), sous la direction de, « Histoire juive, histoire des Juifs », in *Annales (Histoire Sciences sociales)*, Armand Colin, septembre-octobre 1994.

« Les Juifs en France », *Histoire*, numéro spécial, novembre 1979.

KRIEGEL (A.), *Les Juifs et le monde moderne. Essai sur les logiques d'émancipation*, Seuil, 1977.

LEVY (P.), *Les Noms des israélites en France*, PUF, 1960.

MECHOULAN (H.), sous la direction de, *Les Juifs d'Espagne, histoire d'une diaspora (1492-1992)*, Liana Levi, 1992.

MOULINAS (R.), *Les Juifs du Pape, Avignon et le Comtat Venaissin*, Albin Michel, 1992.

MUCHAWSKY-SCHNAPPER (E.), sous la direction de, *Les Juifs d'Alsace, village, tradition, émancipation*, Jérusalem, Musée d'Israël, 1991.

PHILIPPE (B.), *Être Juif dans la société française du Moyen Age à nos jours*, Éditions Montalba, 1979, réédition augmentée, Bruxelles, Éditions Complexe, 1997. – avec la collaboration de GUTMAN (N.), *Les Juifs dans le monde contemporain*, Éditions M.A., 1986.

PIERRARD Pierre, *Juifs et catholiques français, d'Édouard Drumont à Jacob Kaplan, 1886-1994*, Fayard, 1970, réédition Cerf, 1997.

RACZYMOW (H.), sous la direction de, « Littérature et judéité dans les langues européennes », *Pardès 21/1995*, Cerf, 1995.

RAPHAEL (F.) et WEYL (R.), *Juifs en Alsace*, Privat, 1977. – *Regards nouveaux sur les Juifs d'Alsace*, Istra, 1980. – *L'Imagerie juive d'Alsace*, Istra, 1979.

WEIL (P.), *La France et ses étrangers. L'aventure d'une politique de l'immigration de 1938 à nos jours*, Calmann-Lévy, 1991, réédition Folio/Gallimard, 1995.

De l'émancipation à l'affaire Dreyfus

BLUMENKRANZ (B.) et SOBOUL (A.), sous la direction de, *Les Juifs et la Révolution française. Problèmes et aspirations*, Privat, 1989.

COHEN (D.), *La Promotion des Juifs en France à l'époque du Second Empire (1852-1887)*, Université de Provence, 1980.

ESPAGNE (M.), *Les Juifs allemands de Paris à l'époque de Heine, la translation ashkénaze*, PUF, 1996.

FEUERWERKER (D.), *L'Émancipation des Juifs en France de l'Ancien régime à la la fin du Second Empire*, Albin Michel, 1976.

GIRARD (P.), *Les Juifs de France de 1789 à 1860*, Calmann-Lévy, 1976. -
La Révolution française et les Juifs, Robert Laffont, 1989.

GRAETZ (M.), *Les Juifs en France au XIXe siècle*, Paris, 1971.

HADAS-LEBEL (M.) et OLLEL-GRAUSZ (E.), sous la direction de, *Les Juifs et la Révolution française. Histoire et Mentalités*, Louvain-Paris, Peeters, 1992.

MEYER (P.A.), *La Communauté juive de Metz au XVIIIe siècle*, Presses universitaires de Nancy, 1993.

PIETRI (F.), *Napoléon et les Israélites*, Berger Levrault, 1965.

De l'affaire Dreyfus à la Seconde Guerre mondiale

BENSSOUSSAN (G.), *L'Idéologie du rejet. Enquête sur le Monument Henry ou archéologie du fantasme antisémite dans la France du XIXe siècle*, Manya, 1993.

BENVENISTE (A.), *Le Bosphore à la Roquette. La communauté judéo-espagnole à Paris (1914-1940)*, L'Harmattan, 1989.

BIRNBAUM (P.), *Les Fous de la République. Histoire politique des Juifs d'État de Gambetta à Vichy*, Seuil, 1995. – *L'Affaire Dreyfus. La République en Péril*, Gallimard, 1994. – sous la direction de, *La France de l'affaire Dreyfus*, Gallimard, 1994.

BURNS (M.), *Histoire d'une famille française. Les Dreyfus*, Fayard, 1994.

CARON (V.), « Prelude to Vichy : France and the Jewish Refugees in the Era of Appeasement », in *Journal of Contemporary History*, vol. 20, 1985.

DEBRE (R.), *L'Honneur de vivre. Témoignage*, Stock, 1974.

DUCLERT (V.), *L'Affaire Dreyfus*, La Découverte, 1994.

FHIMA (C.), *Contribution à l'étude du judaïsme dans l'œuvre de deux écrivains juifs français : André Spire et Edmond Fleg, de 1894 à 1934*, Mémoire de maîtrise, (dir. Alain Corbin), Université Paris I, 1993.

GREEN (N.), *Les Travailleurs immigrés juifs à la Belle Époque,* Fayard, 1985.

GREILSAMMER (I.), *Léon Blum,* Flammarion, 1996.

HEBEY (P.), *Alger 1898, la grande vague antijuive,* Nil Édition, 1996.

HYMAN (P.), *De Dreyfus à Vichy : l'évolution de la communauté juive de France, 1906-1939,* trad. française, Fayard, 1985.

LACOUTURE (J.), *Pierre Mendès-France,* Seuil, 1981. – *Léon Blum,* Seuil, 1996.

LANDAU (P.E.), *L'Opinion juive et l'affaire Dreyfus,* Albin Michel, 1995.

MARRUS (M.), *Les Juifs de France à l'époque de l'affaire Dreyfus,* Calmann-Lévy, 1972.

NICAULT (C.), *La France et le sionisme (1897-1948) : une rencontre manquée ?,* Paris, Calmann-Lévy, 1992.

SCHOR (R.), *L'Antisémitisme en France pendant les années trente,* Bruxelles, Complexe, 1992.

WILSON (S.), *Idéology and Experience : Antisemitism in France at the Time of the Dreyfus Affair,* Londres, Litman Library, 1982.

L'Occupation

BERTRAND DORLEAC (L.), *L'Art de la défaite,* Seuil, 1993.

BILLIG (J.), *Le Commissariat aux Questions juives,* 3 tomes, Éditions du Centre, 1955-1960.

COHEN (A.), *Persécutions et sauvetages. Juifs et Français sous l'Occupation et sous Vichy,* préface de R. Rémond, Cerf, 1993.

« Le Droit antisémite de Vichy », *Le Genre humain,* numéro spécial, été-automne 1994.

FELICIANO (H.), *Le Musée disparu. Enquête sur le pillage des œuvres d'art en France par les nazis,* Austral, 1993.

Le Fichier juif. Rapport de la Commission présidée par René Rémond au Premier ministre, Plon, 1996.

GRYNBERG (A.), *Les Camps de la honte, les internés juifs des camps français, 1939-1944,* La Découverte, 1991.

« Juger sous Vichy », *Le Genre humain,* numéro spécial, été-automne 1996.

KASPI (A.), *Les Juifs pendant l'Occupation*, Paris, Seuil, 1991.

KLARSFELD (S.), *Le Mémorial de la déportation des Juifs de France*, éd. par B. et S. Klarsfeld, 1978. -*Vichy-Auschwitz*, 2 vol., Fayard, 1983-1985. – *Le Mémorial des enfants juifs déportés de France*, FFDJF, 1994. – *Le Calendrier de la persécution des Juifs de France*, FFDJF, 1993.

LEMALET (M.), sous la direction de, *Au secours des enfants du siècle*, Nil, 1993.

MARRUS (M.) et PAXTON (R.), *Vichy et les Juifs*, traduit de l'anglais par M. Delmotte, Calmann-Lévy, 1981.

Le Pillage par les Allemands des œuvres d'art et des bibliothèques appartenant à des Juifs en France, Introduction Jacques Sabile, préface Jean Cassou, Éditions du CDJC, 1947.

POZNANSKI (R.), *Être juif en France pendant la Seconde Guerre mondiale*, Hachette, 1994.

«Présence du passé, lenteur de l'histoire. Vichy, l'Occupation, les Juifs», *Annales ESC*, numéro spécial, mai-juin 1993.

SAMUEL (V.), *Sauver les enfants*, Liana Levi, 1995.

WIEVIORKA (A.), *Ils étaient juifs, résistants, communistes*, Denoël, 1986.

De la Libération à nos jours

AUBÉRY (P.), *Milieux juifs de la France contemporaine*, Plon, 1957.

BENAYOUN (C.), *Les Juifs et la politique*, Éditions du CNRS, 1984.

BENSIMON (D.), DELLA PERGOLA (S.), *La Population juive de France : socio-démographie et identité*, Hebrew University of Jerusalem/CNRS, 1984.

COHEN (E.), *L'Étude et l'Éducation juive en France ou l'avenir de la communauté*, préface de A. KRIEGEL, Cerf, 1991.

BULAWKO (H.), avec le concours de Roger BERG, *Le CRIF a quarante ans*, Paris, Sed, 1983.

CHEMOUILLI (H.), *Une Diaspora méconnue : les Juifs d'Algérie*, Paris, IMP, 1976.

CONAN (E.) et ROUSSO (H.), *Vichy, un passé qui ne passe pas*, Fayard, 1994.

ESKENAZI (F.) et WAINTROP (E.), *Le Talmud et la République : enquête sur les Juifs français à l'heure des renouveaux religieux*, Grasset, 1991.

FINKIELKRAUT (A.), *Le Juif imaginaire*, Seuil, 1980.

GUICHARD (A.), *Les Juifs*, Grasset, 1971.

KAPLAN (J.), *L'Affaire Finaly*, Cerf, 1993.

KRIEGEL (A.), *Réflexions sur les questions juives*, Hachette-Pluriel, 1984. – *Ce que j'ai cru comprendre*, Laffont, 1991.

HARRIS (A.) et SEDOUY (A. de), *Juifs et Français*, Grasset, 1979.

LAPIERRE (N.), *Le Silence de la mémoire. A la recherche des Juifs de Plock*, Plon, 1989. – *Changer de nom*, Stock, 1995.

MARIENSTRAS (R.), *Être un peuple en diaspora*, Maspéro, 1975.

MEMMI (A.), *Portrait d'un Juif*, Gallimard, 1962.

MEMMI (A.) et ZOBERMAN (N. ET S.), «Recherches sur la judéité des Juifs de France», in *Revue française de sociologie*, 6 (1), janvier-mars 1965.

NEHER (A.), *L'Identité juive*, Seghers, 1977.

PIERRARD (P.), *Le Grand rabbin Kaplan. Justice pour la foi juive*, Centurion, 1977.

RABI (W.), *Anatomie du judaïsme français*, Éditions de Minuit, 1962.

ROLAND (C.), *Du Ghetto à l'Occident. Deux générations yidiches en France*, Éditions de Minuit, 1962.

ROSENMANN (I.), sous la direction de, «Juifs laïques, du religieux vers le culturel», *Panoramiques*, n°7, automne 1992.

ROUSSO (H.), *Le Syndrome de Vichy, 1944 -1980...*, Seuil, 1987.

SCHNAPPER (D.), *Juifs et israélites*, Gallimard, 1980.

SPERBER (M.), *Être juif*, Odile Jacob, 1994.

STRUDEL (S.), *Votes juifs. Itinéraires migratoires, religieux et politiques*, Presses de la FNSP, 1996.

VALENSI (L.) et WACHTEL (N.), *Mémoires juives*, Gallimard/Julliard, 1991.

VIDAL-NAQUET (P.), *Mémoires. La brisure et l'attente 1930-1955*, Seuil/La Découverte, 1995. – *Les Juifs, la mémoire et le présent*, réédition Point-Seuil, 1995. – *Les Assassins de la mémoire*, La Découverte, 1987.

WORMSER (G.), *Français Israélites, une doctrine, une tradition, une époque*, Éditions de Minuit, 1963.

WIEVIORKA (A), *Déportation et génocide. Entre la Mémoire et l'oubli*, Plon, 1992,(réédition Hachette pluriel, 1995). – en collaboration avec I. NIBORSKI, *Les Livres du Souvenir. Mémoriaux juifs de Pologne*, Gallimard/Julliard, 1983.

Revues

L'Arche, depuis 1957, mensuel.

Archives juives, depuis 1965, trimestriel, puis depuis 1994, semestriel.

Combat pour la Diaspora, 1980-1992, irrégulier.

Évidences, 1949-1963, mensuel.

Le Monde juif, 1946-1966, mensuel; depuis 1966, trimestriel.

Les Nouveaux Cahiers, depuis 1965, trimestriel.

Pardès, depuis 1985, périodicité variable.

Revue des Études juives, depuis 1880, mensuel.

Traces, 1981-1985, trimestriel.

Glossaire*

Aliah (H, pl *aliot*) : litt. « montée ». Ici, immigration en Israël.

Bar-mitsvah (H) : litt. « astreint aux commandements ». Cérémonie religieuse qui marque la majorité religieuse et l'engagement du garçon juif de treize ans vis-à-vis des commandements.

Eretz Israel (H) : terre, pays ou État d'Israël.

Halakhah (H) : loi rabbinique. Se réfère également aux sections du Talmud qui traitent des matières juridiques.

Haskalah (H) : désigne le mouvement des Lumières dans les communautés juives à partir du XVIIIe siècle.

Hannukah (H) : litt. « l'inauguration ». Fête de huit jours qui commémore l'inauguration de l'autel du Temple après sa purification par Judas Macchabée.

Hazzan (H) : chantre ou ministre officiant.

Herem (H) : mise au ban, excommunication.

Kehilah (H, plur. *kehiloth*) : communauté.

Kipa (H) : calotte portée par les Juifs religieux.

Kippur (H) : litt. « expiation, propitiation ». Jour du Grand Pardon. Fête célébrée dix jours après le Nouvel An juif et marquée par une journée entière de jeûne et de prière pour expier les fautes de l'année écoulée.

Landsmanshaft(n) (Y) : désigne les sociétés d'originaires de villes et de villages d'Europe centrale et orientale créées dans les pays d'accueil ultérieurs.

Mellah (A) : appellation du ghetto juif au Maroc.

Mitsvah (H, plur. *mitsvot*) : précepte biblique ou rabbinique. Acte de piété ou de charité.

Oulpan (H, plur. *oulpanim*) : session intensive d'apprentissage de l'hébreu.

Pletzl (Y) : quartier juif de Paris autour du métro Saint-Paul.

Rosh Hashanah (H) : Nouvel An juif.

---

* A = arabe, H = hébreu, Y = yiddish

Shohet (H) : celui qui égorge rituellement les animaux.

Shtetl (Y) : bourgade juive d'Europe orientale.

Shtibl (Y, plur. : *shtiblekh*) : oratoires hassidiques.

Talmud Torah (H, plur. *talmudei*) : enseignement de la loi. Désigne l'école élémentaire.

Torah (H) : Pentateuque ou rouleau du Pentateuque destiné à la lecture dans la synagogue. L'enseignement et la loi du judaïsme.

Yeshivah (H, plur. *yeshivot*) : académie traditionnelle juive consacrée en premier lieu à l'étude du Talmud et de la littérature rabbinique.

Yiddishkeyt (Y) : les modes de vie, les pratiques et les usages spécifiques aux Juifs ashkénazes.

Yishuv (H) : litt. « peuplement, peuplade, colonie ». Désigne la population juive établie en Terre sainte.

Index des noms propres

C

D

E

F

G

H

I

J

K

L

M

N

S

T

U

V

Index des encadrés

Auteurs des principales contributions

Michel Abitbol

Historien de formation française et israélienne, Michel Abitbol est professeur à l'Université hébraïque de Jérusalem, où il détient la chaire Robert Assaraf d'histoire du Maroc et des Juifs du Maroc. Africaniste et orientaliste, il a publié de nombreux ouvrages parmi lesquels : *Les Juifs d'Afrique du Nord sous Vichy* (Maisonneuve et Larose, 1984), *Les Deux Terres promises. La France, les Juifs de France et le sionisme* (Orban, 1989) et *De Crémieux à Pétain. Antisémitisme et colonialisme en Algérie* (en hébreu ; Institut Chazar, Jérusalem, 1994).

Jean-Jacques Becker

Né à Paris d'une famille originaire de Lorraine et d'Alsace, Jean-Jacques Becker est professeur émérite d'histoire contemporaine à l'université Paris-X Nanterre et président du Centre de recherche de l'Historial de la Grande Guerre de Péronne. Il a publié de nombreux ouvrages parmi lesquels : *La France en guerre. 1914-1918* (Complexe, 1996), *L'Europe dans la Grande Guerre* (Belin, 1996), *Histoire politique de la France depuis 1945* (Armand Colin, 1996), *1917 en Europe* (Complexe, 1997).

Pierre Birnbaum

Professeur à l'université Paris I, Pierre Birnbaum a notamment publié *Les Fous de la République,* Le Seuil, 1995. Il a également dirigé *La France de l'affaire Dreyfus,* Gallimard, 1994.

Anny Dayan-Rosenman

Maître de conférences à l'université Paris VII, Denis Diderot, Anny Dayan-Rosenman a publié entre autres des études sur Romain Gary (*Les Temps modernes,* novembre 1993), Piotr Rawicz (*Les Temps modernes,* décembre 1994), Albert Memmi (*Pardès,*

1995), *Shoah* de Claude Lanzmann (in *Au sujet de Shoah*, ouvrage collectif sous la direction de Michel Deguy, Belin, 1990). Elle a soutenu une thèse sur les traces de la Shoah dans l'écriture et la constitution d'une identité juive en France.

Anne Grynberg

Maître de conférences en histoire contemporaine à l'Institut national des langues et civilisations orientales à Paris, Anne Grynberg est notamment l'auteur de *Les Camps de la honte. Les internés juifs des camps français, 1939-1944,* (La Découverte, 1991) et de *La Shoah. L'impossible oubli* (Gallimard, 1995).

Michel Trebitsch

Chargé de recherches à l'Institut d'histoire du temps présent (CNRS), Michel Trebitsch est spécialiste de l'histoire des intellectuels. Il a publié de nombreux articles et dirigé ou codirigé plusieurs publications : *Sociabilités intellectuelles. Lieux, milieux, réseaux* (Paris, IHTP, 1992) ; *Entre Locarno et Vichy. Les relations culturelles franco-allemandes dans les années 1930* (Paris, CNRS-Éditions, 1993) ; *Intellectuels engagés d'une guerre à l'autre* (Paris, IHTP, 1994) ; *Histoire comparée des intellectuels* (Paris, IHTP, 1997).

Patrick Weil

Directeur de recherche au CNRS, spécialiste de l'immigration, Patrick Weil a été chargé de la Mission d'étude des législations de la nationalité et de l'immigration par le gouvernement Jospin (Documentation française, 1997). Il est également l'auteur de *La France et ses étrangers* (Gallimard, 1995) et coauteur, avec Jacqueline Costa-Lascoux, de *Logiques d'États et immigrations* (Kimé, 1992).

Annette Wieviorka

Directeur de recherche au CNRS (Centre de recherches politiques de la Sorbonne). Spécialiste de l'histoire de la Shoah et de sa mémoire et de l'histoire des Juifs au XXe siècle, elle est l'auteur de nombreux ouvrages dont *Déportation et Génocide. Entre la mémoire et l'oubli* (Plon, 1992; Hachette Pluriel, 1995) et *Le Procès de Nuremberg* (Ouest-France mémorial, 1995). Elle a, dans la même collection, codirigé *Mille Ans de cultures ashkénazes.*

Secrétariat de rédaction

Nadia Déhan-Rotschild. Chargée de cours de yiddish à l'université Paris VII. Traductrice d'Avrom Sutzkever, Yoyne Rosenfeld, Sholem Aleikhem, Menuha Ram.

Catherine Morhange. Documentaliste. Cofondatrice, en 1984 à Paris, des Éditions du Scribe qui se consacraient à la culture et à l'histoire juive.

Crédits photographiques

1 et 2. D. R.

3. Archives de l'École polytechnique. Tous nos remerciements à M. G. Schill.
4. Collection Éliane Roos-Schuhl. Mémoires Juives-Patrimoine photographique.
5. Collection Sophie Jankélévitch.
6. Collection Bernard Waissmann. Mémoires Juives-Patrimoine photographique.
7. Collection Robert Bober. Mémoires Juives-Patrimoine photographique.
8. Carte menu du restaurant de Robert Licht *Comme chez soi,* situé 27, rue des Écouffes, Paris 4e. Collection Robert Licht. Mémoires Juives-Patrimoine photographique.
9. D. R.
10. Collection Madeleine Bloch. Mémoires Juives-Patrimoine photographique.
11. Collection Éliane Roos-Schuhl. Mémoires Juives-Patrimoine photographique.
12. Fonds Marie-Brunette Spire.
13. Photo Trude Geiringer.
14. Collection Hélène Mouchard-Zay. Mémoires Juives-Patrimoine photographique.
15. Collection Charles Baron. Mémoires Juives-Patrimoine photographique.
16. Collection Mario Carasso. Mémoires Juives-Patrimoine photographique.
17. Collection Fanny Licht. Mémoires Juives-Patrimoine photographique.
18. Collection Denise Baumann. Mémoires Juives-Patrimoine photographique.
19. Collection Annie-Rose Braustein. Mémoires Juives-Patrimoine photographique.

20. Collection Hanna Halaunbrenner. Mémoires Juives-Patrimoine photographique.
21. Collection Vivette Samuel.
22. Collection Anne Zamire. Mémoires Juives-Patrimoine photographique.
23. Collection Vivette Samuel.
24. Collection Raymond-Chaïm Perelman. Mémoires Juives-Patrimoine photographique.
25. Collection Viviane Jabès Crasson.
26. Agence France-Presse. Photo Domenech.
27. D.R.
28. Collection Anny Dayan-Rosenman.
29. Agence France-Presse.

L'association « Mémoires Juives-Patrimoine photographique » a pour objet de préserver, promouvoir et valoriser les photographies et les documents de familles juives dans un but de témoignage historique, sociologique, ethnographique.

Le fonds iconographique, riche de plus de 7 000 photographies et documents recueillis auprès de plusieurs centaines de familles, illustre et renseigne sur tous les aspects de la vie juive au quotidien : cultuel, vestimentaire, culturel, portraits, réunions familiales, mouvements de jeunesse, petits métiers, sociétés de secours mutuels, participation aux deux conflits mondiaux. L'Association rassemble d'autre part les documents familiaux inhérents à la Shoah, tant en France qu'en Afrique du Nord et dans l'Europe occupée : photographies des camps de Pithiviers et de Beaune-la-Rolande, de Poitiers..., tout comme ceux situés en Afrique du Nord, portraits de personnes portant l'étoile jaune, maisons d'enfants de l'UGIF, photographies des personnes déportées, mortes dans les camps d'internement ou fusillées parce que juives, document auquel est annexée une courte biographie rappelant leur souvenir.

Ces photographies, une fois reproduites, sont légendées très précisément. Le fonds documentaire est consultable par les chercheurs et historiens.

Contact : Jean Laloum, 20, avenue Trudaine, 75009 Paris.

TABLE DES MATIÈRES

Chapitre 5. – Les années noires

Encadrés

Chapitre 6. – Après la tourmente

Cet ouvrage a été achevé d'imprimer en janvier 1998
dans les ateliers de Normandie Roto Impression s.a.
61250 Lonrai
N° d'imprimeur : 980063
Dépôt légal : janvier 1998

Imprimé en France